WARUM EIN PAPST DIE ROCKMUSIK ERFUNDEN HAT

ANNETTE HÖLZL

WARUM EIN PAPST DIE ROCKMUSIK ERFUNDEN HAT

Hörenswürdigkeiten von 600 v. Chr. bis heute

BÜCHNER-VERLAG
Wissenschaft und Kultur

Annette Hölzl
Warum ein Papst die Rockmusik erfunden hat
Hörenswürdigkeiten von 600 v. Chr. bis heute

ISBN (Print) 978-3-96317-382-0
ISBN (ePDF) 978-3-96317-948-8

Satz und Umschlaggestaltung: DeinSatz Marburg | rn
Bildnachweis Umschlag: © artwork by Elise Sievers
Druck und Bindung: Totem.com.pl, Inowrocław, Polen
Die verwendeten Druckmaterialien sind zertifiziert als FSC-Mix.

Bibliografische Informationen der Deutschen Nationalbibliothek
Die Deutsche Nationalbibliothek verzeichnet diese Publikation in der Deutschen Nationalbibliografie, detaillierte bibliografische Angaben sind im Internet über http://dnb.de abrufbar.

www.buechner-verlag.de

Inhaltsverzeichnis

Prolog

Warum Mozart zu seiner Zeit ein Popstar ist und Goethe heute Rapper wäre, wie ein Jazztrompeter zum ersten Rapper wird und wieviel Klassik, Jazz und Hip-Hop gemeinsam haben.

Vor dem Eingang des Konzertsaals wartet eine große Menschenmenge. Fast alle Konzertbesucher sind zwischen fünfzehn und fünfunddreißig Jahre alt. Die meisten tragen Marken-Turnschuhe, modisch korrekt *Sneakers* genannt. Es sind teure und ausgefallene Modelle von Nike, Adidas oder Kanye West. Darüber trägt man lässige Marken-Trainingshosen oder Löcherjeans, natürlich vom Designer, der Rest des durchtrainierten Körpers steckt in Kapuzenjacken im *Shabby Style*, verziert mit Goldketten, *trendy* Uhren, Ringen und Tattoos. Die Mädels fallen mit gestyltem Haarlook, die Jungs mit falschherum aufgesetzten Caps auf. Es riecht nach teurem Parfüm. Die Konzertbesucher trinken Energydrinks oder Whisky-Cola aus Dosen und nuckeln an dampfenden E-Zigaretten, während sie sich unterhalten. Ein smarter Mittzwanziger erklärt seinem blonden Gegenüber sein megatolles Businesskonzept: »Bring das Thema back-to-the garage und dann noch was Disruptives rein! Wir sind die Game-Changer, wir denken out-of-the-box.« Soll heißen: Mit hippen Gründergeist-Ideen »aus der Garage« (wie all die anderen Erfolge von Apple, Microsoft oder HP) wurden von ihm und seinesgleichen zuerst altmodische VHS-Sammlungen durch die Erfindung der DVD und diese dann durch Netflix in Rente geschickt. Ebenso wie Vinyl-Schallplatten erst durch die CD und diese wiederum durch Spotify abgelöst wurde. Alternativ dazu wird dann die Retro-Platte wieder zum Hype. Und hier vor dem Konzertsaal tummelt sich die Start-Up-Wohlstandsjugend.

Die Türen werden geöffnet, das Publikum wird streng gefilzt. Der Konzertsaal entpuppt sich als ehemalige Fabrikhalle ohne Sitzgelegenheiten. Es ist rappelvoll. Der Künstler kommt auf die Bühne, er ist ähnlich gekleidet wie sein Publikum, aber er wirkt auf lässigere Art durchtrainiert und durchgestylt. Die

Musik besteht aus stampfenden Beats und schnellen Rhythmen, sie ist größtenteils aus der Konserve und überwältigend laut. Es riecht nach Gras, der Alkoholkonsum steigt, die Zuhörer beginnen zu feiern. Die Texte, die der Musiker halb spricht, halb singt, werden vom Publikum mit entsprechenden Gesten mitgesprochen, kommentiert, mitgetanzt.

Es ist nicht ganz einfach, den schnellen und oft von Slang geprägten Texten zu folgen. Als Neuling in diesem Musikstil sollte man sich vor dem Konzert unbedingt einige Songtexte durchlesen. Eingefleischte Lyrik-Fans würden überrascht sein von den besonderen Reimen, dem Flow und den Ideen und Bildern der Texte, auch wenn sie inhaltlich oft grenzwertig und weit weg von der allgemeinen Vorstellung von gutem Geschmack sind. Völlig ohne die üblichen Lyrik-Regeln, die vielen Schülern im Deutschunterricht die Liebe zum Gedicht schon früh ausgetrieben haben, kommen die Texte sehr lebensnah und direkt rüber. Und doch sind alle Stilmittel, die man in einem klassischen Gedicht finden würde, auch in diesen Texten enthalten, sie sind wortschatzreich, überraschend und sprachspielerisch. Rapper sind damit die Dichter von heute – und der klassische Dichter Johann Wolfgang von Goethe wäre im 21. Jahrhundert vielleicht der größte Rapper von allen.

Hier pulsiert die Musik, beim Hip-Hop, beim Rap. Täglich werden neue Songs produziert, drängen neue Rapper auf den Markt, täglich gibt es neue Texte, die unverblümt, rotzig und kritisch von bestimmten Lebensstilen, von *Style* und Subkulturen handeln. Mittlerweile findet man Rezensionen von Gangsta-Rap-Alben sogar im Feuilleton der »ZEIT«: Rap als Code für Freiheit, Jugend, Protest und *Game-Changer*! Unser moderner Goethe auf der Fabrikhallenbühne kommt aus dem Hunsrück, studiert Jura, ist das Idol der jungen Hörer und gerade Millionär geworden – mit Gangsta-Rap! Manche der Liedtexte sind weit über der Grenze zum Vulgären oder Radikalen angesiedelt, manche einfach geschmacklos oder gar brutal. Doch für die Zuhörer hier in der Fabrikhalle ist das Konzert einfach coole Unterhaltung. Der Künstler auf der Bühne rappt weiter über Liebe und Leidenschaft, Trennung und Trauer. Der Rapper von heute ist nicht nur ein Dichter, sondern sozusagen der Minnesänger unserer Zeit. Auch die Liebeslieder-Sänger des Mittelalters gingen oft über die Grenzen des damals Sittlichen hinaus.

In diese musikgeschichtlichen Überlegungen des versierten Konzertbesuchers (aber Rap-Neulings) dringen plötzlich bekannte klassische Töne. Beim nächsten Song hört man im gesampelten Hintergrund-Beat das Motiv aus der 5. Sinfonie von Ludwig van Beethoven, danach den Rhythmus des Boleros von Maurice Ravel. Motive von Johann Sebastian Bach werden ebenfalls in die gesampelten Beats gemixt. Zwischen den sogenannten Klassikern hört man auch noch jazzige Töne in den Beats des Rappers.

(1) Kollegah, »Klassikmusik (Intro)«

Das ist unser Signal, um den Schauplatz zu wechseln: Wir tauschen die ehemalige Fabrikhalle nun mit einem Jazz-Keller, mit bequemen Sitzgelegenheiten und einem Glas trockenen Rotweins. Mit jeder Treppenstufe hinab taucht der Konzertbesucher tiefer in die gediegene Atmosphäre der inzwischen nichtrauchenden Intellektuellen ein. Am Eingang diskutiert ein Jazz-Fan über einen Preisnachlass fürs Zuspätkommen. Dabei ist der Eintritt für das Jazz-Konzert eher zu niedrig (das Rap-Konzert kostet ein Vielfaches), da bleibt für die studierten Musiker auf der Bühne fast nichts übrig. Im Vergleich zum Rap-Konzert ist auch das Alter des Publikums merklich höher. In der gemütlichen Retro-Atmosphäre des Kellergewölbes sitzen einige langhaarige Männer mit schwarzen Rollkragenpullovern und Frauen mit rotem Kurzhaarschnitt, schräg geschnittenen Leinenblusen und großen Ohrringen. Sie trinken Craftbier, Bionade, alkoholfreien Sojaschnaps und schweren Rotwein. Eine fünfköpfige Band spielt Modern Jazz. Das Publikum gibt sich interessiert. Mit Kennermiene wird das virtuose, technisch perfekte Solo des Saxophonisten direkt ins Spiel hinein beklatscht. Der Bandleader kündigt das nächste Stück an und informiert dabei auch gleich seine Mitmusiker, die sich – wie im Jazz oft üblich – zu diesem Konzert mit wenig Proben zusammengefunden haben: »Wir spielen *in-between*, *binär*, aber nicht *four-on-the-floor*, auf alle Fälle *angebounced*, ziemlich *laid back*, gut im *flow* und trotzdem cool im *halftime* mit wenig *backbeat*, aber ein bisschen *smoothy*. Ich hätte gern noch zwei *Bridges*, die letzte in *doubletime*, und eine *haunting melody* als *Riff* im *Chorus*!« Alles klar, die Musiker nicken lässig, das Publikum auch. »Vielleicht sollte der Drummer noch ein paar *Ghost Notes* einbauen«, raunt ein bewunderungsheischender Jazzkenner seiner Begleitung zu.

(2) The Dave Brubeck Quartet, »Take Five«

Bei einem – leider ziemlich unwahrscheinlichen – Zusammentreffen eines Jazz-Konzert-Besuchers mit dem Start-Up-Game-Changer vom Rap-Konzert würde einem Beobachter sofort auffallen, dass die beiden sich durch ihren Dresscode, ihr Benehmen und ihre Sprache bewusst abgrenzen möchten. Bei allen Versuchen, möglichst individuell zu sein, bilden sie aber eine homogene Menge – auch und gerade mit dem disruptiven Element aus der Garage. Dieses »Wir machen alles neu und anders« ist ein wiederkehrendes Muster in der Entwicklung der Musik und gar nicht so neu. Bei dem Versuch, der Modernere, Hippere oder Intellektuellere zu sein, überbieten sich viele Künstler in ihrer Spießigkeit, keine Einflüsse von außen, von anderen Genres oder Stilen zuzulassen, und werten sie sogar ab. Dabei erwachsen alle Musikrichtungen aus demselben Fundament, wie wir noch sehen werden.

Hier kommt wieder Johann Wolfgang von Goethe, das Flaggschiff unserer Kultur und der klassischen Dichtung, ins Spiel. Einer Studie zufolge, die den Wortschatz von Rappern, Schlagertexten und Goethe analysierte und verglich, verfüge der umstrittene Rapper Kollegah über ein größeres Vokabular als Goethe. Dass die Schlagertexte weit abgeschlagen auf den hinteren Plätzen landen, verwundert hingegen nicht: Hier ist Einfachheit Programm. Doch hinter einem bildhaften, metaphorischen, sprachspielerischen Satz kann ein ganzes Weltbild stehen. Und solche Sätze bilden Rapper mit der heutigen Sprache ebenso ab wie Goethe mit der Sprache zu seiner Zeit.

Im Jazz-Club spielt der Trompeter der Band ein langes, langsames Solo. »Sehr *laid back*!«, ruft ein Zuhörer und klatscht in die Musik hinein. Der Trompeter verneigt sich und die Band steigt wieder ein. Das Publikum unterhält sich nebenbei. Das Spielideal des Cool Jazz ist eher introvertiert und konzertant, ähnlich wie im ausgehenden 17. Jahrhundert die Instrumentalmusik in der Renaissance. Die Gegenüberstellung von Soloinstrument und Ensemble oder Orchester und das künstlerische Zusammenwirken zwischen *Solo* und *Tutti* gab es damals schon, ebenso wie wenig später in den Instrumentalkonzerten von Johann Sebastian Bach. Ebenso wie der Jazz selbst ist auch die Stimmung im Musikkeller introvertiert. Der musikalisch bewanderte Konzertbesucher hört auch hier (wie im Rap-Konzert) Motive von Johann Sebastian Bach, das bekannte Anfangsmotiv der 5. Sinfonie von Ludwig van Beethoven, Klänge aus Tschaikowskys Nussknacker-Suite und den Rhythmus von Ravels Bolero. Die bekannten Motive aus der klassischen Musik scheinen eine Inspirationsquelle für Musiker aller Musikrichtungen zu sein.

Die kleine Fangemeinde im Jazzkeller bleibt gern unter sich. Das war vor einhundert Jahren zum Beispiel in New Orleans noch ganz anders, als dort die Jazz-Szene boomte. Erst seit 1990 gibt es wieder musikalische Versuche, die Jazz-Nische zu öffnen und wieder spannende Inhalte zu bieten, statt sich durch Abgrenzung zu definieren. Der Jazz und der Hip-Hop, beides Musikstile vor allem der Schwarzen Bevölkerung im amerikanischen Großstadtdschungel und beide mit viel Improvisation und differenzierter Rhythmik, beginnen sich musikalisch zu verbinden. So kann Louis Armstrong, der Jazz-Trompeter und Sänger, eigentlich als der erste Rapper gelten – er wusste das nur noch nicht. Im Song »Heebie Jeebies« erfand er spontan Worte, Silben und Laute, weil ihm im Studio das Textblatt heruntergefallen war und er improvisieren musste.

(3) Louis Armstrong, »Heebie Jeebies«

Die zeitgenössischen Hip-Hopper bedienen sich aus dem Jazz mit Motiven für ihre Audioloops, die sie mit ihren Sample-Geräten weiterentwickeln. Das heißt, sie benutzen Ausschnitte aus Musikstücken, digitalisieren sie, verarbeiten sie, verändern sie, stellen sie neu zusammen und in einen anderen musikalischen Kontext. Sie machen digital, was ein klassischer Komponist ganz analog mit einem musikalischen Thema macht, wenn er es weiterverarbeitet, verändert und mit anderen Motiven mixt, wie beispielsweise Johann Sebastian Bach in einer Fuge oder Ludwig van Beethoven in einer Sonate. Erstaunlich: Klassik, Jazz und Hip-Hop sind beim zweiten Hinhören gar nicht so weit auseinander.

(4) Gang Starr, »Jazz Thing«

Die Band »Gang Starr« verbindet 1990 in ihrem Song »Jazz Thing« als eine der ersten Bands Rap und Jazz. Der Jazz-Trompeter Miles Davis macht 1992 eine Platte zusammen mit dem Rapper Easy Mo Bee: »Doo-Bop«. Diese Songs lösen einen beispiellosen Abgrenzungswahn aus: Vielen Jazzmusikern sind diese Songs

(5) Miles Davis feat. Easy Mo Bee, »The Doo-Bop Song«

zu trivial. Miles ahmt zum Beispiel in einer Trompeten-Improvisation den Rap nach, was den Jazzern zu einfach und zu sparsam ist. In der Verbindung von Jazz mit Rap sehen sie eine Herabsetzung ihrer Kunstform. Den Hip-Hoppern wiederum, denen *Samples* ihr musikalisches Markenzeichen und ziemlich heilig sind, gefällt die Auswahl der Beats nicht. Außerdem behaupten sie, Hip-Hop sei der neue Bebop. Das ärgert wiederum die Jazzer. Der Bebop-Stil hatte sich nämlich um 1940 auf die Fahnen geschrieben, den traditionellen Jazz mit abstrakter und ausgeklügelter Musik zu revolutionieren und den als konservativ bezeichneten Dixieland-Jazz durch Modern-Jazz abzulösen. Nun haben die Jazzer Sorge, durch den Hip-Hop-Rap abgelöst zu werden. Dagegen hilft natürlich nur konsequente Abgrenzung! Auch die Hip-Hop-Szene grenzt sich gegen die neue Stil-Schublade der Musikindustrie, den Rap-Jazz, ab. Sie machen nämlich keinen Rap-Jazz, sondern sie sind und bleiben Hip-Hopper, die ihre Songs unter anderem eben mit Jazz-Samples unterlegen. Diese Besitzstandswahrung ohne Besitz ist wirklich einzigartig und es verwundert nicht, dass dies der Musik nicht nützt.

Auch die Verbindung von Jazz und Popmusik gibt es schon seit vielen Jahren, obwohl diese beiden musikalischen Stile sehr gegensätzlich sind. Popmusik lebt vom Text und vom Gesang. Im Jazz jedoch wird oft sogar die Stimme instrumental eingesetzt, wenn der Sänger *scattet*, das heißt, er nur Silben und Laute singt. Beim Pop-Jazz steuert der Jazz die typischen Harmonien bei, die etwas komplexer sind als bei den meisten Popsongs; den Pop-Anteil bilden die eingängigen Melodien und der Refrain. Einige Jazzmusiker werden erfolgreich im Pop-Jazz-Genre vermarktet. Sie müssen sich von der Pop-Fraktion jedoch den Vorwurf gefallen lassen, dass sie den Pop-Anteil nur zu Vermarktungszwecken betonen. Also auch hier: kleingeistiges Schubladendenken statt neugieriges Ausprobieren.

(6) Jamie Cullum, »Don't Stop the Music«

Problemlose Verschmelzungen gibt es nur zwischen Jazz und Rockmusik. In den 60er Jahren einigten sich die Musiker und Komponisten beider Stile darauf, den Stil *Rockjazz* zu nennen, wenn der Song vom Jazz ausgeht, und *Jazzrock*, wenn es umgekehrt ist. Bekannte Musiker, die mit dieser *Fusion* genannten Strömung experimentiert haben, sind die Gitarristen und Komponisten John

McLaughlin und Al Di Meola, die Pianisten Herbie Hancock und Chick Corea – und wieder Miles Davis. Sie waren und sind wunderbar neugierige Musiker, die musikalisches Neuland betreten haben. Wenn der Jazzstil überwiegen soll, spielen die Bands eher akustisch, wenn der Rock im Vordergrund stehen soll, elektrisch. Sehr flexibel, sehr unkompliziert – und ohne sich mit kreativitätstötenden Abgrenzungsgedanken oder Opferrollen abzugeben.

Es gibt aber auch eine Gemeinsamkeit dieser abgrenzungswütigen Genres: Alle werden in Deutschland als U-Musiker bezeichnet, denn ihre Musik ist *Unterhaltungsmusik*. Im Gegensatz zur sogenannten E-Musik, der *ernsten Musik*. Das ist die Musik, bei der die Etikette wichtig ist, bei der man keinen Spaß haben darf und alle ernst sein müssen, die Musiker wie die Zuhörer. E-Musik ist die Musik, bei der man den Text eh nicht versteht, weil er, wie zum Beispiel in der Oper, italienisch gesungen wird. E-Musik ist die Musik, die elitär ist, bei der man elegant zu sein hat – und eben ernst, sehr ernst. Die Verwertungsgesellschaften für urheberrechtlich geschützte Musik haben diese Einteilung in E-Musik und U-Musik zementiert. Vordergründig hat das einen sehr nachvollziehbaren Hintergrund: Die E- Musik, also die ernste »klassische« oder »Kunst«-Musik, wird viel weniger oft gespielt als die populärere U-Musik. So bekommt ein E-Musik-Komponist zwar mehr Geld, aber dafür weniger oft. Der U-Musiker bekommt hingegen zwar weniger Geld, aber dafür öfter. Vielleicht. Denn ein Jazzer zum Beispiel bekommt weniger Geld und das fast nie, weil Jazz sehr selten bei uns im Radio läuft und es viele Jazz-Clubs (die vor Jahren noch angesagt waren) nicht mehr gibt. Man könnte also schlussfolgern, dass es die E-Musik als hohe Kunst nur gibt, weil sie subventioniert wird, während die populären Genres am Markt bestehen müssen. Die Zuhörer bezahlen gern für Unterhaltung, manche auch für Kunst, aber eben nicht für den, der am längsten studiert hat. Musik wird subjektiv empfunden und es ist eben Fakt, dass für einen Großteil der Musikhörenden moderner Jazz (der zur U-Musik gehört) oder Klassische Musik (die zur E-Musik gehört) nicht so toll oder eingängig sind. Was populär ist, unterliegt sowieso dem Wandel der Zeit: Jazz war auch mal der Pop von New Orleans, die Beatles waren Pop, heute ist der Rapper Pop. Um 1770 waren Goethe und Mozart Pop.

Ist es wirklich so, dass ein klassisches Konzert nur ernst ist? Nur schwierig und langweilig? Dass die Zuhörer elitär sind? Zu Mozarts Zeiten war das offensichtlich nicht so. Und heute? Wir wechseln erneut den Schauplatz: Im Konzertsaal gegenüber dem Jazzkeller gibt es ein klassisches Konzert mit der d-Moll Toccata von Johann Sebastian Bach, der 5. Sinfonie von Ludwig van Beethoven, Tschaikowskys Nussknacker-Suite und dem Bolero von Maurice Ravel. Das Konzert hat schon begonnen. Da man in einem klassischen Konzert nicht zu spät kommen darf, werden die undisziplinierten Zuspätkommer nur an sehr lauten Stellen der Musik und nur ganz oben hinten in den Konzertsaal eingelassen. Die d-Moll Toccata für Orgel ist zum Glück an einigen Stellen sehr laut. So werden die Unpünktlichen unter dem strengen Blick des Portiers mit Hilfe einer Taschenlampe in die letzte Reihe des Saales dirigiert. Die ansteigenden Sitzreihen des holzvertäfelten Konzertsaals bieten gute Sicht. In den bequemen Sitzen, die mit weinrotem Stoff bezogen sind, lässt es sich entspannt lauschen. Die Akustik ist – von speziellen Ingenieuren ausgeklügelt – an fast allen Stellen im Saal hervorragend. Die riesige Orgel, die ebenfalls im Konzertsaal steht, hört man auch bei den leisesten Tönen bis in den hintersten Winkel des großen Saales. Die forte-Stellen bei Bach stehen in der Lautstärke der des Rap-Konzerts in nichts nach.

(7) J. S. Bach, »Toccata und Fuge in d-Moll«

Jedoch erreichen sie das Ohr subtiler, differenzierter und schwingender als die Musik aus den Boxen im Rap-Konzert. An manchen Stellen klingt Bach auch nach Jazz. »Das liegt an seiner Harmonik«, flüstert ein Konzertbesucher seinem Sitznachbar ins Ohr. Trotz der lauten Musik bringt ihm das sofort einen giftigen Blick eines anderen Konzertbesuchers ein. »Ruhe«, zischt dieser empört. Am Ende des Stücks klatscht das Publikum gesittet und langanhaltend. Einige Reihen im großen Konzertsaal sind aber frei geblieben. Nach Beethovens »Fünfter« ist Pause. Man sieht Damen in langen Kleidern mit Perlenketten und Herren im Anzug mit Fliege oder sogar im Frack. Das Durchschnittsalter der Konzertbesucher liegt bei gut über sechzig Jahren. Man trinkt Champagner, spricht gedämpft und kultiviert über den Dirigenten und sein Orchester, vergleicht sachverständig das Konzert mit bereits gehörten Aufführungen: »Diese drei markante Achtelnoten auf dem Ton G und das folgende *Fortissimo* auf dem Ton hätten für mich mehr *Con forza* vertragen«, meint ein designierter älterer Herr mit Fliege zu seiner Begleitung im glitzernden Abendkleid. »Das *per aspera ad astra* von c-Moll nach

C-Dur klingt bei Beethoven sehr erhaben«, mischt sich eine weitere Konzertbesucherin ins Gespräch, »es hat das sinfonische Schaffen im 19. Jahrhundert maßgeblich beeinflusst.« – »Die rhythmische Kraft tritt schon im Anfangsmotiv mittels des *Unisono* der Streicher besonders prägnant in Erscheinung«, ergänzt ihre grauhaarige Begleitung. »Das ist bei Bach auch so«, mischt sich die Dame im Glitzerkleid ein. »Schon beim ersten *Mordent* auf der Orgel assoziiert man die Toccata. Beide Werke sind ja auch enorm populär, auch bei Menschen, die sonst der klassischen Musik nicht so zugeneigt sind. Übrigens ebenso wie die beiden Stücke, die wir nach der Pause hören werden.« Ihr Gegenüber ereifert sich: »Dass Motive dieser Werke immer häufiger in Filmen, in Computerspielen und in der Popmusik zitiert werden, ist wirklich *una profanazione*!« Ja, da ist man sich einig, es ist eine Entweihung!

Wenn man klassische Musik studiert hat, kann man mit den gelernten Fachbegriffen der musikalischen Vortragsbezeichnungen wie *piano* oder *con forza* in jedem abgelegenen italienischen Tante-Emma-Laden ohne Sprachbarriere einkaufen. Man zeigt einfach auf die Käsetheke und bekommt mit »con forza« einen kräftigen Käse oder ein mildes »piano« Pesto. Ein anderer Vorteil ist das internationale Verständnis dieser Musiksprache. Sie wird im frühen 17. Jahrhundert in Italien eingeführt, weil sich der vom Komponisten gewünschte und zunehmend größer werdende Ausdrucksgehalt der Musik nicht mehr ausschließlich durch Noten darstellen lässt. Zuerst sind es nur Zeichen und Worte für Tempo- oder Lautstärkewechsel, dann kommen Vortrags- und Charakterbezeichnungen für die einzelnen Musikstücke dazu. In Frankreich entsteht ein großes Vokabular für die Gefühle, den Affektgehalt der Musik. Ab 1750, mit dem Übergang zur Epoche der Klassik, ergänzen Artikulations- und Spieltechnik-Bezeichnungen das musikalische Vokabular.

Leider kann der Klassikkonzert-Besucher – ebenso wie der intellektuelle Jazz-Hörer oder der Rap-Fan – diese Fachsprache durchaus auch missbrauchen: Er gibt damit an, grenzt sich ab und andere aus. Der Klassik-Neuling hält sich dann für ungebildet, der neugierige Jazzkonzert-Besucher wähnt sich nicht intellektuell genug, und derjenige, der sich zum ersten Mal in ein Rap-Konzert wagt, fühlt sich sehr alt und nicht mehr up-to-date. Deshalb wird er diesen Konzerten in Zukunft wohl fernbleiben und sich wieder nur in seinen gewohnten Musikkreisen bewegen. Auch viele Musiker bleiben bei ihrem vertrauten Musikstil und grenzen sich sogar explizit durch die Einführung von Verhaltensregeln, Dresscodes und auch von Sprachbarrieren von anderen ab. Diese Grenzen sind aber nicht gottgegeben. Was heute als korrekt und angemessen gilt, war nicht immer so. Natürlich stört zum Beispiel lautes Reden im Konzert den versierten Klassikhörer. Aber er sollte sich vor Augen halten, dass es zum Beispiel im 17. Jahrhundert in den Konzerten keineswegs gesittet zuging. Sogar die Musiker auf der Bühne machten Lärm, wenn sie gerade nicht dran waren. In den Logen wurde gegessen und geredet, während man auf ein bestimmtes Musikstück oder auf den Star des Abends wartete. Schon vor Ende des Stücks wurde mit Händen und Füßen applaudiert und laut gerufen, genauso wie heutzutage bei einem Rap-Konzert. In den klassischen Konzerten würden etwas mehr Freiheit, Spaß und Emotion und dafür weniger Etikettedünkel, Eitelkeit und Abgrenzung sowohl Hörer als auch Musiker beflügeln.

Dass die Erde eine Scheibe und der Mittelpunkt des Universums ist, glaubten früher sogar die klügsten Köpfe. Galileo Galilei musste noch 1633 seiner Lehre von der Bewegung der Erde um die Sonne vor einem Inquisitionsgericht abschwören. Die katholische Kirche hat ihn erst 1992 rehabilitiert – nach über 350 Jahren. Man sieht also: Bahnbrechende Erkenntnisse und Entwicklungen, heute auch disruptive Ideen genannt, riefen schon immer mächtige Institutionen, Rechthaber, Zauderer, Ängstliche, Bewahrer und selbsternannte Autoritäten auf den Plan. Es geht immer um Macht und Eitelkeit. Deshalb werden neuartige Erkenntnisse und Entwicklungen von bestehenden Institutionen oft heftig attackiert. Das ist auch in der Kunst so. Der Klassikhörer oder der Jazzliebhaber, der Rock- oder Pop-Konzert-Besucher oder der Rap-Fan und oft auch die Musiker des entsprechenden Stils sind derart damit beschäftigt, sich durch Fachsprache, Benimm-Regeln und Dresscodes abzugrenzen, um vermeintlicher Mittelpunkt der Musikszene zu bleiben, dass sie fast vergessen, sich weiterzuentwickeln und über den Tellerrand zu hören – oder über die Scheibe: Denn Musik ist nur auf CD oder der guten alten Schallplatte flach, ansonsten sollte sie die Zeit und den Globus umspannen und sich kreativ und ohne Grenzen entwickeln können!

Wenn wir Schubladendenken und Ressentiments verringern, Grenzen öffnen und Mauern einreißen wollen, müssen wir ergründen, woher Regeln oder Vorurteile kommen. Woher kommt es zum Beispiel, dass wir bei der E-Musik schweigend und andächtig zuzuhören haben und uns nur die U-Musik unterhalten darf? Woher kommen die unterschiedlichen Stile mit ihren unterschiedlichen Instrumenten, unterschiedlichen Noten und unterschiedlichen Regeln? Die Wurzeln unserer Musikkultur liegen in der Antike um 650 vor bis 300 nach Christus. Jeder kennt Namen wie Aristoteles oder Platon, Pythagoras oder die griechischen Götter Zeus oder Apollon. Aber Musiker aus dieser Zeit kennen wir nicht. Was haben sie gespielt? Wie und womit haben sie musiziert? Wie haben sie unsere Musikkultur, unsere Hörgewohnheiten geprägt? Antworten finden wir vielleicht bei den Philosophen und Göttern der Antike. Also starten wir eine Zeitreise zu den Hörenswürdigkeiten der Musik und beginnen mit dem ersten Eurovision Song Contest 650 v. Chr. bei den alten Griechen…

Kapitel 1

Warum der Eurovision Song Contest im Nabel der Welt stattfindet, was Musikunterricht mit Rhetorik zu tun hat, wie die Ernste Musik und die Unterhaltungs-Musik erfunden wurden und warum beide von den Göttern abgesegnet sind.

Pling! Paling-Palang! Eine weiche, aber rhythmische Melodie, von einem Saiteninstrument begleitet, dringt in das Ohr der Konzertbesucher. Sie sitzen auf den ansteigenden, steinernen Sitzreihen eines Amphitheaters. Es ist bis auf den letzten Platz besetzt. Unten im Halbrund des Theaters spielt und singt ein Musiker. Hinter ihm liegt die Ebene des Golfs von Korinth. Das riesige Theater im Hang des Berges ist eine Wucht, das Heiligtum für den Gott Apollon erstreckt sich mit vielen Gebäuden, Schatzhäusern, Säulenhallen und Tempeln am Hang entlang. Der antike Grieche hatte ein feines Gespür für das Zusammenspiel von Landschaft, Architektur und Kunst. Benannt nach der geflügelten Schlange Python, die Apollon dem Mythos zufolge hier getötet haben soll, war **Delphi** zunächst unter dem Namen *Pytho* bekannt. Hier ist für den antiken Menschen zudem der Mittelpunkt der Welt, weil sich hier die zwei Adler des Gottes Zeus trafen, die er von je einem Ende der Welt – die man sich damals noch als flache Scheibe vorstellte – hatte aufsteigen lassen. Vielleicht findet sich im Nabel der Welt auch der Nabel der Musik?

Hier im antiken Theater sind mindestens 5000 Zuhörer versammelt. Der Musiker sitzt unten im Halbrund des Theaters, er trägt einen *Chiton*, ein langes, um den Körper gefaltetes Wolltuch, und hat ein siebensaitiges Instrument in der Hand, das er auf ein Bein stützt – eine *Kithara*. Einen derartigen Musiker nennt man *Kitharöde*.

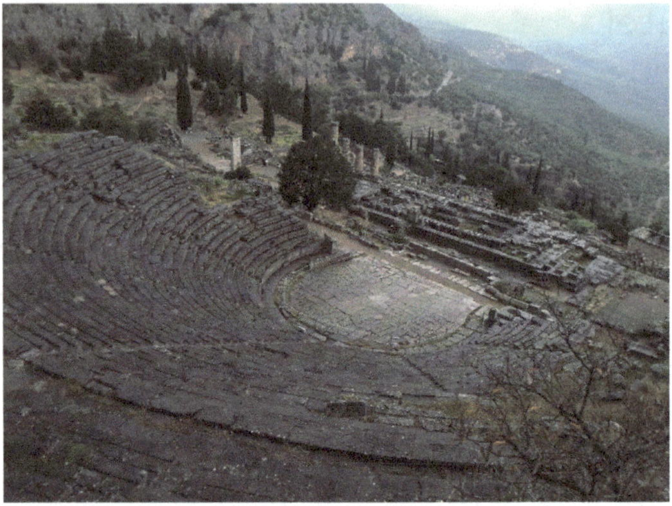

Abb. 1: Delphi und Theater

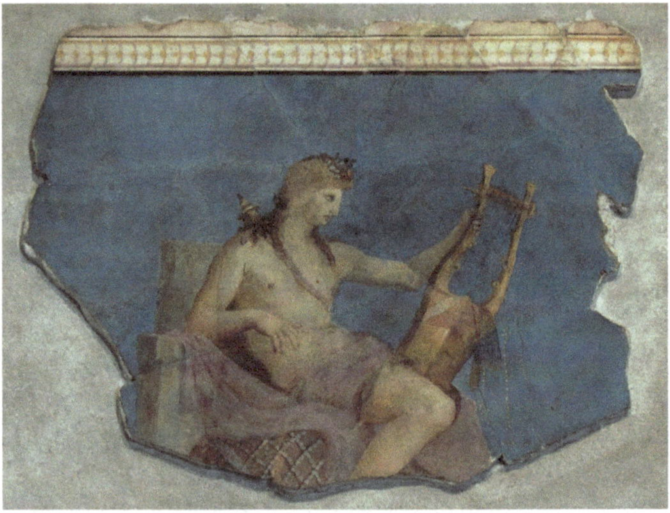

Abb. 2: Apollon mit Kithara

Wir sind bei den Pythischen Spielen in Delphi etwa 650 v. Chr. Für die Zeit der Spiele gilt der heilige Delphische Frieden, der drei Monate andauert. Die Waffenruhe garantiert den Teilnehmern und den Zuschauern eine gefahrlose Reise zu den Spielen und wieder zurück in ihre Heimat. Die Pythischen Spiele sind sozusagen der antike Song-Contest: Griechenland sucht den Superstar! Beziehungsweise den Super-Kitharöden. Er covert nicht, sondern dichtet und komponiert selbst. Dann singt er seine Lieder vor und begleitet sich auf der Kithara. Der griechische Musiker muss dabei noch alles selbst machen: komponieren, dichten, singen und sich selbst am Instrument begleiten. Keine Band, keine elektronischen Verstärker und erst recht kein *Auto-Tune* unterstützen ihn. Seine Stimme und sein Spiel werden nur durch die unglaubliche Architektur des Theaters verstärkt. Von dieser Akustik könnte sich manch moderner Konzertsaal heute eine Scheibe abschneiden. Das Publikum applaudiert begeistert.

Durch die Aufzeichnungen des griechischen Philosophen Aristoteles bekommen wir einen Überblick über die Pracht und den Glanz der Spiele und der sie umrahmenden Festlichkeiten: Die Spiele dauern sechs bis acht Tage und finden alle vier Jahre immer zwischen den olympischen Spielen statt. Sie beginnen mit einem heiligen Spiel, das den Sieg Apollons über Python darstellt. In einer feierlichen, glanzvollen Prozession wird im Tempel des Apollons ein großes Festopfer dargebracht. Nach einem Festgelage beginnen am vierten Tag die Spiele. Ein großer Kunstmarkt findet ebenfalls statt. In der Ebene gibt es Wagenrennen und Reiterrennen und später gibt es im Stadion von Delphi auch gymnastische Wettkämpfe. Aber das Wichtigste bleibt die Musik.

Der Musiker, Komponist und Dichter, den man im Amphitheater hört, heißt Terpandros. Er ist der Erfinder der siebensaitigen Kithara (die aus der viersaitigen hervorging), die mit der *Lyra* verwandt ist. Beide gehören zur Familie der Leiern. Das Spiel auf Leiern, das oft Lyrik oder Gesang begleitet, ist sozusagen die klassische Musik der Antike. Terpadros gilt als ihr Schöpfer und als Begründer der griechischen Lyrik. Der Künstler muss einiges bieten, um hier bei dem Wettkampf mitmachen zu dürfen: Er muss eine Hymne an den Gott Apollon dichten und singen, er muss Flöten- und Kitharaspiel mit und ohne Gesang, sowie Schauspiel und Tanz beherrschen. Diese Künste fließen dann in der altgriechischen Form der Tragödie zusammen. Außerdem gibt es noch Malwettbewerbe. Ob Terpandros auch malen und tanzen musste? Er hat jedenfalls fünf Mal beim altgriechischen Song-Contest gesiegt. Da die Pythischen Spiele Ehrenspiele sind, bekommt der Sieger kein Preisgeld, sondern einen Lorbeerkranz als Auszeichnung, so wie der Sportler in Olympia den Palmzweig bekommt. Auch Äpfel gibt es als Preis. Bei besonderen Ehrungen setzt man dem Wettkämpfer auch ein

Denkmal in Form einer Statue. Sicherlich hat auch der Sänger Terpandros ein Denkmal bekommen. Am Wichtigsten ist jedoch das Ansehen, das dem Sieger und seinem Heimatort zuteilwird. Deshalb unterstützen die Städte ihre Vertreter mit allen Mitteln, um bei den Spielen so gut wie möglich abzuschneiden. Es gibt also Subventionen für die Künstler, ähnlich wie heute für Konzertveranstalter.

Die Musik bewegt die Zuhörer, die Stimmung wird von der Kithara auch ohne Text übertragen. Mit ohrenbetäubendem Applaus und Geschrei bejubelt das Publikum den Künstler Terpandros. Schade, dass Theodosius I., Kaiser von Rom und Byzanz, die Spiele 394 n. Chr. als heidnische Veranstaltung verbieten wird. Der nachfolgende Kitharöde ist offensichtlich nicht so interessant. Es wird geredet, gegessen, Zuschauer kommen und gehen, es ist relativ laut auf den Rängen des Amphitheaters. Einige Zuhörer verlassen das Theater, um in die Stadt zu gehen. Im Stadion finden gerade gymnastische Wettkämpfe statt, auf dem Marktplatz gibt es Kunsthandwerker, im Apollon-Tempel wird gebetet und in den Schatzhäusern werden wertvolle Weihegeschenke abgegeben. Überall gibt es Musiker mit der Lyra oder der Kithara und auch mit einem gebogenen, flötenähnlichen Blasinstrument. Überall erklingt Musik. Die Griechen scheinen alle musizieren zu können, aber wo wird es ihnen denn gelehrt?

Am »Schatzhaus der Athener« in Delphi hängt ab 138 v. Chr. eine Tafel mit altgriechischen Schriftzeichen. Es ist eine Hymne an den Gott Apollon. Über dem Text stehen einzelne griechische Buchstaben. Sie geben die Tonhöhe an und sind wahrscheinlich nach den Saiten der Kithara benannt. Darüber gibt es Zeichen und Symbole für die Tondauer. Also wird bei den alten Griechen schon seit dieser Zeit Musik notiert! Das werden wir uns später nochmal genauer anschauen.

In der Versammlungs- und Ruhmeshalle gibt es gerade einen Vortrag. Ein Redner spricht, dabei wird er von einer Lyra begleitet. Er spricht in einer Art rhythmischer Rhetorik, die sehr beeindruckend ist, auch wenn man den Inhalt nicht verstehen würde. Platon, der griechische Philosoph, hat in einer seiner Schriften erklärt, warum die Musik im gesellschaftlichen Leben der Antike und auch in der Erziehung und Charakterbildung der Jugendlichen eine so große Rolle spielt: »Die Bewegungen der Seele sollen denselben Gesetzen der Harmonik gehorchen, die in der Musik hörbar werden. Indem man Maß und Ton halten kann, wird man auch geschickter im Reden.« Deshalb singt dieser Vortragende seine Rede beinahe. Es ist musikalische Rhetorik. Die Vorgaben sind für den Redner ebenso streng, wie für den geübten Lyraspieler. Nach Platon sollten auch alle Kinder das Lyra-Spiel lernen. Danach lehren die Musikmeister ihnen Gedichte, also Lyrik, die sie dann mit dem Lyra-Spiel zu unterlegen haben. »Die Musikmeister arbeiten dahin, Zeitmaß und Wohlklang den Seelen der Kinder geläufig zu machen, damit sie milder werden. Wenn sie Maß und Ton halten können, werden sie ebenfalls geschickter im Handeln, denn überall bedarf das Leben der Menschen des richtigen Zeitmaßes und der Zusammenstimmung«, meint Platon. Also lernen praktisch alle Griechen ein Instrument. Wahrscheinlich auch in Platons Akademie in Athen. Ein kluger Mensch, dieser Platon. Er vertritt die Auffassung, dass Musik einen sittlichen Gehalt hat. Seine Gedanken münden in ein musikpädagogisches Konzept, das in der Antike umgesetzt wird: Erziehung durch Musik.

Auch heute gibt es verschiedene Musikwissenschaftler, die sich mit dem Einfluss von Musikerziehung auf die individuelle Entwicklung von Kindern und Jugendlichen auseinandersetzen. So war Professor Hans Günther Bastian (1944–2011) überzeugt, dass Musikerziehung die Persönlichkeitsentwicklung und die soziale Kompetenz von Kindern fördert. Er meinte, dass Musikmachen und Musikerleben Bestandteil menschlicher Selbstverwirklichung seien und eine Chance zur Ausbildung einer humanen Persönlichkeit. Das ist es wohl, was Platon als »mild« bezeichnet. Musik soll nach Platon keine Ware sein, kein Luxus oder Dekor, sondern unverzichtbares Lebenselixier. »Musik soll nicht nur gewusst oder gekonnt sein«, meinte Bastian, »sondern muss gelebt und erlebt werden.« Ein Rezept aus der Antike, das heute noch Gültigkeit hat.

In Delphi, über 2600 Jahre vor der klugen Musikpädagogik des Professor Bastian, funktioniert das offensichtlich gut. Sogar aus dem Stadion hört man den nasalen Klang eines Instruments, das entfernt an den durchdringenden Sound eines Dudelsacks erinnert. Während sich ein Speerwerfer auf seinen Wurf konzentriert, steht neben ihm ein Musiker, der ein Blasinstrument spielt. Er hat zwei etwa altflötenlange Melodierohre im Mund, wahrscheinlich aus Knochen oder Holz, jedes mit mehreren Löchern, die er mit seinen Fingern abwechselnd abdeckt. Dem Klang nach zu urteilen ist es aber keine Flöte, sondern ein *Rohrblatt*-Instrument, das heißt, es hat als Mundstück eine schwingende Zunge in Form eines flachgedrückten Halms oder Rohres, wie bei uns zum Beispiel die

Klarinette. Dieses hier hat wohl zwei Rohrblätter, denn es klingt so nasal wie unsere Oboe, dabei aber so laut und durchdringend wie ein Dudelsack. Der Musiker hält die Rohre V-förmig mit je einer Hand und bewegt sich dabei weich fließend zu seiner Musik hin und her. Der Speerwerfer nimmt den Rhythmus auf. Er führt seine Bewegungen im Einklang zur Musik aus. Musik zum Sport gibt es heute nur noch beim Dressurreiten, beim Eiskunstlauf – oder wenn man mit Kopfhörern joggen geht.

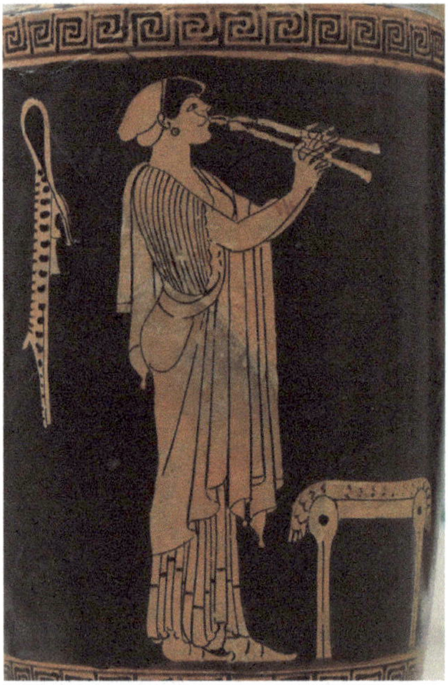

Abb. 3: Aulosbläser

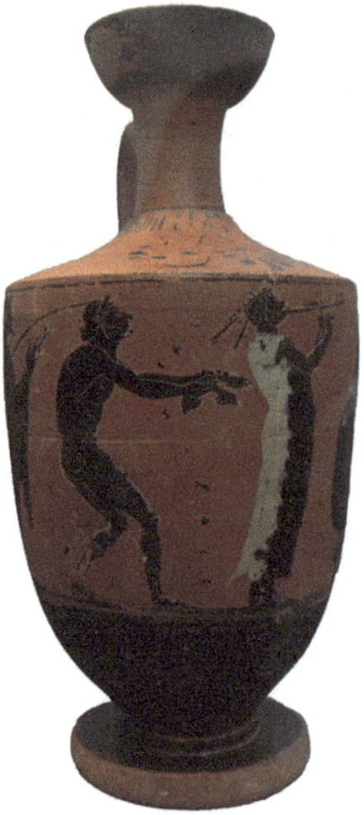

Abb. 4: Athlet mit Hanteln und Aulosbläser

Dieser *Aulosbläser* passt seinen Rhythmus und seine Lautstärke dem Anlauf des Speerwerfers an und begleitet den Speer noch während seines langen Fluges. Das Ende des Liedes geht im Jubel der Zuschauer unter, der Speer steckt zitternd im Boden. Und schon kommt der nächste Athlet mit dem nächsten Bläser. Nach Ende der Wettkämpfe treffen sich Musiker, Athleten und Zuschauer in der Ruhmeshalle. Zunächst bekommen die Teilnehmer ihre Lorbeerkränze aufs Haupt gesetzt, Äpfel und Palmzweige überreicht, dann wird gefeiert. Jetzt ist von der Kithara oder der Lyra nichts mehr zu hören, jetzt übernehmen die Aulosbläser!

Mit ohrenbetäubend lauter Musik bestimmen sie näselnd und durchdringend den Takt. Warum haben diese Bläser nicht beim Wettbewerb im Amphitheater mitgemacht? Sie sind wirklich super! Da kommt sofort Stimmung auf! Es wird ausgelassen getanzt, gegessen und vor allem getrunken. Wurde der Aulosspieler beim Musikwettbewerb nicht zugelassen, weil er die falsche Musik macht – zum Sport und zum Feiern statt zur Ehrung edler Götter?

Nach der griechischen Sage wird Apollon zum Gott der Musik, weil er die Leier erschaffen hat. Alle leierartigen Instrumente wie die Kithara oder die Lyra gehören also zur hohen, kultivierten, ethisch und pädagogisch wertvollen Musik, sozusagen von Gott gewollt und abgesegnet. Hier in Delphi liegen somit die Wurzeln der sogenannten ernsten klassischen Musik, unserer E-Musik. Hier im Nabel der Welt ist diese Klassifizierung vor über 2600 Jahren entstanden. Hier wurde das Leierspiel zur ernsten, hochwertigen Musik erklärt, wie etwa das Klavierspiel des deutschen Bildungsbürgertums im 19. Jahrhundert.

Der Aulos passt wohl besser zu orgiastischem Feiern, zu Trinkgelagen und Festen. Er begründet die U-Musik, die Musik zur Unterhaltung. Der Aulos blasende Satyr Marsyas, ein Mischwesen und Dämon im Gefolge des Dionysos, dem Gott des Weines, forderte den Leier spielenden Gott Apollon zum Wettstreit heraus – und natürlich verlor er. Heute hätte der Aulosspieler als U-Musiker elektrische Gitarre oder zumindest Saxophon gespielt und vielleicht gegen Apollon nicht verloren. Die Antike gesteht aber auch dem Aulosspiel eine Verbindung zum Götterhimmel zu, weil der Sage nach der Aulos von der Göttin Athene erfunden wurde. Doch die Göttin warf das Instrument fort, als sie bemerkte, dass das Hineinblasen ihre Gesichtszüge entstellte. Der Satyr fand es und perfektionierte das Spiel – bis er auf Apollon traf.

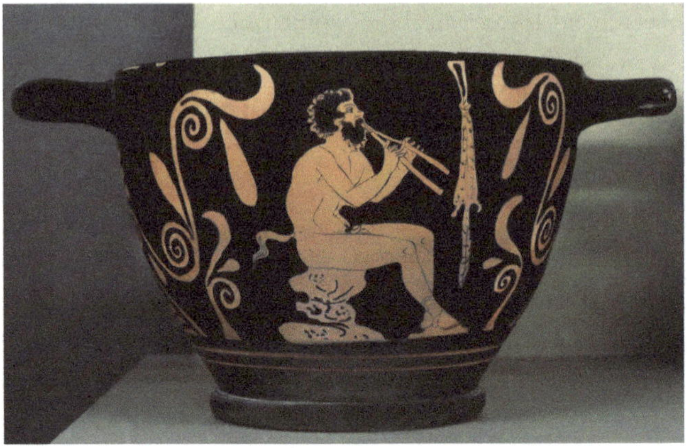

Abb. 5: Satyr mit Aulos

In der Ruhmeshalle hört man von den Aulosbläsern ähnliche Melodien wie im Musikerwettstreit von den Kitharöden. Wie später im Mittelalter werden gleiche Melodien mit unterschiedlichen Texten in beiden Musik-Sparten verwendet. Gemeinsam singen, tanzen und trinken hier die Musiker und Zuhörer aus dem Amphitheater ausgelassen mit den Sportlern und Zuschauern.

Also was soll dann diese Klassifizierung in E-Musik und U-Musik und deren gegenseitige Abgrenzung, die wir heute in der Musik haben? Die klassische Lyra und der volksnahe Aulos sind doch beide von antiken Göttern erfunden und abgesegnet! Sogar der griechische Philosoph Aristoteles akzeptiert Musik sowohl zur Persönlichkeitsentwicklung als auch zur Entspannung und Unterhaltung. Bei Platon dagegen geht das gar nicht. Er ist empört darüber, dass das Musizieren sich mit der Zeit als Berufsstand entwickelt und zur Dienstleistung wird. Hierbei wird nämlich gleichzeitig der Zuhörer erfunden, also jemand, der zu seiner Freude singen und spielen lässt und dafür bezahlt. Platon sieht das als Sinnentleerung der Musik.

Die Stadtstaaten in der Antike, wie z.B. Athen, waren musikalisierte Zivilisationen. Die Gesellschaft, die Wissenschaft und die Philosophie, spezialisierte Berufe und Schulen mit ganzheitlicher körperlicher, geistiger und kultureller Bildung – alles war fest mit verschiedenen Formen von Musik durchwoben. Musik war Mittel zum Zweck, auch Mittel zur Demokratie, zu »Milde« und Harmonie in der Gesellschaft. In der Darbietung vor Publikum jedoch wird die Musik zum Selbstzweck, zum oberflächlichen Virtuosentum, wie Platon meint. Die eigentliche Aufgabe, nämlich sich mit Musik zu beschäftigen, um sich selbst und die Gesellschaft zu entwickeln, tritt in den Hintergrund. Laut Platon gerät dadurch der Charakter der Musik ins Wanken und zieht dabei die Gesetze des gemeinsamen Lebens in Mitleidenschaft. Dem widerspricht der Musikästhetiker und -kritiker Eduard Hanslick im 19. Jahrhundert. Er meinte, dass gerade die Emanzipation der Musik vom äußeren Zweck die Voraussetzung ist, dass Musik zur »Tonkunst« werden kann. Er ist also nicht für Erziehung *durch* Musik, sondern für Erziehung *zur* Musik und zwar für die Erziehung zur ernsten Musik, zum klassischen »Werk«. Professor Bastian vermischt dann etwa 150 Jahre später beide Sichtweisen und findet sowohl Erziehung durch Musik, wie Platon, als auch Erziehung zur Musik, wie Hanslick, wichtig.

Aber was passierte eigentlich mit der Musik zwischen dem antiken Lyra-Spieler, dem Aulos-Bläser und dem Klassik-Pianisten oder dem Rap-Musiker von heute? Wie ist das Wissen über die antike Musiktheorie, die Notenschrift, die Instrumente und auch die Meinung der griechischen Philosophen ins Abendland zu uns gekommen? Die Griechen schrieben alles auf. Noch nicht in Bücher, aber auf Schriftrollen, die sie von den Ägyptern übernommen hatten. Zuerst wird auf Leder, später auf Papyrus geschrieben.

Eine Bibliothek gibt es in Delphi aber noch nicht; die Rollen werden, mit Lederriemen zusammengehalten, in Körben, Krügen und Töpfen aufbewahrt oder in Holzgestelle gelegt. Ab dem 5. Jahrhundert v. Chr. entwickelt sich in Athen eine professionelle Produktion und ein reger Handel mit Buchrollen. Zwar gibt es in der Platonischen Akademie in Athen eine Bibliothek, ansonsten zumindest viele Privatsammlungen von Schriftrollen unter den Angehörigen der oberen Schichten.

Was geschieht mit diesen in Altgriechisch verfassten Schriften? Was passiert mit der Musik, nachdem die Römer – die von den Griechen »Barbaren« genannt werden – mit ihrem neuen Gott das Volk des klassischen Altertums samt ihren Göttern und ihren Bewohnern – die von den Römern »Heiden« genannt werden – überrollten? Um Antworten auf diese Fragen zu bekommen, geht die Reise weiter zum Forum Romanum nach Rom in die Spätantike – ins Jahr 300 n. Chr.

Ausflug 1

Was die Musik der alten Griechen, Johann Sebastian Bach, Carl Orff, Ray Charles, Deep Purple und der Flamenco gemeinsam haben und warum vier Akkorde seit über 2000 Jahren sowohl mutig machen als auch zum Jammern inspirieren.

Zuvor machen wir einen Ausflug zu dem Material, aus dem alle Kompositionen bestehen: Zu den Tönen. Genauer gesagt, zu vier ganz besonderen Tönen. Vier Töne, die über zwei Jahrtausende in allen Epochen und Stilen in tausendfacher Bearbeitung zu hören sind. Was sind das für magische Töne? Wo kommen sie her? Um dieses Geheimnis zu lüften, nehmen wir die Spur dieser Töne in Griechenland im Jahr 138 v. Chr. auf.

Ein riesiger Chor ist gerade auf dem Weg von Athen nach Delphi. In einer rituellen Prozession, *Pythais*, wandert der Chor mit vielen anderen Bürgern zu dem griechischen Heiligtum, um eine Hymne, die altgriechisch *Paian* genannt wird, im Amphitheater von Delphi aufzuführen. Es ist eine Hymne an den Gott Apollon, die der griechische Schriftensammler und Dichter Athenaios verfasst hat. Der Gesang wird von der Kithara begleitet. Der Paian beginnt mit einer Anrufung der Musen, den göttlichen Inspirationsquellen für alle Künstler. Dann preist der Chor die Fähigkeiten der Götter und speziell die des Gottes Apollon, in die Zukunft sehen und sie deuten zu können. Der Chor besingt sich daraufhin auch selbst, als Vertreter Athens. Anschließend wird eine Opferzeremonie musikalisch untermalt. Zuletzt beschreibt der Paian die Taten des Gottes Phoibos, das ist der oft in poetischen Texten verwendete Beiname des Gottes Apollon. Er erlegte in Delphi die Python, die das Orakel bewachte, vertrieb die Gallier und vollbrachte viele weitere Heldentaten. Das Konzert ist ein riesiges Musiktheater-Spektakel zur Huldigung des Gottes. Mindestens 5000 Zuhörer sind bei dieser Uraufführung im Amphitheater anwesend.

Heute, über einundzwanzig Jahrhunderte nach der Uraufführung in Delphi, weiß niemand mehr, wie das Lied zu Ende ging. Die Tafel mit den Schriftzeichen dieses Paians am Schatzhaus der Athener in Delphi ist nach der Zeile mit den vertriebenen Galliern nicht mehr zu entziffern. Man kann jedoch erkennen, dass zwei Hymnen in die Steintafel gemeißelt sind. Sie stammen etwa aus den Jahren 138 und 128 v. Chr. Den älteren Paian aus dem Jahr 138 v. Chr. kann man etwa folgendermaßen übersetzen: »Hört mich, die ihr den tiefen Wald von Elikona besitzt, ihr wehrhaften Töchter des großen Zeus! Fliegt, um mit euren Worten zu täuschen euren Bruder Phoebus mit dem goldenen Haar, der von den Zwillingsgipfeln des Felsens Parnass, begleitet von den herrlichen Delphischen Jungfrauen, seine Reise beginnt zu den kristallenen Wassern von Castalia, querend das Kap von Delphi, den prophetischen Berg.«

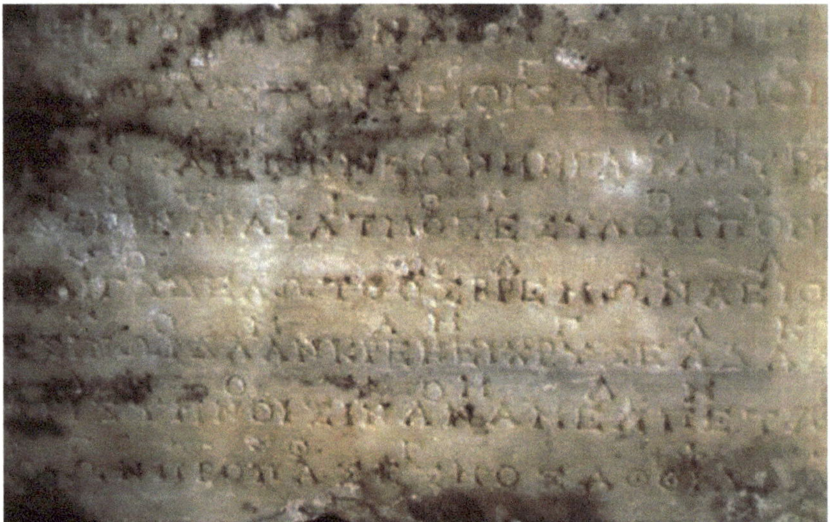

Abb. 6: Paian Delphi 138 v. Chr.

Hier kommen wir den geheimnisvollen vier Tönen auf die Spur. Über dem Text stehen nämlich einzelne altgriechische Buchstaben: Noten. Dieser Paian ist das älteste überlieferte Lied mit Noten! Die Buchstaben geben die Tonhöhe an und sind vermutlich nach den Saiten der Kithara benannt. Bei genauem Hinsehen erkennen wir vier verschiedene Buchstaben über dem Text, also vier Noten. Die vier Noten werden abwärts gespielt, der höchste Ton zuerst, dann die drei anderen. Diese Tonfolge wird als Begleitung des Liedes ununterbrochen wiederholt. Weiter unten stehen dann vier andere Noten über dem Text. Das Lied wird ab hier also anders begleitet. Auch diese Tonfolge wird ständig wiederholt und abwärts gespielt. Beide Tonfolgen bestehen aus zwei *Ganztonschritten* und einem *Halbtonschritt*. Zwei ähnliche Tonfolgen werden also aneinandergesetzt. Das war so üblich. Die alten Griechen haben diesen Tonfolgen auch einen Namen gegeben: *Tetrachord* (Vierton-Folge).

Auf den weißen Tasten des heutigen Klaviers finden sich zwei solcher Tetrachord-Tonfolgen: E, D, C, H und gleich anschließend A, G, F, E. Beide beinhalten je zwei Ganztonschritte und einen Halbtonschritt und beide werden abwärts gespielt, wie bei der Begleitung der Hymne in Delphi. Wenn man die beiden Tetrachord-Tonfolgen aneinandersetzt, ergibt sich eine Tonleiter von E nach E. Man kann sie ganz einfach auf den weißen Tasten des Klaviers spielen. Auch diese Tonleiter hat einen Namen, es ist die *phrygische Tonleiter*. Benannt ist sie nach dem altgriechischen Landstrich Phrygien. Phrygische Tonfolgen machen stark, sagte schon Platon und berief sich dabei auf Pythagoras, der meinte, dass ihr musikalischer Charakter voll Spannung sei. Auch andere griechische Gelehrte haben den Tetrachord ausführlich analysiert und beschrieben, zum Beispiel der Philosoph Aristoxenos oder der Mathematiker Euklid. Aber was ist denn so besonders an diesen vier Tönen? Ihr Klang, ihre Beziehung untereinander, ihre physikalischen, mathematischen oder musik-philosophischen Zusammenhänge? Wahrscheinlich von allem etwas. Jedoch ist das wirklich ganz Besondere, dass diese vier Töne bis heute in Tausenden von Kompositionen verwendet werden. Quer durch alle Epochen und Stile.

Wir bleiben der magischen Tonfolge auf der Spur und reisen nach Kleinasien in die Zeit zwischen 100 und 300 n. Chr. Die zweite überlieferte Komposition mit einem Tetrachord finden wir auf dem Friedhof der Stadt Tralles (heutige Türkei) auf einem Grabstein. Ein Herr namens Seikilos hat dort einen altgriechischen Text in den Stein gehämmert.

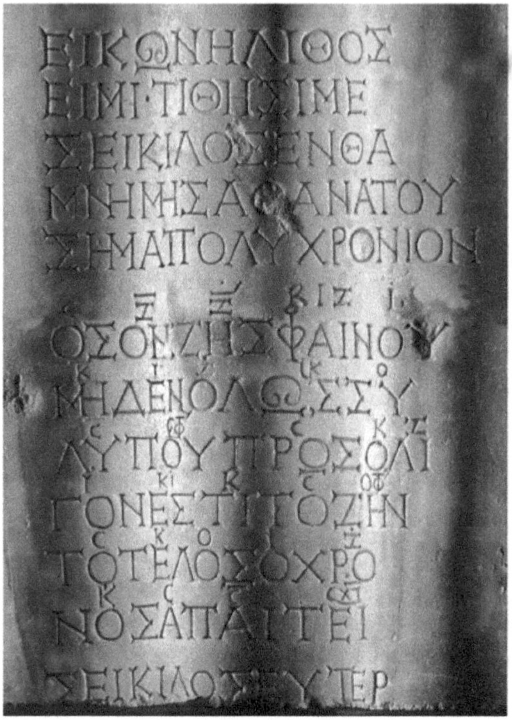

Abb. 7: Grabstein Seikilos

Darüber stehen altgriechische Buchstaben, die mit verschiedenen Strichen, Punkten und Haken versehen sind. Es ist wieder die antike Notenschrift, allerdings schon etwas ausgetüftelter als die in Delphi. Die Inschrift auf dem Grabstein ist also wieder ein Lied. Es ist nach der Hymne für Apollon aus Delphi das älteste Musikstück, das ziemlich vollständig erhalten ist. Der Archäologe, der die Stele 1883 entdeckte, erkannte dies aber nicht, weil eben keine Noten, sondern Buchstaben über dem altgriechischen Text stehen. Diese Buchstaben hängen vermutlich ebenso wie bei den Buchstaben-Noten der Apollon-Hymne mit der Bezeichnung der Saiten auf der Leier zusammen, mit der dieses Lied vor rund 1800 Jahren ebenfalls begleitet wurde. Es ist ein Lied, das die ebenso philosophische wie kluge Lebenseinstellung von Seikilos' Frau zum Inhalt hat. Der Text des Seikilos-Liedes dort lautet:

Ich bin ein Bild in Stein;
Seikilos stellte mich hier auf, wo ich auf ewig bleibe,
als Symbol zeitloser Erinnerung.

Solange du lebst, tritt auch in Erscheinung.
Traure über nichts zu viel. Eine kurze Frist bleibt zum Leben,
das Ende bringt die Zeit von selbst.

Das Lied wird mit einem Tetrachord begleitet, also mit diesen geheimnisvollen vier absteigenden Tönen, die permanent wiederholt werden. Diese vier Töne müssen eine besondere Magie haben. Vielleicht machen sie wirklich stark, wie Seikilos in der zweiten Strophe fordert? Wir bleiben ihnen auf den Fersen. Dazu müssen wir nach Italien reisen. Dort verwendet ein unbekannter Komponist um 1250 n. Chr. diese vier Töne. Er begleitet damit sein Lied »Lamento di Tristano«. Hier machen die vier Töne aber plötzlich nicht mehr stark. Hier wird mit ihrer Hilfe gejammert und gelitten.

(8) »Lamento di Tristano«

Um 1700 bekommen die vier Töne einen neuen Namen: *Lamentobass*. Ein Lamento ist eine Wehklage. Wenn also jemand lamentiert, jammert er in unendlicher Schleife, eine Wiederholung des immer Gleichen. Auch musikalisch ist es eine Wiederholung der immer gleichen vier Töne, ein Lamento-Loop oder – klassisch ausgedrückt – ein *Ostinato*. Ein Jammerlappen lässt die Mundwinkel hängen, passend dazu verläuft die Viertonfolge der Begleitung abwärts, klingt also immer tiefer. Fertig ist der Lamentobass. Fast fertig. Ab dem 17. Jahrhundert ist nämlich auch eine Harmonisierung der vier Töne möglich. Das heißt, die vier Töne werden zu *Akkorden*. Unter die vier Töne werden weitere Töne gesetzt und gleichzeitig gespielt: Es erklingt jeweils ein Akkord. Auch diese vier Akkorde werden dann als Loop wiederholt. Dieser Bass beginnt in Moll. Die Harmonisierung hat den Bass also schwermütig und jammernd gemacht.

Wir reisen den vier Akkorden nach Venedig hinterher. Auch hier wird der Lamentobass als *Klage-Bass* oft verwendet, wenn ausgiebiges Klagen und Jammern vertont werden soll. Das war ab 1600 in erster Linie in Opern Mode. Von der Oper aus hat dann der Lamentobass eine ziemlich steile Karriere hingelegt und Eingang in viele Werke der Instrumentalmusik gefunden. Das wohl bekannteste Lamento des 17. Jahrhunderts ist das »Lamento della Ninfa« von Claudio Monteverdi aus dem Jahr 1638. Es erzählt von dem Liebesleid einer namenlosen Nymphe. Eine kleine Szene zeigt drei Hirten, die die Klage der Nymphe belauschen. Über die ständig wiederholten absteigenden vier Basstöne ruft die Nymphe Amor, den Liebesgott an, der ihren Liebsten dazu aufgefordert hatte, sie zu verlassen. Die drei Hirten sehen bedauernd zu und werden immer tiefer in das Leid der Nymphe hineingezogen. Man solle die Klage im »Tempo der Leidenschaften der Seele singen«, meint Monteverdi, also im Tempo eines Lamento. 1654 veröffentlicht Luigi Pozzi, ebenfalls ein italienischer Komponist, die »Cantata Sopra il Passacaglio«. Es ist ein Lied mit Instrumentalbegleitung. Seine Melodie über dem Bass-Ostinato erinnert sehr an die Melodie auf dem Grabstein von Seikilos. Natürlich verwendet er auch die vier magischen Begleittöne. In seiner Cantate geht es ebenfalls um Liebesschmerz, um das Leiden der Seele. Er beschreibt die unerreichbare Traumfrau, ihr goldenes Haar, ihre Hände, die weiß sind wie Milch und ihr Gesicht, das aussieht wie Blumen aus dem Paradies.

Auch nach England können wir die vier Töne verfolgen. 1688 komponiert Henry Purcell in der Oper »Dido und Aeneas« die Arie der Dido auf diese Weise. In Leipzig finden wir 1720 den Lamentobass in der *Ciaccona* aus der Partita d-Moll für Violine BWV 1004 von Johann Sebastian Bach. Es gibt so viele Musikstücke, die mit diesen vier Tönen begleitet werden, dass wir fast den Überblick verlieren könnten: Von Mozarts c-Moll Messe von 1783, über Donizetti und Puccini zu Wagner und Verdi und weiter über Tschaikowsky und Bruckner zu Bizet und Mahler.

(9) Henry Purcell, »Dido und Aeneas«

Und das sind nur einige wenige Beispiele für klassische Lamento-Kompositionen. Um auf den Spuren des Lamentobasses nicht den Überblick zu verlieren und darüber selbst in Lamento auszubrechen, reisen wir nun direkt ins 20. Jahrhundert. In der »Carmina Burana«, einer szenischen Kantate von Carl Orff aus dem Jahr 1934, verwendet Orff mittelalterliche Lieder aus dem Kloster Benediktbeuren. Er komponiert sie aber völlig neu, weil zu seiner Zeit die originalen, mittelalterlichen Noten, die *Neumen*, noch nicht rekonstruiert waren.

In seinem »Fortune Plango Vulnera« geht es um das Leben, das wie der abnehmende und zunehmende Mond ist: Mal arm, mal reich, mal krank, mal gesund, auf alle Fälle flüchtig. Auch hier werden wieder die vier Akkorde als Begleitung verwendet.

(10) Carl Orff, »Carmina Burana, 02. Fortune Plango Vulnera«

Warum wird eigentlich über Jahrtausende in der Musik lamentiert? Jammern, Lamento, Larmoyanz, Klagen, Selbstmitleid oder Rührseligkeit gehören zur Kulturgeschichte der Menschheit. Überall und immer wird gejammert: Über die Gesundheit, über das Geld, über den Partner, über das Wetter, über die Politik und über den Nachbarn. Vielleicht steckt hinter der Jammerei nicht nur Frustration, sondern auch der Wunsch, gehört zu werden. Oder man jammert lieber jemandem etwas vor, statt sich selbst zu verändern. Möglicherweise ist das Jammern in der Musik ein Ersatz-Jammern: Wir lassen jammern. Spenden die Künstler uns Trost, wenn sie stellvertretend für unser Leid alle Register des kunstvollen Jammerns ziehen? Oder verschafft sich hier der leidende Künstler selbst Gehör? Jedenfalls wird das Jammern im Rampenlicht künstlerisch zu großer Dramatik aufgebauscht. Die Lieblingsbegleitung dabei ist der Lamentobass a-Moll, G-Dur, F-Dur, E-Dur. Aber der Vierton-Bass ist im 20. Jahrhundert nicht mehr nur zum Klagen gut. Jetzt macht er plötzlich auch wieder stark, wie bei den alten Griechen.

In der Volksmusik, im Jazz und in der Rock- und Popmusik wird zwar gejammert, gekrächzt, gewinselt und in den höchsten Tönen zu diesen vier ständig wiederholten Akkorden in der Begleitung gejault. Aber irgendwann bekommt der Text die Kurve: Es gibt einen Ausweg! Man kann etwas ändern! »It don't mean a thing, if it ain't got that swing. All you got to do is sing!«, komponiert Duke Ellington im Jahr 1931 über den Bass-Loop der alten Griechen. Es macht nichts, wenn irgendetwas nicht den *Swing* hat, sing einfach! Frei übersetzt heißt das: Shit happens. Sing ihn weg, den Mist! Der Tetrachord macht wieder stark. Der Song »Sixteen Tons« von Merle Travis zum Beispiel, der durch Tennessee Ernie Ford 1955 zum Millionenseller wurde, beschreibt – begleitet von den vier Akkorden – das Leben in den US-amerikanischen Kohlegruben: Auch hier leiden die Arbeiter und müssen gleichzeitig stark sein, um diesen Job zu überleben. »Hit the Road Jack«, zuerst von Percy Mayfield 1960 als A-capella-Version aufgenom-

(11) Ray Charles, »Hit the Road Jack«

men, wurde 1961 mit Ray Charles zum Nummer-eins-Hit: Ein Duett zwischen dem Sänger und einer Frau, die ihn rausschmeißen will, wogegen er zwar aufbegehrt, zum Schluss aber doch geht. Der Sänger jammert sehr zu den vier Akkorden, weil er sich ungerecht behandelt fühlt. Interessant ist, dass Ray Charles aus zwei Ehen drei Kinder und weitere neun Kinder aus anderen Beziehungen hatte. Möglicherweise hat ihm nicht nur eine der Frauen jammernd, aber auch wütend zugerufen: »Hit the Road, Ray! Zieh Leine!« Natürlich wird auch dieser Song von den vier Akkorden begleitet.

Der Song »Nights In White Satin« (von den Moody Blues) beschreibt 1967 eine tiefe Liebe mit genau den gleichen Akkorden als Begleitung. Auch in »Chasing Shadows« und »April« von Deep Purple, beide 1969 veröffentlicht, hört man dieselben Akkorde, wenn Liebende ihre Schatten verfolgen oder Frühlingsgefühle haben. »Cold as Ice« ist die Geliebte im Song von Foreigner (1977): Mit Hilfe dieser vier Akkorde ist sie bereit, ihre Liebe zu opfern! Wir finden noch unglaublich viele andere Kompositionen mit diesem Bass-Loop: In »Spiel mir das Lied vom Tod« von Ennio Morricone, in »Dicke« von Marius Müller-Westernhagen, im Refrain im »Ketchup Song« von Las Ketchup, in »One More Cup of Coffee« von Bob Dylan, im »Ice Cream Man« von Tom Waits oder im Gitarrensolo in »Innuendo« von Queen … und so weiter. Die Wiederholung dieser vier Töne wird überhaupt nicht langweilig. Im Gegenteil, es ist ganz erstaunlich, welchen harmonischen und rhythmischen Reichtum all diese Komponisten über zweitausend Jahre lang dem immer gleichen Bass-Modell abgewinnen. Natürlich wird dieser Bass subjektiv unterschiedlich empfunden. Er ist keineswegs automatisch traurig und er macht nicht automatisch stark. Aber alle Gefühle zwischen Angst und Wut, Trauer und Ärger, Weinen und Lachen, Klage und Mut sind in diesen vier Begleittönen und in den Melodien durch die Jahrtausende enthalten.

Aber wir sind noch nicht am Ende unserer musikalischen Vierton-Verfolgungsjagd. Wir reisen noch nach Spanien. Die beiden Tetrachorde, die zusammengesetzt die phrygische Tonleiter ergeben, klingen nämlich auch sehr nach Flamenco, diesen besonderen Liedern und Tänzen aus Andalusien. Hier erhält der Bass-Tetrachord wieder einen neuen Namen: *Andalusische Kadenz*. Der Flamenco ist ein Tanz aus dem Milieu der Zigeuner Andalusiens. Er vereint Elemente aus jüdischer, maurischer, indischer, iberischer und persischer Kultur und wird über Jahrhunderte nur mündlich überliefert, das heißt, es gibt keine aufgeschriebenen Lieder und Tänze. Während des spanischen Unabhängigkeitskriegs 1807 bis 1814, in dem Spanien gegen die militärische Übermacht der Truppen Napoleons und gegen die französische Vorherrschaft kämpft, entwickelt sich ein großer spanischer Nationalstolz. Es gibt viele Opfer in diesem Krieg, aber auch viele Heldentaten. Der Held ist der Majo, der spanische Kerl, ein mutiger, urwüchsiger und eleganter Individualist. In den Liedern und Tänzen sind der Krieg, die Opfer und die Heldentaten des Majo gleichermaßen enthalten. Der Flamenco ist aber auch ein Tanz der starken Frauen. Die Frau wird nicht vom Mann geführt, sie tanzt selbst. Ihr leidenschaftlicher Improvisationstanz birgt Liebe und Hass, Nähe und Distanz, Verführung und Verachtung gleichermaßen in sich. Also Leid und Kraft. Was eignet sich dafür als Begleitung auf der Flamenco-Gitarre am besten? Jawohl, die Andalusische Kadenz, unser Tetrachord.

Der Spanier Silverio Franconetti, ein berühmter *cantaore*, ein Flamencosänger, eröffnet 1871 in Sevilla eines der ersten *Cafés Cantantes*, ein Nachtlokal mit Flamenco-Musik. Diese Cafés werden zum Schmelztigel der Flamenco-Kunst. 1975 – mit dem Ende der Diktatur – werden die Spanier auf einen Schlag mit dem westlichen Lebensstil konfrontiert, unter anderem auch mit der Verfügbarkeit von Drogen. Wieder gibt es viele Opfer. Deren tiefes Leid wird vom legendären Flamencosänger Camarón in seinen Liedern besungen. Sein Album »Soy gitano« von 1989 ist das meistverkaufte Album in der Geschichte des Flamencos. Natürlich ist die Andalusische Kadenz in vielen Abwandlungen in der Begleitung zu hören. Und wieder begleitet der Tetrachord nicht nur die Trauer, sondern macht auch Mut. Ganz offensichtlich auch dem Musiker Camarón. Er begründet das neue Genre *Flamenco-Fusión*. Flamenco öffnet sich dem Jazz, dem Blues, kubanischer Musik oder der Rockmusik. Sogar nach Indien wird die Vierton-Folge (leicht variiert) exportiert: Den Flamenco-Tetrachord im Titelsong »Senorita« des Bollywood-Films »Man lebt nur einmal« (2012) hören 73 Millionen Zuschauer.

(12) »Man lebt nur einmal / Zindagi Na Milegi Dobara: Senorita«

Inzwischen ist der Flamenco im spanischen Lehrplan fest verankert: Der altgriechische Tetrachord hat es in die spanischen Schulen von heute geschafft!

Im 21. Jahrhundert wird der Flamenco zumeist auf der Gitarre begleitet, genau wie vor über zweitausend Jahren, als die Griechen ihre Lieder mit der Kithara begleiteten. Um sich der Stimmlage des Sängers oder der Sängerin anzupassen, werden meist zwei verschiedene Tonlagen für den Flamenco angeboten: Entweder von E aus (*por arriba*) oder von A aus (*por medio*) werden die vier Akkorde auf der Gitarre in Dauerschleife gespielt. So erklingt entweder der eine oder der andere uns bereits bekannte Tetrachord der phrygischen Tonleiter aus der Hymne von Delphi. Wir können nur hoffen, dass diese magischen vier Begleittöne bzw. Begleitakkorde noch weitere zweitausend Jahre überleben.

(13) Santa Esmeralda, »Don't Let Me Be Misunderstood«

Kapitel 2

Warum bei den Römern das Steuersystem und nicht die Musik klassisch ist, warum Singen oder Musizieren keine angemessene Beschäftigung für einen Mann ist und wie die Musik in der Kirche verschwunden ist.

Willkommen in der Spätantike. Wir befinden uns auf dem Forum Romanum ungefähr zwischen dem Augusteischen Zeitalter ab 63 v. Chr. und der Spätantike bis etwa 500 n. Chr. Rom ist nicht nur die Hauptstadt des Römischen Reichs und Sitz der römischen Kaiser, sondern auch Zentrum und Nabel der Welt. Das griechische Delphi war einmal. Ist Rom jetzt auch der Nabel der Musik? Sind die antiken, musiktheoretischen Schriften und die Lieder von Griechenland nach Italien gebracht und vom Altgriechischen ins Lateinische übersetzt worden? Ist die Musik ein unverzichtbarer Bestandteil des römischen Lebens, wie es bei den Griechen der Fall war? Wie hat sich die Musik weiterentwickelt? Vielleicht finden wir die Antworten hier.

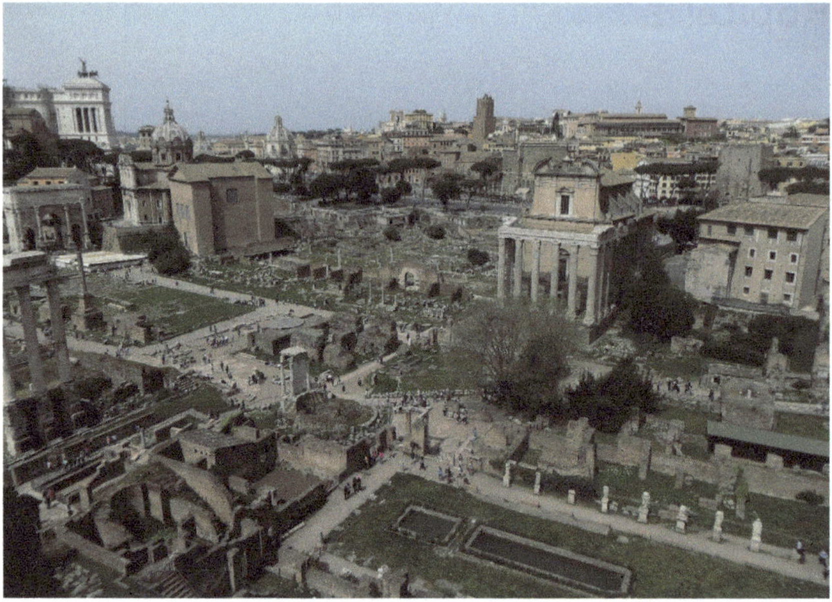

Abb. 8: Forum Romanum

Das Forum Romanum ist das älteste römische Forum, eine Art Marktplatz, der den Mittelpunkt des politischen, wirtschaftlichen, kulturellen und religiösen Lebens bildet, so wie in der Antike die griechische Agora in Delphi. Das Forum Romanum liegt in einer Senke zwischen drei Stadthügeln und ist ein Ort mit öffentlichen Gebäuden, Tempeln, Säulen und Statuen. Ursprünglich war dort ein von einem Bach durchzogenes sumpfiges Tal bevor ein etruskischer König den Bau des Forums begann. Den Höhepunkt des prachtvollen Ausbaus erlebt das Forum Romanum in der Römischen Kaiserzeit.

In dieser Zeit wird der Cäsar-Tempel gebaut und danach die Triumphbögen für Cäsars Adoptivsohn Kaiser Augustus. Dieser brachte hier die berühmten, in Stein geschlagenen Listen mit den Namen der römischen Konsuln an, quasi den Inhabern des römischen Imperiums von den Anfängen der Stadt bis zu Augustus selbst. An den Wänden der angrenzenden Basilika, einer üppig mit Marmor ausgestalteten Säulenhalle für Bankgeschäfte, hängen Reliefs, die die ruhmreiche Geschichte Roms erzählen. Das ist ganz typisch für die Ideologie von Kaiser Augustus. Er hat auf den Steinlisten die Traditionsbezogenheit und auf den

Reliefs die Geschichte Roms aufgezeigt. Die mündet dann in den eigentlichen Höhepunkt, in das Goldene Zeitalter. Dieses Goldene Zeitalter hat Augustus natürlich selbst eingeleitet: die grundlegende Erneuerung des in den Bürgerkriegen verkommenen Staatswesens unter seiner »Friedensherrschaft«. Etwa im Jahr 27 v. Chr. beginnt die Alleinherrschaft von Kaiser Augustus. Die Aristokratie hat er durch eine radikale Säuberung des Senats weitgehend entmachtet, das Volk ist politisch fast bedeutungslos. Augustus' Projekte in Architektur und Kunst dienen nur dem Ziel, seine Herrschaft ideologisch abzusichern. Vordergründig ordnet er sich mit demonstrativer Bescheidenheit der Idee des Friedens unter. Die politische Botschaft seiner Bauprogramme richtet sich vornehmlich an die Elite, die reichen, gebildeten Patrizierfamilien. Aber beide, Cäsar und Augustus, verstehen es, auch die römischen Volksmassen für sich zu gewinnen und zwar mit »Brot und Spielen«. Die Herrscher lassen in Rom Getreide verteilen und das berühmte Marcellus-Theater für das Volk bauen. Ein weiterer römischer Kaiser wird ab 70 n. Chr. das Kolosseum erbauen, ein riesiges Amphitheater, für Gladiatorenkämpfe und Tierhetzen zur Unterhaltung des römischen Volks.

Kaiser Augustus setzt den Plan seines Adoptivvaters Cäsar in die Tat um und baut um 20 v. Chr. eine große öffentliche Bibliothek in der Nähe des Apollon-Tempels in Rom. Sie besitzt, wie zu dieser Zeit üblich, eine griechische und eine lateinische Abteilung. Auch im Wohnhaus des Augustus befinden sich zwei getrennte, spiegelbildlich angeordnete Bibliotheksräume für jeweils griechische oder lateinische Schriftrollen. Solche Bibliotheken werden zum Prestigeobjekt eines jeden reichen, römischen Hauses. Wie kommen denn griechische Schriftrollen in ein römisches Adelshaus? Als Kriegsbeute natürlich. Römische Universalgelehrte übersetzen fleißig und so wird der Lebensstil der römischen Adelsfamilien stark von griechischer Kunst und Kultur beeinflusst. Kaiser Augustus lädt die berühmten römischen Dichter Horaz und Vergil oder den Historiker Livius in seine Privatbibliothek ein. Das hat einen Grund: Augustus ist ein Meister propagandistischer Selbstdarstellung, noch weit über seine Bauwerke hinaus. Er schafft es, dass diese berühmten Männer seine Sicht der Geschichte verbreiten, von den Bürgerkriegen bis hin zum »Goldenen Zeitalter« seiner Herrschaft. Außerdem entwirft er mit Hilfe seiner römischen Medienberater detaillierte Darstellungen von sich und seiner Familie. Das heißt, er entwirft Statuen und Bildnisse aus teuren, luxuriösen Materialien und prägt damit die bildliche Kommunikation.

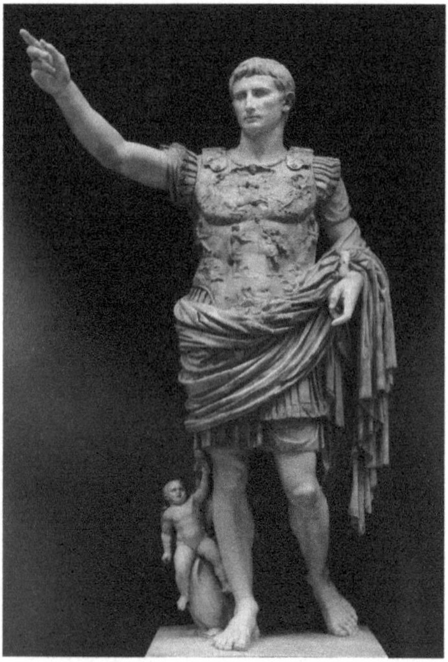

Abb. 9: Kaiser Augustus Statue

Sie ist das wichtigste Medium vor der Erfindung des Buchdrucks. Mit diesem Bildprogramm beschwört Kaiser Augustus eine religiöse und moralische Erneuerung des Staates auf der Basis altrömischer Werte wie Tugend, Tapferkeit und Milde herauf. Diese »Augustus-Kunst« erinnert stark an die Statuen in Delphi im 5. Jahrhundert v. Chr. Diese Epoche galt damals ebenfalls als goldenes Zeitalter. Augustus und seine Berater haben ihre Bildsprache sicher bewusst ähnlich gehalten, um an die Antike anzuknüpfen und ein Gegenbild zum Verfall der Sitten, zur Gewalt und Rechtlosigkeit in den vergangenen Bürgerkriegen zu schaffen. Die Augustus-Statuen stellen ihn als Sieger einer Schlacht dar, voller Energie, voller Kraft. Die Haare sind jugendlich zerzaust, aber der strenge Blick und der entschlossene Zug um den Mund machen klar: Dieser Mann hat ein Ziel und er wird es erreichen. Später veränderte er sein Bild zum Portrait eines Landesvaters: Bescheiden, gelassen und friedfertig. Keine kriegerische Gestik mehr, sondern ein ernstes Gesicht mit ruhigen Augen. In fast gesetzter Pose wirkt er trotzdem zutiefst von seiner überragenden politischen Bedeutung überzeugt. Diese »künstlerischen« Richtlinien verbreitet Augustus im ganzen Imperium, entweder als verkleinerte Modelle oder als große aus Gips. So konnten alle Künstler die neuen Parameter für die Darstellung des Herrschers kennenlernen. Natürlich hatten sie sich daran zu halten. Die »Kunst« dieser manipulativen Bild-Kommunikation hat sich bis heute erhalten. Ebenso wie der Charakter vieler absoluter Herrscher. Augustus ist keine sehr sympathische Figur. Er ist ein Zyniker, einer, der genau weiß, was er will, und alles opfert, um es zu bekommen. Auch seine ganze Familie fällt seiner Machtgier zum Opfer. Aber Augustus besitzt einen außerordentlichen politischen Scharfsinn und schafft es, den Staat unter seiner Herrschaft zu stabilisieren. Obwohl er rund um das Reichsgebiet Kriege führt, ist das Leben innerhalb des Imperiums friedlicher geworden. Die gesamte Gesellschaft seiner Zeit glaubt, dass mit ihm wieder Frieden auf die Erde gekommen ist. Diese Manipulation des Volks gelingt ihm auch mit Hilfe seiner bildhauerischen und bildenden Kunst. Aber welche Rolle spielt die Musik?

Hier auf dem Forum Romanum ist die Musik nicht mehr so allgegenwärtig wie im antiken Griechenland. Auf dem Markt spielen Sklavinnen im Hintergrund leise auf Leiern. Diese Musik erinnert an die heutige Hintergrund-Beschallung im Supermarkt. Im Innenhof des Hauses einer Plebejer-Familie tanzt eine schöne, junge Römerin, singt dazu in griechischer Sprache und begleitet sich selbst mit der Laute. Es ist Donna Sempronia. Der römische Geschichtsschreiber und Politiker Sallust schreibt über sie: »Sempronia war durch Geburt und Schönheit, auch durch Mann und Kinder in einer recht glücklichen Lebenslage. Mit griechischer und lateinischer Literatur war sie wohlvertraut und wusste geschickter zur Laute zu singen und zu tanzen, als es für eine anständige Frau nötig ist.« Also lernen in römischen Oberschicht-Familien Mädchen und Frauen noch ab und zu das Musizieren. Aber einen großen Stellenwert hat das nicht, im Gegenteil. Bei männlichen Aristokraten und wohlhabenden Römern ist es geradezu verpönt, selbst zu musizieren. Der Dichter Publius Valerius Cato schreibt, dass Singen und Musizieren keine angemessene Beschäftigung für einen ernsthaften Mann sei. Musik ist auch nicht mehr Bestandteil der Erziehung. Griechen, Etrusker und Ägypter werden von der Kraft der Musik berührt, Römer offensichtlich kaum.

Natürlich ist das Musizieren und Singen von Volksmusik unter den einfachen Leuten als Freizeitbeschäftigung und zur Vertreibung von Alltagssorgen verbreitet. Es gibt Arbeitslieder, Liebeslieder, Spottlieder, Soldatenlieder und Kinderlieder. Vor allem unter Hirten ist das Musizieren mit Instrumenten ebenso verbreitet wie im antiken Griechenland. Volksmusik ist zu allen Zeiten so vielfältig wie die Menschen, die sie praktizieren. Nur zwei Kaiser musizieren gut und gerne, denn für sie ist es aufgrund ihres Ranges und ihres sowieso nicht allzu guten Rufs unerheblich, ob sie damit gegen ein gesellschaftliches Tabu verstoßen. Vielleicht musizierten sie also sogar aus taktischen Gründen. Kaiser Caligula singt und tanzt gern; und Kaiser Nero ist nicht nur ein Dichter und Musikliebhaber, der selbst mehrere Instrumente spielt, er wäre sogar lieber Schauspieler als Kaiser geworden. Aber auch die beiden Kaiser praktizieren Musik nur zum Freizeitvergnügen – oder zur Selbstdarstellung. Nach der Kategorisierung der Musik in E- und U-Musik machen die Kaiser also U-Musik, denn sie ist unterhaltend und zweckgebunden. Gibt es bei den Römern denn keine sogenannte ernste Musik?

In einem der Schatzhäuser auf dem Forum Romanum liest man auf einer Tafel den Begriff »civis classicus«: Der klassische Bürger. Ist das vielleicht der Bürger, der die Musik des klassischen Altertums hört oder spielt? Die griechische E-Musik? Oh nein, hier geht es um Steuerklassen! Der Steuerzahler, der zur höchsten Steuerklasse, der *classis prima*, gehört, wird als *civis classicus* bezeichnet, als Steuerzahler erster Klasse. Ab 200 n. Chr. wird dieser Begriff dann von dem römischen Grammatiker Aulus Gellius auf den »Schriftsteller erster Klasse«, den *scriptor classicus* übertragen. Damit erweitert er das Klassische zu einem Begriff, der, so erklärt er, alles »Maßgebliche« bezeichnen kann. Und worin liegt nun dieses »Maßgebliche«? Der »klassische« Goethe meint dazu, das Klassische sei das Gesunde und Tüchtige, es sei stark und frisch, unerschöpflich wie die Natur. Hegel ergänzt: Klassische Kunst ist das, was wahrhafte Kunst ihrem Begriff nach ist: das sich selbst Bedeutende. Schiller fordert die »Wegwerfung des Zufälligen und den reinen Ausdruck des Notwendigen«. Die drei Schriftsteller beschreiben damit auch die klassische Musik. Daher also dieser »klassisch« überhöhte Ernst, diese Tiefe! Das ist wirklich der ganz große Stil – ausgehend von den Römern. Dabei findet »klassische« Musik bei ihnen offensichtlich gar nicht statt. Für besondere Anlässe werden Musiker eingekauft, die professionelle Untermalung und Unterhaltung bieten. Es gibt Musikwettbewerbe zur Erbauung des Volkes. Viele Berufsmusiker sind griechischer Herkunft, es handelt sich um Sklaven, Freigelassene und Menschen von niedrigem gesellschaftlichem Status. Nur einige wenige Berufsmusiker, die römisches Bürgerrecht besitzen, bringen es zu überregionaler Berühmtheit. Die meisten Berufsmusiker ziehen von Ort zu Ort auf der Suche nach einem Engagement. Nur sogenannte griechische Tempelmusiker, meist Sänger, sind ortsansässig. Sie sind oft Eigentum der Priester oder der Kirche. Denn der sakrale Chorgesang ist hoch geschätzt und wird auch in wohlhabenden Kreisen praktiziert. Jedoch ausschließlich in den Kirchen.

Hier ist also die sogenannte klassische Musik gelandet: In der Kirche! Die Musik ist sehr ernst und sehr streng geworden und auch etwas langweilig, weil die Instrumente fast völlig fehlen. Warum? Weil die Kirche die antike Musiktradition aus dem Gedächtnis der Gläubigen streichen will. Diese Musik ist mit sozialen Anlässen verbunden, die das Christentum ablehnt und ausmerzen will, zum Beispiel mit Riten und anderen Kultpraktiken für die antiken Götter. Vor allem die Instrumentalmusik wird vollkommen verabscheut. In den Kirchen wird nur noch gesungen. Jahrhundertelang erkennt die Kirche die Musik der Antike nicht als wegweisend für die Musikentwicklung der westlichen, zivilisierten Welt an. Antike Schriftrollen mit altgriechischen Texten und der ersten Notation werden verbrannt.

Sind die Wurzeln unserer Musik nun verloren? Oder gibt es vielleicht doch gelehrte Römer, die der Musik so viel Bedeutung beimessen, dass sie die unzerstörten griechischen, musiktheoretischen Schriftrollen sammeln und übersetzen? Diese Gelehrten muss es gegeben haben, denn Jahrhunderte später entsteht in Europa wieder eine Hochblüte der Kultur, ähnlich der in der Antike. Auf dem Forum Romanum gegen 330 n. Chr. finden wir diese Gelehrten jedoch nicht. Hier spürt man, dass nicht nur die Musik, sondern mittlerweile auch die Stadt Rom ihre Bedeutung eingebüßt hat. Sie ist noch voll altehrwürdigem Glanz, aber ohne aktuelle Macht. Seit der Zeit des Kaiser Augustus haben sich alle römischen Kaiser im Stadtbild verwirklicht. Sie sind die Bauherren der großen, öffentlichen Gebäude und gleichzeitig deren Hauptnutzer. Doch dann wird Konstantinopel (das heutige Istanbul) zur neuen Kaiserresidenz und zur Hauptstadt des Oströmischen Reichs. Diese Stadt ist in der Spätantike »in«, wohingegen die Kaiser in Rom durch Abwesenheit glänzen. Neue Bauwerke bleiben aus, auch Feste und Rituale, feierliche Triumphzüge über besiegte Feinde, mit denen sich die Kaiser in der Rolle als Herrscher des Römischen Reichs inszenierten, fallen weg. Die Regierungsantritte und Jubiläen, die Eröffnungen verschiedener Spiele, die

Opfer an die Staatsgötter, die Verteilungen von Geldern an das Volk – all das verschwindet, und damit auch die Musik, die diese Festlichkeiten begleitet hat.

Bald ist Rom nicht mehr in der Lage, die Grenzen des riesigen, römischen Reichs so effizient wie früher zu verteidigen. Es beginnt die Zeit der Völkerwanderung um das Jahr 400 n. Chr. Wenn wir wissen wollen, wie sich die Musik weiter entwickelt und Europa Jahrhunderte später zu einer neuen Hochblüte der Kultur findet, sollten wir mitwandern. Wir wandern zu Guido von Arezzo, denn er ist ein solch gelehrter Römer, der der Musik viel Bedeutung beimisst. Er lebt im Jahr 1030 in der Abtei Santa Maria in Pomposa an der Mündung des Po in Norditalien.

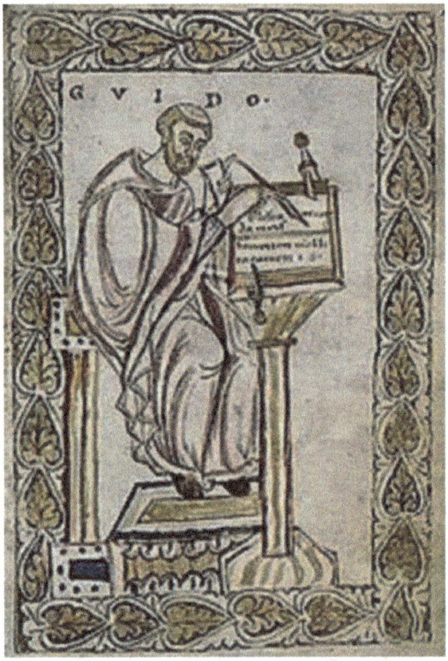

Abb. 10: Guido von Arezzo

Guido war Lehrer und Musiktheoretiker und verfasste zwischen 1025 und 1026 das bahnbrechende, musiktheoretische Werk »Micrologus de disciplina artis musicae« (»Kurze Abhandlung über die Regeln der musikalischen Kunst«). Darin beschreibt er neben Tonabständen (Intervallen) und Tonarten auch den griechischen Mathematiker Pythagoras und dessen Suche nach der physikalischen Darstellung und der mathematischen Logik von Tönen. Außerdem entwickelt er eine Notenschrift, die sehr an die der alten Griechen erinnert.

Woher hat er dieses Wissen? Aus Büchern natürlich. Aus musiktheoretischen Büchern, deren Inhalt aus altgriechischen Schriftrollen stammt. Also muss es auch vor ihm gelehrte Römer gegeben haben, die altgriechische Schriften über Musik übersetzt haben. Ein Buch eines gelehrten Römers hat den Weg ins Mittelalter gefunden und ist in der Klosterbibliothek von Guido von Arezzo gelandet.

Kapitel 3

Wie die altgriechische Musiktheorie in lateinischer Sprache in eine italienische Minibibliothek gewandert ist und zum ersten Lehrplan wird, warum es völlig unmöglich ist, Musik zu notieren, und warum der Papst sowieso keine Notenschrift erlaubt.

Wir sind im Jahr 1030 im Klosterhof der Abtei Santa Maria in Pomposa angekommen. Das Kloster liegt auf einer Insel und ist vom Fluss Po umgeben. Die Mönche arbeiten auf den umliegenden Feldern, die Kornspeicher und Weinkeller sind gut gefüllt, das Kloster erlebt gerade eine Blütezeit. Es ist ein bedeutendes, religiöses und kulturelles Zentrum. Also muss es hier irgendwo neben der romanischen Kirche mit den Mosaikböden und dem hohen Glockenturm, dem Kapitelsaal und dem Kreuzgang eine große Bibliothek geben. Denn für das Beschaffen, Kopieren – also das Abschreiben – und das Lagern der Bücher braucht es einige finanzielle Mittel und die scheint dieses Kloster zu haben. Doch es ist kein Raum zu finden, der der heutigen Vorstellung von einer Bibliothek entspricht. Jedoch gibt es in der Wand des Kreuzgangs zwischen Kapitelsaal und Kirchenportal eine kleine Wandnische mit Holzregalen und Türen, ein sogenanntes *Armarium*. Eine Nische!? Ja natürlich, im Jahr 1030 gibt es noch nicht so viele Bücher, als dass zu ihrer Lagerung große Räume nötig wären.

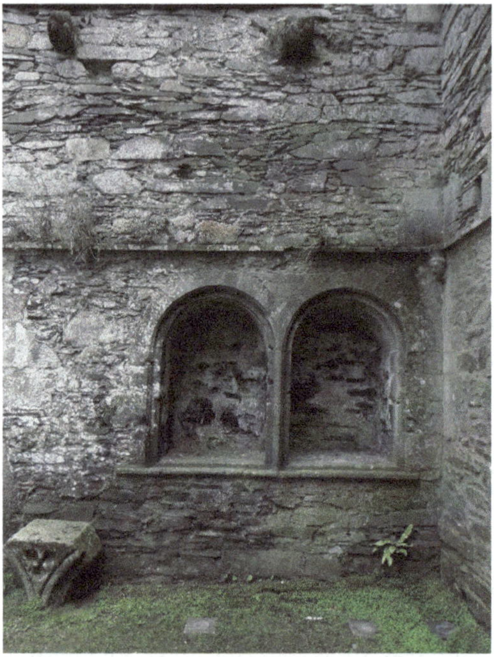

Abb. 11: Armarium, Mittelalterliche Bibliothek

Vor dem Armarium brennt eine Kerze, die Türen des mittelalterlichen Bücherschranks sind weit geöffnet. Etwa einhundert Bücher stehen in den Holzregalen. Manche Handschriften sind auf gefärbtes Leder geschrieben, andere auf Pergament. Man findet verschnörkelte Handschriften, die mit goldenen und silbernen Tinten geschrieben sind, es gibt farbige Initialen und Buchmalereien, Blattvergoldung, geschmückte Buchdeckel und verzierte Ledereinbände. Hier versteht man die Aussage: »Zukunft entsteht aus dem Wissen der Vergangenheit.« Was war früher und was hat sich wie und warum entwickelt? Dazu braucht es Gelehrte, die wissen, wie man Wissen erwirbt, erhält und weitergibt. Man braucht Menschen, die lernen und forschen, Dinge entdecken, erfinden oder weiterentwickeln, Zusammenhänge schaffen und all das aufschreiben. Aufgrund solcher Menschen wissen wir heute, dass es schon vor über 3500 Jahren in China ein Wörterbuch gab – das Erste seiner Art! 3000 v. Chr. haben die Sumerer auf Tontafeln geschrieben und Bibliothekskataloge verfasst. Um 1800 v. Chr. haben auch die Babylonier auf Tontafeln Gedichte wie das Gilgamesch-Epos geschrieben, aus dem viele Themen in die Bibel übernommen worden sind. Und die erste Musiktheorie entstand etwa im Jahr 600 v. Chr. in Griechenland, verfasst von Pythagoras, dem Mathematiker (siehe Kapitel 4). Jedes Buch im Armarium des Klosters in Pomposa ist in mühevoller Handarbeit abgeschrieben worden, weil sein Inhalt für wertvoll und wichtig erachtet wurde.

Wir setzen unsere Suche nach dem Buch des Mönchs, das Musiktheorie aus der Antike enthält, fort. Und tatsächlich findet sich hier das berühmte, musiktheoretische Buch des Guido von Arezzo, den »Micrologus de disciplina artis musicae«. Es steht in der Musikabteilung dieser Minibibliothek. Daneben finden sich einige Choralbücher mit *Neumen.* Neumen (grch. νεῦμα *neuma,* dt. Wink) sind Symbole, die über den Text der Lieder notiert werden und die die Wink-Bewegungen des Chorleiters darstellen.

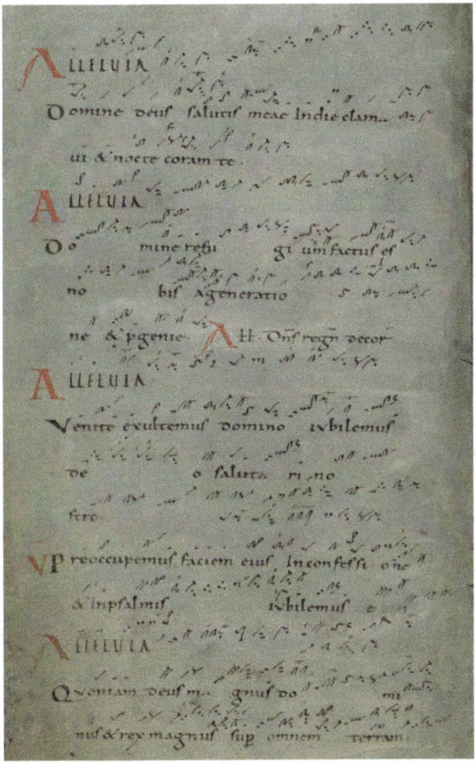

Abb. 12: Neumen

Jeder dieser Bögen, Kurven, Schlangenlinien, Krakel, Ecken und Wellen steht für eine bestimmte melodische Floskel. Es ist wirklich ein Rätsel, wie man so etwas absingen kann. Ein Bischof aus Sevilla hat damals behauptet, dass es unmöglich sei, Musik zu notieren. Nur wenn Menschen sie im Gedächtnis behalten würden, vergingen die Töne nicht. Wenn man diese Notenschrift anschaut, kann man ihm nur beipflichten. Aber der Mönch Guido scheint eine Art Notation erfunden oder gefunden zu haben, die den Markierungen auf der altgriechischen Seikilos-Stele ähneln. Also wo sind Aufzeichnungen, wo ist ein Buch mit der Musiktheorie aus der Antike, aus dem der Mönch sein Wissen hat?

In der Büchernische hinter den Choralbüchern stehen noch fünf fast gleich aussehende Bände. Sie sind eine Abschrift des fünfbändigen Werks »De institutione musica« (»Einführung in die Musik«) von einem Herrn namens Boethius. Die Seiten sind in lateinischer Sprache eng beschrieben. Auf manchen Seiten finden sich farbige Bilder und griechische Tonsymbole. Anicius Manlius Severinus Boethius war ein spätantiker römischer Gelehrter, Politiker, Philosoph und Theologe. Boethius definiert Musik als Kunst und auch als Wissenschaft. Die Musiktheorie ist ihm wichtiger als die Musikausübung. »De institutione musica« erringt im Mittelalter enorme Geltung. Doch wie kommt die griechische Musiktheorie in lateinischer Sprache in eine italienische Klosterbibliothek?

Die Völkerwanderung ist der Grund. Sie ist eine Folge andauernder Bürgerkriege und zugleich ein riesiger Transformationsprozess in die Welt des frühen Mittelalters, an dem auch die Barbaren, die Germanen und vor allem die Hunnen und Goten beteiligt sind. Diese Völkerwanderung ist mit viel Gewalt und erheblichem materiellen Niedergang verbunden. Es wandern aber keine »Völker«, sondern vor allem Kriegsverbände, die von einem Tross aus mitreisenden Frauen, Kindern, Handwerkern usw. begleitet werden. So ein Tross besteht oft aus 20 000 bis 30 000 Menschen. Wie eine Invasion überschwemmen sie die Grenzen des Weströmischen Reichs. So entstehen zum Beispiel erste germanische Königreiche im Westen des römischen Imperiums. Die Völkerwanderung ist eine kulturelle Katastrophe. Am Ende der Spätantike werden nicht nur die Marmorstatuen zerschlagen, zerstört werden die Traditionen des Denkens – und des Musizierens. Vor allem der Gotenkrieg ab 535 n. Chr., der Italien schwer verwüstet, führt dazu, dass große Teile der antiken und der lateinischen Kunst und Literatur verloren gehen.

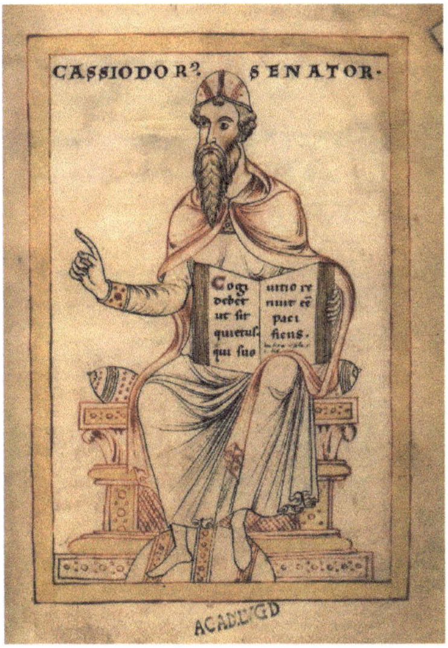

Abb. 13: Cassiodor

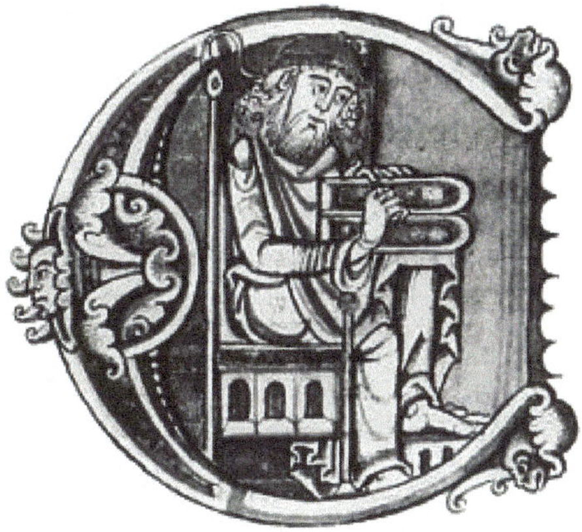

Abb. 14: Boethius

Zum Glück leben in dieser Zeit zwei herausragende Staatsmänner, die auch Gelehrte und Schriftsteller sind und das antike, musikalische Erbe retten: Der nahezu letzte römische Gelehrte Boethius und der vermutlich erste mittelalterliche Schriftsteller Cassiodor. Signore Cassiodor hat unseren abendländischen Schulen übrigens den ersten heidnisch-christlichen Lehrplan verpasst. Dieser mittelalterliche Lehrplan ist ein Mix aus heidnischer, also vorchristlicher, antiker Wissenschaft und christlichem Glauben. Er enthält die vier mathematischen Disziplinen Arithmetik, Geometrie, Astronomie und Musik und die drei sprachlichen Disziplinen Grammatik, Rhetorik und Dialektik. Sie bilden zusammen die sogenannten »sieben freien Künste« und die Basis des abendländischen Bildungssystems im Mittelalter. Interessant ist, dass die Musik unter den mathematischen Disziplinen eingeordnet ist.

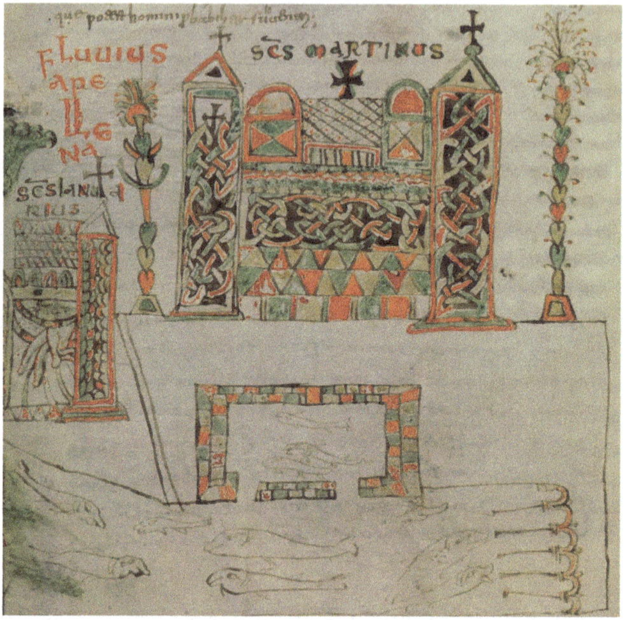

Abb. 15: Mögliche Darstellung eines Vivariums aus der Bamberger Handschrift von Cassiodors Institutiones; Bamberg, Staatsbibliothek

Signore Cassiodor rettet die antiken, wissenschaftlichen Studien mit seinem ersten Lehrplan ins Kloster und erarbeitet eine Anleitung für das sorgfältige Abschreiben religiöser und wissenschaftlicher Texte, Schriftrollen und Bücher nach zuverlässigen Vorlagen. Die Abschriften und die Vorlagen lässt er archivieren und zu Bibliotheken zusammenfassen. Außerdem lässt er Übersetzungen anfertigen. Das ist angesichts des zunehmenden Schwunds griechischer Bildung, griechischer Sprache und griechischer Originaltexte im lateinsprachigen Westen eine entscheidende Voraussetzung für die Überlieferung griechischer Musik, Literatur und Wissenschaft ins Abendland. Außerdem erklärt Cassiodor die Vervielfältigung und Sammlung der Handschriften zur Aufgabe der Mönche. Deshalb gibt es so viele Klosterbibliotheken. Hier finden sich nicht nur die Bibel und die Schriften der Kirchenväter, sondern auch die antike und die lateinische Literatur und später die Überlieferung des geistigen Erbes des Mittelalters. Das haben wir diesem Senator, Staatsmann, Gelehrten und Schriftsteller Flavius Magnus Aurelius Cassiodorus zu verdanken. Er rettet und archiviert nicht nur das, was in christliche oder ideologische Schubladen passt, er rettet alles, was ihm in die Finger kommt. Chapeau!

In der antiken Büchersammlung von Cassiodor sind vermutlich auch musiktheoretische Schriften aus dem antiken Griechenland zu finden. Sie werden von diesem übriggebliebenen römischen Gelehrten Boethius übersetzt und erweitert und dann mit Hilfe von Cassiodors Methode abgeschrieben, also vervielfältigt und in Klosterbibliotheken aufbewahrt. Boethius hat als einer der Letzten die seit Ciceros Zeit als typisch römisch betrachteten Tugenden in sich vereint: Tapferkeit, Intelligenz und Milde. Er ist tapfer genug, oft heimlich und gegen die römische Ideologie die griechischen, musiktheoretischen Schriftrollen zu übersetzen, er ist intelligent genug, sie zu erweitern und zu kommentieren, und »milde« genug, neben seinen Regierungsgeschäften jahrelang alles abzuschreiben.

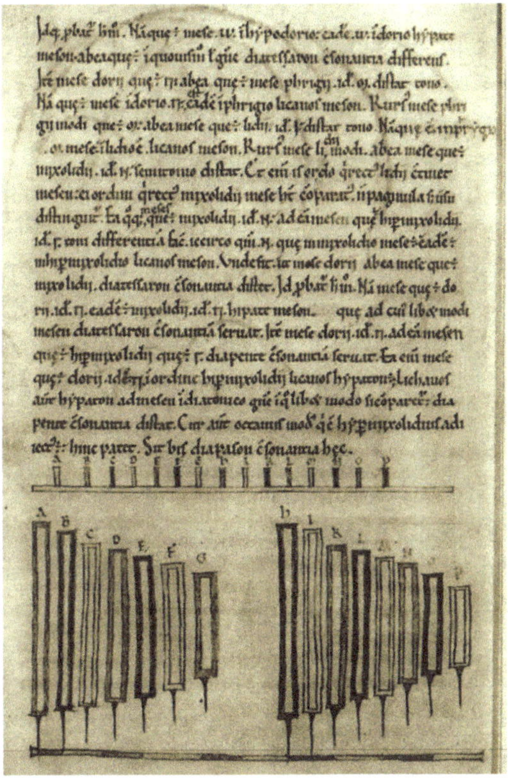

Abb. 16: Handschrift Boethius, De Institutione musica

Anicius Manlius Severinus Boethius wird etwa 480 n. Chr. in der heutigen Provinz Bergamo geboren. Er ist Gelehrter, Philosoph und Theologe. Er ist aber auch Politiker – und das wird ihm zum Verhängnis. Zur Zeit des Ostgotenkönigs Theoderich besitzt er hohe Ämter. Aber dann gerät er in Verdacht, eine gegen Theoderich gerichtete Verschwörung von Anhängern des oströmischen Kaisers zu begünstigen. Er wird verhaftet, als Hochverräter verurteilt (was sich später als Komplott herausstellt) und hingerichtet. Damit bleibt sein größtes Vorhaben unvollendet: Boethius wollte ein ehrgeiziges und umfassendes Bildungsprogramm verwirklichen. Er hatte sich vorgenommen, sämtliche Werke der griechischen Philosophen Platon und Aristoteles ins Lateinische zu übersetzen und damit die Grundlagen der griechischen Philosophie und Wissenschaft zu erhalten und dem Westen des Römischen Reichs zugänglich machen. Außerdem kommentierte er alle Werke, die er übersetzte, das heißt, er fügte sein eigenes Wissen hinzu. So wurde er der wichtigste Vermittler der griechischen Logik, der Mathematik, der Philosophie und der Musiktheorie an die lateinisch sprechende Welt des Mittelalters nach der Völkerwanderung.

Eines der wichtigsten Lehrbücher der Musiktheorie, die »De institutione musica« schreibt Boethius etwa 500 n. Chr. Dieses Werk trägt maßgeblich dazu bei, dass die griechische Musiktheorie, vor allem auch die Gedanken und Erkenntnisse des griechischen Philosophen, Musiktheoretikers, Astronomen und Mathematikers Pythagoras die mittelalterliche Musikauffassung prägen. Ab dem 9. Jahrhundert wird das Werk mit Anmerkungen und Kommentaren (*Glossen*) versehen. Im 14. Jahrhundert wird der umfangreiche »Oxforder Kommentar« zur »De institutione musica« geschrieben und das Buch im Lehrbetrieb der Universität Oxford verwendet werden. Boethius hat mit seinem Werk und mit Hilfe des Bildungsfanatikers Cassiodor das musikalische Vermächtnis der Antike dem Mittelalter übergeben. Aber was steht denn nun drin in diesem Buch?

Boethius sieht als Grundlage der Musik eine alles umfassende Harmonie, einen Einklang, der mathematischen Gesetzmäßigkeiten unterworfen ist. Musik steht seiner Meinung nach – wie auch nach Meinung des Gelehrten Pythagoras – in berechenbarer, also mathematischer Beziehung zum gesamten Kosmos und zu den seelischen und körperlichen Vorgängen im Menschen. Daraus entwickelt Boethius eine Dreiteilung der Musik: Die Weltmusik (*musica mundana*) ist die Lehre des Einklangs zwischen Musik und Kosmos, es ist die von Himmelskörpern erzeugte Sphärenmusik, die dem Tonsystem bildhaft entspricht. Dann die menschliche Musik (*musica humana*), das ist die Verwandtschaft von Musik, Seele und Körper, eine musikalische Harmonie des Menschen. Und die hörbare Musik (*musica instrumentalis*). Sie beschreibt das Verhältnis der klingenden und sinnlich wahrnehmbaren Töne zueinander, sowohl beim Gesang als auch bei der Instrumentalmusik, und stützt sich auf die mathematische Proportionslehre der Tonabstände im Sinne Pythagoras' (dazu kommen wir im nächsten Kapitel). Boethius sucht eine wissenschaftliche Erklärung für die sinnlich wahrnehmbaren Klänge. Die erklingenden Tonabstände sind für ihn »Verkörperungen« der Zahlenverhältnisse. Jedem einzelnen Ton und auch den Verhältnissen zwischen den Tönen spricht Boethius eine bestimmte mathematische Struktur zu. Deshalb ordnet er die Musik auch den mathematischen Fächern zu. Als Notation übernimmt er die griechischen Tonsymbole. Die Gesangsnotenschrift setzt er über die Instrumentalnotation. Seine Tonbezeichnungen beginnen mit A und enden mit Z. Boethius beginnt also nicht – wie heute üblich – den nächsthöheren Oktavraum nach 12 Tönen wieder mit dem selben Buchstaben. »De institutione Musica« wird im Mittelalter berühmt und Boethius' Vorstellung vom Vorrang der Musiktheorie über die Musikpraxis wird die Musikauffassung über Jahrhunderte prägen.

Der Mönch und Autor Guido von Arezzo hat die Schriften von Boethius natürlich gelesen. In seinem Werk schreibt er allerdings, dass das Buch des Boethius »nicht für Sänger, sondern nur für Philosophen nützlich ist«. Guido beschreibt in seinem Buch »Micrologus de disciplina artis musicae« Tonabstände, also Intervalle und die sogenannten Kirchentonarten. Außerdem findet sich auch bei ihm wieder der Bezug zu Pythagoras. Das Buch kann man heute nur verstehen, weil die Seiten reich bebildert sind. Auf diesen Zeichnungen sieht man Guidos Notenschrift. Es gibt vier Notenlinien, zwischen denen viereckige Noten im Terzabstand, das heißt im Abstand von drei Tönen von Zwischenraum zu Zwischenraum, notiert sind. Diesen Abstand haben wir heute noch, nur in fünf Notenlinien. Guido legt mit einem Notenschlüssel vor den Linien den Ausgangston fest. Auch das haben wir übernommen.

Die Kerze am Armarium ist fast heruntergebrannt. Die offizielle Lesezeit ist beendet. Die wertvollen Handschriften werden von einem Mönch wieder in die Bücherecke einsortiert und der Schrank wird sorgfältig verschlossen. Aus der Kirche klingt einstimmiger Männergesang in den Kreuzgang: Ein Choral. Er hat in der vierlinigen Notationsform von Mönch Guido ein Jahrtausend überdauert und kann heute noch gelesen werden. Aber diese Mönche hier lesen noch die alten Neumen, diese griechischen Wink-Symbole, die weder die Tonhöhe noch die Tondauer genau festlegen. Bis sich Guidos Notation durchsetzt, werden noch viele Jahre vergehen. Guido von Arezzo bringt sogar dem Papst Johannes XIX. ein Exemplar seines Werkes mit nach Rom. Ob der Papst erkannt hat, dass man mit der neuen Notation den Choralgesang sehr viel besser einüben kann als mit den ungenauen Neumen? Vermutlich. Doch er ordnet die Qualität des Chorgesangs seinem Machtbestreben unter. Denn die Kirchenoberen und die Mönche fürchten um die Exklusivität ihres musikalischen Wissens. Wo kommen wir denn hin, wenn jeder einfache Mensch Noten lesen und Hymnen singen lernen kann? Nur die Mönche sollen nach Ansicht der Kirche Hymnen singen. Mit Arezzos Notenschrift könnte sich das ändern. Deshalb wird sie vom Papst zunächst weggesperrt.

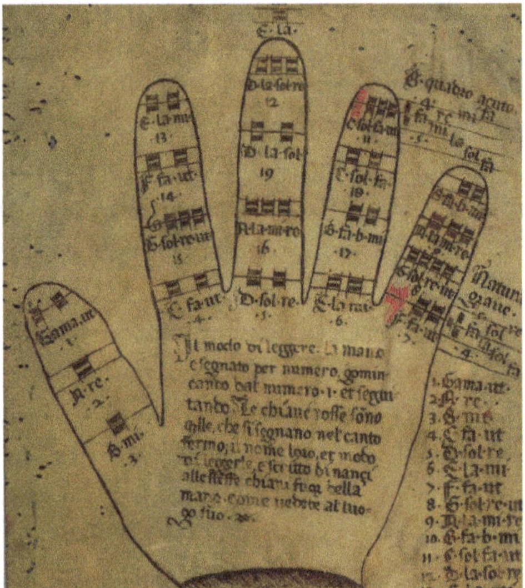

Abb. 17: Guidonische Hand

Guido von Arezzo hat jedoch auch eine Technik erfunden, die Hymnen mit Hilfe der Hand einzuüben. Die sogenannte *Guidonische Hand* dient als Gedächtnisstütze und Hilfsmittel zum Erlernen der Choräle. Jedem Fingerglied ist dabei eine bestimmte Tonstufe des damaligen Tonsystems zugeordnet. Auch die Silben ut, re, mi, fa, so, la, die Anfangssilben des Johannes-Hymnus, den Guido von Arezzo wahrscheinlich selbst komponiert hat, sind auf der Hand eingezeichnet. Heute heißen die Silben übrigens do, re, mi, fa, so, la, ti, do und bezeichnen unsere Dur-Tonleiter. Das Singen mit Hilfe der Guidonischen Hand ist ziemlich kompliziert. Zum Glück für alle Musiker kann die Kirche die Notenschrift auf Dauer nicht verhindern.

Das Rätsel der antiken Musiktheorie-Schriften, die im Mittelalter in einem italienischen Kloster wieder auftauchen, ist gelöst. Die antike Musiktheorie hat ihren Weg in das italienische Kloster gefunden, die Instrumente aber leider nicht. Der Gesang der Mönche erklingt völlig ohne Instrumentalbegleitung. Es ist rein gesangliche Kirchenmusik zum Zweck des Gotteslobs. Hier ist die klassische sogenannte ernste Musik wie zur Zeit der Römer immer noch vorschriftsmäßig streng. Jetzt heißt es herauszufinden, wie und wann diese E-Musik den Weg aus der Kirche heraus in die Konzertsäle gefunden hat – und zwar mit Instrumenten und mehr musikalischer Freiheit.

Im Kloster von Mönch Guido wird es ungemütlich. Im Jahr 1152 brechen bei einer Überschwemmung des Flusses Po die Dämme, der Fluss verlagert sein Bett, das Gebiet um die Abtei versumpft und die ausbrechende Malaria dezimiert die Mönche. Das Kloster wird aufgegeben. Hoffentlich werden die Bücher gerettet…

Bevor unsere Reise aus dem Mittelalter in die Neuzeit führt, sollten wir nochmals ganz zurück zu den Anfängen. Zurück zu den antiken Griechen, genauer zu einem ganz bestimmten Griechen, zu Pythagoras. Seit über 1600 Jahren taucht dieser Name in Bezug auf Musik immer wieder auf. Aber eigentlich war dieser Herr doch Mathematiker, oder? Seine Formeln lernen alle Schüler noch heute im Mathematikunterricht. Für die Musik haben die Formeln von Pythagoras doch keine Bedeutung. Oder doch? Was hat dieser Grieche in der Musik erforscht? Wer war Pythagoras? Wir reisen also nochmal zurück zu den Anfängen ins 6. Jahrhundert vor Christus auf die griechische Insel Samos.

Kapitel 4

Warum Pythagoras der erste Musiktherapeut ist, wie er die Töne, die harmonische Weltformel und den Blues ganz ohne Logarithmus entdeckt und warum das erste Saiteninstrument ein musikalischer Rechenschieber ist.

Wir befinden uns im Jahr 540 v. Chr. auf der griechischen Insel Samos. Hier ist die Heimat eines sehr bekannten Griechen, hier lebt Pythagoras. Seit unserer Reise durch die Musikgeschichte taucht sein Name ständig auf. Unter anderem in der Handschrift von Boethius »De institutione musica« 500 n. Chr. und in der Schrift von Guido von Arezzo »Micrologus de disciplina artis musicae«, die im italienischen Kloster Santa Maria in Pomposa im Jahr 1030 in der Bibliothek steht. Jeder kennt von Pythagoras die Formel für das rechtwinklige Dreieck: $a^2 + b^2 = c^2$. Die Summe der Flächeninhalte der Quadrate der Seiten A und B, die am rechten Winkel des Dreiecks anliegen, ergeben zusammen den Flächeninhalt des Quadrats, der dem rechten Winkel gegenüberliegenden Seite C. Aber Pythagoras war offensichtlich nicht nur in Mathematik, sondern auch für die Entwicklung der Musik herausragend. Anscheinend schon um 550 v. Chr. hatte er wichtige, musiktheoretische Erkenntnisse gewonnen und in die Praxis übertragen. Welche Erkenntnisse waren das? Und wie kommt ein Mathematiker, Philosoph und Astronom zur Musik?

In der Nähe der Stadt, die man heute unter dem Namen Pythagorio kennt, die aber 540 v.Chr. noch Samos heißt, gibt es den Eupalinos-Tunnel. Er ist Teil einer Wasserleitung der Stadt. Etwa 550 v. Chr. wird innerhalb von 10 Jahren von beiden Seiten des Berges an der Stadtmauer ein begehbarer, 1036 Meter langer, fast quadratischer Gang nur mit Hammer und Meißel in den harten Kalkstein geschlagen. Die beiden Röhren treffen sich bis auf wenige Zentimeter genau in der Mitte des Bergs. Der Tyrann Polykrates, der Samos ab 537 v. Chr. vereinnahmt und eine bedeutende Seeherrschaft begründet, schreibt sich selbst den Bau der längsten Wasserleitung dieser Zeit zu, aber das stimmt nicht. Als

Polykrates Samos übernimmt, ist die Leitung samt den insgesamt nochmal fast 1,5 km langen unterirdischen Zuleitungen von der Quelle zum Tunnel und vom Tunnel in die Stadt schon fertig. Die Leitung wird übrigens fast eintausend Jahre lang voll funktionstüchtig bleiben. Wie wurde das bewerkstelligt?

Angeblich hat Pythagoras hier mitgeplant. Aber auch er hatte keine Möglichkeit und keine Messgeräte, um ein Gefälle für die Wasserleitung durch den Berg zu berechnen und auszuführen. Anders ausgedrückt, Pythagoras kennt noch keine *irrationalen Zahlen*, also Zahlen, die nicht als Bruch zweier ganzer Zahlen dargestellt werden können. Er kennt keine Zahlen mit einem Betrag hinter dem Komma, keine Dezimalzahlen. Außerdem kann er noch nicht Wurzelziehen, also die umgekehrte Potenzrechnung ausführen, und er kennt den Logarithmus nicht. Mit diesen Rechenoperationen kann man eine exponentielle Entwicklung, wie zum Beispiel Zinseszins oder eben ein Gefälle, ausrechnen. Etwa hundert Jahre nach Pythagoras führt die Entdeckung der Irrationalität der Zahlen zu einer Krise der damaligen Mathematik. Denn diese beruht auf der pythagoreischen Zahlenlehre, die besagt, dass alles auf der Welt und sogar im Kosmos durch ganzzahlige Zahlenverhältnisse ausdrückbar sei. Etwas anderes passt nicht in dieses Weltbild. Die ersten Mathematiker, die die Dezimalzahlen oder irrationalen Zahlen entdecken, werden in der Antike ebenso verfemt, wie später zum Beispiel Galileo Galilei, als er die Erde aus dem Mittelpunkt des Sonnensystems rückt. Aber zur Zeit des Tunnelbaues ist die Mathematik noch ganzzahlig und für das pythagoreische Weltbild ungefährlich, aber eben auch unvollständig. Deshalb wird der begehbare Tunnel erst fast waagerecht herausgemeißelt. Danach wird dort eine Wasserrinne mit Gefälle nachträglich mit Hilfe von Schnur und Augenmaß in den Stein geschlagen. Auf die Musik übertragen stellt sich die Frage, wie zu dieser Zeit ein gleichmäßiges »Gefälle« zwischen Tönen auf einer Saite ausgerechnet werden kann. Mit Schnur und »Ohrenmaß« vielleicht? Hier kommt Pythagoras ins Spiel.

Auf dem Marktplatz in Samos-Stadt findet man in den Marktständen eine besondere, rotglänzende Keramik. Dieselbe gibt es Jahrhunderte später auch in Rom auf dem Forum Romanum. Die Kunst der Geometrie, der Keramikherstellung und der Bildhauerei haben die Römer unter anderem von den Griechen übernommen. Aber was ist mit der Musik? Tonscherben kann man analysieren, aber Töne werden leider nicht 2600 Jahre alt. Allerdings ist auf einigen wenigen Vasenresten Pythagoras mit einem Instrument namens *Monochord* abgebildet.

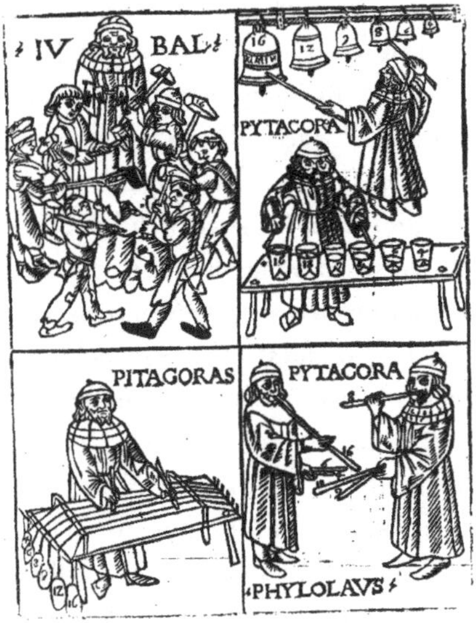

Abb. 18: Pythagoras mit Monochord, Franchino Gaffurio, Holzschnitt, ca. 1492

Was das ist, entdeckt man im Gymnasion, also in der Schule von Samos. Dort werden schon ab 600 v. Chr. Schüler am Monochord unterwiesen. Dieses Ding hat die Bezeichnung »Musikinstrument« eigentlich nicht verdient. Es ist ein länglicher Resonanzkasten aus Holz, auf den der Länge nach eine einzige Saite gespannt ist. Diese Saite läuft über einen Steg (wie viele Jahre später die Saiten der Geige oder der Gitarre). Das Besondere an diesem Steg ist aber, dass er nicht wie bei den heutigen Instrumenten fest, sondern beweglich ist. Er kann verschoben werden und teilt so die Saite, indem er sie abdrückt. Dieses Teilungsverhältnis kann auf einer Skala, die in das Holz geritzt ist, abgelesen werden. Dieses »Instrument« ist also eine Art klingender Rechenschieber für Logarithmus und Wurzelziehen nach Ohrenmaß. Um Zusammenklänge, also Harmonien, zu erzeugen, braucht man mehrere dieser »Einsaiter«, deren Saiten gleich gestimmt sein müssen. Ein Schüler zupft eine ungeteilte Saite an, ein anderer dazu eine mit einer durch den Steg geteilten Saite, die dann höher klingt. Wirklich tolle Musik ergibt das nicht. Auch nicht auf einem Monochord mit mehreren Saiten, wie auf der Abbildung. Hier wird eher etwas berechnet. Nur was? Was berechnet hier der Schüler Pythagoras?

Um 580 v. Chr. wird er nämlich auf Samos geboren und geht in diesem Gymnasion zur Schule. Danach reist er über zwanzig Jahre durch Ägypten und Babylonien und lernt viel über Religion, Astronomie, Mathematik und Philosophie. Um 530 v. Chr. kommt Phytagoras nach Samos zurück. Hier regiert inzwischen der Tyrann Polykrates. Den kann Pythagoras nicht akzeptieren und reist lieber wieder ab. Dafür gründet er im griechisch besiedelten Kroton in Unteritalien und später im italienischen Metapontion eine Schule. Was lehrte er dort? Darüber gehen die Meinungen weit auseinander, denn Pythagoras schrieb überhaupt nichts auf (genau wie Sokrates). Erst seine Schüler verfassten die Schriften. Deshalb gibt es viele widersprüchliche Meinungen über ihn und natürlich viele Legenden: Es heißt, Pythagoras sei Apoll selbst, der wiederverkörperte Gott des Lichtes und der Weisheit. Apoll wiederum ist der Sohn des Zeus, er ist ein Weltenlehrer: Führer der Musen (der Göttinnen der Dichtung, der Musik und Philosophie), Vater des Asklepios (des Gottes der Heilkunst) und der Herr des Delphischen Orakels, der Stimme der göttlichen Weisheit.

Pythagoras führt die Aufgaben des Apoll auf einer anderen Ebene fort. Für ihn bilden Philosophie (das Leben), Kosmosophie (die Wissenschaft) und Theosophie (die Religion) eine Einheit. Dies stellte er symbolisch als Dreieck dar. Pythagoras lehrt Wissenschaften, vor allem Mathematik, Astronomie und Heilkunde, aber auch Philosophie, also das Verstehen des Lebens und der menschlichen Existenz. Dazu lehrt er die Musik und die Religion auch mit Hilfe von Mystik und Meditation. Seine Schule ist praktisch die erste Universität. Er selbst sieht sich als religiöser Philosoph, als philosophierender Wissenschaftler und als wissenschaftlich vorgehender Lehrer der Religion. Ist er nun ein Schamane, also ein spiritueller Spezialist mit magischen Fähigkeiten? Oder ein Wissenschaftler, der systematisch an der Forschung und Weiterentwicklung verschiedener Wissensbereiche arbeitet? Oder beides?

Pythagoras, dem Schamanen, geht es nicht um Arithmetik, Geometrie, Astronomie oder Musiktheorie, sondern um Kosmologie und um Zahlensymbolik. Als Schamane ist er für seine Anhänger ein übermenschliches Wesen, das Zugang zum göttlichen Wissen hat. Pythagoras kann angeblich mit Tieren reden, kann die Seelen der Menschen lesen und lässt sich als unfehlbares Wesen verehren.

Als Schamane gilt sein Interesse nicht der Mathematik als einer rechnenden und beweisenden Wissenschaft, er betrachtet Zahlen unter eher esoterischen Gesichtspunkten. Dabei weist er verschiedenen Zahlen im Sinne einer Zahlensymbolik bestimmte nichtmathematische Eigenschaften zu und gewinnt so ein Ordnungsprinzip für seine Kosmologie. Sein Grundsatz »alles ist Zahl« ist ein Kernbestandteil seines schamanischen Weltbildes. Genauer: Alles ist *ganze* Zahl! In diese schamanische Denk-Schule gibt es Aufnahme-Riten, hier werden die Schüler auf die Dogmen des Schulgründers eingeschworen und bilden eine Kult-Gemeinschaft. Bei Pythagoras, dem Wissenschaftler, ist das anders. Er ist ein Philosoph und Forscher, der sich um Mathematik, Musiktheorie und Astronomie bemüht und dessen Schüler einschlägige Forschungen durchführen. Diese Schule ist keine Kultgemeinschaft, sondern ein lockerer Zusammenschluss von Forschern. Sie sind nicht auf Dogmen eingeschworen, sondern vertreten unterschiedliche Meinungen. Als Wissenschaftler betreibt Pythagoras mehr Studien als irgendein anderer Mensch. Bereits 200 Jahre vor Kopernikus erkennt Pythagoras die Erde als Stern unter Sternen, lehrt die Kugelgestalt und die Achsdrehung der Erde, benennt die Gesetze von Sonnen- und Mondfinsternis. Als Schamane dagegen lehrt er die Harmonie in den Bewegungen der Planeten und die Beziehung zwischen Kosmos und Mensch. Er verbreitet die Idee der »Sphärenharmonie« oder »Himmelsharmonie«. Seiner Meinung nach werden von den Planeten sogenannte »Sphärenklänge« hervorgebracht, die zusammen einen kosmischen Klang ergeben. Allerdings scheint er der Einzige zu sein, der sie hören kann. Ist das nun wissenschaftliche Astronomie oder außersinnliche Wahrnehmung? Wahrscheinlich beides. Pythagoras ist jedenfalls auch von der Unsterblichkeit der Seelen und der Seelenwanderung überzeugt. Deshalb könne er sich auch, einer Legende zufolge, an seine früheren Inkarnationen erinnern und ebenfalls die Inkarnationen anderer Menschen erkennen. Zur Achtung von beseeltem Leben gehört auch, dass Pythagoras und alle seine Anhänger Vegetarier sind und Tieropfer ablehnen.

Was ist das für ein schillernder Grieche gewesen! Ein wenig Heiliger, ein wenig Schamane, ein wenig Wissenschaftler. In der Antike gilt Pythagoras als der Erfinder der Begriffe »Philosophie« und »Kosmos«. In der Spätantike und im Mittelalter ist man überzeugt, Pythagoras sei der Begründer der Mathematik gewesen, vor allem der Geometrie, dem für die antiken Griechen wichtigsten

Teil der Mathematik. Dazu passt die Überlieferung von seinem Aufenthalt in Ägypten. Denn die Geometrie muss wohl schon deshalb aus Ägypten stammen, weil dort regelmäßige Nilüberschwemmungen ständig neue Landvermessungen notwendig machten. Auch seine Astronomie-Kenntnisse hat Pythagoras wahrscheinlich den Ägyptern und Babyloniern zu verdanken. Von den einen wird Pythagoras Vielwisserei vorgeworfen, während andere sich sicher sind, dass sogar Christus ein Eingeweihter der jüdischen Meditationsschule war, die auf der pythagoreischen Schule aufbaut. Die einen sind der Meinung, dass die Mathematik von Pythagoras und den Pythagoreern wesentliche Impulse erhalten hat. Andere sagen, dass erst der Philosoph Platon und seine Schüler die Zahlenlehre und die Zahlenmystik entwickelt haben. Sehr unübersichtlich, das Ganze.

Nur in Bezug auf die Musik, da sind sich alle einig! Pythagoras ist als Wissenschaftler der Begründer der mathematischen Analyse der Töne. Das haben Platon und sein Schüler Xenokrates schriftlich festgehalten. Die musikalische Zahlenlehre geht auf die Pythagoreer zurück und die entscheidende Entdeckung auf Pythagoras selbst: Die Tonabstände, also die Intervalle, und ihre Darstellung durch Zahlenverhältnisse. Veranschaulicht wird dies durch Messung der Länge schwingender Saiten. Aha! Hier kommt wieder das Monochord, dieser Musikrechenschieber von Samos, ins Spiel. Aber es wird gleichzeitig auch sehr mystisch. Es geht nämlich um die *Tetraktys*. Das ist nichts anderes als der Schlüssel zum Verständnis der Weltharmonie. Wow!

Tetraktys heißt »Vierergruppe« oder »Vierheit«. Es sind die Zahlen Eins, Zwei, Drei und Vier, die zusammengezählt die Zahl Zehn »ergeben« – so würden wir das heute sagen. Pythagoras ist aber der Meinung, dass die vier Zahlen die Zehn »erzeugen«. Die Zahl Zehn ist zum einen die Grundlage des Dezimalsystems und zum anderen wird die Zehn als etwas Vollkommenes betrachtet, sie wird auch als heilige Zahl bezeichnet. Pythagoras und seine Schüler gehen davon aus, dass der Kosmos nach mathematischen Regeln harmonisch geordnet ist. Eine universelle Harmonie wird zum Beispiel dadurch ausgedrückt, dass es zehn bewegte Himmelskörper gibt. Oder geben müsste, damit die Harmonie stimmt. Leider sehen die Pythagoreer nur neun. Aber das wird ganz harmonisch hingebogen: Der zehnte Himmelskörper ist eben unsichtbar.

In der Schule von Pythagoras entsteht ein Gedicht, in dem die pythagoreischen Lehren zusammengefasst werden. In diesen »Goldenen Versen« (*car-*

men aureum) steht unter anderem eine Eidesformel, die die Schüler zu sprechen haben: »Ja, bei dem, der unserer Seele die Tetraktys übergeben hat, Quelle der ewig strömenden, harmonischen Natur.« Der, der sie übergeben hat, ist natürlich Pythagoras. Aber was hat die Tetraktys mit der Musik zu tun?

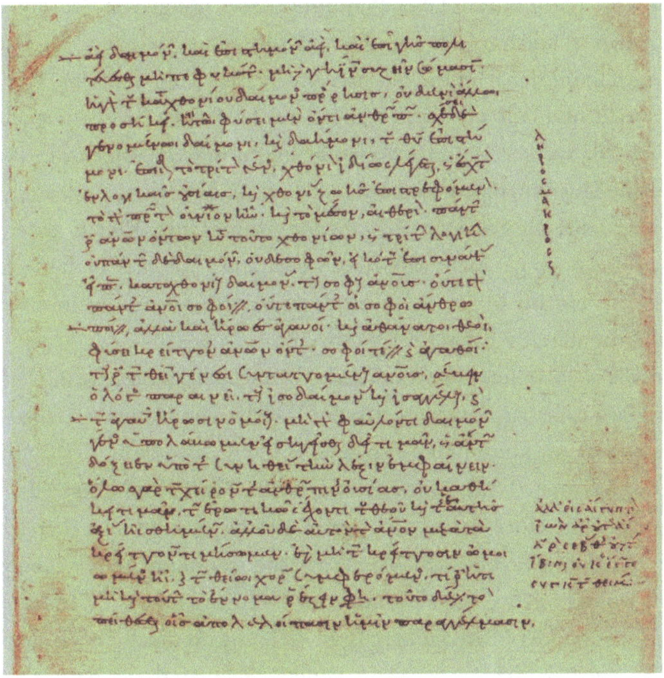

Abb. 19: Goldene Verse: Eine Seite einer im Jahr 925 geschriebenen Handschrift, die den Kommentar des Hierokles zu den Goldenen Versen enthält. Wien, Österreichische Nationalbibliothek

Die Tetraktys wird mit Zählsteinen gelegt. Die vier Zahlen werden in Form eines gleichseitigen Dreiecks übereinander angeordnet. Unten vier Steine, dann drei darüber, dann zwei und oben einer. Das gleichseitige Dreieck gilt als vollkommene, also harmonische Figur. Das Thema Harmonie und das Dreieck beschäftigen diesen Pythagoras in allen Bereichen sowohl als Schamane wie auch als Wissenschaftler sehr. Er predigt das Ideal universaler Freundschaft und Harmonie und verwirklicht es selbst. Er lebt in Harmonie mit allem: mit den Göttern, mit seinen Lehrern und Schülern, mit seiner Familie und seinen Kindern, mit seiner Seele und dem Leben. Harmonie unter Mitbürgern erreicht er auch durch Gesetzestreue, Harmonie mit seinem Körper durch vegetarisches Essen, Harmonie mit Andersstämmigen durch Naturerkenntnis, Harmonie einander entgegenwirkender Kräfte durch Meditation. Der Kosmos ist für ihn eine Stätte der Ordnung und Harmonie. Dieses Harmonie-Ideal klingt wie der Mythos vom paradiesischen, goldenen Zeitalter. Demzufolge sind Melodien für Pythagoras ein Heilmittel, mit denen er die Harmonie und Ordnung der Körperfunktionen wiederherstellt und Leib und Seele gesund macht. Seinen Schülern spielt er zum Einschlafen Klänge vor, um ihre Seelen in Harmonie zu bringen. Er ist sozusagen der erste Musiktherapeut, auch für sich selbst. Vielleicht ist er auch deshalb etwa achtzig Jahre alt geworden, ein geradezu biblisches Alter in einer Zeit, in der es die Bibel noch gar nicht gab. Aber vielleicht ist das alles auch nur Legende. Vielleicht hat jemand in seinem Namen weitergedacht und weiterunterrichtet und es gibt mehrere Pythagorasse? Wer weiß?

Jedenfalls ist aus dieser Harmonieliebe heraus bei Pythagoras auch die Frage nach der Harmonie der Töne aufgetaucht. Welche Töne klingen, wenn sie nacheinander erklingen, konsonant, also schön, nicht dissonant? Pythagoras sucht auch bei den Tönen Ordnung und Harmonie. Den Erzählungen nach ist er immer wieder an einer Schmiede vorbeigekommen und hat den Klang der Hämmer auf sich wirken lassen. Manche Klänge empfindet er als unangenehm, andere als wohlklingend, also als konsonant. Welche sind das? Wie stehen sie im Verhältnis zueinander? Pythagoras macht sich auf die Suche nach den harmonischen Klängen. Er hängt vier gleich lange, gleich starke und gleich gedrehte Saiten an einer Wand auf und beschwert sie unten mit Gewichten. Dann zupft er die Saiten an. Er muss ein sehr gutes Gehör gehabt haben, denn er hört, dass die mit sechs Gewichtseinheiten am geringsten beschwerte Saite zusammen mit der mit zwölf Gewichtseinheiten am stärksten gezogenen Saite irgendwie gleich klingt. Fast wie ein Einklang. Sie haben die gleiche *Tonigkeit.* Die beiden Töne klingen im Abstand einer *Oktave.* Zwischen ihnen liegen sechs weitere Töne. Zusammen sind es die acht Töne einer Tonleiter. Deshalb heißt der Tonabstand *Oktave.* Ton eins schwingt zu Ton acht im Verhältnis 6:12. Wenn man den Bruch kürzt, ergibt das ein Frequenzverhältnis von 1:2. Aber es geht noch weiter: Die Saite mit neun Gewichtseinheiten erklingt zusammen mit der lockersten ebenso harmonisch: die *Quinte* im Verhältnis 6:9, also gekürzt 2:3. Und dann entdeckt

Pythagoras noch die *Quarte.* Sie erklingt mit der lockersten Saite im Verhältnis 6:8, also 3:4. Das Ganze ist etwas vereinfacht dargestellt, denn die »Schwingungsverhältnisse« sind damals noch »Längenverhältnisse« der Saiten. Schwingungen kann man erst Jahrhunderte später messen. Diese Längenverhältnisse ergeben die Zahlen aus der Tetraktys: 1:2:3:4, Grundton zu Oktave, zu Quinte und zu Quarte. Es ist die vollkommene Harmonie!

Natürlich hat Pythagoras auch mit anderen Instrumenten experimentiert: Mit Flöten, Triangeln, Gefäßen und vor allem mit dem Monochord. Als Wissenschaftler ist Pythagoras der Entdecker der musikalischen Harmonielehre. Als Schamane dagegen ist er nicht daran interessiert, musikalische Phänomene durch Messung zu erfassen, sondern symbolische Beziehungen zwischen Zahlen und Tönen zu finden. Jetzt kann er die Musik und die Mathematik in sein Gebäude der Kosmologie einordnen. Proportionen seiner Intervalle (Tonabstände) mit den Schwingungsverhältnissen 1:2:3:4, also Grundton, Oktave, Quinte und Quarte gelten in der Antike als Weltformel für Harmonie und Ordnung, die sich auf sämtliche Bereiche des Lebens und Wissens übertragen lassen. Damit hat Pythagoras auch den Blues entdeckt! Denn etwa 2500 Jahre später besteht die Harmoniefolge des einfachen Blues aus genau diesen Intervallen.

Nach der ganzheitlichen Lehre der Pythagoreer sind nicht nur die Bewegungen der kosmischen und irdischen Dinge nach Maß und Zahl geordnet, auch die Bewegungen der Seele gehorchen denselben Gesetzen der Harmonik, die in der Musik hörbar werden. Deshalb spielt die Musik im gesellschaftlichen Leben des antiken Griechenland und vor allem für die Erziehung und Charakterbildung der Jugend eine herausragende Rolle. »Überall bedarf das Leben der Menschen des richtigen Zeitmaßes und der Zusammenstimmung«, schreibt Platon. Das könnte auch Pythagoras gesagt haben. In der Antike bedeutet Harmonie nicht wie heute Zusammenklang, also das gleichzeitige Erklingen von Tönen, sondern Nacheinander-Klang. Dieses nacheinander Klingen von Tönen soll aber harmonisch sein. Als harmonisch empfindet der antike Grieche offensichtlich nur die Oktave, die Quinte und die Quarte.

Im nächsten Schritt stapelt Pythagoras, der Töneforscher, Töne in Quint-Abständen übereinander und bekommt dadurch eine Tonfolge mit sieben Tönen. Von jedem dieser Töne ausgehend kann man eine Tonleiter spielen, also acht aufeinanderfolgende Töne, die wieder mit dem Anfangston eine Oktave höher enden. Platon schreibt, dass bestimmte Tonleitern den Charakter des Menschen »stimmen«. Es gäbe Tonarten, die mutig, und andere, die weich und furchtsam machten. Die *dorische* und die *phrygische* Tonleiter (benannt nach den griechischen Volksstämmen der Dorier und Phrygier) machten besipielsweise stark, meint Platon und beruft sich dabei auf Pythagoras. Heute kennt jeder Musiker diese Tonleitern als Kirchentonarten oder als Skalen für die Improvisation im Jazz. Vor etwa 2600 Jahren legte Pythagoras die musiktheoretischen Grundlagen dazu.

Aber es gibt ein Problem: Pythagoras' Quinten sind »rein« gestimmt. Das Problem liegt in dem Wörtchen »rein«. In unserem heutigen Quintenzirkel können wir zwölf Quinten nacheinander spielen. Ausgehend vom Ton C zum Beispiel, kommen wir nach zwölf Quinten wieder auf den Ton C zurück (C-G-D-A-E-H-Fis/Ges-Des-As-Es-B-F-C). Der Quintenzirkel beschreibt unsere zwölf Töne und unsere zwölf Dur-Tonarten (und auch die dazugehörenden zwölf Moll-Tonarten). Wenn wir jedoch reine, also sauber gestimmte Quinten übereinanderschichten, kommen wir am Ende eben nicht zum Anfangston zurück. Es verschiebt sich alles um das sogenannte *pythagoreische Komma.* Oder besser gesagt, um die Zahl hinter dem Komma. Richtig gerechnet geht die Stimmung nicht auf. Um dissonante Klänge zu vermeiden, werden die Töne, je nachdem mit welchen anderen Tönen sie harmonisch zusammenklingen sollen, unterschiedlich gestimmt. Beim Archicembalo, einem Tasteninstrument aus dem 16. Jahrhundert, gibt es zum Beispiel für jeden Ton drei Stimmungen zur Auswahl, was zu 36 Tasten pro Oktave führt (heute sind es zum Glück nur noch zwölf). Für den Pianisten sind solche Instrumente sehr unübersichtlich. Virtuoses Spiel scheint damit fast unmöglich, es ermöglicht aber, möglichst viele Tonarten wohlklingend spielen zu können.

(14) Archicembalo, Tasteninstrument aus dem 16. Jahrhundert

Es gibt auch Instrumente, bei denen die letzte Quinte einfach kleiner gemacht wird, das heißt falsch gestimmt wird, um die Quintreihe wieder beim Anfangston ankommen zu lassen und den Quintenzirkel zu erhalten. Die Tonreihe besteht dann aus 11 reinen und einer um das pythagoreische Komma verminderten Quinte, die alles andere als harmonisch oder wohlklingend ist. Das ist die sogenannte »Wolfsquinte des Pythagoras«, denn sie heult wie ein Wolf. Aber irgendwann muss die Anzahl der Tasten auf die noch heutig gültige Klaviertastatur reduziert worden sein, d.h. die Tonleiter auf zwölf Töne. Die Wolfsquinte ist verschwunden. Damit das gelingen kann, muss die Stimmung verändert worden sein, denn sonst würden auf dem Klavier manche Tonabstände sehr verstimmt klingen.

Wer hat also den Logarithmus berechnen können und wer hat das »pythagoreische Komma« derart verteilt, um auf zwölf Halbtöne (C-Cis-D-Dis-E-F-Fis-G-Gis-A-Ais-H-C) pro Oktave zu kommen? Wann wird diese wunderbare, harmonische Musik-Logik geschaffen, nach der bis heute komponiert und gespielt wird? Der Mönch Guido von Arezzo war es jedenfalls nicht, denn in seinem Buch sind die Tonabstände mit dem Monochord noch nach Pythagoras festgelegt und erklärt, der Quintenzirkel funktioniert noch nicht und das Wolfsgeheul ertönt auch innerhalb der Klostermauern. Wir reisen also zu weiteren Hörenswürdigkeiten, auf der Suche nach dem, der die Lösung gefunden hat.

Kapitel 5

Warum die männlichen Musiker Pöbel und die weiblichen Dirnen sind, warum die Orgel aus der Kirche verbannt wird und Frauen nicht mehr singen dürfen und wie der Papst im Jahr 1324 die Rockmusik erfunden hat.

Streng klopft der Dirigent mit einem langen Taktstock auf den Steinboden: »Streckt euren Körper. Hebt den Kopf und biegt ihn leicht nach hinten! Eure Oberarme liegen am Körper, der Mund bleibt geöffnet, die Lippen berühren sich nicht!« Wir sind in einer großen Kirche in Leipzig im 14. Jahrhundert bei einer Chorprobe. Sind das die berühmten Hymnus-Chorknaben des Thomaschors? Die mit den hohen Stimmen, die als Abbild des Gesangs der Engel gelten? Zumindest sehen sie so aus. Der Dirigent singt eine Melodie vor, die vor ihm stehenden jungen Knaben singen sie mit der vorgeschriebenen Haltung nach. Über zwei Stunden proben sie schon die Melodie zum Text: »Heiliger Johannes, löse die Schuld von den befleckten Lippen deiner Schüler, damit sie die Wunder deiner Taten mit lockeren Stimmbändern zum Erklingen bringen können.« Die Hände und Unterarme der Jungen unterstützen mit komplizierten Gebärden den einstimmigen Vortrag.

So singen die heutigen Hymnus-Chorknaben des Thomaschors nicht mehr. Außerdem haben sie Noten. Die gibt es für die Buben im Kloster zu Beginn des 14. Jahrhunderts noch nicht. Nur der Kantor, also der Dirigent, hat ein großes, handgeschriebenes Buch vor sich. Darin stehen die Texte und Gebete, die gesungen werden – die Choräle. Über den Texten sind graphische Zeichen, Figuren und Symbole gemalt – die *Neumen*, die allererste Form der Notation, die vorgeben, wie die Melodie ungefähr verlaufen und wie der Text interpretiert werden soll. In einem anderen Choralbuch erkennt man drei Notenlinien übereinander und darin schwarz ausgefüllte, eckige Zeichen: *Die schwarze Mensuralnotation.* Hier können im Vergleich zu den Neumen, die nur Tonhöhen angeben, schon vier verschiedene Tondauern aufgeschrieben werden. Immerhin gibt es jetzt endlich diese Notenschrift, aber es gibt leider nur ein einziges Choralbuch und das hat der Dirigent vor sich liegen. Also müssen die Chorknaben trotzdem alles auswendig lernen.

Die Buben, die zum ungezählten Male den Heiligen Johannes besingen müssen, haben nichts zu lachen. Es wäre eine große Erleichterung für sie, wenn es schon die *weiße Mensuralnotation* geben würde. Wegen der immer größer werdenden Chöre wird auch das Choralbuch immer größer geschrieben, damit alle Sänger aus diesem Buch lesen können. Der Einfachheit halber zeichnet man nur noch die Umrisse der Noten, wodurch weiße, »hohle« Noten entstehen, so wie heute die halbe Note oder die ganze Note. Sie leuchten auch bei dem neuen, dünnen Papier, das das dicke Pergament ersetzt, im Gegensatz zu den schwarzen Noten nicht durch. Erst mit dem Buchdruck um 1440 erhält jeder Chorsänger ein eigenes Notenexemplar und das mühsame Auswendiglernen hat ein Ende – sofern man dieses hochkomplizierte, ziemlich undurchschaubare Notensystem entziffern kann.

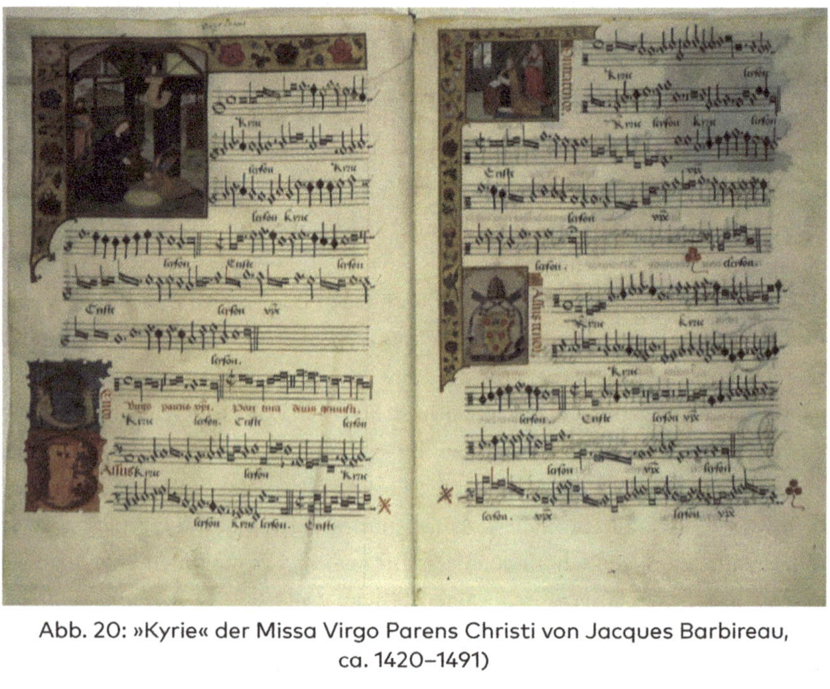

Abb. 20: »Kyrie« der Missa Virgo Parens Christi von Jacques Barbireau, ca. 1420–1491)

Die jungen Sänger in der Thomaskirche in Leipzig müssen sich die Melodien noch anhand komplizierter Formeln für die Tonskalen mit Hilfe der Finger merken. Wenn die Choräle zweistimmig gesungen werden, müssen die Knaben die drei Tonabstände finden, die Pythagoras etwa 550 v. Chr. schon festgelegt hat: Die Oktave, die Quarte und die Quinte. Nur mit diesen Tonabständen darf die zweite Stimme zu der ersten erklingen. Außerdem müssen die Sänger den gesungenen Text mit Hilfe von Gesten erklären und untermalen, denn er ist lateinisch. Diese Sprache versteht der Kirchgänger des 14. Jahrhunderts nicht. Die Chorknaben in der Thomaskirche lernen alles auswendig. Über Jahrhunderte gibt es nur die Viva-voce-Methode, das heißt, einer singt vor, alle singen nach. Der Kantor singt also vor, während er mit seinem langen Taktstock auf den Boden klopft, die Chorknaben singen nach. Das klingt nicht nach Spaß, sondern nach Quälerei. Etwa zehn Jahre lang viele Stunden täglich müssen die Schüler im Kloster das gesamte Gesangsrepertoire lernen. Dazu müssen sie bei Trauungen, Taufen, Begräbnissen und in den häufig stattfindenden Gottesdiensten singen. Als wäre das noch nicht genug, werden sie in die Häuser reicher Bürger geschickt, um zu verschiedenen Anlässen zu singen und auch im Haushalt zu helfen. Dass sie ihren Lohn im Kloster abgeben müssen, versteht sich von selbst. Zum Glück ist das Leben eines Chorknaben heute nicht mehr so streng getaktet, sonst hätten wir sicher keine Knabenchöre mehr.

(15) Thomanerchor Leipzig, »h-Moll-Messe von J.S. Bach«

Die ersten einstimmigen Choräle nennt man *gregorianischen Gesang*. Papst Gregor der Große soll seinem Notarius den Gesang diktiert haben, der ihm vom Heiligen Geist in Form einer Taube eingeflüstert worden sei. Das ist natürlich Unsinn. Aber so wird dem Kirchenvolk suggeriert, dass die Musik und die Texte direkt von Gott kommen. Gregor der Große ist in Wirklichkeit ein sehr fortschrittlicher und cleverer Papst. Er gab dem angelsächsischen Missionar Augustinus von Canterbury den Auftrag, in der römischen, gallischen und in vielen anderen Kirchen Liturgien, also Texte und Gesänge, sorgfältig auszuwählen und alles zu sammeln, was dem allmächtigen Gott gefallen könnte. Daraus wurden dann neue Choräle gebastelt. Papst Gregor hat sozusagen die Musik der Gottesdienste, also das gesungene Lob Gottes, um das Jahr 600 schon erfolgreich gesampelt.

Der gregorianische Gesang ist einstimmig. Der Text ist wichtig, die Musik weniger. Die Silben des Textes geben den Rhythmus vor, Instrumente gibt es keine. In der Zeit von Papst Johannes XXII. werden die Choräle auch zweistimmig gesungen. Die zweite Stimme begleitet die erste in den Tonabständen Quinte, Quarte oder Oktave – also die Intervalle, die bereits Pythagoras entdeckt und für harmonisch befunden hat und die etwa 1800 Jahre nach seinem Tod, also im 14. Jahrhundert, noch immer gelten. Diese Kompositionen gehören zur *Ars Antiqua*, zur alten Kunst.

(16) Gregorianischer Gesang: »Tractus: Domine, exaudi orationem meam«

Vielleicht stehlen sich die Jungs nach der Probe heimlich davon. Sie klettern über die Klostermauern und laufen in die Stadt. Schon von weitem hören sie die fröhlichen Klänge der Spielleute auf dem Marktplatz. Mit Gesang und Tanz, mit Jonglagen und Schauspielerei unterhalten die Spielmänner und Spielweiber die umstehenden Stadtbewohner. Diese spielenden Künstler sind Berufsmusiker, U-Musiker, Unterhaltungsmusiker. Sie gehören jedoch im Gegensatz zu den Musikern bei Hofe oder den städtischen Ratsmusikern, die fest angestellt sind, zum fahrenden Volk und somit zur recht- und ehrlosen Klasse, zum Pöbel, die Frauen werden zumeist als Dirnen abgestempelt. Denn hier im Mittelalter ist die U-Musik nicht wie in der Antike ebenso von den Göttern gesegnet wie die E-Musik, die ernste Musik in der Kirche oder der Minnesang. Das ist den Buben aus der Klosterschule jedoch ganz egal. Begeistert hören sie den einfachen, aber eingängigen Melodien der Spielleute zu, singen bald einige Zeilen mit und bestaunen die Trommeln, Flöten und Rasseln der Musiker. Auch eine Sackpfeife, eine Drehleier und eine Trompete sind zu hören. Beim Klang dieses Blasinstruments taucht aus der Menge plötzlich ein Mann in Uniform auf, wahrscheinlich ein Ratsmusiker. Er entwendet dem Spielmann nach kurzer Rangelei das Instrument und führt ihn unter dem Gejohle des Publikums ab. Das liegt nicht an seinem Spiel, sondern daran, dass die Trompete nur bei Hofe und in der Militärkapelle gespielt werden darf. Sie ist Jahrhunderte lang ein Herrschaftssymbol und somit für die Spielleute verboten.

(17) Spielleute mit Sackpfeifen: Strella do Dia

Auch das ist den Chorknaben völlig egal. Sie sind maßlos begeistert, denn hier wird wirklich etwas geboten! Ein Spielmann jongliert Bälle, ein Spielweib tanzt, ihre Röcke fliegen. Ein junger Chorknabe, den seine Klosterbrüder Heinrich rufen, lässt sich nicht von der Tänzerin ablenken. Er hört der Musik konzentriert und fasziniert zu. Er hört, dass die Musik mehrstimmig gespielt und gesungen wird. Die Gesangsmelodie wird von einer zweiten Stimme und oft auch einer dritten begleitet. Dabei entstehen auch mal schräge Harmonien. Die Trommeln und Rasseln geben den Rhythmus vor, nicht wie bei den Chorälen der Text. Das gefällt dem Heinrich. Es versetzt ihn in einen Taumel, der ihn vergessen lässt, dass seine Familie ihn ins Kloster gesteckt hat. Er vergisst, dass ihn die strenge Zucht in der Schule, die ständige Singerei in den Gottesdiensten und die stundenlangen Chorproben in der kalten Kirche ermüden. Er vergisst, dass er arm ist und immer Hunger hat. Denn hier auf dem Marktplatz geht die Post ab. Die Musik wird lauter, die Tänze erotischer, die Witze derber. Zügelloses, hemmungsloses Feiern ist angesagt. Am frühen Morgen torkeln die Jungs nach ihrer Trink- und Tanzorgie ins Kloster zurück. Harte Strafen werden sie erwarten. Wieder müssen sie stundenlang singen. Vielleicht haben ein paar Buben mit einer zweiten Stimme, die mehr als nur drei Tonabstände enthält, dagegen angesungen. Ganz sicher auch der Heinrich. Er eifert dem Heinrich von Morungen nach, einem berühmten Minnesänger, dem Dichter und Sänger von Liebesliedern. Heinrich von Morungen hat diese Liebeslyrik meist am Hofe gesungen, denn solche Musik wird von den Adeligen und der höfischen Ritterkultur geschätzt und gepflegt. 1222 wird er in allen Ehren in der Thomaskirche in Leipzig beigesetzt.

(18) Liebeslyrik: Heinrich von Morungen, »Ich will immer singen«

(19) Minnesang: Walther von der Vogelweide, »Unter der Linden«

Der Chorknaben-Heinrich hat noch ein anderes Vorbild, den Minnesänger Walther von der Vogelweide. Dieser hat die Minne als Erster auch für das einfache Volk gedichtet und gesungen. Beide, Walther von der Vogelweide und Heinrich von Morungen dichteten ihre Liebeslieder oft auf Melodien, die sie aus der Kirche kannten. Unser Chor-Heinrich, Heinrich von Meißen, genannt Frauenlob, wird jedenfalls einer der einflussreichsten deutschsprachigen Dichter und ein berühmter Minnesänger des 14. Jahrhunderts. Er ist in Klosterkirchen anzutreffen und dient an vielen Höfen, singt bei vielen Festen, Feiern und Trinkgelagen. Nur in Leipzig, da war er leider nie und auch der Streich der Chorknaben der Thomaskirche ist erfunden.

(20) Minnesang im 14. Jahrhundert: Frauenlob/ Heinrich von Meißen

Richtig ist dagegen, dass um 1320 in Paris erstmals auch geistliche Musik mehrstimmig komponiert wird. Die Avantgarde des 14. Jahrhunderts weitet die Regeln der Ars Antiqua aus, allen voran Guillaume de Machaut. Der französische Komponist und Dichter vertont nicht nur geistliche Texte, sondern auch eigene Lyrik. Seine Kompositionen haben mehr Rhythmus und – durch die Zusammenklänge von bis zu vier Stimmen – spannender klingende Harmonien. Die Melodien ertönen nicht mehr nur im Tonabstand der Oktave, Quarte oder Quinte und im Rhythmus des Textes, wie bei den Chorälen der Ars Antiqua, sondern auch in anderen Tonabständen und Rhythmen. Man nennt diese mehrstimmig komponierte Musik die *Ars Nova*.

(21) Mehrstimmige Kirchenmusik: »Messe de Nostre Dame«

Das ist eine spannende, musikalische Entwicklung: Diese Ars Nova, die Neue Kunst, könnte das Volk in die Kirchen locken! Denn die Menschen zu dieser Zeit haben geistlichen Beistand und Hilfe nämlich dringend nötig. Während sie völlig verarmt sind, ist die Kirche dagegen steinreich, gibt aber wenig ab. Sie reibt sich bei internen Machtspielen auf und verliert ihre moralische Autorität beim Volk. Papst Johannes XXII., der in Avignon residiert, beschließt 1324 das Volk zurückzugewinnen. Johannes wurde acht Jahre zuvor unter dramatischen Umständen gewählt: Der König von Neapel setzte die Papstwahl durch, indem er die Kardinäle (einschließlich Johannes, der noch Jacques hieß) fast ein halbes Jahr in der Kirche von Lyon einmauern und die Essensrationen reduzieren ließ. Jacques simulierte schließlich einen Sterbenden und die zerstrittenen und ausgehungerten Kardinäle einigten sich auf ihn, um sein (und wahrscheinlich auch ihr) Leben zu retten. Ab dem Zeitpunkt wird er »Johannes der Fuchs« genannt.

Was lässt sich dieser schlaue Fuchs nun für sein abtrünniges Kirchenvolk einfallen? Zunächst weiß Johannes noch nicht, dass die schreckliche Pestepidemie vor der Türe steht (zwischen 1347 und 1353 wird jeder dritte Europäer sterben). Die Machtlosigkeit der Kirche gegen dieses Massensterben wird eine weitere Abkehr vom Glauben bewirken. Das Volk geht nicht mehr in die Kirche, sondern feiert lieber auf dem Dorfplatz, auf Jahrmärkten und in Kneipen, genießt hemmungslos das Leben, tobt sich bei der Musik der Spielleute aus und lenkt sich von der täglichen Tragödie ab. Die Folgen des Schwarzen Todes belasten die gesamte Sozialordnung des Spätmittelalters. Zumeist werden die Juden zum Sündenbock erklärt und ermordet. Religiöse Fanatiker und »Geißler« treten der tödlichen Seuche mit radikalen Bußpraktiken entgegen. Voller Ekstase, also mit einer beeindruckenden Show, sind sie auf den Marktplätzen unterwegs und machen der Kirche Konkurrenz.

Da kommt einiges auf den Papst Johannes zu. Jetzt muss er gute Ideen haben. Er könnte sich etwas von den antiken Griechen oder Römern abschauen. Eine Idee, um das Volk zu gewinnen, ist es zum Beispiel ein Massenspektakel zu veranstalten. Vielleicht eins mit Sportwettkämpfen, wie in der Antike die Olympischen Spiele. Dieses Massenspektakel wurde von den Machthabern erfunden, um ganz gezielt von der aktuellen politischen Lage und vom kaum erträglichen Alltag des einfachen Volks abzulenken. Auf der Spielstätte verbanden sich Sport, religiöser Kult, Kultur und Wettstreit. Neben den Wettkämpfen gab es auch Theateraufführungen, Buden mit Volksfestcharakter, Darbietungen von Musikanten und Gauklern. Die Olympischen Spiele dienten aber auch als politisches Forum, denn hier kam das Volk aus allen Schichten und Berufsgruppen mit politischen Vertretern und Diplomaten aus allen Teilen der griechischen Welt zusammen. Es gab ein Orakel und ein Schiedsgericht. Olympia konnte so zum Symbol der staatlichen Einheit werden. Das monumentale Sportereignis wurde gezielt mit der Idee einer angeblich göttlichen Friedensmission umrankt. Im 21. Jahrhundert wird es dann olympische Sommer- und Winterspiele geben, die im Wechsel sogar alle zwei, statt wie in der Antike alle vier Jahre stattfinden – doppelt hält besser. Auch heute werden die Massen damit besänftigt oder zumindest beschäftigt. Außerdem sind die Wettkämpfe ein wichtiger Wirtschaftsfaktor. Nur in die Kirche gehen die Menschen deshalb auch nicht öfter. Die alten Griechen hatten schlauerweise die religiösen Kultveranstaltungen unter den Sport gemischt.

Massenveranstaltungen gab es auch bei den Römern. Brot und Spiele für alle, ist ab etwa 100 n. Chr. ihre Devise. Getreide und Zirkusspiele für die Masse der Armen. Vor allem Julius Cäsar setzte hier auf Entertainment. Er ließ ein riesiges Amphitheater bauen, und Augustus danach das ebenso große Marcellustheater. So kamen die unterprivilegierten Menschenmassen nicht auf dumme Gedanken. Aufstände oder politische Umstürze wurden im Keim erstickt. Außerdem wurde das Volk im Circus Maximus, der über 150 000 Menschen fasste, durch die Größe des Bauwerks ebenso beeindruckt wie durch Gladiatorenkämpfe und Wagenrennen. Gegen solch gigantische Events hätten die Geißler des 14. Jahrhunderts mit ihrer kleinen Marktplatz-Show keine Chance.

Papst Johannes hat ganz offensichtlich nicht von den Griechen oder den Römern abgeschaut. Er baut keine Theater und er hält keine Sportwettkämpfe mit eingefügten Gottesdiensten ab. Er lässt aber auch die neue moderne Musik nicht zu. 1324 löst er das Problem auf seine Weise: Mit Verboten! Als konservativem Kirchenmann ist ihm nämlich die Ars Nova, die Neue Musik aus Paris ein Dorn im Auge. Denn die Werke von Guillaume de Machaut und seinen Kollegen vermitteln eine so riesige Freude am kreativen, individuellen Ausdruck, dass dem Papst Johannes angst und bange wird. Mit seiner Bulle »Docta Sanctorum Patrum« (»Die wohlbegründete Lehrmeinung der heiligen Kirchenväter«) verbietet er deshalb die Aufführung solcher Musik in der Kirche unter Strafandrohung. Er will nur Melodien in der Kirche hören, die mit den Tonabständen Oktave, Quarte und Quinte begleitet werden, eben jenen seit Pythagoras als harmonisch und wohlklingend eingeordneten Intervallen, die seitdem als musikalische Weltformel gelten. Jenen Tonabständen, die von den Hymnus-Chorknaben im Kloster St.Thomas in Leipzig gesungen werden. In der Bulle des Papstes steht daher folgendes geschrieben: »Die Messfeiern werden unablässig vom Klerus und vom Volke auf einem altbewährten, gradeweise abgestuften Tenor gesungen, damit diese Unterschiedlichkeit Gefallen und die altbewährte Art Freude hervorrufe.« »Gradeweise abgestuft« bedeutet parallel zum Text, im Rhythmus der Worte und nur mit den erlaubten drei Tonabständen begleitet. Außerdem verbannt er die wenigen Instrumente aus der Kirche. Seiner Meinung nach sind sie heidnische Verführungskunst, weil sie bei den antiken Griechen und deren Götterkult-Festen eingesetzt wurden. So wird sogar das Orgelspiel zeitweise verboten!

Seit der Bulle des Papstes dürfen Frauen zwar noch in die Kirche gehen, aber keinesfalls mehr singen, nicht mal die drei erlaubten Intervalle als zweite Stimme. In der Schule von Pythagoras durften die Frauen hingegen noch lernen und natürlich auch musizieren. Beim Papst nicht mehr. Mit diesen Verboten und Einschränkungen bekommt er seine Kirche bestimmt nicht voll! Da gehen die Menschen lieber feiern. Bei den Festen auf den Marktplätzen und beim Adel treffen sie dann zum Glück wieder auf Musiker, Instrumente, Mehrstimmigkeit und mehr Klang. Die Ars Nova wird hier, wie auch in Paris, den Verboten des Papstes zum Trotz weiterentwickelt. Die Adeligen subventionieren die Spielleute sogar, weil auch sie keine Lust mehr auf die immer gleiche, höchstens zweistimmige, instrumentenlose Musik der Kirche haben. Die Musik der Spielleute lebt aus dem Augenblick. Wie zum Beispiel heute die Rockmusik. Bei beiden geht es nicht – wie bei den Chorknaben in der Thomaskirche – um Perfektion oder um handwerkliche Virtuosität, sondern um das Momentane und das Körperliche. Bei der Ars Antiqua, der mittelalterlichen Kirchenmusik mit ihren drei Intervallen besteht eine große Distanz zwischen den Sängern und den Zuhörern, die zudem den lateinischen Text nicht verstehen können. Bei den Spielleuten schwinden die Grenzen zwischen der Musik und den Zuhörern wie bei der Rockmusik. »I Can't Get No Satisfaction« von den Rolling Stones gilt als die Geburtsstunde des Rock und entsteht 1965. Der Text wirkt auf das ältere Publikum wirklich bedrohlich, denn er enthält sexuelle Anspielungen und wird als Angriff auf den gesellschaftlichen Status Quo wahrgenommen, ähnlich wie manche Texte der Spielleute aus dem Mittelalter. Jugendliche finden die Musik und den Text dagegen voll cool. Hauptsache *anti*. Und laut: »Dup Dup dudu duuuu, didi dadada dup dup…«

(22) Rolling Stones, »(I Can't Get No) Satisfaction«

Wenn wir dem Song so konzentriert zuhören wie der Chorknabe Heinrich aus der Thomaskirche damals den Spielleuten, kommen wir zu einem erstaunlichen Ergebnis. Wir hören nicht wie viel, sondern wie wenig sich in dem Song mit dem rauen, mitreißenden Sound harmonisch bewegt. Wir hören nur zwei Akkorde im Tonabstand einer Quarte. E-Dur (Grundton und Oktave), A-Dur (die Quarte) und in der Strophe ab und zu H-Dur (die Quinte). Normalerweise achten wir darauf nicht. Es ist egal, wie der Song aufgebaut ist, Hauptsache er reißt mit, geht in die Beine, gibt Energie. Aber Papst Johannes XXII. mit seiner Bulle von 1324 und seinen erlaubten drei Tonabständen hat bewirkt, dass wir Rockmusik analytischer hören. Wir hören tatsächlich nur genau die drei erlaubten Tonabstände. Das hat sich dieser Papst sicher nicht erträumt: Er hat den Grundstein zur Rockmusik gelegt!

Um dem hemmungslosen Feiern und der sexuellen Zügellosigkeit durch Strenge, Verbote und Strafandrohungen Einhalt zu gebieten, hat der Papst ausgerechnet die drei Tonabstände erlaubt, die etwa 650 Jahre später zu den Säulen der Rockmusik werden sollten. Und damit eben jenem Lebensstil, den er mit der Begrenzung auf diese drei Intervalle und dem Erhalt der alten Kirchenmusik bekämpfen wollte: dem hemmungs- und zügellosen Rock'n Roll! Zum Glück hat der Papst das nicht mehr miterlebt, sonst hätte er garantiert den Blues bekommen. Und zum Glück ist Musik gegen alle Verbote und Abgrenzungsversuche resistent.

Aber was geschieht nach 1324, wenn trotz der Verbote zunehmend mit mehr als drei Tonabständen musiziert wird? Wenn Mehrstimmigkeit dazu kommt? Wenn mehr und andere Instrumente gebaut werden? Pythagoras hatte mit seinen rein gestimmten Quinten, die er übereinanderstapelte und damit seine Töne festlegte, ein Problem geschaffen: die sogenannte Wolfsquinte. Durch diese klingt Musik zu oft verstimmt. Man kann nur in wenigen Tonarten wohlklingend komponieren und im Stück nicht modulieren, das heißt mehrere Tonarten verwenden. Mit dem Bau neuer Instrumente und mit der Komposition komplexerer Werke muss dieses Problem gelöst werden.

Wir bleiben einfach vierhundert Jahre lang in der Thomaskirche in Leipzig sitzen. Denn dann kommt der, von dem gesagt wird, dass mit ihm unsere klassische Musik beginnt. Er ist hier ab 1723 Kantor, Organist, Cembalovirtuose, Musiklehrer und Komponist. Wie hat dieser Musiker Pythagoras' musikalische 1:2:3:4-Weltformel weiterentwickelt? Wie hat er die Wolfsquinte auf dem Cembalo oder auf der Orgel umgangen? Wie hat er komponiert? Und wie hat er das aufgeschrieben?

Kapitel 6

Warum Orlando di Lasso und Michael Jackson dasselbe Denkmal haben, warum die Zinseszins-Rechnung für die Musik der Renaissance wichtig ist, weshalb ein und derselbe Ton nicht gleich klingt und wie Klaviere zu fünfhundert Tasten kommen.

Seit fast zwei Jahrhunderten warten wir nun in der Thomaskirche in Leipzig auf den, von dem gesagt wird, dass er der Vater unserer klassischen Musik ist. Das Mittelalter klingt aus, es findet ein Umbruch zur Neuzeit statt. Eine weltliche, mathematische, wissenschaftliche Klarheit löst die mystisch-geistige Orientierung des Mittelalters ab. Auch die Musik erlebt in diesem Umbruch eine Renaissance, also eine »Wiedergeburt« oder eine Wiederbelebung der griechisch-römischen Antike. In dieser Epoche wird vieles erfunden, empfunden und wiedergefunden, der Begriff »Renaissance« für diesen Zeitraum wird jedoch erst dreihundert Jahre später erfunden. Die Menschen wachen jetzt geistig auf, sind neugierig, entdecken wichtige antike Texte wieder, schauen vom antiken Staatswesen ab und entwickeln Kunst und Musik, die im Mittelalter stagniert haben, wieder weiter.

Der Mensch stellt sich jetzt in den Mittelpunkt der Welt. Martin Luther nagelt seine fünfundneunzig Thesen gegen die kirchlich geschürte Angst vor dem Fegefeuer und gegen den Ablasshandel an die Kirchentür in Wittenberg. Ein selbstbewusstes Bürgertum entsteht, das Zeit für Bildung aufwenden kann und das durch den Handel einen gewissen Wohlstand erlangt. Die Familien Fugger und Medici gründen Bankhäuser und erfinden unter anderem die doppelte Buchführung. Nur die Landbevölkerung erlebt einen sozialen Abstieg. Der städtische Bürger kann jedoch, wie zuvor nur der Adel oder die Kirche, die Musik pflegen und private Kunstobjekte oder Kompositionen in Auftrag geben. Musik soll ab jetzt für den Menschen stattfinden, nicht nur für den lieben Gott. Der Künstler tritt nicht mehr hinter seinem Werk zurück. Er ist kein anonymer

Handwerker mehr, sondern tritt wie ein Universalgelehrter auf. Seine Werke werden als individuelle Schöpfungen angesehen und genießen einen hohen Rang. Die Künstler lieben die idealisierte Abbildung der Natur und des Menschen. Die Renaissance stellt sich die Frage nach dem Wesen der Schönheit, zum Beispiel dem idealschönen Menschen. Ideale Maße und Proportionen spielen auch in der Architektur, der Malerei und der Skulptur eine Rolle: bei der David-Statue, bei der Mona Lisa, bei der Sixtinischen Madonna, den Fresken in der Sixtinischen Kapelle und in Meisterstichen von Dürer.

Viele große Namen ziehen in der Renaissance vorüber: die Künstler Leonardo da Vinci, Raffael, Michelangelo und Tizian aus Italien, Albrecht Dürer aus Deutschland, die Schriftsteller Dante Alighieri mit seiner Göttlichen Komödie, Giovanni Boccaccio oder William Shakespeare, der Staatsphilosoph und Machtpolitiker Machiavelli, der Theologe und Philologe Erasmus von Rotterdam oder die Musiker Giovanni Pierluigi da Palestrina und Orlando di Lasso.

Palestrina und Orlando suchen in der Musik ebenso ideale Proportionen wie Leonardo da Vinci in der Bildenden Kunst. Dessen Zeichnung eines Menschen mit idealen Proportionen ist weltberühmt. Sie ist ein Symbol für Symmetrie, Schönheit und Körperbewusstsein. Leonardo hat die Zeichnung »Der vitruvianische Mensch« genannt. Der Name soll an den römischen Architekten Vitruvius erinnern, der unter anderem die Theorie des wohlgeformten Menschen aufstellte. Bei diesem Menschen stehen die Körperteile in einem idealen Verhältnis zueinander. Palestrina und Orlando suchen dagegen den idealen Klang, eine ausgewogene Schönheit, ideale musikalische Proportionen, das ideale Verhältnis der Töne zueinander.

Die Musik hat sich in der Renaissance nach antikem Vorbild neu erfunden. Orlando di Lasso ist einer der bekanntesten Musiker dieser Zeit. Bis zu seinem 13. Lebensjahr ist er in Mons in Hennegau (im heutigen Belgien) Chorsänger und wird sogar wegen seiner »hellen, lieblichen Stimm« zweimal entführt und von seinen Eltern zurückgeholt. Nach der dritten Entführung im Jahr 1544 bleibt er in den Diensten seines Entführers in Palermo. Sehr pragmatisch. Zunächst komponiert Orlando fast nur weltliche Musik. Durch seine Reisen entwickelt er sich zu einem Universalgelehrten und vermischt musikalische Traditionen aus Frankreich, England, den Niederlanden und Italien. Später komponiert er auch »ernste Musik« – und das bedeutet in der Renaissance wie schon bei den Römern: Kirchenmusik. Als Johannes Gutenberg zu dieser Zeit den Buchdruck durch bewegliche Lettern revolutionierte, verstand Orlando sofort, wie er dies für seine Popularität nutzen konnte: Er gab die eigenen Werke in Druck und konnte sie dadurch weit verbreiten. Ab 1556 arbeitet er dann in München als Hofkapellmeister. Dort wird über dreihundert Jahre später seine Musik als »göttlich« gelten, weil angeblich eine *Motette* von ihm, die bei einer Fronleichnamsprozession gespielt wird, den Regen stoppt. Sein Denkmal am Promenadenplatz in München wird seit 2009 übrigens auch als Erinnerungsstätte für Michael Jackson genutzt, weil der King of Pop im Hotel gegenüber des Denkmals wohnte, wenn er in München weilte.

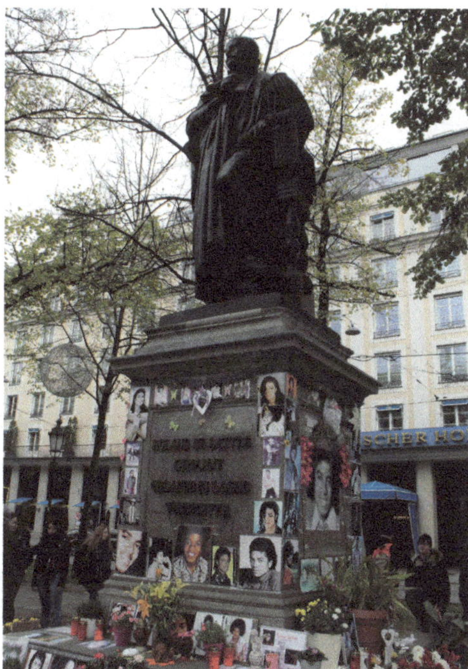

Abb. 21: Denkmal von Orlando di Lasso und Gedenkstätte für Michael Jackson am Promenadenplatz in München

Orlando und seine zeitgenössischen Musikerkollegen benützen mehr Töne und Tonabstände, als die von Pythagoras gefundenen und vom Papst Johannes im Mittelalter abgesegneten Intervalle Oktave (zum Beispiel C-C), Quarte (C-F)

und Quinte (C-G). Orlando komponiert seine Kirchenmusik bereits fünf- und sechsstimmig. Nicht mehr nur die Silben des Textes bestimmen die Musik und die Rhythmik. Orlando entwickelt einen musikalischen Kontraststil: Von Abschnitt zu Abschnitt wechselt sein »musikalisches Gewebe«, die Musik imitiert nicht nur Text. Der Rhythmus ist vielschichtig, Orlando spielt bewusst mit *Synkopen*, einem musikalischen Gestaltungsmittel, das unbetonte Schläge betont und somit rhythmische Spannung erzeugt. Melodisch entstehen auch dissonante, also spannungsvolle Zusammenklänge. Er kennt die alten Kompositionstechniken aus der Kirchenmusik wie *Cantus firmus* (eine Melodie wird umspielt), *Ostinato* (eine musikalische Figur wird dauernd wiederholt) oder *Kanon* (eine Stimme nach der anderen setzt ein), aber er mischt sie auf neue Weise. Sein Kollege Giovanni Pierluigi genannt Palestrina überzeugt Papst Pius IV. mit einer achtstimmigen Komposition für zwei Chöre. Sie wird erstmals am Karfreitag 1560 aufgeführt und hinterlässt beim Papst einen so tiefen Eindruck, dass er eine Abschrift für die päpstliche Kapelle verlangt. Der neue Stil setzt sich durch, endlich darf auch für die Kirchenmusik mehrstimmig komponiert werden.

(23) Orlando di Lasso, »Matona mia cara«

Diese neue Mehrstimmigkeit wollen die Musiker natürlich auf Kompositionen für Instrumente übertragen. Dieser Wunsch löst die erste große Instrumenten-Entwicklungswelle in Europa aus. Das mittelalterliche Instrumentarium wird weiterentwickelt, aber es gibt auch viele neue Instrumente, zum Beispiel die Schalmei, das Krummhorn, die Blockflöte und die Querflöte, alle natürlich aus Holz. Die Posaune und ein Vorläufer der Trompete sind schon aus Blech. Dann gibt es neue Streichinstrumente, wie die Viola da Gamba, eine Art Cello. Alle diese Instrumente werden in verschiedenen Stimmlagen gebaut, so dass man damit wie beim Chorgesang mehrstimmig spielen kann. Es gibt also Sopran-Instrumente, Instrumente in Alt- oder Tenorlage und die tiefen Bassinstrumente. Die Instrumente werden so gemischt, wie es harmonisch zusammenpasst, auch Blech- und Holzbläser, Streicher, Leier, Harfe und Schlagwerk. Der Dirigent oder Konzertmeister stellt je nach Anforderung des zu spielenden Stücks die Musiker und Instrumente zusammen, so dass alles schön klingt.

Der Tonvorrat wird auf die heute gebräuchlichen zwölf Töne erweitert, es kommen die Tonabstände *Terz* (zum Beispiel C-E) und *Sexte* (zum Beispiel C-A) hinzu. Aber vor allem die Terz klingt verstimmt, dissonant. Deshalb werden je nach Tonart, in der das Stück steht, die Instrumente genau ausgewählt, um diese Verstimmtheit zu vermeiden. Man stelle sich das mal vor: Während des Konzerts werden je nach Komposition ständig die Instrumente und die Musiker ausgetauscht! Und das alles, weil man noch nicht auf die Idee gekommen ist, für eine harmonische Stimmung durch Wurzelziehen die Schwingung der Halbtöne einer Oktave auszurechnen. Und weil man noch nicht auf die Idee gekommen ist, die Zinseszinsrechnung, also eine Art vereinfachten Logarithmus, der inzwischen in den großen Handels- und Bankhäusern hinlänglich bekannt ist, auf die Verteilung der Schwingungsverhältnisse anzuwenden. Das mittlere A, das sogenannte *Eingestrichene A* (a`), unser heutiger Kammerton, schwingt mit 440 Herz. Das nächste A, eine Oktave höher, schwingt mit 880 Herz. Dazwischen müssen die restlichen elf Töne irgendwie verteilt werden. Hier müsste die Frequenz-Zinseszinsrechnung ansetzen, um das pythagoreische Komma (siehe Kapitel 4) in den Griff zu bekommen. Wirklich erstaunlich, wie viel Mathematik in Musik steckt.

Der Lautenspieler Vincenzo Galilei (der Vater von Galileo Galilei, dem Mathematiker und Astronomen) beschäftigte sich neben seinem Lautenspiel auch mit Lautenbau und Mathematik. Deshalb konnte er ein großes, musikalisches Problem lösen. Papa Galilei hört, dass auf seiner Laute manche Töne verstimmt klingen, vor allem die Terz. Wenn er diesen Tonabstand spielt oder wenn die Terz als Zusammenklang zweier Töne erklingt, müsste er eigentlich die Saite umstimmen. Mitten im Lied ist das natürlich unmöglich. Außerdem kann man auf den Saiten der Laute nicht jeden Ton einzeln richtig stimmen, die Töne werden wie bei der Gitarre erzeugt, indem man die Saite auf das Griffbrett drückt. Dort sind Bünde aus gedrehtem Darm längs eingelassen. Sie drücken die Saite ab und definieren den Ton. Das ist heute noch so, nur sind bei der heutigen Gitarre die Bünde aus Metall. Nun kommt es zu Problemen, weil bei der in der Renaissance vorherrschenden Stimmung nicht alle gleichen Töne genau gleich klingen. Das heißt, der Ton E zum Beispiel muss je nach Zusammenhang und Zusammenklang ein wenig anders klingen, sonst klingt er verstimmt. Wenn zum Beispiel fünf Quinten vom Ton C aus übereinander gestapelt werden, also wenn der Musiker immer fünf Töne weiterspringt, kommt er zum Ton E (C-G-D-A-E). Dieses E klingt aber höher, als wenn er vom Ton C eine Terz, also zwei Ganztöne (C-D-E) nach oben springt und auch zum Ton E kommt. Das E klingt wieder anders, wenn der Musiker vom tiefen E auf einer Saite das um eine Oktave höhere E auf einer anderen Saite spielt. Diese Tatsache reduziert für Musiker und Komponisten die Möglichkeit, in verschiedenen Tonarten oder mehrstimmig zu komponieren, weil während des Stücks dauernd umgestimmt werden müsste (siehe oben).

Auf der Laute von Vincenzo Galilei sind die Quinten, wie zu dieser Zeit üblich, *rein* gestimmt. Das heißt, in den ganzzahligen Längenverhältnissen, die – wir erinnern uns – Pythagoras vor etwa zweitausend Jahren errechnet hat. Ohne Wurzelziehen und Logarithmus. Und ohne Zahlen mit Stellen hinter dem Komma. Galilei versucht, diese einfachen ganzzahligen Verhältnisse von Pythagoras zu übernehmen. Eigentlich müsste er seine Saiten um 0,78125 cm kürzen, damit die Terzen gut klingen. Dann hätte er aber die ganzzahligen Verhältnisse von Pythagoras zerstört. Papa Galilei gibt die ganzzahligen Verhältnisse also noch nicht auf, sondern verkürzt die Saite pro Bund um 17/18 der Länge und kommt damit nach zwölf Halbtönen mit nur kleinen Unreinheiten ungefähr bei der Oktave wieder an. Der Senior tüftelt und rechnet weiter und ist einer der Ersten, der ein Griffbrett mit geometrischen Methoden baut. Die Bünde, also die Darmrollen im Griffbrett, die die Halbtonschritte definieren, liegen bei ihm in Richtung Schallloch immer enger beieinander. Also wie die Spirale eines Schneckenhauses, die nach innen enger wird, oder die Kerne in einer Sonnenblume, die im Zentrum immer dichter liegen. Das Griffbrett mit seinen immer enger beieinander liegenden Bünden sieht ähnlich aus wie bei den Gitarren heute. Das ist Logarithmus zum Anschauen! Papa Galilei hat's geschafft und eine gleichstufige Stimmung mit Ohren- und Augenmaß und mit kreativen Rechenoperationen auf seiner Laute verwirklicht.

(24) Vincenzo Galilei, »Contrapunto primo e secondo«

Gleichstufige Stimmung heißt: Alle Terzen klingen gut und alle gleichen Töne auf unterschiedlichen Saiten klingen auch gleich. Also zum Beispiel alle E's, egal auf welcher Saite gezupft, klingen gleich – oder jedenfalls schon ziemlich gleich. Außerdem klingen Terzen als Akkord gespielt (also zwei gleichzeitig gezupfte Töne) nicht mehr dissonant wie noch bei Pythagoras. Genial. Kein Wunder, dass Vincenzos Sohn Galileo Galilei gleich das ganze Sonnensystem auf den Kopf stellt! Übrigens rechnen die beiden schon mit unseren heutigen arabischen Ziffern, die in der Renaissance die komplizierten, römischen Ziffern zunehmend ersetzen.

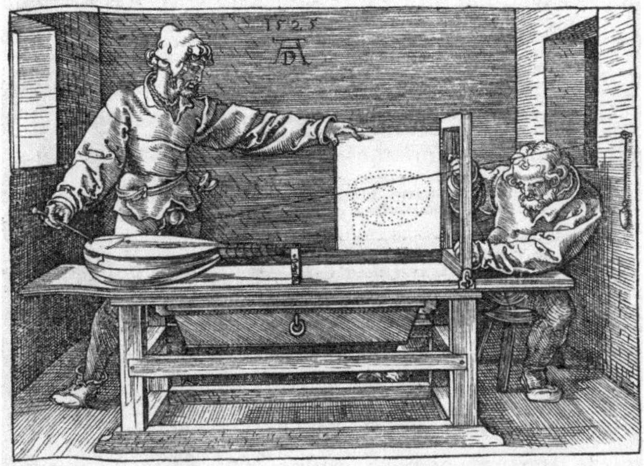

Abb. 22: Albrecht Dürer: Underweysung der Messung, mit dem Zirckel und Richtscheyt, in Linien, Ebenen unnd gantzen corporen; 1525

Die Suche nach idealer Harmonie treibt die Musiker in der Renaissance also ebenso um, wie die bildenden Künstler das Idealmaß. Aber wie bekommt man eine Stimmung, die laut Pythagoras umso konsonanter, also wohlklingender ist, je einfacher ihre Schwingungsverhältnisse sind, auch für alle anderen Tonabstände und auf Tasteninstrumenten mit viel mehr Saiten hin?

Die Oktave schwingt im Verhältnis 1 zu 2, die Quinte 2 zu 3, die Quarte 3 zu 4. Dabei klingen Obertöne mit, die wir als harmonisch empfinden, weil sie auch in ganzzahligem Schwingungsverhältnis mitklingen. Obertöne sind neben dem Grundton mitklingende Bestandteile dieses Tons. Ein Ton ist also eigentlich immer ein Klang, ein Zusammenklang zwischen dem Grundton und den mitschwingenden Obertönen. Die Terz umspannt drei Halbtöne und die Sexte sechs. Diese Tonabstände werden, hintereinander oder gleichzeitig als Akkord gespielt, in der Renaissance jetzt auch verwendet. Aber sie haben kein ganzzahliges Verhältnis zueinander, auch ihre Obertöne nicht. Sie klingen in der pythagoreischen Stimmung dissonant. Die Mehrstimmigkeit der Renaissance verlangt aber nach zwölf Tönen, die auch harmonisch zusammenklingen können. Im jetzt entstehenden Dur-Moll-System ist die Terz der Harmonieträger. Sie entscheidet zum Beispiel zwischen dem Grundton C und der Quinte G, ob es sich um einen Dur-Akkord (große Terz: C-E-G) oder um einen Moll-Akkord (kleine Terz: C-Es-G) handelt. Die große Terz hat nach Pythagoras Rechnung das Verhältnis 81:64. Das klingt auch in unseren Ohren sehr verstimmt. Heute hat sie das Schwingungsverhältnis 5:4 und klingt rein und schön. Dazwischen liegen etwa 2500 Jahre Wurzelzieh-Versuche, Logarithmus-Berechnungen, Stimmungsversuche und Instrumentenbauwahnsinn!

Jeder Ton steht in Beziehung zu anderen Tönen und hat mehrere Bedeutungen. Der Ton E beispielsweise ist in der E-Dur-Tonleiter der Grundton und die Oktave (E-Fis-Gis-A-H-Cis-Dis-E). In der C-Dur-Tonleiter ist er der dritte Ton. (C-D-E-F-G-A-H-C), also die Terz. In der A-Dur-Tonleiter ist der Ton E der fünfte Ton, also die Quinte (A-H-Cis-D-E-Fis-Gis-A). Für jede dieser Positionen der Tones E ergeben sich unterschiedliche Frequenzverhältnisse der Töne zueinander. Die müssen aber ausgeglichen werden, damit auf einem Instrument unterschiedliche Tonarten gespielt werden können. Wenn die Quinten rein gestimmt werden, also im Verhältnis 2:3, wie Pythagoras das eingeführt hat, so ist diese Stimmung nicht in Übereinstimmung mit rein gestimmten Terzen im Verhältnis 5:4 zu bringen. Nur eine Tonart kann man auf diese Weise rein stimmen, alle anderen klingen unrein. Besonders auffällig wird dieses Problem bei der Mehrstimmigkeit, also bei Zusammenklängen. Um diese unharmonische Verstimmtheit zu umgehen, werden zwischen 1400 und 1700 die abenteuerlichsten Tasteninstrumente gebaut: Das Archicembalo mit 36 Tasten pro Oktave oder das Orthotonophonium mit 72 Tasten pro Oktave.

(25) Das Orthotonophonium

Rein mathematisch gesehen sind mindestens 26 Tasten pro Oktave notwendig, um sieben verschiedene Tonarten mit bis zu sieben Vorzeichen spielen zu können. Die Pianisten dieser Zeit sind zu bedauern, ihre Tasteninstrumente hätten bei etwa 7 Oktaven statt der heute üblichen 88 bis zu 500 Tasten. Auch ein Nichtklavierspieler erkennt, dass das völlig unübersichtlich ist.

Aus dem neuen Klangideal und der neuen Mehrstimmigkeit sowie dem Wunsch der Komponisten, in vielen verschiedenen Tonarten komponieren zu können, entwickelt sich die Terz mit dem Frequenzverhältnis 5:4 für die Stimmung als grundlegender Tonabstand. Sie verdrängt die rein gestimmte Quinte, die aufeinandergeschichtet keinen geschlossenen Quintenzirkel, sondern die dissonante Wolfsquinte ergibt. Mit der neuen Stimmung, der sogenannten mitteltönigen Stimmung, wird das Schwingungsverhältnis der Quinten leicht verkleinert. Endlich klingt das Quinten-E wie das Terz-E! Durch die Folge von elf leicht verkleinerten, also mitteltönigen Quinten erhält man unseren abendländischen Quintenzirkel: C-G-D-A-E-H-Fis/Ges-Des-As-Es-B-F und damit unsere zwölf Halbtöne (*chromatische* Töne) innerhalb einer Oktave.

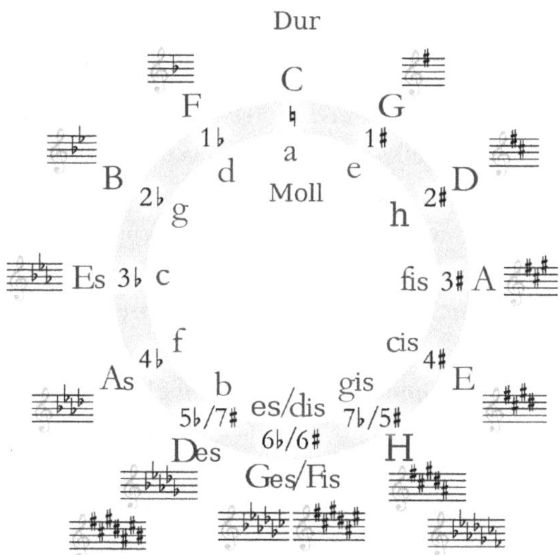

Abb. 23: Quintenzirkel im Kreis angeordnet mit Moll-Tonarten innen und Dur-Tonarten außen und Vorzeichen

Aber leider ist auch diese mitteltönige Stimmung immer noch nicht wirklich optimal. Sie ist ein Kompromiss, denn auch hier bleiben vier Terzen unrein, das heißt, sie klingen noch verstimmt. Die Musiker sind immer noch nicht zufrieden und Pythagoras wäre es auch nicht, weil sich viele Tonabstände nicht durch ganzzahlige Brüche ausdrücken lassen. Außerdem ist es ein Widerspruch zu seinem und unserem Harmoniebedürfnis und Harmonieverständnis. Denn bei nicht ganzzahligen Frequenzverhältnissen schwingen die Obertöne dissonant mit. Es klingt teilweise also immer noch schief. Sänger können dies ausgleichen und müssen das bei Mehrstimmigkeit auch. Das haben sie damals wohl auch getan, sonst wäre der Papst Pius von der achtstimmigen Komposition für zwei Chöre von Palestrina nicht sehr begeistert gewesen. Ein Tasteninstrument kann dies aber nicht. Die erste Idee der Klavierbauer ist deshalb, möglichst viele Tasten für alle möglichen Zusammenklänge einzubauen. Davon sind aber die Pianisten nicht begeistert. Sie wollen, dass die Anzahl der Tasten auf das unbedingt Erforderliche reduziert wird, so dass sie auch virtuos spielen können.

Zur damaligen Zeit sind die meisten Komponisten vor allem Pianisten, da sie – im Gegensatz zu Streichern oder Bläsern – die Tonarten und die Zusammenklänge auf ihrem Instrument hörbar machen, weil sie Akkorde spielen können. Sie wünschen sich die Möglichkeit, in einem Stück in vielen Tonarten herumspringen und damit viel interessanter und komplexer komponieren zu können, als das bisher der Fall ist. Eine echte Herausforderung für Klavierbauer und Klavierstimmer und ein Grund dafür, warum in der Renaissance jeder Pianist sein »Klavier«, also sein Cembalo, Spinett, Clavichord selbst stimmen kann und muss. Es muss oft zwischen den Stücken umgestimmt werden, ebenso wie die Orchestermusiker ihre Instrumente wechseln müssen. Die ersten Stimmungen für Tasteninstrumente, die eine übersichtliche Anzahl von Tasten ermöglichten, sind *ungleichstufige* Stimmungen. Das heißt, die einzelnen Tonarten klingen sehr unterschiedlich. Jede Tonart hat einen ganz speziellen Klangcharakter. Wenn nun der Komponist in einer Komposition zwischen den Tonarten wechselt, wird der klangliche Unterschied zu groß. Also beschränken sich die Komponisten bis zum Ende des 17. Jahrhunderts auf zentrale Tonarten, in denen die Terzen rein klingen. Außerdem beschränken sie sich auf wenige Tonartwechsel innerhalb der Komposition.

Einem Musiker, Kantor, Organisten, Cembalovirtuosen, Musiklehrer und Komponisten ist das jedoch viel zu langweilig. Er macht sich auf, die Klangwelt quer durch alle Tonarten zu öffnen…

Kapitel 7

Warum das Barock eine krumme Perle ist, weshalb Johann Sebastian Bach das Klavier nicht beheizt hat, aber trotzdem wohltemperiert komponiert, und wie seine Noten zur Ungezieferbekämpfung verwendet werden.

Jetzt wird es aber Zeit, dass sich in der Thomaskirche in Leipzig etwas tut. Wir warten hier schon vierhundert Jahre! Mittlerweile schreiben wir das Jahr 1650. Der Dreißigjährige Krieg ist vorbei, aber der Tod ist noch allgegenwärtig, das Leben ist von der Gewissheit der Endlichkeit geprägt. Die kirchlichen Auseinandersetzungen nach der Reformation Martin Luthers und der entsetzliche Krieg, der sowohl ein Krieg um Macht und Vorherrschaft als auch ein Religionskrieg war, prägen den Zeitgeist. Die Kunst, die in der Renaissance im Diesseits verankert war, rückt wieder näher ans Jenseits.

Die Musik war in der Renaissance stark von Frankreich geprägt. Sie wird nun mehr und mehr von Italien beeinflusst. Die katholische Kirche protzt dort mit prunkvollen Bauten, malerisch-bildhauerischer Prachtentfaltung und hochkarätigen Konzerten, um ihre Schäfchen, die sie während der Reformationszeit verloren hat, zurückzugewinnen. Sie missachtet die ausgewogene Architektur der Griechen und Römer und zeigt ihre nach den Glaubenskriegen wiedergewonnene Stärke. Ein Besucher aus Frankreich soll, als er den Palazzo Pamphili in Rom besichtigte, den überladenen Kitsch folgendermaßen kommentiert haben: »Ce ridicule baroque« – »diese seltsame Lächerlichkeit«.

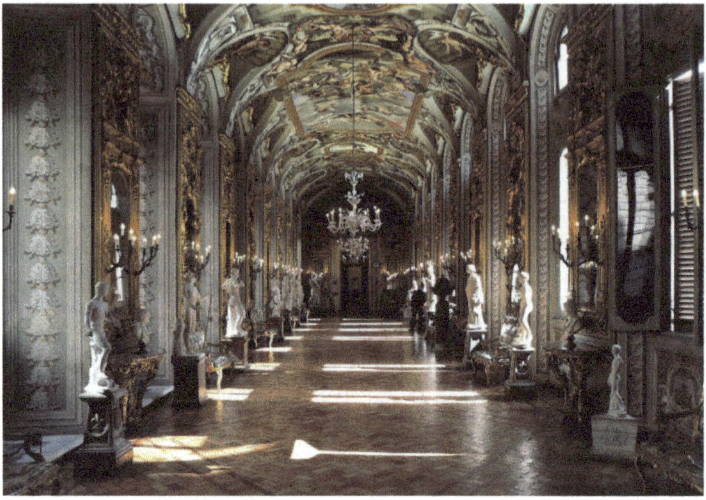

Abb. 24: Palazzo Pamphili, Rom

Die Perlen in den ebenso überladenen wie aufwändigen Kleidern der adeligen Damen werden *pèrola barroca*, also »unebene, unregelmäßig geformte Perle« genannt. In diesem Barockzeitalter sind wir jetzt angekommen. In einer Zeit, in der Architektur, Bildhauerei, Malerei und Musik aus heutiger Sicht überladen, dekadent und kitschig wirken. Die Sänger, Komponisten, Bildhauer, Literaten und Architekten im Barock halten sich für große Künstler und können sich nicht vorstellen, dass ihr Werk in den folgenden Jahrhunderten belächelt werden wird. Im Gegenteil, man schickt seine Kinder nach Italien zum Musikstudium, denn das Land gilt als Talentschmiede für die Musik des Barocks. Das ist umso erstaunlicher, als zur Zeit des Römischen Reichs vor etwa 1250 Jahren die Musik hier keine große Rolle gespielt hat und in der Kirche verschwunden war. Jetzt zeichnet sich die katholische Kirche im Vergleich zur Reformationsbewegung durch Prunk und Sammlungen von Kostbarkeiten aus – auch musikalisch. Natürlich geht es um Selbstdarstellung. Aber diesmal profitiert auch die Musik davon. Jede Kirche und jedes Fürstenhaus finanziert ein Orchester, einen Chor und einen Generalmusikdirektor, also einen Musiker, der gleichzeitig Dirigent und Komponist ist. Die Musik soll beeindrucken und die Macht und den Status des Finanziers, also des Königs oder Papstes, des Fürsten oder Kardinals unterstreichen. Dazu brauchte es bombastische Musik. Damit der

(26) Musik des Barock: »Marche de Triomphe H.547«

Klang räumlich und laut wirkt, wird das Orchester über den ganzen Konzertsaal verteilt (das Musikbeispiel stammt hier von Marc-Antoine Charpentier). Die Chöre werden in Kirchen auf verschiedenen Emporen positioniert. Man engagagiert hochkarätige Organisten und Kapellmeister. Zum Machtbeweis gehört auch die aufwändige, perlenbesetzte Kleidung. In ganz Europa kopiert man den Hof Ludwig des XIV. von Frankreich. Gehabe und große Posen kommen in Mode: Man geht nicht, man schreitet. Die beste Oper ist vor allem lang, die musikalische Besetzung groß, die Kostüme sind aufwändig. Die Orgel muss riesig sein, der Roman dick und ein Menü hat viele Gänge.

Gleichzeitig verunsichern Glaubenskämpfe und soziale Ungerechtigkeit die Menschen. Der prunkvolle, sehr kostspielige architektonische, modische und musikalische Repräsentationsstil zur Darstellung der Macht von Kirche und Adel wird finanziert, indem der Bevölkerung horrende Steuern aufgebrummt werden und die Leibeigenschaft verschärft wird. Nur so kann der Bauboom finanziert werden, innerhalb dessen 1626 nicht nur der Petersdom in Rom fertiggestellt wurde, sondern auch noch fünfzig andere Kirchenneubauten entstehen. Das Schloss Versailles lässt der »Sonnenkönig« Ludwig XIV. ab 1661 zu einem der prächtigsten Paläste Europas ausbauen. Gemälde und Skulpturen nehmen bei der Innenausstattung aller Prachtbauten breiten Raum ein. Maler wie Tiepolo oder Velázquez, Rubens oder Rembrandt werden dafür engagiert. Den Luxus bezahlt das Volk.

Zu den Steuern und der Leibeigenschaft kommt die Verunsicherung der Bevölkerung durch wissenschaftliche und geographische Entdeckungen. Die Menschen haben das Gefühl, aus den gewohnten ständischen und religiösen Bindungen herauszufallen und Spielball der religiösen und politischen Mächte und des Schicksals zu werden. Das *Memento mori* (»Gedenke des Todes«) wird ein Teil des Selbstverständnisses des Menschen. Alles was ihm widerfährt, ist das Werk Gottes. Trost und Heil erwarten den Menschen erst im Jenseits nach einem mühseligen Leben. Verschwendungssucht, Armut, Seuchen, Hexenwahn, Kriege und Luxus liegen eng beieinander. Gerade dieses Bewusstsein der Vergänglichkeit alles Irdischen, der Macht des Schicksals und der Allgegenwart des Todes weckt im Volk das Bedürfnis, sich den alltäglichen Sinnesfreuden hinzugeben, ähnlich wie in der Zeit der ersten großen Pestepidemie dreihundert Jahre zuvor. Die Menschen streben nach Glanz und irdischen Gütern. Deshalb sind sie von der übertriebenen Pracht und dem Prunk der Barockzeit so fasziniert. Auch die Musiker haben den Zeitgeist aufgesogen und komponieren pompöse Opern und emotionale Sonette, sogenannte *Klinggedichte*. Sie müssen zeigen, wieviel Gefühl auf ein Notenblatt passt. Alles wird *con affetto* komponiert, also »mit Empfindung«, mit menschlichen Gefühlen und Stimmungen. Melodie und Rhythmus werden diesen Affekten untergeordnet. Die menschliche Stimme mit all ihren Nuancen ist dafür das Vorbild. Auch Streicher oder Bläser sollen in ihrem Spiel an die Emotion der Stimme erinnern. Die Musik muss direkt ins Herz der Zuhörer gelangen.

Und das alles wird in der Thomaskirche in Leipzig erfunden? Oh nein. Dort ist noch nicht der Nabel der Musikwelt. Der ist jetzt erst mal in Florenz, also um 1580 bis 1600. Hier treffen sich einige Herren regelmäßig zu gebildeten Gesprächen über Gott, die Welt und die Künste. Dem akademischen Kreis gehören Schriftsteller, Philosophen, Musiker und Gelehrte aus adligen und bürgerlichen Kreisen an. Ein Tuchhändler, Lautespieler, Komponist und Musiktheoretiker sitzt auch dabei: Vincenzo Galilei, der bereits oben erwähnte Vater von Galileo Galilei. Dieser wissbegierige Papa hatte schon an der Laute so lange herumgetüftelt, bis er eine einigermaßen gleichstufige Stimmung in allen Lagen erreichte. Jetzt ist er auch noch maßgeblich an der Erfindung der Oper beteiligt. Ganz im Geist der Renaissance haben diese »Florentiner Camerata« ein großes Interesse an der antiken Kultur. Sie wollen das altgriechische Theaterdrama wiederbeleben. Damals war das Wort am Wichtigsten, die Lyrik. Also sollte auch beim modernen Theater um 1600 die Verständlichkeit des Textes im Vordergrund stehen. Außerdem bestand das antike Drama aus Instrumentalmusik sowie Solo- und Chorgesang. Es war ein von Musik und Gesang durchdrungenes Theater mit optimaler Textverständlichkeit. So soll das neue Musiktheater nach Meinung des Florentiner Herren-Humanistentreffs auch sein. Das ist aber ganz anders als der gegenwärtig herrschende musikalische Trend. In der ausgehenden Renaissance wird nämlich fast ausschließlich polyphon komponiert. Das heißt, mehrere gleichrangige, eigenständige Instrumental- und Gesangsmelodien verweben sich derart komplex, dass vom Text fast nichts mehr zu verstehen ist. Man kann sich das wie ein *Quodlibet* vorstellen, in dem aus Spaß unzusammenhängende Texte mit eigenständigen Melodien gleichzeitig gesungen werden.

Vincenzo Galilei schreibt deshalb eine engagierte Streitschrift gegen die Polyphonie und erhebt zusammen mit dem Herrenzirkel in Florenz die einfache und klare Gesangslinie zum Ideal. Sie soll durch zurückhaltende Akkordbegleitung von wenigen Instrumenten unterstützt werden. Daraus ergibt sich eine Art Sprechgesang, den wir heute in der Oper als *Rezitativ* kennen. Jacopo Peri, Komponist und lyrischer Sänger, ist auch ein Mitglied der »Camerata« und komponiert die erste Oper um 1600: »La Dafne«. Von ihr ist aber nichts überliefert und so gilt seine zweite Oper »L'Euridice« als die erste Oper überhaupt. Der 33-jährige Claudio Monteverdi ist unter den Zuhörern der Uraufführung beim Karneval in Florenz. Die Oper wird ein voller Erfolg. Deshalb will der Herzog von Mantua, einer Stadt in der Lombardei, an dessen Hof Monteverdi als Sänger und Violinist tätig ist, auch so eine Oper haben. Er beauftragt Monteverdi und so wird 1607 in Mantua die Oper »L'Orfeo« uraufgeführt.

(27) Claudio Monteverdi, »L'Orfeo«

Mit der Oper tritt die sogenannte klassische E-Musik aus der Kirche wieder heraus. In Venedig wird 1637 das erste kommerzielle Opernhaus gebaut. Dort wird auch Monteverdis Oper gespielt. Bis heute ist sie in den Spielplänen der Opernhäuser fest verankert. Das liegt daran, dass Monteverdi den schlichten Florentiner Stil erweitert und damit den Grundstein für das gesamte spätere Opernschaffen gelegt hat. Er erfindet Rezitative mit erweiterter Begleitung, komponiert große Arien, erfindet Tänze, integriert Chöre und schreibt orchestrale Zwischenspiele. Alle großen Opernkomponisten nach ihm haben aus diesem Fundus geschöpft. Monteverdi macht den bedeutenden Schritt vom polyphonen Stil der Renaissance zum *monodischen* Stil des Barock, angestoßen durch Galilei senior und seine Freunde, die das antike Lied, die *Monodia* nur mit Kythara oder Lyra begleitet, zum Maß aller Musik erklärten. Hier kommt der Eunuch ins Spiel, ein ganz besonderer Sänger. In der Antike ist der Eunuch, also der Mann der vor seiner Pubertät kastriert wird, in hohen Ämtern zu finden. In der Barockzeit singt er Opern. Denn den Gesang von Kastraten empfindet das Publikum als überirdisch schön. *Belcanto* nennt sich dieses Gesangsideal, reich verzierte Solopartien mit großen improvisatorischen Freiheiten. Die Kastraten werden hoch verehrt. Sie sind die Superstars und die Diven des Musikgewerbes der Barockzeit.

Monteverdi erfindet außer dem monodischen Stil noch zwei weitere wichtige Dinge: Zum einen erklärt er sich selbst zum Erfinder des »erregten Stils«, den Kompositionen *con affetto*, mit viel Emotion und Erregung. Monteverdi öffnet tatsächlich einen ganzen Kosmos der Emotionen. Er setzt Instrumente ein, um Personen oder Situationen zu charakterisieren. Er führt psychologische Tonmalereien ein, er komponiert subjektive Gefühle hochdramatisch. Er habe mit diesem Stil die Musik erst vollkommen gemacht, schreibt er in ein Notenbuch. Dieser Herr hat ein gesegnetes Selbstbewusstsein. Außerdem ist Monteverdi der Erfinder des *Basso ostinato*. Das ist ein *gehender* Bass mit regelmäßig *schreitenden* Viertelnoten, der sich nach einigen Takten wiederholt. In Monteverdis erster Oper »L'Orfeo« schreitet Orpheus zu diesem Bass mit Eurydike aus der Unterwelt in die Welt der Lebenden. Dieser Basso ostinato erreicht eine riesige Popularität (siehe Ausflug 1). Der Bass wird zum Fundament der Musik, in ihm ist das harmonische Grundgerüst festgelegt.

(28) Claudio Monteverdi, »L'Orfeo (SV 318), Ouverture«

Das ist im Jazz und in der Popmusik ähnlich. Der Bass ist das harmonische Fundament. Über den Noten stehen Akkordbezeichnungen für den Gitarristen oder Pianisten. Die Buchstaben- und Zahlenkombinationen zeigen den harmonischen Verlauf des Stückes an. Auch bei Monteverdi legt die Bassstimme den harmonischen Verlauf des Stückes fest. Sie ist ebenfalls mit einer Bezifferung versehen. Der Basso ostinato schafft ein reglementiertes Fundament, auf dem es der Melodie möglich ist, sich in großer Freiheit zu bewegen. Er bindet die Einzelstimmen, die nun nicht mehr so verflochten sind wie bei den polyphonen Kompositionen, in einen musikalischen und harmonischen Zusammenhang ein. Man könnte auch sagen, die extrem verflochtene horizontale Kompositionsweise wird durch eine vertikale Kompositionsweise nach und nach ersetzt. Das heißt vereinfacht, der Komponist überlegt, welche Harmonie über den Basston passt. Auf dem Bass fußt ab sofort die komplette musikalische Handlung. Deshalb wird die Zeit des Barock auch das Generalbasszeitalter genannt. Ein neues musikalisches Zeitalter entwickelt sich, weil Vincenzo Galilei vor etwas über vierhundert Jahren in Florenz eine Streitschrift verfasste und Claudio Monteverdi seinen Orpheus zu seinem brandneuen Basso ostinato so wunderbar schreiten lässt!

Der Generalbass wird auch *Basso continuo* genannt, weil er ununterbrochen gespielt wird. Die bekanntesten Komponisten dieses Generalbasszeitalters sind Johann Sebastian Bach, Georg Friedrich Händel, Antonio Vivaldi und Georg Philipp Telemann. Das erste bedeutende Werk mit einem bezifferten Bass ist von Heinrich Schütz. Vor allem Bach hat die Kunst des Generalbassspiels souverän beherrscht. Wie man ihn zu spielen hat, formuliert der Musiklehrer und Cembalovirtuose 1738 so: »Er heist Bassus Continuus weil er continuirlich fortspielet. Der General-Bass ist das vollkommste Fundament der Music welcher mit beyden Händen gespielet wird dergestalt das die lincke Hand die vorgeschriebene Noten spielet die rechte aber Con- und Dissonantien darzu greifft damit dieses eine wolklingende Harmonie gebe zur Ehre Gottes und zulässiger Ergötzung und Recreation des Gemüths. Wo dieses nicht in Acht genommen wird, da ists keine eigentliche Music, sondern ein teuflisch Geplerr und Geleyer.« Aha. Für die linke Hand des Pianisten gibt es also Noten. Für die Rechte gibt es arabische Ziffern für die Harmonie. Die rechte Hand muss also improvisieren. Bach kann auf dem Cembalo oder der Orgel spontan einen bezifferten Generalbass mit der rechten Hand harmonisch so ausgestalten – also Akkorde mit Melodielinie dazu spielen –, dass die Zuhörer meinen, die Melodie sei zuvor komponiert und aufgeschrieben worden.

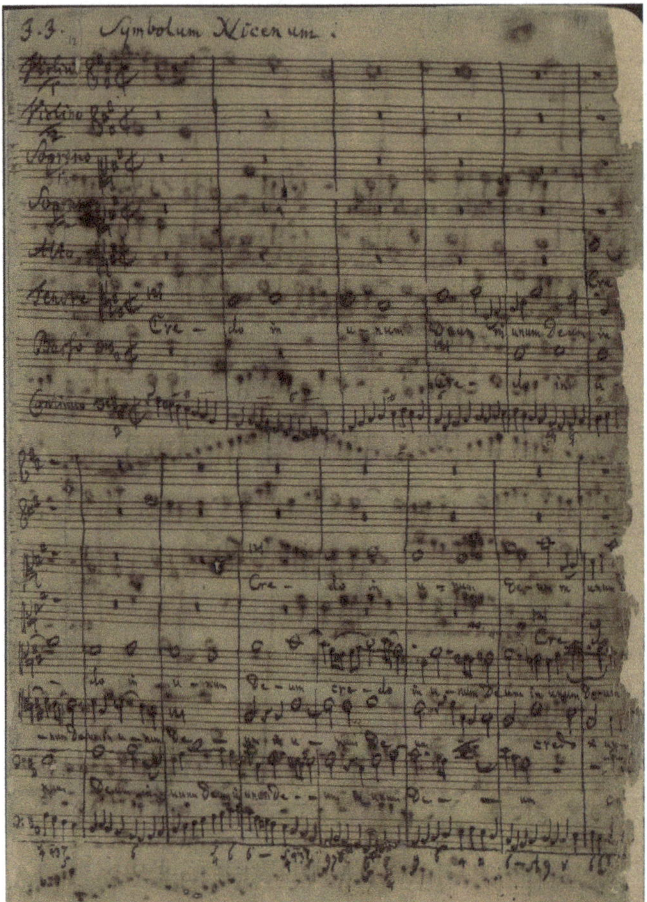

Abb. 25: Johann Sebastian Bach, Messe in h-Moll BWV 232, Bezifferung über und unter dem Bass, erste Seite des Credo

Johann Sebastian Bach ist weit entfernt von Geplärr und Geleier. Das erfordert jedoch eine hohe musikalische Ausbildung. Denn die Ziffern über der Note, die mit der linken Hand zu spielen ist, geben zwar den rechts zu spielenden Akkord (also die gleichzeitig zu spielenden Noten) an, wie diese Akkorde allerdings gespielt werden, ist dem Musiker überlassen. Er bestimmt, welche Töne im Akkord oben liegen und den Melodieverlauf hörbar machen, oder welche er weglässt, um eine Dissonanz zu vermeiden. Im Jazz heißt das Jahrhunderte später *Voicing*: Der Musiker bestimmt die Klangfarbe des Akkords. Dazu muss er im Barock und im Jazz spontan in der Lage sein. Er muss improvisieren können. Die heute übliche Trennung zwischen Komponist und Interpret findet in beiden Stilen nicht statt. Die sogenannte Werktreue gibt es im Barock noch nicht, denn jeder Interpret komponiert spontan beim Spiel das Werk mit.

Der Musiker, Musiktheoretiker und Klavierstimmer Andreas Werckmeister (1645–1706) hat den Virtuosen des »Claviers«, das heißt des Cembalos oder der Orgel, so beschrieben: »Der Virtuose muss die Fähigkeit haben zu wissen, wie die ›Claves‹ miteinander klingen, er muss die Natur der ›Claves‹ innehaben, sein ›Clavier‹ im Kopf haben.« Er muss auch »Composition« beherrschen, was bedeutet, er muss improvisieren können. Außerdem muss er *transponieren* können, also Stücke in anderen als der notierten Tonart spielen können. Und jetzt kommt's: Wer Noten von anderen Komponisten nur abspielt, setzt sich dem Verdacht aus, ein Betrüger zu sein. Die Zuhörer werden dadurch »hinter das Licht geführet«, da der angebliche Kenner von »Clavier und Composition« nur die musikalischen Gedanken von anderen nachspielt, also covert. Wer nicht improvisieren kann, ist ein musikalischer Quacksalber, »stümpert etwas hin und kömmt nicht weiter«. Unter diesem Aspekt sollten wir mal die heutigen klassischen Klavierkonzerte unter die Lupe nehmen!

Langsam entwickelt sich eine immer größere Eigenständigkeit der Instrumentalmusik gegenüber der Vokalmusik, also gegenüber dem Gesang. Zur Erinnerung: 1324 hatte Papst Johannes XXII. alle Instrumente verboten. Es gab nur einstimmigen Gesang zum Lob Gottes und nur drei erlaubte Tonabstände. Da hat sich in dreihundertfünfzig Jahren zum Glück für die Musik und der Kirche zum Trotz ziemlich viel verändert und entwickelt. Die Musik öffnet sich – auch durch die vielen Erfindungen im Instrumentenbau, durch den Notendruck und durch den Adel und das Bürgertum, die viele Kompositionen in Auftrag geben. Nun schiebt sich die Instrumentalmusik in den Vordergrund. Der Generalbass ist in Mode und deshalb brauchen die Komponisten eine funktionierende Harmonielehre. Sie brauchen als Grundlage für ihre Kompositionen einen funktionierenden Quintenzirkel: Er ist das Einmaleins der Komposition. Aber noch immer geistert die sogenannte pythagoreische Wolfsquinte durch die Tonarten.

Deshalb beschränken sich die Komponisten immer noch auf wenige wohlklingende Tonarten und vermeiden Tonartwechsel innerhalb einer Komposition. Einem Musiker, Kantor, Organisten, Cembalovirtuosen, Musiklehrer und Komponisten ist das wie angekündigt jedoch viel zu langweilig: Johann Sebastian Bach. Zunächst ist dieser Herr gar nicht so bekannt. Seine Kollegen Georg Philipp Telemann, Johann Adolph Hasse oder auch Georg Friedrich Händel sind zu dieser Zeit viel berühmter. Bach hat zwar die musikalischen Strömungen seiner Zeit und der Zeit davor aufgegriffen und zu unübertroffener Meisterschaft geführt, doch man findet seine Kompositionen zu seinen Lebzeiten eher schwierig und kompliziert. Bach verbindet die strengen Regeln der alten, polyphonen Kompositionsweise mit der neuen Affektenlehre. Er komponiert ebenso kunst- wie empfindungsvoll, aber eben auch anspruchsvoll. Das ist nicht leicht verständlich für das damalige Publikum. Herrn Bach ist das aber ziemlich gleichgültig. Durch die zunehmende Verwendung aller Halbtöne hat sich der Tonvorrat auf zwölf Töne erweitert und damit auf vierundzwanzig Tonarten, je zwölf in Dur und in Moll. Bach möchte diese Vielfalt kompositorisch ausschöpfen können. Sein Musikerkollege, der Klavierbauer Andreas Werckmeister (der, der gecoverte Musik nicht leiden kann) und der Tonabstand *Terz* helfen ihm dabei.

Die Terz wird nämlich zum zentralen Intervall des entstehenden Dur-Moll-Systems. Die Terz hat im Mittelalter noch sehr unsauber geklungen, weil sie nach der pythagoreischen Stimmung das Frequenzverhältnis 81:64 hatte. Jetzt wird sie zum Harmonieträger und bestimmt das Tongeschlecht, sie bestimmt den Unterschied zwischen Dur und Moll. Dann darf sie aber nicht mehr so schräg klingen wie bisher. Andreas Werckmeister und andere Klavierstimmer experimentieren mit neuen Stimmungen. Bach hat die neue Stimmung von Werckmeister wohl gehört, aber der Klavierstimmer möchte zunächst nicht darüber reden. Er hat noch nicht den Mut, so eine radikale Änderung vorzuschlagen, weil die Anfeindungen groß sind und die Kränkungen tief sitzen. Aber Bach bleibt der neuen Stimmung auf den Fersen und lernt kurz vor seinem zwanzigsten Geburtstag in Lübeck bei Werckmeister und seinem Lehrer Dieterich Buxtehude die neue Stimmung kennen. Begeistert von den neuen kompositorischen Möglichkeiten der Klavierstimmung drischt er angeblich ein Stück in Fis-Dur in die Tasten. Das ist eine Tonart, an die sich bisher kein Komponist gewagt hat, weil sie so verstimmt klang.

Bachs Ziel ist es, eine vollkommene Musik zu schaffen, die Himmel und Erde in Harmonie vereint: Nicht mehr, aber auch nicht weniger. Dazu braucht er aber die Freiheit, in allen Tonarten komponieren zu können. Das geht, weil sein Musikerkollege Werckmeister die Terzen rein gestimmt hat, im Frequenzverhältnis 5:4. Außerdem hat Werckmeister das vermaledeite, pythagoreische Komma in vier gleiche Teile zerlegt. Er war nicht der Erste, aber der Bekannteste, der die Quinten C-G, G-D, D-A und H-Fis jeweils um ein Viertel dieses Kommas kleiner gemacht hat. Er hat sie, nach seinen Worten, »wohl temperiert«. Dieses Feintuning hat aber seinen Preis. Fast alle Töne werden ein wenig »temperiert«, also verfälscht. Herr Werckmeister sagt selbst dazu: »Es ist ein Betrug am Gehör, aber ein lieblicher.« Die neue temperierte Musik hat allerdings nun einen Hauch von Künstlichkeit gegenüber dem »Urklang« der alten Tonarten. Auch Bach befallen Zweifel, ob die Musik jetzt nicht zu perfekt und damit zu künstlich klingt. Doch letztendlich siegt sein kompositorischer Pioniergeist und er komponiert als Erster in allen vierundzwanzig Tonarten des nun endlich funktionierenden Quintenzirkels.

(29) J. S. Bach, »Präludium und Fuge c-Moll BWV 549«

Johann Sebastian Bach muss wirklich im Flow gewesen sein. Anders ist nicht erklärbar, dass dieser Musiker achtundvierzig Klavierstücke komponiert hat – jeweils ein Präludium und eine Fuge in Dur und in Moll –, die bis heute eine echte Inspirationsquelle und einen unerschöpflichen Fundus darstellen. Der Titel, den Bach für dieses Jahrhundertwerk wählt, ist »Das Wohltemperierte Klavier«. Bach komponierte dieses Werk auch für seine Bewerbung als Kantor und Musiklehrer in der Thomaskirche in Leipzig 1722.

Die Kompositionen erregen große Aufmerksamkeit. Keiner zuvor hat so spannend und quer durch alle Tonarten komponiert. Die Menschen, die diese Musik hören wollen, müssen in seine Konzerte gehen oder sie selbst spielen. Doch nur wer das Geheimnis der »wohltemperierten Stimmung« kennt, kann das Werk spielen. Denn in den herkömmlichen Stimmungen klingen viele Tonarten verstimmt und unharmonisch, man kann diese Kompositionen von Bach so nicht spielen. Die wohltemperierte Stimmung wird somit zum Code, der den Zugang zu diesen Kompositionen öffnet. Nach Bach beginnen immer mehr Komponisten in allen vierundzwanzig Tonarten zu komponieren und die »wohltemperierte« Stimmung setzt sich durch. Die abenteuerlichen Tasteninstrumente mit bis zu zweiundsiebzig Tasten pro Oktave sind bald Geschichte, es sind ab jetzt nur noch zwölf. Bis heute spielen und komponieren alle Musiker aus allen Epochen und Stilrichtungen (mit Ausnahme spezieller Volksmusik) in diesen vierundzwanzig Tonarten mit dieser Stimmung und dieser Tastatur. Johann Sebastian Bach war der Erste. Allerdings nicht der Beliebteste. Seine Werke seien zu schwer zu spielen, beklagen sich seine Zeitgenossen. Da haben sie Recht. Die Präludien und Fugen aus dem »Wohltemperierten Klavier« sind damals wie heute für viele Klavierschüler zunächst eher ein Fluch als ein Segen. Das »Wohltemperierte Klavier« gilt damals als systematisches Lehrwerk für musikalische Anfänger und Fortgeschrittene. Es diene »zum Nutzen und Gebrauch der Lehrbegierigen musicalischen Jugend, als auch derer in diesem studio schon habil seyenden besonderem Zeitvertreib«. Welche grandiose Ideenvielfalt und Kompositionsmeisterschaft in diesen Stücken steckt, wird erst Jahrzehnte später wirklich erkannt.

Bach perfektioniert den Choral, die polyphonen Satztechniken, das Instrumentalkonzert nach italienischem Vorbild, die virtuose Spielfertigkeit am Tasteninstrument nach französischem Vorbild und das Generalbassspiel und schreibt unglaublich viele Werke: strenge Fugen und freie Toccaten und Präludien, Kantaten für Chor, Messen für Chor und Orchester, Passionen und weltliche Musik. Nach Bachs Tod geraten seine Werke jedoch erstmal jahrzehntelang in Vergessenheit. Seine Söhne und andere Musiker aus der großen Bachfamilie sind wesentlich populärer als er. Von sechzig Familienmitgliedern sind nur sieben keine Musiker geworden und Papa Bach bleibt eher im Gespräch wegen seiner Musikernachkommen als wegen seiner eigenen Kompositionen. Sein Sohn Johann Christian soll über ihn gesagt haben, er sei eine alte Perücke, überholt und antiquiert. Viele seiner Werke verstauben in Archiven, viele sind verschollen. Man hat die Noten als Packpapier verwendet und um Bäume gewickelt, um das Ungeziefer abzuhalten.

Nachdem sich die Komponisten der Wiener Klassik, vor allem Mozart und Beethoven mit den Kompositionen von Bach auseinandergesetzt haben und Felix Mendelssohn-Bartholdy im Jahr 1829 die Matthäus-Passion, diesen »Leuchtturm christlicher, abendländischer Musik« wie sie heute genannt wird, wieder aufgeführt hat, beginnt ein Bach-Hype, der bis heute anhält. Bach wird als der bedeutendste deutsche Musiker der Barockzeit verehrt. Aber er eckte, wie die heutigen Künstler auch oft, gesellschaftlich und musikalisch an, lieferte sich Duelle mit anderen Musikern, verärgerte seine Auftraggeber und Chefs, hatte Frauengeschichten, insgesamt zwanzig Kinder und landete sogar im Gefängnis. Trotzdem wurde er zum Megastar. Wie hat er das geschafft?

Ausflug 2

Wie Johann Sebastian Bach ein musikalisches Duell gewinnt und im Gefängnis landet, warum er nur der Drittbeste und trotzdem ein Megastar ist und wie man einer werden kann.

In der Antike ist das aktive Musizieren ein zentrales Instrument zur Erziehung des Menschen. Im Mittelalter ist die Kirchenmusik das zentrale Instrument zu Erziehung des Volks. In der Barockzeit gilt Musik als ein Instrument zur Darstellung von Gefühlen.

In der Antike ist das Spiel mit der Lyra in Verbindung mit Texten die pädagogisch wertvolle Musik, die sogenannte ernste Musik. Aber auch der Unterhaltungsmusik mit Flöte und Aulos wird eine Verbindung zum griechischen Götterhimmel zugestanden. Melodien, Texte und Zuhörer der beiden Sparten mischen sich. Im Mittelalter gibt es Bildung, d.h. Wissensvermittlung ausschließlich in Klöstern. Durch den Herrschaftsanspruch der Kirche findet ernste Musik nur in der Kirche statt, meist wird einstimmig oder zweistimmig auf Latein gesungen. Instrumenten haftet noch die heidnische Zügellosigkeit aus der Antike an, weshalb sie im Mittelalter in der Kirche nichts zu suchen haben. Es gibt keine Verbindung zwischen E-Musik und U-Musik: in der Kirche versteht das Volk die Texte der Choräle nicht und umgekehrt ignoriert die Kirche die Musik der Spielleute auf der Straße. Erst in der Barockzeit ändert sich das. Die neue Mittelschicht, das städtische Bürgertum, kopiert den aristokratischen Lebenswandel und macht gleichzeitig Bodenständiges gesellschaftsfähig, zum Beispiel die gering geschätzte Instrumentalmusik. Volkstänze mischen sich mit Gesellschaftstänzen. Opernhäuser werden eröffnet und sind allen Ständen zugänglich. Hausmusik kommt in Mode, weil durch den Buchdruck Noten erhältlich sind. Weltliche und geistliche Musik, also E-Musik und U-Musik mischen sich.

Im Barock geschieht dasselbe wie zum Ausgang des klassischen Altertums, das was der griechische Philosoph Platon gar nicht mochte: Musik als Selbstzweck. Beim Gottesdienst, bei einem Fest oder bei einem Sportereignis wird Musik aufgeführt, obwohl sich da Menschen eigentlich zu einem anderen Zweck versammeln. Die Musik ist nur Beigabe. Im Konzert dagegen versammeln sich Menschen ausdrücklich, weil sie die Musik hören wollen. Je mehr sich Musik aus den Funktionszusammenhängen löst und zum Konzert wird, desto mehr entsteht ein Markt für diese Unterhaltung und desto professioneller werden seine Anbieter. Plötzlich gibt es Kunden, die einen Preis dafür bezahlen: die Zuhörer. Musik wird zur Ware. Im 17. Jahrhundert entstehen zum Beispiel Gartenkonzerte in Vauxhall Gardens in London. Der Komponist Georg Philipp Telemann erfindet den Vorverkauf: Er etabliert wöchentliche Konzertreihen in Frankfurt und Hamburg, die das Publikum durch Karten, die im Vorfeld angeboten werden, finanziert. In dieser Zeit geht es bei Konzerten und vor allem in den Opernhäusern nicht gesittet zu: Sowohl die Musiker auf der Bühne als auch das Publikum macht Lärm, redet, isst und wartet auf seine Lieblings-Arie oder den Lieblings-Kastraten. Dann ist erstmal Ruhe, aber vor Ende des Stücks wird schon mit Händen und Füßen applaudiert und laut gerufen. Man feiert die Sänger in Puderperücken, die man auch im adeligen Publikum trägt. Oper und Konzert nehmen nicht den zivilreligiösen Rang ein, der zweihundert Jahre später durch schweigende Andacht der Hörer üblich wird. Die weltliche Konzert- und Opernmusik, die wir heute zur »klassischen« und »E-Musik« zählen, ist in ihrer Zeit moderne populäre Unterhaltungsmusik für Adel und Bürgertum. »Ernst« ist nur die Kirchenmusik. Der Zeitgeist im Barock ist ziemlich überspannt, das Künstliche, Übertriebene, Ausufernde, eben auch leicht Lächerliche wird gefeiert. Es entsteht die Galanterie und das Virtuosentum. Die Galanterie ist zum einen ein pietistisch-strenger Moralkodex, zum anderen eine Lebensweise, die darauf bedacht ist, das jeweils andere Geschlecht mit vorgeschütztem Anstand für sich einzunehmen – affektreich und sinnlich, versteht sich. Die Musik der Barockzeit ist ebenso affektreich, effektreich und sinnlich. Denn sie lebt von der Virtuosität der ausführenden Musiker. Übrigens wie in der Jazz-Musik des 20. Jahrhunderts. Der Interpret zeigt seine Meisterschaft, indem er das vom Komponisten errichtete Gerüst des Stückes nach den Regeln der Kunst verziert. Er präludiert und fantasiert oder – wie der Jazz-Musiker sagt – er improvisiert.

Ein Musiker dieser Zeit hat sowohl die Galanterie als auch die Virtuosität meisterhaft beherrscht: Louis Marchand. Als berühmter französischer Cembalist, Organist und Komponist beherrscht er es ebenso meisterhaft, sich durch Intrigen, Skandale, Frauengeschichten und Halbwahrheiten bekannt zu machen. So manche Stars von heute haben da wohl von ihm abgeschaut. Sogar gegen den berühmten französischen Organisten und Komponisten Francois Couperin, Hofkomponist von Ludwig dem XIV., soll Marchand voll Neid intrigiert haben. Ab 1713 unternimmt der schillernde Cembalo-Spieler eine mehrjährige Reise durch Deutschland, angeblich auf der Flucht vor finanziellen Forderungen seiner Frau, die sich von ihm getrennt hat.

Am Hofe »Augusts des Starken« in Dresden ruft Louis Marchand 1717 zu einem musikalischen Wettstreit auf, wohl wissend, dass er als überragender Virtuose keinen ernsthaften Konkurrenten haben wird. Johann Sebastian Bach, gerade ansässig in Weimar und noch weit entfernt von späterer Berühmtheit, will unbedingt an diesem Wettstreit teilnehmen. Er ist übrigens auch der einzige Künstler, der sich zu diesem musikalischen Duell anmeldet. Der Überlieferung nach hört Marchand wie Bach vor dem Konzert das Cembalo umstimmt, sich einspielt und dabei auf völlig neue Weise durch die Tonarten moduliert. Marchand erkennt die überragende Meisterschaft Bachs und flieht noch vor dem Konzert. Der Hofkapellmeister will das Konzert zunächst absagen, lässt dann aber doch den noch recht unbekannten Bach spielen. Und siehe da: Das Konzert wird ein voller Erfolg, Bach versetzt den Dresdner Adel hellauf in Begeisterung.

Megastar Level 1: Johann Sebastian hat die ersten Schritte zum Megastar gemacht. Er hat sich mutig und eigensinnig einer großen Herausforderung gestellt. Er hat unerschrocken Neues gewagt.

Bach hat das Cembalo vermutlich nach der Idee des Klavierstimmers Andreas Werckmeister umgestimmt, ohne um Erlaubnis zu fragen, denn wahrscheinlich hätte man ihm diese verweigert. Bach ist etwa zweiunddreißig Jahre alt, als er das Duell mit Marchand wagt. Zuvor hat er schon fünfundzwanzig Jahre geübt und komponiert. Er ist ein Kind einer weitverzweigten lutherischen, mitteldeutschen Familie. Alle väterlichen Vorfahren ab Bachs Ururgroßvater Veit Bach waren Kantoren, Organisten, Stadtpfeifer, Mitglieder von Hofkapellen oder Cembalo- und Lautenbauer. Johann Sebastian fertigt eine Chronik von dreiundfünfzig Familienmitgliedern an, die den Ursprung der »musicalisch-bachischen Familie« beschreibt.

Megastar Level 2: Es ist zumindest förderlich, wenn man Vorfahren hat, die in dem Metier schon unterwegs sind. Vielleicht ist das so eine Art Weckruf – oder Erbe.

Bach verbringt seine Kindheit in Eisenach, der Residenzstadt des Fürstentums Sachsen-Eisenach. Es gibt dort eine Hofkapelle, die bekannte Musiker wie Johann Pachelbel oder Georg Philipp Telemann anzieht. Bach bekommt von einem Cousin Orgelunterricht und von seinem Vater Violine-Unterricht. Mit neun Jahren wird er Vollwaise und muss die Lateinschule verlassen, weil sie zu teuer ist. Er zieht zu seinem älteren Bruder nach Ohrdruf. Dieser übernimmt die musikalische Erziehung von Johann Sebastian und verhilft ihm zu einem musikalisch-schöpferischen Start. Bei ihm lernt Johann Sebastian das Spiel auf Tasteninstrumenten. Er begleitet seinen Bruder zu Orgelreparaturen und bekommt so nebenbei noch ein Verständnis für den Aufbau und die Mechanik dieses Instruments. Später wird Johann Sebastian nebenbei auch Orgelgutachter und setzt sich sehr für die Weiterentwicklung von Musikinstrumenten ein, um noch freier und kreativer komponieren zu können. Außerdem singt Johann Sebastian im Chor. Er kann nur zur Schule, weil wohlhabende Bürger einen »Freitisch« spenden, der aber zur Bedingung hat, dass deren Söhne Privatunterricht von den Lehrern der Schule bekommen. Diese schicken hingegen teilweise ihre Freitisch-Schüler als Vertretung. So lernt Johann Sebastian mit zehn bis fünfzehn Jahren auch das Unterrichten.

Johann Sebastians Bruder bewahrt in einem Schrank mit hölzernen Gitterstäben wertvolle Noten von zeitgenössischen Komponisten auf. Er ist aber der Meinung, sie seien zu schwierig für seinen kleinen Bruder, er darf sie weder spielen, noch studieren, noch abschreiben. Johann Sebastian fischt sich allerdings die Noten heimlich zwischen den Gitterstäben heraus und kopiert »bey Mondenscheine«, schreibt also alles mühevoll mit Tinte und Feder ab. Das dauert etwa ein halbes Jahr, dann erwischt ihn sein Bruder und vernichtet die Kopien. Also beginnt Johann Sebastian nochmal von vorne. Dabei lernt er die Kompositionen nachzuvollziehen und zu verstehen. Das Ohrdrufer Choralbuch wird schließlich etwa fünfundzwanzig Werke von Johann Sebastian enthalten. Wohlgemerkt: Er war zwischen zehn und fünfzehn Jahre alt und erhielt nie Kompositionsunterricht.

Megastar Level 3: Ein angehender Megastar braucht früh gute Förderung und Entwicklungsmöglichkeiten. Er muss auch über den Tellerrand hinausschauen dürfen. Er muss sich überfordern wollen und dürfen und ein unglaubliches Durchhaltevermögen haben. Denn er muss auch viel aushalten und Rückschläge verkraften.

So wie Johann Sebastian, der 1700 seinen »Freitisch« unerwartet verliert. Bach ist inzwischen fünfzehn Jahre alt und überlegt, nach Lüneburg zu gehen, um dort die Schule im Michaeliskloster zu besuchen, weil ihr akademisches Niveau höher ist als das in Ohrdruf am Lyzeum. So machen sich Johann Sebastian und ein Klassenkamerad zu Fuß auf ins 175 Kilometer entfernte Lüneburg. Da sie kein Schulgeld zahlen können, müssen sie als Mettenchorsänger Dienst tun. Dafür bekommt Johann Sebastian sogar sein erstes Minigehalt. Er entscheidet sich im Gegensatz zu all seinen Vorfahren und seinen Geschwistern für eine höhere Schulbildung. Alle anderen hatten die Schulbildung zugunsten einer Musikerlehre aufgegeben. Johann Sebastian macht beides.

Außerdem reist der Junge immer wieder von Lüneburg nach Hamburg, um dort den berühmten Organisten der Katharinenkirche Johann Adam Reincken auf der schönsten Orgel Norddeutschlands zu hören. Teile der vierhundert Kilometer langen Strecke legt er zu Fuß zurück. Und natürlich macht Johann Sebastian wieder eine Kopie: Für seinen Orgelunterrricht schreibt er eine Choralfantasie von Reincken ab. Außerdem hört er sich oft eine damals berühmte Musikkapelle in der Lüneburger Residenz des Herzogs von Celle an, die fast nur aus französischen Musikern besteht. Er will im französischen Musikgeschmack fit werden und meint, der »frantzösische Geschmack solle sich fest sezen«.

Megastar Level 4: Ein angehender Megastar muss sehr mutig schon früh seinen eigenen Weg gehen und Entscheidungen treffen, die alle anderen so nicht getroffen haben. Dabei sind die vielen Musiker-Vorfahren und die zu große Musiker-Verwandtschaft hier eher hinderlich. Denn ein zukünftiger Megastar darf nicht nur das tun, was alle vor ihm und um ihn herum auch schon getan haben. Gleichzeitig muss er aber von allen Profis um ihn herum lernen wollen und lernen dürfen. Er muss unglaublich neugierig sein und weder Kosten noch Mühen noch Zeitaufwand scheuen, um von den Besten zu lernen.

Ab 1703, also mit achtzehn Jahren, ist Bach als Violinist in der Privatkapelle des Mitregenten Johann Ernst von Sachsen-Weimar angestellt. Außerdem ist er Organist in der Neuen Kirche in Arnstadt und muss mit dem Chor des dortigen Lyzeums arbeiten. Aber Johann Sebastian bleibt neugierig, lässt sich nach zwei Jahren einen Monat Urlaub geben und wandert 480 km nach Lübeck, um dort den berühmten Organisten »Dieterich Buxtehuden zu behorchen«. Von dort kommt er einfach nicht zurück, lässt sich durch einen Vetter vertreten und bleibt drei Monate in Lübeck. Er spielt dort auf der berühmten Totentanz-Orgel und holt sich Inspiration und Motivation aus den Orgel- und Klavierwerken und dem virtuosen Spiel von Buxtehude. Dieser Herr bietet ihm auch die Nachfolge seiner gut bezahlten Organistenstelle an, aber nur unter der Bedingung, seine älteste Tochter zu heiraten. Die ist schon achtundzwanzig Jahre alt und so lehnt Johann Sebastian Tochter und Stelle ab und wandert wieder zurück nach Arnstadt. Dort ärgert sich das Konsistorium, also die kirchliche Behörde, über die Urlaubsüberziehung, seinen Umgang mit unwilligen Chorknaben, sein Musizieren mit einer »frembden Jungfer« in der Kirche – die Johann Sebastian übrigens bald darauf heiratet – und über sein zu modernes Orgelspiel.

Also zieht Johann Sebastian wieder um und wechselt in die Freie Reichsstadt Mühlhausen als Organist. Dort heiratet er mit zweiundzwanzig Jahren eine Cousine 2. Grades, Maria Barbara, und bekommt mit ihr sieben Kinder, von denen aber nur drei ein langes Leben haben. Als die Stadt Mühlhausen und mit ihr Bachs Notensammlungen abbrennt, reist Johann Sebastian nach Weimar, spielt dort dem Herzog vor und bekommt die Stelle als Hoforganist und Kammermusiker. So zieht Johann Sebastian mit seiner Familie 1708 abermals um. Hier in Weimar entstehen die meisten Kompositionen von Johann Sebastians Orgelwerk, mindestens einhundert Werke. Er kümmert sich auch um die musikalische und schulische Ausbildung seiner Söhne Johann Christoph Friedrich und Johann Christian, die beide später studieren werden. Johann Sebastian wird Konzertmeister und muss jeden Monat eine Kirchenkantate komponieren. Sämtliche anderen Instrumentalkompositionen dieser Zeit werden bei einem erneuten Brand vernichtet. In Weimar schreibt Johann Sebastian wieder Kompositionen ab, diesmal die von Antonio Vivaldi. So eignet er sich den italienischen Stil ebenso an wie zuvor den französischen.

Aber Bach bleibt wieder nicht. 1717 unterschreibt er einen Vertrag als Hofkapellmeister in Köthen, aber ohne zuvor den Herzog in Weimar zu informieren. Er wird vom Herzog als »halßstarrig« bezeichnet, in Haft genommen und erst vier Wochen später in Ungnade entlassen. Auch klassische Komponisten werden also eingesperrt. Die Gründe dafür sind so vielfältig wie heute: verletzte Eitelkeit, Prügeleien, Drogenbesitz, politische Motive und Protest aller Art. Bei Johann Sebastian Bach ist die Eitelkeit verletzt. Der Herzog hat Bachs Kollegen Georg

Phillip Telemann und nicht ihm die Stelle des Kapellmeisters angeboten, obwohl Bach neun Jahre für den Herzog hochwertige, musikalische Arbeit geleistet hat! Außerdem liefert der Herzog kein Notenpapier mehr an Bach. Beim Fürst Leopold von Köthen dagegen wird Bach die Verantwortung über die gesamte Hof-, Kammer- und Tafelmusik erhalten. Dafür kann man dann schon mal vier Wochen ins Gefängnis gehen.

Megastar Level 5: Auf dem Weg zum Megastar muss man sehr halsstarrig sein. Man darf sich nicht auf seinen ersten Lorbeeren ausruhen, muss neugierig bleiben und immer weiterlernen. Und man sollte nicht jedes verlockende Angebot annehmen, auch wenn es Sicherheit verspricht. Man muss Unsicherheit und Ungerechtigkeit aushalten können. Und man muss ein großes Netzwerk aufbauen.

Mit komponierenden Zeitgenossen pflegt Johann Sebastian einen respektvollen Umgang. Geringschätzige Bemerkungen sind nicht überliefert. Johann Sebastian sieht andere Musiker zwar als Mitbewerber, aber weniger als Konkurrenten, sondern als Lehrer. Er studiert deren Werke mit unvoreingenommenem Interesse, ist offen für Anregungen aus unterschiedlichen musikalischen Richtungen und bemüht sich auch um Kontakt zu den Künstlern. So eignet sich Johann Sebastian nach und nach die unterschiedlichsten Gattungen, Kompositionsstile und Musizierweisen an. Er komponiert alles, außer Opern, und wahrscheinlich viel mehr als die 1127 Werke, die im Bach-Werke-Verzeichnis (BWV) registriert sind.

In Köthen baut Johann Sebastian an seinem Netzwerk weiter und baut unter anderem eine persönliche Beziehung zum jungen Fürsten Leopold von Anhalt-Köthen auf. Das beschert ihm ein gutes Jahreseinkommen und eine hervorragende Kapelle, die der Fürst bezahlt und mit guten Instrumenten ausstattet. Johann Sebastian darf in Berlin ein neues Cembalo kaufen und knüpft dort Kontakt zum kunstliebenden Markgrafen Christian Ludwig von Brandenburg-Schwedt. Für ihn schreibt er die heute berühmten Brandenburgischen Konzerte. Allerdings findet beim Fürsten Leopold keine Bezahlung mehr statt: Nach dessen Bekenntnis zur Reformation gibt es plötzlich wenig Bedarf an Kirchenmusik, denn nach reformierter Überzeugung muss der Gottesdienst schlicht gehalten werden. Außerdem liebt die neue Gemahlin des Fürsten keine Musik. Johann Sebastian reist trotzdem zusammen mit dem Hof für zwei Monate nach Karlsbad.

(30) J. S. Bach, »Brandenburgisches Konzert Nr. 1 F-Dur BWV 1046«

Als er zurückkommt, ist seine Frau Maria Barbara gerade beerdigt, sie war während seiner Abwesenheit nach kurzer Krankheit verstorben. Ein Jahr später heiratet er Anna Magdalena, die als Sopranistin an den Köthener Hof gekommen war. Mit ihr hat er dreizehn Kinder, von denen die Hälfte im Kindesalter stirbt. Vier Töchter und drei Söhne, von denen zwei ebenfalls berühmte Musiker ihrer Zeit werden, überleben. Der dritte Sohn ist geistig behindert. Seine letzte noch lebende Schwester stirbt ebenfalls. Auch weniger robuste Naturen können angesichts dieser Schicksalsschläge in eine Schaffenskrise fallen.

Megastar Level 6: Auch als angehender Megastar muss man mit Schicksalsschlägen künstlerischer und privater Natur fertigwerden. Man muss Ideen haben, um den Schmerz in Kunst zu sublimieren. Oder man muss zeitweise andere Themen bearbeiten. Aber man muss die Disziplin und den Drang haben, niemals mit Arbeiten und Weiterlernen aufzuhören.

In dieser schwierigen Zeit kümmert sich Papa Bach nun verstärkt um die musikalische Erziehung seiner Kinder. Er schreibt das »Clavierbüchlein« und die »Clavierübungen«, die heute noch zum Repertoire jedes Klavierschülers gehören. Er wird Mitbegründer der Idee, den Daumen als vollwertigen Spielfinger bei Tasteninstrumenten einzusetzen, was damals nicht üblich ist. Diese Technik ermöglicht ein virtuoses Spiel und einen eleganten Vortrag. Die neue »Fingerordnung« hilft nicht nur seinen Schülern, sondern auch ihm selbst, größte Schwierigkeiten mit fließender Leichtigkeit zu meistern. Auch heute ist der korrekte, individuell angepasste Fingersatz eine Voraussetzung, Bachs Klavierwerke fließend leicht spielen zu können. Außerdem beginnt er ab 1720 am »Wohltemperierten Klavier« zu arbeiten, dem Werk, das ihn unter anderem zum Megastar werden lässt. Da ist er achtundzwanzig Jahre alt und sieht sich nach einer neuen Stelle um, weil der Fürst immer weniger Geld zur Verfügung hat: Das Kultursponsoring nimmt ab und die Kapelle wird schlechter und schlechter. Papa Bach überlegt, in Zukunft nicht mehr exklusiv für einen Hof zu arbeiten, sondern lieber für die Kirche. Da ist es weniger feudal, aber dafür erreicht er mit seiner Musik die ganze Stadt. Also geht er erst mal nach Hamburg, denn dort ist eine gut bezahlte Organistenstelle zwar frei, aber er muss das Amt kaufen:

Für vier Jahresgehälter! Bach hat weder so viel Geld noch will er seine Kunst zu Markte tragen. Also lehnt er ab und bewirbt sich für die Stelle als Thomaskantor in Leipzig. Dort wollen sie aber lieber den umschwärmten Komponisten Telemann oder wenigstens Christoph Graupner, die sich auch beworben haben. Doch beide nehmen die Stelle nicht an und so entscheiden sich die Kirchenoberen eben für den vermeintlich »Drittbesten«. Hier bleibt Bach bis zu seinem Tod. Für die Bewerbung als Thomaskantor und Musiklehrer schreibt er den ersten Teil seines »Wohltemperierten Klaviers« fertig. Eines der Megastar-Werke. Was ist daran so genial?

(31) J. S. Bach, »Das Wohltemperierte Klavier: Praeludium und Fuge Nr. 2 c-Moll BWV 847«

Das »Wohltemperierte Klavier« von Bach wird zu einem Meilenstein der europäischen Musikgeschichte. Durch die neue, temperierte Stimmung nach der Idee des Klavierstimmers Andreas Werckmeister kann Bach quer durch alle Tonarten komponieren. Er kommt in einen regelrechten Schaffensrausch. Er freut sich über »einen sehr vollen und gleichsam gesättigten Wohlklang; die Accorde fließen im vollen Strome ganz ruhig hin, ohne zu zittern und zu schweben. Setzt man gleichschwebende oder pythagoräische Accorde daneben, so erscheinen diese rau, trübe zitternd und unruhig.« Bach komponiert und komponiert. Er überschreitet die traditionellen Kompositionstechniken weit. Seinen musikalischen Zeitgenossen gilt er schon als »Harmonist«, der die neuen Möglichkeiten der Dur-Moll-Tonalität ausschöpft wie keiner vor ihm.

Dann sind die ersten 24 der 48 Präludien und Fugen zur Bewerbung zum Thomaskantor fertig: Bahnbrechend ist die Klavierstimmung und Bachs Virtuosität! Das Wohltemperierte Klavierwerk wird aber zu Lebzeiten Bachs eher als Unterrichtswerk gesehen. Trotzdem gerät es nicht, wie viele andere Kompositionen Bachs, in Vergessenheit. Mozart hat das Werk gekannt, Beethoven hat sich daraus Ideen geholt und meinte: »Immer, wenn ich beim Komponieren ins Stocken geriet, nahm ich mir das Wohltemperierte Klavier hervor, und sogleich sprossen mir wieder neue Ideen.« Bach wird schon für den elfjährigen Beethoven zur musikalischen Bibel. Robert Schumann hat das Werk studiert: »Das ›wohltemperirte Clavier‹ sei dein täglich Brot. Dann wirst du gewiß ein tüchtiger Musiker.« Für Hermann Hesse war diese Musik »Tao« (also die Einheit und Urquelle von Sein und Nichtsein). Bachs Präludien stehen für die 24 Préludes op. 28 von Fréderic Chopin Pate, Paul Hindemith komponiert 1928 einen »Ragtime (wohltemperiert)«. Dmitri Schostakowitsch lehnt sich mit seinen 24 Präludien und Fugen von 1964 an das Werk von Bach an.

Auch Jazz-, Pop- und Rockmusiker holen sich Inspiration aus dem Wohltemperierten Klavier von Bach: Die Beatles, Ritchie Blackmore von Deep Purple, Keith Jarrett, Ian Anderson von Jethro Tull, Led Zeppelin, Jacques Loussier, Eugen Cicero, Leo Kottke und viele, viele mehr. Denn dieses Werk wird vor allem von Musikkennern geschätzt. Von allen, die so viel davon verstehen, dass sie sowohl größtes Vergnügen als auch größte Inspiration darin finden. »Bach schuf die gelehrteste und zugleich die am tiefsten durchseelte Musik«, meinte der deutsche Philosoph Ernst Bloch. Für den Dirigenten Wilhelm Furtwängler war Bach »der Unsterbliche und der Weltenbaumeister selbst. Bach steht für etwas Größeres in uns.«

Megastar Level 7: Als Megastar muss man Geduld haben. Wenn man sich dem Zeitgeist widersetzt, wenn man sich nicht instrumentalisieren lässt, muss man damit rechnen, nicht als Genie, sondern als anstrengend und schwierig zu gelten. Einfache Kunst wird immer vorgezogen, sie ist gefälliger und massentauglicher. Sie wird auch besser bezahlt. Davon darf sich ein angehender Megastar nicht beirren lassen.

1723 nimmt Johann Sebastian Bach seinen Dienst als Thomaskantor auf. Er ist für die Musik in den vier Hauptkirchen der Stadt verantwortlich, dazu muss an allen Sonn- und Feiertagen eine Kantate aufgeführt werden. Zusätzlich muss er den Musikunterricht in der Thomasschule halten und noch dazu Latein unterrichten. Dazu kommen Aufträge für weitere Kantaten, Hochzeiten, Taufen und Begräbnisse. Außerdem schreibt er die Johannes- und die Matthäuspassion, Oratorien und Messen. Bach schafft über Jahre etwa ein Werk pro Woche. Weil sich die Aufführungsbedingungen verschlechtern, schreibt er einen »höchstnöthigen Entwurff« seiner musikalischen Vorstellungen an den Rat der Stadt. So viel Kultursponsoring, wie er sich wünscht, bekommt er aber nicht. Deshalb übernimmt Johann Sebastian Bach 1729 die Leitung des von Telemann gegründeten »Collegium Musicum«, das im »Caffee-Hauß« aufspielt. Es besteht aus Musikstudenten, mit denen er ein- bis zweimal in der Woche weltliche deutsche und italienische Musik für die Bürger der Stadt aufführt. Unter anderem die »Kaffeekantate«, ein Stück mit Gesang, das humorvoll auf die neue Mode des Kaffeetrinkens anspielt. Und um gute Solisten zu haben, unterrichtet Johann Sebastian Bach viel. Er ist ein gesuchter Lehrer, die Schüler leben oft in seinem Haushalt. Alle seine Söhne sind bald ebenfalls gefragte Musiker.

(32) J. S. Bach, »Kaffeekantate, BWV 211«

Ab 1740 schreibt Bach vor allem umfangreiche Werke für das Klavier. Er vollendet das »Wohltemperierte Klavier« und er schreibt zum Beispiel die »Goldberg-Variationen«. Im Jahr 1747 will König Friedrich II. von Preußen Bach kennenlernen. Er ist selbst ein guter Flötist und hat von der herausragenden Improvisationskunst Bachs gehört. Der König will ihn nun testen. Nach einer vierzehnstündigen Reise in das Schloss Sanssouci wird Bach völlig überraschend aus der Kutsche direkt zum König beordert. Dieser präsentiert ihm ein kompliziertes Thema, das er ein einziges Mal auf der Flöte vorspielt. Bach hört zu, spielt es auf dem Cembalo nach und beginnt aus dem Stand dreistimmig zu improvisieren, das heißt, eine dreistimmige Fuge, eine Art Kanon mit komplizierten Regeln, daraus zu machen. Der König, der als Sieger aus diesem ungleichen Duell hervorgehen will, unterbricht und fragt, ob Bach das auch sechsstimmig könne. Bach bleibt ruhig und erklärt, dass dazu einige Vorarbeiten nötig seien. Der König entlässt ihn und Bach schreibt anschließend zu Hause sein »Musikalisches Opfer« über das Thema des Königs: zwei Fugen, darunter eine sechsstimmige, zehn Kanons und eine Triosonate mit Flöte. Ein kunstvolles Meisterwerk, damals vom König nie bezahlt.

Megastar Level 8: Ein Megastar braucht ein gutes Selbstbewusstsein. Er muss ein Selbstfreund sein, denn die Anerkennung, die er sich erträumt, bekommt er erst mal nicht. Manchmal bekommt er sie am Ende seines Schaffens, oft jedoch nicht zu Lebzeiten.

Was ist denn eigentlich eine Fuge? Warum ist die Improvisation über ein Thema als Fuge so schwierig? Weil es unglaublich viele Regeln zur Komposition einer Fuge gibt, also zur klassischen Polyphonie, der mehrstimmigen Komposition, bei der alle Stimmen gleichwertig sind und alle mal die Melodie und mal Umspielungen und Fortführungen übernehmen. Hier ein kleiner Ausschnitt der Regeln:

Verboten sind übermäßige und verminderte Intervallschritte. Sekunde, Terz, Quarte, Quinte und Oktave dürfen in beide Richtungen verwendet werden, die kleine Sext nur aufwärts. Sprünge sind durch anschließende stufenweise Bewegung auszugleichen. Im dreistimmigen Satz sollte ein Einklang nur am Schluss vorkommen. Dissonante Zusammenklänge auf betonter Zählzeit sind erlaubt. Offene Parallelen in Quinten und Oktaven sind verboten. Im dreistimmigen Satz sind verdeckte Quint- und Oktavparallelen zwischen der Mittel- und einer Außenstimme erlaubt. Zwischen Außenstimmen sind nur verdeckte Quintparallelen erlaubt, keine verdeckten Oktavparallelen, und auch nur dann, wenn die Oberstimme sich stufenweise bewegt… und so weiter und so weiter.

Eine Fuge ist ein unglaublich komplexes Gebilde aus verschiedenen Stimmen, die Grundmelodie ist jedoch immer präsent, wird variiert und erweitert und durch alle Stimmen geführt. Weil Bach das so meisterhaft kann, wird er oft auch als Handwerker bezeichnet, gern auch von den Jazz-Musikern, die sich auch so sehen. Bach selbst sagt aber, dass seine Musik bei aller Kunstfertigkeit zu Herzen gehen soll. Also komponiert er auch nur Musik, die zu Herzen geht, sonst komponiert er gar nicht. Bach liebt die göttliche Harmonie und die Regeln, eine Ordnung wie die Ordnung der Sterne im Weltall. Darin stimmt er mit Pythagoras überein. Aber in dieser Ordnung hat er eine Fülle von Ideen versteckt, eine Fülle von ganz besonderen Zusammenklängen und rhythmischen Besonderheiten, eine Magie der Töne und tiefen Emotion.

Bach will »Die Kunst der Fuge« unbedingt der Nachwelt erhalten. Er sieht sich selbst zunehmend auch als Musikgelehrten, der Werke musikalischer Wissenschaft erstellt. Seine Kunst liegt seiner Meinung nach zwischen der Natur der realen Welt und Gott, der diese Natur ordnet. Seine musikalische Harmonie nimmt Bezug auf diese göttliche Ordnung, die in der Welt und im Universum bis ins Kleinste angelegt ist. Bach hat die »göttliche Einheit der Vielheit« im Kopf und will die Geheimnisse dieser Harmonie in seine Kunst übersetzen. Dabei geht er weit über die Grenzen der damals üblichen musikalischen Darstellung hinaus. Seine schöpferische Leistung besteht darin, alle Stücke dieser umfangreichen Sammlung aus einem einzigen, nur vier Takte umfassenden Thema zu entwickeln. Er ergänzt und überarbeitet das Klavierwerk »Die Kunst der Fuge« sieben Jahre lang. Weil er den Notendruck nicht bezahlen kann, sticht er die

Noten mit Hilfe der ganzen Familie in stundenlanger, mühevoller Arbeit selbst in die Kupferplatten für den Druck.

Megastar Level 9: Ein Megastar ist kein verkanntes Genie. Selbstmitleid ist ihm fremd. Er weiß, was er zu geben hat und tut es.

Bach leidet zunehmend an einer Augenkrankheit und an motorischen Störungen seiner Schreibhand. Eine Augen-OP verläuft nicht gut. Trotzdem arbeitet er fieberhaft weiter, diktiert seinem Schüler die Noten. In die letzte Fuge komponiert er seinen Namen mit den Noten B-A-C-H, vermischt die Tonfolge mit zwei anderen Themen und bricht dann ab. Sein Schüler Johann Friedrich Agricola schreibt dazu: »Dies ist das letzte Werk des Verfassers, welches alle Arten der Contrapuncte und Canonen, über einen e i n t z i g e n Hauptsatz enthält. Seine letzte Krankheit hat ihn verhindert, seinem Entwurfe nach, die vorletzte Fuge völlig zu Ende zu bringen, und die letzte auszuarbeiten.«

1750 im sechsundsechzigsten Lebensjahr stirbt Johann Sebastian Bach während der Komposition der Fuge mit der Melodie aus den Noten seines Namens. Bach sagt über sich: »Ich habe fleißig seyn müssen; wer eben so fleißig ist, der wird es ebenso weit bringen können.«

Megastar Level 10: Ein Megastar wird man, wenn man seine Eitelkeit und sein Ego immer wieder besiegen kann und wenn man eben kein Megastar werden, sondern seine Kunst machen will.

(33) J. S. Bach, »Die Kunst der Fuge BWV 1080«

Ausflug 3

Was der Kontrapunkt mit Soundfiles gemeinsam hat, warum eine Sonate wie ein Auto zusammengeschraubt wird und wie wir vom griechischen Musenberg ohne Sonatenhauptsatz-Führerschein nach Wien fahren.

Wir reisen zum Gipfel der Musikgeschichte auf den Parnass, einen Berg in Zentralgriechenland. Auf diesem Berg sitzen nach der griechischen Mythologie die Musen. Sie sind die Schutzgöttinnen der Künste und damit Inspirationsquelle für Künstler, die sich bekanntlich gern von der »Muse küssen« lassen. Wir steigen mühsam die Stufen zum Parnass hoch. Vor dem Kuss ist hier wirklich anstrengende Arbeit angesagt!

Auch der Musikgelehrte Johann Joseph Fux weiß das und nennt sein musiktheoretisches Werk »Gradus ad Parnassum« (also »Stufen zum Parnass«). 1725, drei Jahre nachdem Johann Sebastian Bach sein »Wohltemperiertes Klavier« komponiert hat, verfasst er dieses Lehrbuch für den *Kontrapunkt*. Der Kontrapunkt ist die Kompositionsweise, in der Johann Sebastian Bach Meister war. Mit dieser Technik werden die Zusammenklänge von Musik organisiert. Eigentlich findet der Kontrapunkt immer statt, wenn Klangereignisse aufeinandertreffen. Das findet sich heutzutage zum Beispiel, wenn Musik *gesampelt* wird, also wenn kurze Motive oder *Sounds* in ein anderes Musikstück gemixt werden, oder auch bei einem Kanon: Wenn er gesungen oder gespielt wird, entstehen Zusammenklänge. Bei Bach steht Note gegen Note, *punctum contra punctum* – Kontrapunkt: Er ist die Vorstufe der gesamten Kompositionslehre. Um dissonante und hör-ästhetisch unerwünschte Zusammenklänge zu vermeiden, werden viele Regeln aufgestellt. Herr Fux schrieb sie auf und zwar – nach antikem Vorbild – als Dialog: Er selbst fragt, der italienische Komponist Palestrina antwortet. Es ist ein Kompositions-Führerschein für den Kontrapunkt.

In der Zeit von Johann Sebastian Bach durften die Kutscher ihre Pferdefuhrwerke noch ohne Führerschein oder Fahrerlaubnis lenken. Auch das erste

Auto durfte ohne besondere Berechtigung gefahren werden. Die erste Fahrerlaubnis erhielt Carl Benz 1888. Es war eine Lizenz zur Durchführung von Versuchsfahrten in Mannheim und Umgebung. Eine Prüfung gab es nicht, weil keiner wusste, was ein Fahrer eigentlich können muss. Doch in dem Buch von Herrn Fux steht, was ein Komponist der Barockzeit können muss. Und weil das alles noch auf Latein geschrieben ist, machen wir einen kurzen Ausflug ins Lateinische: Bei Bach war das Komponieren ein reflektiertes *componere,* also eine Form von »musikalischer Rhetorik« nach Maßgaben der antiken Redekunst. Am Anfang seines Kompositionsprozesses steht das *inventio* oder *inspiratio,* also die Inspiration, der Einfall, oft auch der Auftrag. Dann kommt der *dispositio,* der Formplan des Werks, dann die *elaboratio,* die Ausarbeitung, und die *decoratio,* die Ausschmückung. Das war bei der antiken Rede genauso. Trotz dieser strengen Vorgehensweise geht es auch um *improvviso,* also unerwartete, spontane Musik ohne schriftliche Fixierung. Dabei sollen aber selbstverständlich alle Regeln des Kontrapunkts eingehalten werden.

Damals wird die Meinung vertreten, Kunst sei in allen Details rational und logisch erfassbar, weshalb sie auch einer streng logischen Prüfung standhalten müsse. Die Gelehrten versuchen, möglichst viele Bereiche der Musik wissenschaftlich und »rational« zu erforschen, so auch die Kompositionsweise des Kontrapunkts. Geheimnisse des Komponierens, die man nicht analytisch durchdringen und erklären kann, die Gefühle auslösen, die sich mit Regeln nicht erklären oder berechnend hervorrufen lassen, werden von den Gelehrten der Bachschen Zeit nicht anerkannt. Johann Sebastian Bach hält mit traumwandlerischer Sicherheit alle Kompositionsregeln in seinen Werken ein und spricht dabei trotzdem die Gefühle seiner Zuhörer an. Und zwar – und das unterscheidet ihn von vielen seiner komponierenden Zeitgenossen – bis in die heutige Zeit. Er hat wohl direkt auf dem Parnass komponiert, die Musen haben ihn ununterbrochen geküsst, die Inspirationsquelle ist nie versiegt. Gefühlvoll hat er mit den Tonabständen Terz, Sexte, Septime und Oktave gearbeitet. Aber er war auch clever, denn wenn man diese Tonabstände umkehrt, das heißt, wenn die untere Stimme oben verläuft, dann verändert sich dadurch nicht die Qualität des Zusammenklangs. Das heißt, eine Terz klingt auch umgekehrt als Sexte schön, eine Septime klingt auch umgekehrt als Sekunde scharf. Das ist wichtig, denn in den Fugen von Bach werden die einzelnen Stimmen gegeneinander verschoben, überlagern sich oder werden auch mal rückwärts komponiert, aber die Regeln für die Zusammenklänge und Tonabstände werden immer eingehalten. Darüber hinaus klingt es auch noch fantastisch.

Der erste Unterricht zum Erwerb eines Führerscheins war eine Einführung in die Mechanik des Fahrzeugs. Wie ist die Konstruktion beschaffen, wie funktioniert die Technik? Was für Flüssigkeiten müssen ins Fahrzeug? Und wohin? Wie hält man das Automobil am Laufen? Die Fahrkünste dessen, der den Führerschein machte, interessierten nicht. Jeder konnte sich hinter das Lenkrad setzen, wenn er mutig genug war und wusste, wie man das Gefährt an und aus bekam. Logischerweise stellte deshalb auch der Hersteller des Fahrzeugs das Dokument zur Fahrerlaubnis aus.

Im »Gradus ad Parnassum« wird die ganze Kompositions-Technik vom fiktionalisierten Komponisten Palestrina dem Schüler und Autor Fux auf Latein erklärt. Dies können vielleicht noch die Kinder der wohlhabenden Bürger lesen, die in den Klosterschulen in Latein unterrichtet werden. Aber alle anderen? Also übersetzt in Leipzig ein Schüler von Johann Sebastian Bach das Buch. Davon weiß aber Leopold Mozart, der Vater von Wolfgang Amadeus, in Salzburg nichts und übersetzt es ebenfalls, um seinen Sohn selbst damit zu unterrichten. Joseph Haydn wiederum schreibt eigene Anmerkungen hinein und Ludwig van Beethoven wird kontrapunktische Satztechniken als Gegensatz zu seinen anderen Kompositionstechniken verwenden. Etwa einhundert Jahre später verfasst der Komponist Muzio Clementi ein Klavierwerk mit Übungen, das gleichfalls »Gradus ad Parnassum« heißt und noch heute im Klavierunterricht Verwendung findet. Nochmal fast hundert Jahre später hat Claude Debussy in seinem Klavierstück »Doctor Gradus ad Parnassum« ironisch die Kontrapunktlehre von Fux verarbeitet.

(34) Claude Debussy, »Doctor Gradus ad Parnassum«

Aber wenn Johann Sebastian Bach bereits auf dem Parnass-Musengipfel komponierte, was für eine Chance haben dann nachfolgende Musiker noch? Wie wird die musikalische Rhetorik Bachs weiterentwickelt? Bach ist zwar ein Meister des Kontrapunkts, sieht sich selbst aber eher als Handwerker. Für die damalige Gesellschaft ist er einfach ein Tonsetzer. Was kann nach ihm kommen? Die Kompositionstechnik, die jetzt folgt, muss einerseits eine Weiterentwicklung des Kontrapunkts sein, aber andererseits auch eine spannende Neuerung. Sonst würden alle nachfolgenden Musiker Bach einfach nur imitieren. Also entwickeln sie unter anderem ein neues Instrumentalstück: Die *Sonate*. Vor allem der erste Satz dieses Musikstücks – das ist der Hauptsatz, also der erste Abschnitt – hat eine ganz bestimmte Kompositionsform, die sich vom Kontrapunkt fundamental unterscheidet: Die *Sonatenhauptsatzform*. Zu Zeiten von Johann Sebastian Bach bedeutet *Sonata* einfach nur »instrumentales Klangstück«. Der Begriff bezeichnet keinen bestimmten Kompositionsstil oder eine besondere Form. Das ändert sich jetzt. Es entsteht eben diese Sonatenhauptsatzform. Wir steigen also die Stufen vom Parnass wieder herunter und machen die Prüfung zum Sonatenhauptsatz-Chauffeur, um zu der Musik reisen zu können, die nach Bach entsteht.

Preußen führte als erstes Land 1903 eine Prüfungspflicht für Wagenlenker ein. Wer die Prüfung bestehen wollte, musste vor allem schrauben und reparieren können. Die Straßen waren schlecht, die Reifen empfindlich, Pannen waren bei jeder Autofahrt zu erwarten. Der Fahrer musste den Wagen wieder flott bekommen, nach »Fahrkünsten« wurde nicht gefragt. Aber wie schraubt man eine Sonate zusammen?

Eine Sonate ist ein Musikstück mit mehreren klar getrennten Abschnitten, das heißt mit mehreren Sätzen. Diese haben alle ein unterschiedliches Tempo und Melodien, die in Kontrast zueinander stehen. Eine Sonate ist entweder ein Instrumentalstück für ein einzelnes Instrument, also zum Beispiel eine Klaviersonate, oder für zwei oder gar drei Instrumente, dann nennt man sie *Triosonate*. Wenn das Instrumentalstück für mehr Instrumente geschrieben ist, nennt man es *Quartett* oder *Quintett*. Eine Sonate für ein ganzes Orchester heißt *Sinfonie*. Die ersten Sonaten werden als Einleitungen für Kantaten geschrieben. Es sind also *Kirchensonaten*. Bei Händel und Bach haben diese Sonaten noch keine Sonatenhauptsatzform, sondern eine langsame Einleitung, dann einen schnellen Satz, der oft als Fuge geschrieben ist, dann einen gesanglichen und sehr langsamen Satz und schließlich ein schnelles und lebhaftes Finale. Später gibt es noch die *Kammersonaten*. Sie werden nicht für die Kirche, sondern als Pseudo-Tänze komponiert: die *Suite*, die *Partita*, die *Ordre* usw. »Pseudo« deshalb, weil man darauf nicht tanzt. Bach hat natürlich diese beiden Sonatenarten beherrscht. Von seinen sechs Sonaten für Solo-Violine sind drei Kirchensonaten und die anderen drei Partiten, also Kammersonaten.

Autofahren war schweißtreibend, laut und schmutzig. Deshalb leisteten sich die wohlhabenden Autobesitzer einen Chauffeur. Diese waren Reparateur und Fahrer zugleich. Für sie wurden auch die ersten Fahrschulen eröffnet. Dreihundertfünfzig Stunden lernten die angehenden Autospezialisten Physik, Elektrotechnik, Maschinenbau, Werkstattpraxis und Straßenwesen. Auch acht – lediglich acht – Fahrstunden standen im Lehrplan.

Jetzt werden diese Sonaten weiterentwickelt – vor allem von Sonatenspezialisten wie Carl Philipp Emanuel, einem Sohn Bachs, und Joseph Haydn. Sie erfinden – in wesentlich mehr als dreihundertfünfzig Stunden – eine ganz neue Sonatenform. Diese Sonaten haben einen schnellen ersten Satz, einen langsamen zweiten Satz, ein *Menuett* oder *Scherzo* als dritten Satz und ein Finale, den vierten Satz. Der erste Satz dieser Sonatenart ist in der Sonatenhauptsatzform geschrieben. Der erste Satz heißt auch *Kopfsatz* und enthält die Formteile *Exposition, Durchführung, Reprise* und *Coda*. Exposition heißt »Ausstellung«, hier stellt der Komponist das thematische Material vor. Diese Exposition gliedert sich nochmals in die *Hauptmelodie*, eine *Überleitung*, eine *Seitenmelodie* und eine *Schlussgruppe*. Die Hauptmelodie hat meist einen kraftvollen Charakter, wahrscheinlich damit das Publikum weiß, dass das Konzert jetzt beginnt und es ihm Aufmerksamkeit schenken und mit reden aufhören muss. Die Seitenmelodie besteht eher aus kleinen, lyrischen Floskeln in einer anderen Tonart und bildet einen Kontrast zur Hauptmelodie. Nach der Exposition kommt die Durchführung. Der Komponist arbeitet mit Motiven und Themen, dabei kann es zum Rollentausch der beiden Themen kommen, zu dramatischen Steigerungen, zum Konflikt. Es kann ein neuer musikalische Gedanke auftauchen oder ein Thema ganz wegfallen. Die Komposition kurvt hier oft durch viele verschiedene Tonarten. Das heißt, der Komponist moduliert. In der Reprise hört man beide Themen wieder. Aber jetzt wird ihr Gegensatz aufgehoben, sie nähern sich an. Hier wird jetzt die Coda angehängt. Sie enthält eine Steigerung bis zum Schluss des Stückes und wird meist in einer strahlenden Dur-Tonart komponiert.

In dieser Sonatenhauptsatzform ist ein großer Unterschied zu der Kompositionsweise der Barockzeit zu sehen. Bei Bach und vielen seiner Musikerkollegen ist die Komposition an die (antike) Rhetorik einer Rede angelehnt. In der klassischen Sonate geht es dagegen um einen Dialog, um ein »Gespräch«, um eine Auseinandersetzung zwischen mindestens zwei Melodien oder Motiven. Sie kontrastieren zum Beispiel zwischen *forte* (laut) und *piano* (leise), zwischen *staccato* (kurz) und *legato* (gebunden) oder auch zwischen verschiedenen Tonarten oder Tempi. Der Gegensatz und die Spannung liegen also nun im Gesamtmaterial und nicht mehr, wie zu Bachs Zeiten, im Kontrast der einzelnen Stimmen zueinander, im sogenannten Kontrapunkt. Das ist fundamental anders als bisher, das ist brandneu, bahnbrechend und eine faszinierende Hörenswürdigkeit für das Publikum.

Heute muss jeder einen Führerschein machen, der ein Auto oder ein Motorrad fahren will. Theoriestunden sind ebenso vorgeschrieben wie dreißig bis fünfunddreißig praktische Fahrstunden, ein Sehtest, ein Erste-Hilfe-Kurs und natürlich eine Prüfung. Aber reparieren muss der Fahrer sein Auto nicht. Dafür sind die Profis in der Werkstatt zuständig, die wissen, wie so ein Fahrzeug aufgebaut ist. Diese Profis gibt es auch in der Musik. Es sind die Musikhistoriker und Musikwissenschaftler. Sie benennen die Formteile einer Kompositionsweise. Das können sie aber immer erst tun, wenn sehr viele dieser Werke bereits komponiert sind. Der Begriff »Sonatenform« zum Beispiel wird zum ersten Mal in dem Buch »Die Lehre von der musikalischen Komposition« des deutschen Musikwissenschaftlers und Komponisten Adolf Bernhard Marx verwendet. Er beschreibt sie als ideales musikalisches Modell. Dazu hat er wohl etwa zehn Jahre geforscht und Kompositionen analysiert, denn das Buch entsteht zwischen 1837 und 1847. Über fünfzig Jahre später beschreibt Hugo Riemann, ein Musikhistoriker und Musiklexikograph, noch einmal die »Sonatenhauptsatzform«. Sie ist das Ergebnis jahrzehntelanger musikwissenschaftlicher Theoriebildung.

Ab 1732 gibt es drei herausragende musikalische Weiterentwickler und Erfinder der Musik nach Johann Sebastian Bach. Es sind zuerst Joseph Haydn, dann Wolfgang Amadeus Mozart und Ludwig van Beethoven. Sie leben und arbeiten alle drei hauptsächlich in Wien. Diese drei berühmten »Wiener Klassiker« sind schon längst Geschichte, als ihre Sonatenform endlich von Marx und Riemann analysiert, benannt und beschrieben wird. Diesen Musikern ist zu Lebzeiten nicht bewusst, dass sie in der Sonatenhauptsatzform komponieren bzw. komponieren sollen. Deshalb gibt es in der Praxis zum Glück unendlich viele Abweichungen von diesem Schema. In vielen Sinfonien von Haydn finden sich – gegen die Regel – langsame Einleitungen. Mozart verzichtet in seiner bekannten Sonate A-Dur – die mit dem »Türkischen Marsch«, die alle Pianisten lieben – gleich ganz auf den ersten Satz.

Auch Beethovens »Mondscheinsonate« beginnt mit dem zweiten langsamen Satz, der erste fehlt ganz. Beethoven »vertauscht« auch oft die Reihenfolge des zweiten und dritten Satzes. Das sind nur drei von hunderten von Beispielen, in denen die Musik den Regeln nicht folgt. Das heißt, die Sonatenhauptsatzform ist ein rein theoretisches Konstrukt, das nachträglich über die Musik gestülpt wird, um zu erklären, wie sich die Musik aus der Barockzeit hinaus- und in die Wiener Klassik hineinentwickelt hat.

(35) W. A. Mozart, »Sonate A-Dur KV 331«

(36) Ludwig van Beethoven, »Mondscheinsonate, Klaviersonate Nr. 14 op. 27 Nr. 2 cis-Moll«

Auch nach der Zeit der Wiener Klassik, in der Romantik, gibt es Kompositionen von Robert Schumann oder Johannes Brahms, die die klassische Sonatenhauptsatzform zwar in Ansätzen beibehalten, sie aber mit neuen Inhalten füllen. Frederic Chopin verändert zum Beispiel in seinen drei Klaviersonaten die Reprise, also den Schluss, indem er dort das erste Thema nicht mehr erscheinen lässt. Und Franz Liszt schreibt eine Klaviersonate mit nur einem statt mit vier Sätzen.

Die komplizierte Sonate wird wieder zum »Klingstück« mit mehreren Leitmotiven, aus denen die ganze Komposition entwickelt wird. Franz Liszt wird dann übrigens die »Neudeutsche Schule« gründen. Dort erklärt er das Musikdrama und die sogenannte *Programmmusik* zum Inbegriff des Fortschritts der Musik. Eine neue Hörenswürdigkeit ist auf dem Markt und schon spielt die Sonatenhauptsatzform überhaupt keine Rolle mehr.

(37) Franz Liszt, »Sonate h-Moll«

Wenn man das erste Automobil von Carl Benz mit den heutigen Fahrzeugen vergleicht, spielt auch sehr vieles keine Rolle mehr. Zurzeit wird das Hybrid-Auto oder die Elektromobilität zum Inbegriff des Fortschritts erklärt. Außerdem ist das autonome Fahren im Kommen. Also können wir den alten Führerschein bald getrost vergessen oder zumindest große Teile davon. Getrost vergessen können wir auch die ganzen Regeln und Abläufe der Sonatenhauptsatzform, diesem

Kompositionsgerüst, an dem sich die Kompositionen oft nicht entlang hangeln konnten, weil es ja erst viel später entstand. Aber ganz vergessen dürfen wir die Regeln doch nicht, denn die Magie der Musik hat hier eine Ordnung geschaffen, die es dem Komponisten ermöglicht, Chaos, aber eben organisiertes Chaos, zu kreieren, Regeln zu finden, ihnen zu folgen, daraus auszubrechen und sie zu verwerfen. In dem Moment, in dem die Sonatenhauptsatzform als Schema benannt wird, löst sie sich schon wieder in ihre Einzelteile auf. Das Modell kann allenfalls eine Orientierungshilfe sein, als Norm kann sie nicht gelten. Man stelle sich genormte Haydn-, Mozart- oder Beethoven-Sinfonien vor!

Man stelle sich genormte Autos vor! Wie spannend, dass es Vielfalt und Unterschiede gibt, wie gut, dass es Entwicklung und Veränderung gibt. Wie wunderbar, dass wir die Wahl haben, weil es kreative Tüftler gibt, die von Normen abweichen. Wie praktisch, dass uns ein Fahrzeug von A nach B bringen kann, ohne dass wir auch nur das Kleinste von der Technik oder der Konstruktion verstehen müssen. Wie schön, dass es in der Musik Vielfalt und Unterschiede gibt. Wie wunderbar, dass Musik Gefühle auslöst, ohne dass der Zuhörer auch nur das kleinste bisschen von der Konstruktion der Komposition verstehen muss. Ein Mindestmaß an technischem Verständnis schadet jedoch beim Autofahren nicht. So kann zumindest verstanden werden, was der digitale, technische Assistent auf dem Display anzeigt. Auch ein wenig von der Technik der Musik zu verstehen, kann eine Hörhilfe sein. Wenn wir zur Kompositionstechnik noch eine gute Geschichte bekommen, können wir die vielen Ebenen, die der Komponist in sein Werk eingebaut hat, noch leichter entdecken. Außerdem können wir besser verstehen, was er uns sagen will.

Zum Beispiel beim Hören von Beethovens 5. Sinfonie: Beethoven hat sie nach dem Schema der Sonatenhauptsatzform gegliedert. Die technische Analyse kann erklären, was mit welchen musikalischen Themen warum und wie in jedem Takt passiert. Eine kleine Geschichte aber verdeutlicht die dahinterliegenden Dimensionen: Erst kommt ein Schlag des Schicksals, dann die Aussöhnung damit; erst Bedrohung, dann Frieden; erst hören wir das Schicksals-Thema, dann das Versöhnungs-Thema. Diese ersten beiden Themen stellt uns Beethoven in seiner Exposition gleich zweimal vor, damit wir sie auch begreifen. Sie klingen wie der Gegensatz zwischen Tag und Nacht, zwischen sanft und gefährlich. Dann mischt der Komponist die Themen, lässt sie sich gegenseitig beeinflussen, als ob sie miteinander reden würden. Aber die Themen versöhnen sich nicht, sie geraten aneinander. Technisch sind wir jetzt in der sogenannten *Durchführung*. Das Schicksals-Thema erklingt noch dramatischer und wird von den Hörnern des Orchesters gespielt. Ein Streit bricht aus: Geigen gegen Kontrabässe – Beschwichtigung, Geigen gegen Blechbläser – Versöhnungsversuch. Das zweite Thema, das Friedliche, wird zerstückelt und zerschlagen und auch das wird in leicht veränderter Form wiederholt, damit wir es wirklich begreifen. Das Drama erreicht seinen Höhepunkt. Und dann hören wir die Oboe wie eine menschliche Stimme, die in der sogenannten *Coda* fragt: Könnt ihr euch nicht endlich versöhnen? Kommen wir durch die Nacht zurück zum Licht des Tages? (Eine ausführliche Beschreibung findet sich in Ausflug 6)

(38) Ludwig van Beethoven, »Sinfonie op. 67 Nr. 5«

Mit dieser Geschichte als Hörhilfe und etwas technischem Verständnis entdecken wir das ganze menschliche Drama in vierzig Minuten Musik. Je öfter wir diese Sinfonie hören, desto mehr können wir darin entdecken. Es geht um uns, um das menschliche Dasein. Nicht um die Sonatenhauptsatzform. Sie ist nur ein Schema unter vielen, aber das Wesentliche dieser Musik finden wir nicht im Schema, in einer Technik oder in den Noten. Wesentlich ist das, was uns berührt.

Kapitel 8

Warum die Mannheimer Rakete viel mit Musik, aber nichts mit Krieg zu tun hat, warum drei Wiener Klassiker Popstars sind und wie der dritte Wiener Popstar den Geist des Zweiten vom Ersten erhält und damit durch die Nacht zum Licht wandert.

Wo reisen wir jetzt hin? Wo wird die Musik Johann Sebastian Bachs weiterentwickelt? Vielleicht in Paris? Hier beginnt mit dem Ende des Zeitalters der Aufklärung und dem Sturm auf die Bastille 1789 eine gesellschaftliche Revolution: Freiheit, Gleichheit, Brüderlichkeit! Der Mensch wird als etwas Gutes dargestellt, alle sollen die gleichen Rechte haben. Robespierre hat die Menschenrechte, die er zunächst als radikaler Demokrat mit eingeführt hat, jedoch sofort wieder ausgehebelt. Die Gegner der neuen Republik Frankreich haben seiner Meinung nach nur die Wahl zwischen einer Änderung ihrer Überzeugung oder dem Tod. So begründet er seine Terrorherrschaft, um das Volk, also den braven Bürger, für den neuen Gesellschaftsvertrag, den der Schriftsteller, Philosoph und Pädagoge Jean Jacques Rousseau empfohlen hat, bereit zu machen. Frei, gleich und brüderlich ist dann leider nicht alles geworden. Der Reichtum wird nicht so verteilt, wie es sich das Volk erhofft hat. Auch die Frauen bekommen keine Rechte. Bekannte Frauenrechtlerinnen und Autorinnen werden sogar hingerichtet. 1795 wird Robespierre gestürzt, etwas später kommt Napoleon an die Macht. In der Schlacht von Waterloo endet 1815 seine Herrschaft.

In Preußen gibt es Reformen zur Befreiung und Bildung der Bevölkerung und im Wiener Kongress wird die Neuordnung Europas besiegelt. Also wird die Musik von Johann Sebastian Bach eher in Wien weiterentwickelt? Frankreich verliert seine musikalische Vorreiterrolle sowieso nach und nach. Auch Italien und England sind bezüglich Musikentwicklung bald nicht mehr die erste Adresse. Also reisen wir jetzt nach Wien. Wir reisen jedoch über Mannheim nach Wien. Mannheim? Wieso machen wir diesen Umweg über Mannheim?

Weil es hier auch eine Revolution gibt und sogar etwas früher als in Paris, nämlich ab 1743. Diese Revolution kommt mit einer Rakete, einer Walze und einem Seufzer aus. Das alles hat aber mit Musik zu tun, nicht mit Krieg. Es hat auch mit einem bestimmten Herrn zu tun, mit Johann Stamitz. Das war kein Feldherr, sondern ein Geiger im Mannheimer Hoforchester. Er ist der derjenige, der die Mannheimer Rakete zündet, die Walze in Bewegung setzt und den Seufzer komponiert. Zuerst wird er aber Hofinstrumentalmusikdirektor, weil Pfalzgraf und Kurfürst Karl Theodor mit einem großen Orchester seine Macht und seinen Reichtum zeigen will. Der Fürst bezahlt und Stamitz gründet eine Violinklasse, die »Mannheimer Schule«: Hier wird Musikgeschichte geschrieben werden. Denn diese Mannheimer Schule hat großen Einfluss auf die Orchesterkultur in Europa, vor allem auf die klassische Form der Sinfonie.

Eine Sinfonie ist eine Orchestermusik ohne Solisten oder Sänger und mit drei bis vier Sätzen, das heißt mit drei oder vier musikalischen Abschnitten. Johann Stamitz macht diese Musik unglaublich spannend. Er zündet im Orchester die *Mannheimer Rakete* – eine musikalische Initialzündung: Eine schnelle aufsteigende Melodie wird gespielt, die dabei immer lauter wird. Sehr laut! Fortissimo!

(39) Johann Stamitz, »Sinfonie D-Dur op. 3 Nr. 2«

(40) Johann Stamitz, »Orchester Trio in C-Dur op. 1«

Die *Mannheimer Walze* ist ebenfalls eine Crescendo-Passage, die aber das ganze Orchester betrifft, nicht nur die Melodie. Es gibt eine Basslinie, die sich dauernd wiederholt und eine meist in Dreiklangs-Stufen aufsteigende Tonfolge. Die Walze ist länger und kommt schwerer in Gang als die Rakete. Die Dreiklänge wälzen sich durch das Orchester, werden langsam höher und enden ebenfalls mit einem Fortissimo. Der *Mannheimer Seufzer* ist eine kurze schnelle Note vor der darauffolgenden Auflösungsnote.

Es gibt noch andere Orchester-Effekte, die bald Kultcharakter erlangen: Zum Beispiel das *Orchester-Crescendo*, bei dem das ganze Orchester gleichmäßig lauter wird. Hier prallen *forte-* und *piano*-Stellen, also laute und leise Passagen, aufeinander. Die Bläser im Orchester gestalten maßgeblich die musikalischen Abschnitte mit. Die zu Bachs Zeiten übliche Cembalo-Begleitung wird, da sie zu leise ist, nach und nach abgeschafft. Das ist brandneu! Auch die Aneinanderreihung kleiner melodischer Motive und anderer Überraschungseffekte ist bahnbrechend für die Musik. Zum Beispiel spielt das ganze Orchester *unisono* (»im Einklang«), alle spielen dasselbe. Oder es erklingen rasch aufeinanderfolgende, laute Akkorde. Oder das Orchester wird ganz leise, spielt ein sogenanntes *Diminuendo*. Es erklingt auch oft ein *Tremolo*, eine trillerähnliche Bewegung im Orchester. Diese Orchester-Effekte begeistern die Zuhörer und werden als Sensation gefeiert, ähnlich wie die Einführung der elektronischen Musik etwa zweihundert Jahre später. Weil in diesem Mannheimer Orchester mehr herausragende Solisten, Virtuosen, Spezialisten und Komponisten als in jedem anderen Orchester in Europa zusammen musizieren, gelingt ein perfektes Zusammenspiel. Die speziellen Effekte, die als »Mannheimer Manieren« bezeichnet werden, erzielen dadurch eine noch größere Wirkung. Die Mannheimer schaffen ein klassisches Sinfonieorchester mit ausgeklügelter Instrumentenzusammensetzung und modernem Klang. Obwohl nach heutiger Klassifizierung dieses Orchester E-Musik spielt, ist es mit seinem speziellen Klang »Kult« und beste Unterhaltungsmusik!

Drei Musiker, die in ihrer Jugend bereits die Stufen zum Parnass erklimmen müssen, legen diesen Mannheimer Orchesterklang ihren Sinfonien zugrunde: Joseph Haydn mit 104 Sinfonien, Wolfgang Amadeus Mozart mit 41 Sinfonien und Ludwig van Beethoven mit 9 Sinfonien. Alle drei komponieren und leben hauptsächlich in Wien. Also reisen wir nun von Mannheim weiter nach Wien, um uns diese drei Musiker und ihre »Wiener Klassik« genauer anzuhören. In der »Wiener Klassik« herrscht ein Ideal, das wir in der Antike schon gefunden haben: Die Harmonie des Universums. Pythagoras lässt grüßen. Verstand, Gefühl, Kunst und Wissenschaft sollen gleichermaßen ausgebildet sein und harmonisch ineinandergreifen. Das Individuum wird entdeckt, der Mensch soll eigenständige Entscheidungen treffen und seine Persönlichkeit entwickeln. Ein Satz von Friedrich Schiller bringt den idealistischen Grundgedanken seiner Zeit auf den Punkt: »Der hohe Stellenwert der Kunst ist der, als Vermittlerin der Wahrheit und der Schönheit die Form und den inneren Gehalt zusammenzuführen. Man wird streben, die Schönheit zur Vermittlerin der Wahrheit zu machen und durch die Wahrheit der Schönheit ein dauerndes Fundament und eine höhere Würde zu geben.« Nur was schön ist, gilt auch als wahr, und umgekehrt. Deshalb muss auch die Musik vor allem schön und harmonisch sein. Inhalt, Emotion und

Form sollen ineinander aufgehen. Große Worte. Die passende Kulisse dafür gibt Wien ab. Die Stadt hat eine vielschichtige Musikkultur und verlangt nach einer Vielzahl von Kompositionen. Paris mit seinen berühmten Opern und London mit seinen öffentlichen Konzerten verlieren langsam an Bedeutung. Wien wird durch die drei herausragenden Musiker zur tonangebenden Musikstadt Europas. Was sind das für Herren? Wo kommen sie her? Kennen sie sich oder hat jeder für sich alleine gearbeitet? Wieso sind sie so berühmt geworden? Wie haben Joseph, Wolferl und Ludwig mit ihrer »ernsten Musik« Inhalt, Form und Emotion ineinander aufgehen lassen? Wenn das alles klassische, »ernste« Musik war, wo bleibt eigentlich die Unterhaltungsmusik?

Durch die Französische Revolution, die allerdings noch nicht in Wien angekommen ist, begreift sich der Mensch mehr und mehr als Individuum. Die Komponisten auch. Die Musik wird ebenfalls individueller, leichter, emotionaler. Das strenge Generalbass-Spiel kommt aus der Mode. Der Generalbass eignet sich nicht mehr für die harmonischen Neuerungen und außerdem wird er jetzt als zu wissenschaftlich, zu kompliziert und zu mathematisch empfunden. Das Gefühl ist im Vormarsch! Man geht ins Konzert, um gute Gefühle zu haben, nicht weil die Musik kompliziert und schwierig ist. Das ist wie heute in der Pop-Musik. Die drei Wiener Komponisten sind so gesehen die Pop-Stars der Klassik.

Joseph Haydn ist der Erste. Er wird 1731 in Niederösterreich geboren und komponiert die meiste Zeit für Fürst Esterházy in Ungarn, Wien und Eisenstadt. Am Ende wird er lange in London, aber selten in Deutschland gewesen sein. Mozart ist der Zweite. 1756 in Salzburg geboren ist er weder Österreicher noch Deutscher, weil Salzburg zu dieser Zeit ein eigenständiges Fürstentum ist. Ein Drittel seines kurzen Lebens ist er auf Reisen, erst durch deutsche Lande, dann durch Westeuropa und mehrmals in Italien. Er bekommt Unterricht von Haydn. Beethoven wird vierzehn Jahre später als Mozart und achtunddreißig Jahre nach Haydn in Bonn geboren. Er unternimmt mit siebzehn und zwanzig Jahren zwei Reisen nach Wien, aus der zweiten Reise wird dann ein dauerhafter Aufenthalt. Auch er bekommt Unterricht von Haydn.

Haydn war eins von zwölf Kindern. Seine Eltern können zwar keine Noten lesen, aber es wird viel gesungen und seine musikalische Begabung wird bereits als kleines Kind entdeckt. Der Direktor des Stephansdoms in Wien, Georg Reutter der Jüngere, sucht talentierte Chorknaben und nimmt den achtjährigen

Haydn mit nach Wien. Dort bekommt er neben Gesangsunterricht auch Klavier- und Violinunterricht und studiert die Kompositionslehre »Gradus ad Parnassum«. Mozart ist das siebte Kind der Familie, aber nur er und seine Schwester Nannerl überleben. Sein Vater, der Komponist und fürstbischöfliche Vizekapellmeister Salzburgs, unterrichtet – heute würde man eher sagen, »trimmt« – ihn ab einem Alter von vier Jahren in Musiktheorie, Klavier und Violine. Mit sechs Jahren folgen die ersten Auftritte. Zwischen sieben und zehn werden die beiden Geschwister in einer dreieinhalb Jahre dauernden Tournee als Wunderkinder in halb Europa präsentiert. Das fordert seinen Tribut. Mozart ist sehr klein für sein Alter und häufig krank. Trotzdem hat er ein heiteres, natürliches Wesen, das zu seiner Popularität beiträgt. Beethoven ist auch eines von sieben Kindern, von denen nur drei überleben. Sein Vater, ein alkoholabhängiger Gesangs- und Klavierlehrer, unterrichtet ihn mit Strenge und vermutlich auch mit Prügel. Es geht nicht darum, die individuellen Anlagen des Kindes zu fördern, sondern um stundenlanges, fleißiges Üben. Improvisation ist streng verboten. Sein Vater macht ihn ein paar Jahre jünger als er ist und lässt den angeblich Sechsjährigen als Wunderkind in Köln auftreten. Christian Gottlob Neefe, Musikdirektor am Bonner kurfürstlichen Nationaltheater, erkennt das Talent des in Wahrheit schon neunjährigen Beethoven. Er übernimmt seinen Unterricht und lehrt ihn Klavier-, Orgel- und Generalbass-Spiel sowie Komposition – und das vor allem mit dem »Wohltemperierten Klavier« von Bach. Er macht ihn jedoch auch mit der Mannheimer Schule bekannt. Mit vierzehn Jahren wird Ludwig van Beethoven besoldeter zweiter Hoforganist in Bonn.

Haydn lebt also als Kind schon in Wien, Mozart reist als Kind durch halb Europa und lebt in Salzburg und Beethoven lebt in Bonn. Mozart stirbt schon mit Mitte Dreißig. Wien erhält aber vor allem mit ihm eine europäische Vormachtstellung in Bezug auf die Musik. Beethoven sieht die Stadt bereits als erstrebenswertes Ziel seiner Karriere. Also muss sich jetzt schnell einiges im Leben der drei jungen Musiker ereignen, dass sie zu Wiener Klassikern werden können.

Bei Haydn ereignet sich – der Stimmbruch. Er kann die hohen Stimmen nicht mehr singen und wird aus dem Chor entlassen. Mit siebzehn Jahren wird er unter anderem Kammerdiener eines italienischen Komponisten, mit zweiundzwanzig ist er freischaffend für den Wiener Hof tätig. Mit dreißig Jahren wird ihm die Stelle als Vizekapellmeister bei der Familie Esterházy angeboten, einer der wichtigsten Magnatenfamilien im Königreich Ungarn. Fünf Jahre später wird er dort Erster Kapellmeister und lebt nun meist bei den Familiensitzen in Eisenstadt oder im Wiener Winterpalast. Die Esterházy-Fürsten sind Musikkenner, sie geben Haydn das nötige Umfeld für seine künstlerische Entwicklung und Arbeit. Haydn wird ein hochwertiger und einfallsreicher Massenproduzent. Bald schreibt Haydn ebenso viel für ausländische Auftraggeber wie für seine Fürstenfamilie. Neben seinen Kompositionen muss er noch Kammermusik für und mit seinem Fürsten spielen, Opernproduktionen arrangieren und das Orchester leiten. Bis zu einhundertfünfzig Aufführungen pro Jahr kommen da zusammen.

Bei Mozart ereignet sich – ein Fußtritt. Doch zunächst tourt er immer noch durch Europa. In London lernt er Johann Christian Bach kennen, einen Sohn von Johann Sebastian Bach. Dieser wird sein erstes großes Musikervorbild. Mozart komponiert sein erstes Singspiel in Wien und reist zwischen dreizehn und sechszehn Jahren wieder durch Italien. Dort wird er zum Ritter geschlagen. Das interessiert aber den Vierzehnjährigen überhaupt nicht. Den jungen Mozart interessiert stattdessen die streng geheim gehaltene Partitur des »Miserere« von einem italienischen Komponisten namens Allegri aus dem Jahr 1630. Es ist eine Vertonung des Psalms 51 für neun Stimmen und zwei Chöre, ein Bußpsalm, der ausschließlich in der Karwoche aufgeführt werden darf. Das Kopieren würde mit Exkommunikation bestraft. Auch das interessiert Mozart nicht. Er schreibt die Partitur aus dem Gedächtnis nach etwa zweimaligem Hören auf und übergibt sie einem englischen Historiker, der sie in London veröffentlichen lässt. Seitdem wurde das Stück von vielen Musikern überarbeitet, umgeschrieben und aufgeführt.

(41) Allegri, »Miserere«

In Italien kann Mozart den Kontrapunkt studieren, weil sein Vater das Werk von Johann Joseph Fux, »Gradus ad Parnassum«, aus dem Lateinischen übersetzt hat. Hier wird auch eine Oper von ihm uraufgeführt, er bekommt aber keine Festanstellung, weshalb er zurück nach Salzburg reist. Dort wird er mit sechzehn Jahren Konzertmeister der Hofkapelle, entkommt aber dem strengen Reglement mit einer weiteren Italienreise. Weil er dafür keinen Urlaub bekommt, kündigt der Zwanzigjährige, kommt aber nach zweijähriger, nur mäßig erfolgreicher Europareise wieder zurück, arbeitet wieder beim Erzbischof und darf endlich nach Wien zur musikalischen Fortbildung. Als der Bischof ihn mit einem Paket nach Salzburg zurückschicken will, verweigert Mozart ihm diesen Kurierdienst. Ein Streitgespräch endet damit, dass beide miteinander nichts mehr zu tun haben wollen. Ein Entlassungsgesuch, das Mozart dem erzbischöflichen Küchenmeister Graf Arco übergeben will, beantwortet der Küchenmeister, der zuständig für die Disziplin der Dienerschaft und in dieser Funktion auch Mozarts Vorgesetzter ist, mit einem legendären Fußtritt. Der katapultiert Mozart in die freiberufliche Existenz in Wien. In einem Brief formuliert Mozart deutlich, dass er »auf Salzburg und den Erzbischof scheißt«. Nun ist der Zweite der drei Wiener Klassiker mit fast Mitte Zwanzig endlich auch in Wien angekommen.

Und bei Beethoven? Bei Beethoven ereignet sich – Haydn! Zunächst jedoch reist er mit siebzehn Jahren für drei Monate alleine nach Wien. Sein Lehrer Neefe schreibt über ihn, dass er »gewiß ein zweyter« Mozart werden wird, wenn er sich so weiterentwickeln würde, wie er angefangen hat. Das findet der Kurfürst, der ein Mozartliebhaber ist, sehr erfolgsversprechend und subventioniert die Reise nach Wien. Ob Beethoven den vierzehn Jahre älteren Mozart überhaupt getroffen und ob er Unterricht bekommen hat, liegt im Dunkeln. Nach einer Legende soll der junge Beethoven durch eine spontane Improvisation über eine von Mozart vorgegebene Melodie den Künstlerkollegen überzeugt haben, was aber nicht belegt ist. Beethoven reist aus unbekannten Gründen unverrichteter Dinge zurück nach Bonn, der Fürst ist verärgert und enttäuscht.

Fünf Jahre später kommt Haydn auf dem Rückweg einer Englandreise durch Bonn und vereinbart mit Beethoven eine zweite Wien-Reise. Mozart ist inzwischen schon verstorben. Haydn will Beethoven selbst unterrichten. Beethoven soll »den Geist Mozarts aus Haydns Händen« erhalten. Das kann Haydn auch deshalb leisten, weil zwischen ihm und Mozart (der eine fünfzig-, der andere fünfundzwanzigjährig) eine ebenbürtige Musiker-Freundschaft gewachsen war. Haydn hatte Mozarts Werke über Jahre hinweg beeinflusst. Außerdem spielten die beiden zusammen Violine in verschiedenen Streichquartetten. Haydn war sehr von Mozarts Werk beeindruckt und Mozart widmete Haydn seine sechs Streichquartette. In dem Jahr, in dem Mozart stirbt, reist Haydn nach London. Er entwickelt dort einen populären Stil. Vor allem benützt er folkloristische Melodien und selbsterfundenes pseudo-folkloristisches Material, das er oft als Eröffnungsthema einsetzt. Das gibt einen populären, volksnahen Charakter und trotzdem haben seine Werke eine gelehrte musikalische Struktur. Er schreibt aus heutiger Sicht unterhaltende E- Musik – oder ernsthafte U-Musik. Seine Konzerte sind ein Riesenerfolg. Haydns »Sinfonie mit dem Paukenschlag«, die »Militärsinfonie«, die »Londoner Sinfonie«, das »Zigeunertrio« oder das »Reiterquartett« bringen ihm Ruhm und Vermögen. Er überlegt sogar, sich in London niederzulassen und englischer Bürger zu werden. Er ist also ein Londoner Pop-Star – aber nur der zweite Wiener Pop-Star, denn der erste ist Mozart. Haydn bleibt dann doch nicht in London. Zum Glück, denn er nimmt auf seinem Rückweg Beethoven mit nach Wien.

(42) Joseph Haydn, »Sinfonie Nr. 94 G-Dur«

(43) W. A. Mozart, »Die Zauberflöte, Papageno«

(44) W. A. Mozart, »Königin der Nacht, Arie«

Wieder sind nur zwei der drei Wiener Klassiker gleichzeitig dort. Jedoch befindet sich die Stadt im Mozart-Hype, Mozart ist auch posthum präsent – in den Opern »Cosi fan tutte« oder »Die Zauberflöte«.

Diese letzte Oper wird bis heute zwischen vierhundert und siebenhundert Mal im deutschsprachigen Raum aufgeführt. Die *Königin der Nacht* aus dieser Oper mit ihrer ohrwurmverdächtigen, superhohen Arie fliegt heute als Kulturbotschafterin in der Raumsonde Voyager 1 zu irgendwelchen Außerirdischen. Das muss man erstmal toppen. Was Johann Sebastian Bach natürlich auch geschafft hat: Von ihm fliegen gleich drei Kompositionen durchs All, unter anderem das C-Dur Präludium aus seinem Wohltemperierten Klavier. Und Beethoven macht sich mit Haydns Hilfe auf den Weg, um beide zu überflügeln.

Haydn, der sogenannte »Vater« der klassischen Sinfonie, entwickelt große musikalische Strukturen aus kleinen, einfachen Motiven heraus. Außerdem versteckt er Scherze in seiner Musik, wie zum Beispiel den plötzlichen lauten Akkord in der »Sinfonie mit dem Paukenschlag«, oder er lässt eine Sinfonie von zwei einsamen Geigern wehmütig und verschmitzt beenden, während alle anderen die Bühne schon verlassen haben.

(45) Joseph Haydn, »Sinfonie Nr. 45 fis-Moll, Finale«

Die sogenannte »Abschiedssinfonie« ist zum einen ein Appell an den Fürsten, den Musikern geregelten Urlaub zuzugestehen. Zum anderen kommt in der düsteren Sinfonie eine solch abgrundtiefe Verzweiflung zum Ausdruck, dass sie noch einen anderen existenzbedrohenden Entstehungsgrund haben muss: Es ist Haydns eigene Existenz-Angst. Er hat berechtigte Sorge, seinen Arbeitgeber zu verlieren.

Auch Beethovens 5. Sinfonie hat einen existenzbedrohenden Hintergrund. Er hat sie fünfunddreißig Jahre nach Haydns bekannter Abschiedssinfonie komponiert. Sie ist eines seiner berühmtesten Werke und eines der populärsten Werke der klassischen E-Musik überhaupt. Sie ist also eigentlich ein Werk der »klassischen U-Musik«! Diese sogenannte Schicksalssinfonie wird als Drama, als musikalische Erzählung von Niederlage und Erfolg, von Leid und Erlösung interpretiert. Ganz realistisch fällt sie auch in die Zeit, in der Beethoven langsam, aber sicher sein Gehör verliert, dramatischer geht es nicht im Leben eines Komponisten. In der europäischen Kultur ist dieses *»per aspera ad astra«* (»der Weg durch die Nacht zum Licht«) ein grundlegender Gedanke: Durch Leid zur Erlösung. Das klingt ziemlich pathetisch. Es passt zur Epoche der Romantik, die nach Beethoven einsetzt. Die Komponisten dieser Epoche werden durch ihn maßgeblich beeinflusst werden.

Aber zunächst ist Beethoven in Wien Schüler von Haydn. Er lernt die motivisch-thematische Arbeit, in der jedes Motiv aus dem vorhergehenden ohne Unterbrechung hervorgehen soll. Er lernt, dass musikalisches Material, das zunächst nur zur Begleitung verwendet wird, sich zu einer Melodie entwickeln kann. Er lernt den *»klassischen Kontrapunkt«*, in dem jeder Instrumentenpart seine eigene Identität bewahrt, im Gegensatz zum *Bachschen Kontrapunkt*, bei dem jede Stimme ihre Eigenständigkeit hat. Beethoven nennt den klassischen Kontrapunkt »obligates Accompagnement«, aber das muss man sich nicht merken. Beide Musiker experimentieren gern und studieren wieder den »Gradus ad Parnassum«. Beethovens erste Erfolge als Komponist hängen mit seiner Karriere als Klaviervirtuose zusammen. In Wien entstehen seine populären Klaviersonaten wie die »Grande Sonate Pathétique« oder die bei allen Klavierspielern bis heute beliebte »Mondscheinsonate«.

(46) Ludwig van Beethoven, »Sonate Nr. 8 c-Moll Pathétique«

Beethovens Titelzusatz lautet: *Quasi una fantasia.* Dieses »Fantasieren«, also das Improvisieren am Klavier ist für ihn eine wichtige Inspirationsquelle und er erregt immer Aufsehen, wenn er in Konzerten frei fantasiert. Nach drei Jahren Unterricht bei Haydn gibt Beethoven drei Klaviertrios heraus, das sind Kompositionen für Klavier, Violine und Cello. Haydn bezeichnet sie als unfertig und wenig originell. Das war das Ende der Freundschaft und des Unterrichts durch Haydn. Trotz dessen harter Kritik schafft es Beethovens Musik auch in die Raumsonde Voyager 1: Mit dem ersten Satz seiner 5. Sinfonie und – mit einem Streichquartett! Haydn vertont mehrere Jahre nach dem Bruch mit Beethoven auf Bestellung des Hofes das Gedicht »Gott erhalte Franz den Kaiser«. Die popmusikverdächtige Melodie bleibt bis zum Ende der Habsburgermonarchie 1918 mit unterschiedlichen Texten die österreichische Kaiserhymne. Dann wird sie bis 1938 zur Hymne der Republik Österreich.

(47) Joseph Haydn, »Gott erhalte Franz den Kaiser««

Ab 1922 kommt die Melodie auch in Deutschland zum Einsatz und wird mit einem Text von Hoffmann von Fallersleben aus dem Jahr 1841 zum »Deutschlandlied«. Dessen dritte Strophe wird mit Haydns unsterblicher Melodie schließlich die deutsche Nationalhymne.

Im Gegensatz zu ihren Melodien sterben die drei berühmten Musiker trotzdem. Mozart zuerst, 1791. Vielleicht an Syphilis oder an einer damals zu Behandlungszwecken verabreichten Dosis Quecksilber oder an den Folgen eines Aderlasses, am wahrscheinlichsten aber an einer Infektionskrankheit. Er selbst ist überzeugt, vergiftet worden zu sein. Das gibt natürlich Stoff für Legenden. Als erstes wird sein Musikerkollege Antonio Salieri beschuldigt, aus Neid und Missgunst nachgeholfen zu haben. Mozart hat das selbst noch dementiert, aber was tatsächlich geschehen ist, bleibt wohl für immer ein Geheimnis. Mozart war kein verarmtes Genie, das ist ein Klischee, das ihm nachträglich übergestülpt wird. Er war aus heutiger Sicht ein Großverdiener, allerdings wegen seines Lebenswandels, seiner unbewiesenen Spielsucht, seiner großen Wohnungen und seines Personals oft in finanziellen Nöten. Er wird in einem für Musiker standesgemäßen Grab bestattet und nicht, wie oft verbreitet, in einem Armengrab. Auch der Leichenzug wird nur deshalb nicht zum Friedhof begleitet, weil das zu Mozarts Zeit einfach nicht üblich ist. Später wird sein Grab gesucht, er wird exhumiert und ein gefundener Schädel im Mozarteum in Salzburg aufbewahrt. Ob das aber wirklich Mozarts Kopf ist, weiß niemand genau.

Auch Haydns Schädel hat eine Odyssee hinter sich. Haydn stirbt 1809 an allgemeiner Entkräftung in einem für damalige Zeit hohen Alter von siebenundsiebzig Jahren. Da Napoleon gerade in Wien eindringt, haben die Fürsten Esterházy andere Probleme und kein besonderes Interesse, den Toten angemessen zu würdigen. 1820 wird auch er exhumiert und nach Eisenstadt überführt, um dort in der Kirche beigesetzt zu werden. Als man den Sarg öffnet, fehlt jedoch der Schädel des Komponisten! Es stellt sich heraus, dass der Sekretär des Fürsten den Schädel gestohlen hat und so wird Haydn ein zweites Mal, aber ohne Schädel, beerdigt. Ein Freund des Sekretärs sollte dann den Schädel dem Musikkonservatorium vermachen, aber er wandert noch durch etliche Hände, bis 1954 Kopf und Körper des Komponisten endlich wieder vereint im Sarkophag liegen.

Beethoven leidet schon seit seinem dreißigsten Lebensjahr an diversen Krankheiten. Außerdem wird er zunehmend tauber. Er nutzt Konversationshefte, die Beiträge seiner Gesprächspartner, aber auch private Notizen enthalten. Ein unschätzbarer Fundus für die Nachwelt! Leider sind von den etwa vierhundert Heften nur noch wenige erhalten. Auch hat sein Sekretär Anton Schindler, selbst Musiker und Musikschriftsteller, viele Notizen und Einträge nachträglich gefälscht. Schindler veröffentlicht auch eine Biografie von Beethoven. Sie ist jedoch sehr unzuverlässig, da der Autor sich selbst in den Mittelpunkt stellt. Um als Freund Beethovens zu gelten, hat er Eintragungen in den Notizbüchern verändert. Narzisstische Selbstdarsteller sterben wohl nie aus. Beethoven leidet zusätzlich zu seiner Taubheit auch an Leibschmerzen und Koliken. Das könnte an übermäßigem Genuss von billigem Weißwein liegen, der zu dieser Zeit mit Bleizucker gesüßt wird. Knochen, Haare und Blut des Komponisten enthalten jedenfalls extrem hohe Bleiwerte. Eine Lungenentzündung, Gelbsucht und eine Leberzirrhose beenden 1827 Beethovens Leben. Immerhin bleibt sein Schädel am Leib, er wird unzerstückelt beerdigt und im Gegensatz zu seinen beiden Kollegen auch nicht wieder ausgegraben. Angeblich nehmen etwa 20 000 Menschen am Trauerzug zu Beethovens Grab teil. Dies zeigt eine große Anteilnahme und eine Huldigung des Musikers. Der Schriftsteller Franz Grillparzer hat die Grabrede auf Beethoven verfasst, die ein Schauspieler feierlich vorträgt. Zusammen mit sechsunddreißig Fackelträgern erweist ihm auch der Musikerkollege Franz Schubert die letzte Ehre. Großes Theater!

In den etwa dreißig Jahren, die zwischen den Beerdigungen der drei herausragenden Musiker liegen, hat sich die Wahrnehmung der Öffentlichkeit grundlegend gewandelt. Haydn arbeitete fast ausschließlich für den Adel, Mozart nur im ersten Teil seines Musikerlebens. Beethoven dagegen soll einem Adeligen folgende Absage geschrieben haben: »Was Sie sind, sind sie durch Geburt oder durch Zufall. Fürsten wird es immer geben. Beethoven gibt es nur einen.« Er bestreitet seinen Lebensunterhalt ohne Anstellung bei Adel oder Kirche. Zu Beginn des 19. Jahrhunderts werden Komponisten zu Tonkünstlern. Bis dahin waren sie eher Tonsetzer, also Handwerker. Jetzt wird das Komponieren zur Kunst des »Absoluten« und »Unendlichen«. Die gebildete Gesellschaft erwartet von den großen Meistern, dass sie nicht nur für religiöse Erbauung oder angenehme Unterhaltung sorgen, sondern dass sie das Ihrige zu den Ideen der Zeit beitragen. Sie sollen den Sinn des Zeitalters fassen und fortführen. »Eine Schande für jeden Künstler, der es nicht für seine Schuldigkeit hält, es hierin weit zu bringen«, meint Beethoven zu seinem Verleger Härtel. So entsteht ein Genie-Kult. Nicht der ausführende Künstler steht im Mittelpunkt des Interesses, sondern der Komponist. Seine aufgeschriebenen Noten sollen exakt wiedergegeben werden. Jeder Ton ist »heilig«. Beethoven selbst hat die *Kadenzen*, also die ursprünglich improvisierten Teile des Solisten, genau notiert, aber nur, weil er keinem anderen Pianisten zutraute, so genial zu improvisieren wie er selbst. Jetzt darf aber überhaupt nicht mehr improvisiert werden. Jetzt werden Noten originalgetreu abgespielt. Hier hat die strenge Werktreue, die heute von den E-Musikern gefordert wird, also ihren Ursprung!

Als Beethoven zweiundfünzig Jahre alt ist, trifft er 1812 den sechzig Jahre alten Schriftsteller Johann Wolfgang von Goethe im eleganten böhmischen Bad Teplitz. Hier werden ein Jahr später die alliierten Monarchen von Österreich, Preußen und Russland ihr Bündnis gegen Napoleon schließen, unter dessen Herrschaft Europa leidet. Hier trifft sich, was Rang und Namen hat. Die damalige Kur-Kultur dient dem politischen und kulturellen Austausch, ähnlich unserer Talkshows. Heute wären Goethe und Beethoven zusammen mit Politikern bei Beckmann, Lanz oder Maischberger zu Gast.

Beethoven studiert antike Philosophen, liest Kant, Schiller und Goethe. Er schreibt unter anderem Klaviervariationen über das Goethe-Lied »Ich denke dein« und er komponiert die Schauspielmusik zu Goethes Trauerspiel »Egmont« op. 84. Die Ouvertüre gilt bis heute als Musterbeispiel für eine *Ideenmusik*, in der sich Beethovens Gestaltungswille mit der Hommage an Goethes Dramenfigur Egmont verbindet: Dieser Egmont ist der Inbegriff des heroischen Menschen. In einem Brief kündigt Beethoven Goethe die Zusendung der Partitur durch den Verleger an und preist den »herrlichen Egmont, den ich, indem ich ihn eben so warm als ich ihn gelesen, wieder durch Sie gedacht, gefühlt und in Musik gegeben habe«. Goethe ist etwas pikiert über die Vertonung. Aber er muss umlernen. Er ist in einer Zeit groß geworden, in der selbst bedeutende Komponisten nur wegen ihres Berufs Kontakt zur gehobenen Klasse hatten. Somit zählen Beethoven und andere Komponisten in seinen Augen nicht zur gesellschaftlichen Elite. Dass der ganze Adel so denkt, zeigt auch der Fußtritt vom Graf Arco, mit dem Mozart aus dem Salzburger Hof entlassen wurde. Ab Beethoven verändert sich das. Er verkehrt auf gleicher Höhe mit dem Hochadel, der sein »Genie« bewundert. Fürst Franz Lobkowitz zum Beispiel ist von Beethovens Musik so begeistert, dass er für die Förderung des Künstlers sein Vermögen aufs Spiel setzt. Erzherzog Rudolf, ein Sohn des Kaisers, wird Beethovens Kompositionsschüler. Beethoven selbst wird als »Tondichter« und »Ideenkünstler« umworben. Für Goethe ist das geradezu umstürzlerisch, außerdem empfindet er einen gewissen Neid und wittert Konkurrenz. Da hat er selbst sein halbes Leben darum gekämpft, als »Excellenz« respektiert zu werden, und nun kommt so ein lächerlicher Tonsetzer daher und maßt sich an, auf Augenhöhe mit ihm zu stehen! Beethoven dagegen sagt über den Dichter: »Göthe behagt die Hofluft zu sehr – mehr als es einem Dichter ziemt. Es ist nicht vielmehr über die Lächerlichkeiten der Virtuosen hier zu reden, wenn Dichter, die als die ersten Lehrer der Nation angesehn seyn sollten, über diesem Schimmer alles andere vergessen können.« Das hat er allerdings nicht Goethe selbst, sondern seinem Verleger gesagt.

Die Schriftstellerin Bettina von Arnim erzählt von einem gemeinsamen Spaziergang Goethes und Beethovens in Teplitz, auf welchem den dreien der kaiserliche Hofstaat entgegenkam. »Bleibt nur in meinem Arm hängen, sie müssen uns Platz machen, wir nicht!«, soll Beethoven gesagt haben, während Goethe mit abgezogenem Hut beiseitetrat. Beethoven habe ihn daraufhin gescholten: »Auf Euch hab' ich gewartet, weil ich Euch ehre und achte, wie Ihr es verdient, aber jenen habt Ihr zu viel Ehre angetan!« Goethe nimmt Beethovens Genie zu dessen Ärger nicht wirklich wahr. Er schätzt die Musik vielmehr weiterhin vor allem dort wert, wo sie sich ihm in dienender Funktion zeigt. Er bezeichnet Beethovens Werke als »köstlich« und verweigert Beethoven die Anerkennung als gleichberechtigter Künstler. Erst als Beethoven längst gestorben ist, findet der inzwischen achtzigjährige Goethe dessen Musik »sehr groß«.

Erst jetzt sind die Etikette und die Wertvorstellungen des Adels unwesentlich geworden. Wien verliert seine musikalische Vormachtstellung. Die Werke der drei populärsten Wiener Komponisten sind einerseits unsterblich, werden aber von neuen, spannenden Hörenswürdigkeiten abgelöst. Von wem? Und vor allem wo?

Ausflug 4

Wie zwei Musiker »Kings of Pop« werden und unglaublich viel gemeinsam haben, obwohl ihre Kompositionen etwa zweihundert Jahre auseinander liegen: Rock Me Amadeus And Rock Me Michael!

Ein Bub namens Joannes Chrysostomus Wolfgangus Theophilus kam am 27. Januar 1756 in Salzburg zur Welt. »Wolferl« wurde der Junge gerufen, »Theophil« war sein zweiter Rufname, die lateinische Variante davon ist »Amadeus«. Er selbst nannte sich später gerne »Amadé«. Wolferl wird gemeinsam mit seiner Schwester Nannerl vom Vater unterrichtet beziehungsweise professionell gedrillt. Leopold Mozart – selbst Komponist, Ausnahme-Geiger und Vizekapellmeister in Salzburg – erkennt früh die besondere Begabung seines Sohnes. Ebenso schnell begreift er: Damit lässt sich gutes Geld verdienen! Mit drei Jahren beginnt Wolferl mit dem Klavierspiel, mit vier kommt die Geige dazu. Seinen ersten Auftritt absolviert er mit nicht ganz sechs Jahren zusammen mit seiner Schwester im Spiegelsaal in Schönbrunn vor der Habsburger Herrscherin Maria-Theresia, der er anschließend auf den Schoß springt und sie »rechtschaffen abküsst«.

Mozarts Kindheit war keine Kindheit im heutigen Sinne. Sein ehrgeiziger Vater profilierte sich auf Kosten seines Sohnes. Zwischen dem siebten und siebzehnten Lebensjahr war Wolferl mit seinem Vater etwa sieben Jahre auf Reisen in ganz Europa. Über die Strapazen des Reisens im Jahr 1763 von Salzburg nach München schrieb der Junge: »Glücklich und vergnügt war meine Ankunft! Glücklich, weil uns auf der Reise nichts widriges zugestossen, und vergnügt, weil wir kaum den Augenblick, an Ort und Ende zu kommen, erwarten konnten, wegen der obwohl kurzen doch sehr beschwerlichen Reise; – denn, ich versichere Sie, daß keinem von uns möglich war nur eine Minute die Nacht durch zu schlafen – Dieser Wagen stößt einem doch die Seele heraus! – und die Sitze! – hart wie Stein! – Von Wasserburg aus glaubte ich in der that meinen Hintern nicht ganz nach München bringen zu können! Er war ganz schwierig – und vermuthlich feuer Roth. Zwey ganze Posten fuhr ich die Hände auf dem Polster gestützt, und den Hintern in Lüften haltend – doch genug davon, das ist nun schon vorbey! Aber zur Regel wird es mir seyn, lieber zu fus zu gehen, als in einem Postwagen zu fahren.« Die Entfernung zwischen zwei »Posten« betrug etwa fünfundzwanzig Kilometer, die Reisegeschwindigkeit je nach Wetter und Straßenzustand 5,5 bis 7,5 km/h. Der Pferdewechsel an den Poststationen dauerte jeweils etwa zwei Stunden. An den Stationen sprang Wolferl herum, um sich zu erholen und sich warm zu halten. Heute fährt man die Strecke von rund 150 Kilometern in etwa neunzig Minuten komfortabel im Auto oder im ICE. Wolferl fuhr die ganze Nacht durch und bezeichnete die Strecke dennoch als »kurz«. Man kann sich vorstellen, was der Junge aushalten musste, als er im 18. Jahrhundert sieben Jahre durch Europa reiste und dabei noch ständig Konzerte gab. Diese Anstrengungen verlangten ihren Tribut: Wolferl war oft krank, mit neun Jahren erkrankte er an Typhus, mit elf Jahren bekam er die Pocken. Die Narben davon behielt er im Gesicht.

Wird man »King of Pop«, wenn man ab der frühesten Kindheit professionell gedrillt wird? Es scheint zumindest eine gute Voraussetzung dafür zu sein. Neben vielen anderen herausragenden Künstlern wurde zum Beispiel auch der 202 Jahre nach Mozart geborene Michael Jackson auf diese Weise von seinem Vater ausgebildet und König des Pop.

Wolferl hatte kaum Gelegenheit, Freundschaften zu schließen oder mit anderen Kindern zu spielen. Er wurde schon als kleines Kind zu diszipliniertem Üben angehalten und der adeligen Gesellschaft in ganz Europa vorgeführt. Er bekam als kleiner Bub schon viel mehr Applaus, Bewunderung und Anerkennung als andere Menschen in ihrem ganzen Leben. Er musste die Reisestrapazen aushalten, sich ständig auf neue Situationen, andere Länder, Menschen, Sitten, Sprachen und Essgewohnheiten einstellen. Er wurde aber auch verwöhnt und verhätschelt. Das alles formte die Persönlichkeit und den Charakter des Jungen. Mozarts erster Biograph Friedrich Schlichtegroll schrieb zwei Jahre nach Mozarts Tod: »So wie Mozart früh in seiner Kindheit ein Mann wurde, so blieb er in fast allen übrigen Verhältnissen ein Kind.« Mit vierzehn Jahren wurde Amadé in Rom von Papst Clemens XIV. zum »Ritter vom goldenen Sporn« geschlagen. Er gab umjubelte Klavierkonzerte in Neapel, komponierte wie am Fließband, lieferte pünktlich ab und genoss dazwischen das *dolce vita*: Luxuriöse Residenzen, wohlhabende Gönner, Sonne, Meer und gutes Essen. Wahrscheinlich entwickelte Mozart hier bereits seinen Hang zum Luxus, zu ausschweifenden Festen, Essen und Trinken und teurer Kleidung. Der erwachsene Amadé Mozart trug auffallende und teure Garderobe und liebte Tanz und Verkleidungen. Er veranstaltete in seinen großen Wohnungen legendäre Feste. In den Reisejahren erwarb er sich ein Selbstbewusstsein, das oft in Arroganz oder Ignoranz umschlug. Der spätere Klassik-Popstar wurde zum Performer. Er wurde eitel, er lernte, nicht schüchtern zu sein, er entwickelte einen gewissen Narzissmus. Auch das Billard-Spiel, Reiten und Schwimmen lernte er früh auf den Reisen. Außerdem besaß er später in Wien eine Bibliothek mit schöngeistigen, historischen, philosophischen, pädagogischen, mathematischen und naturkundlichen Werken. Amadé spielte, las, komponierte, konzertierte, feierte und liebte beinahe ohne Pause. Und er neigte zu Gegensätzen: Er hatte Humor, war aber auch oft albern und obszön. Er arbeitete wie ein Wilder – oder gar nicht. Er wollte seine Ziele sofort erreichen, seine Wünsche sofort erfüllt haben – oder er wandte sich ab. Seine Stimmungen schwankten stark, emotionale Ereignisse konnten ihn völlig aus dem Gleichgewicht bringen. Diese Beschreibung passt auf viele herausragende Künstler. Amadé war ein Lebemann, auch bezüglich der Frauen: »Wenn ich all die heiraten müsste, mit denen ich gespaßt habe, so müsste ich leicht 200 Frauen haben.«

Wird man »King of Pop«, wenn man nicht erwachsen wird? Auch Michael Jackson trug immer auffallende, teure Glitzerklamotten, weiße Glitzersocken, schwarze Hüte und einen – nur einen – weißen Glitzerhandschuh. Seine Partys waren ebenso legendär wie die von Amadé Mozart. Auch er war ein Lebemann. Der »King of Pop« Michael Jackson nannte seine Ranch im Disney-Style mit Vergnügungspark, Zoo und Kino *Neverland.* Dieses *Nimmerland* ist die Heimat von Peter Pan, dem Jungen aus dem Märchen von James Matthew Barrie von 1902. Neverland ist eine fiktive Insel, auf der Kinder niemals erwachsen werden. Hier gibt es Elfen, Piraten, Indianer und Meerjungfrauen. Hier muss man nur fest an etwas glauben und es wird Wirklichkeit. Auf Nimmerland ist jeder unsterblich, bleibt ewig Kind. Man darf kindlich und kindisch sein, Eskapaden in Form von Seitensprüngen, Streichen oder Abenteuern sind nicht nur erlaubt, sondern erwünscht. Neverland wird eine Metapher für Realitätsflucht, Wirklichkeitsflucht und Weltflucht. Eine Flucht vor den Anforderungen und

Anfechtungen der realen Welt in eine schöne Scheinwelt. Wenn Mozart nicht 146 Jahre vor der Erfindung dieser Geschichte geboren worden wäre, er hätte seine verschiedenen Wiener Wohnungen vielleicht auch Nimmerland genannt.

Kinderstars sind meist frühreif, weil sie dem Druck und den Anforderungen standhalten müssen. Ihre Kindheit wird ihnen – meist von ihren Eltern – mit einer anstrengenden, spannenden, aber auch explosiven Mischung aus Druck und Drill, Reisen und Ruhm gefüllt. Das lässt sie in Bezug auf ihre Kunst und ihre Performance früh reifen. In vielen anderen Bereichen machen sie dafür altersgemäße Entwicklungsschritte nicht und bleiben in kindlichen Verhaltensmustern stecken.

Im Alter von zwölf Jahren hatte Wolferl schon drei Opern, sechs Sinfonien und hunderte weiterer Werke komponiert. Auf seinen Reisen musste der Junge immer brillieren, perfekt und herausragend sein. Sein Vater *performte* zusätzlich die Konzerte, das heißt, er dachte sich besondere Kunststücke aus, die sein Sohn am Klavier zu absolvieren hatte. Er verband ihm zum Beispiel die Augen und ließ ihn blind spielen. Wolferl legte sich rückwärts auf den Klavierstuhl und spielte über Kopf oder er musste alle Stücke, die die Zuhörer mitbrachten, ungeübt vom Blatt abspielen. Es war die abgeschwächte Form einer heutigen Freak-Show. Mit dreizehn wurde Wolferl zwischen seinen langen Reisen bereits Konzertmeister in Salzburg, leider ohne Lohn. Also reiste er, immer auf der Suche nach einer Festanstellung, munter weiter. Mit der Zeit schlich sich allerdings ein Problem ein: Mozart wurde erwachsen. Auch wenn Papa Leopold aufgrund der kleinen Körpergröße seines Sohnes noch einige Zeit dessen wirkliches Alter verschweigen oder zumindest verringern konnte, wurde aus dem Kinderstar ein junger Mann – ein pockennarbiger zudem, ein kleiner Mann mit wirrem Haar und großer Nase: Aus dem Wolferl wird Amadé Mozart. Nun musste er den Sprung vom Kinderstar zum Konzertpianisten und Komponisten schaffen. Nun hatte er plötzlich viele Konkurrenten.

Wird man »King of Pop«, wenn man den Sprung vom Kinderstar zum Popstar schafft? Auch Michael Jackson musste zusammen mit seinen Geschwistern unter dem strengen Regiment des Vaters schon ab vier Jahren auf der Bühne performen. Auch Michael bekam von seinem Vater zu hören, er hätte eine fette Nase. Auch Michael wurde ein Kinderstar und sang ab etwa sechs Jahren in der Familienband Jackson Five. Auch Michael nahm ab vierzehn Jahren Soloalben auf und musste den Sprung vom Kinder- zum Popstar schaffen. Auch er wurde erwachsen und hatte plötzlich viele Konkurrenten.

Mit zweiundzwanzig Jahren reiste Amadé Mozart auf Drängen seines Vaters mit seiner Mutter nach Paris, um vielleicht in dieser Stadt endlich eine Festanstellung zu bekommen. Dort interessierte man sich jedoch nicht so sehr für den einstigen Kinderstar, der in Paris einst schon Erfolge gefeiert hatte. Viel spannender war für die Pariser der aktuelle Komponistenstreit zwischen den bekannten Komponisten Gluck, Piccinni und Rousseau. Um was für einen Streit handelte es sich? Es war der sogenannte »Buffonistenstreit«, ein Streit um die Vorherrschaft der französischen oder der italienischen Oper. Der französischen, bürgerlichen und komischen *Opera buffa* stand die italienische, höfische und ernste Oper, die *Opera seria*, gegenüber. Es ging dabei auch um die Emanzipation der bürgerlichen, französischen Operngattung, die nach der damaligen Ständeklausel zu den Komödien gehörte und deshalb vom Adel abgewertet wurde. Jean Jacques Rousseau, Schriftsteller, Philosoph und Komponist der Aufklärung mischte sich in diesen Streit ein. Er profilierte sich mit seiner anti-aristokratischen Haltung, schrieb ein einfaches, in französischer Sprache gehaltenes bürgerliches Singspiel, das große Erfolge feierte und die italienischen Operntruppen in Paris auf den zweiten Platz verwies. Allerdings publizierte Rousseau kurz darauf eine Abhandlung, in der er der französischen Sprache jegliche musikalische Qualität absprach. Nur die italienische Sprache sei der Musik angemessen, schrieb er. Sehr inkonsequent, Herr Rousseau!

Als Mozart in Paris lebte, kehrte sich dieser Streit plötzlich um. Jetzt wurde die »niedere« italienische *Opera buffa* gegen die »hohe« französische Operngattung *Tragédie lyrique* ausgespielt. Die komische, italienische *Opera buffa* wurde ursprünglich nur als Intermezzo, also als kurzes Zwischenspiel, in die Pausen zwischen den Akten der höfischen Opern eingefügt. Sowohl die bürgerlichen, als auch die adeligen Zuhörer konnten sich jedoch mit den Figuren dieser *Opera buffa* und ihren alltäglichen Handlungen leichter identifizieren als mit den inhaltlich und musikalisch oft schwierigen politischen Tragödien. Die Oper »aus der Gosse« gefiel vielen besser als die Tragödien der Hocharistokratie. Das passte gesellschaftspolitisch perfekt in die Zeit der Aufklärung vor der Französischen Revolution.

Zunächst wurde der Streit zugunsten des ernsten französischen Stils entschieden. Später ändert sich auch das wieder. Das Opern-Durcheinander war jedenfalls sehr medienwirksam und Paris wurde nach und nach zum europäischen Opernzentrum. Deshalb hat Leopold Mozart seinen Sohn nach Paris geschickt: Hier spielt die Opernmusik! Keine Rolle spielten hier übrigens deutschsprachige Opern, sie waren zu dieser Zeit nur Übersetzungen und Nachahmungen der französischen und italienischen Opernformen.

Und was machte Amadé Mozart, der Zweiundzwanzigjährige, der nach dem plötzlichen Tod seiner Mutter, die ihn auf diese Reise begleitet hatte, allein in Paris lebte? Er saugte die Opern-Erfahrungen auf und nahm sie mit nach Wien. Dort schaffte er eine Synthese beider Gattungen. Er übertrug Merkmale der *Opera seria* auf die *Opera buffa* und verband Komödie und Tragödie. Mozarts Opern »Cosi fan tutte« und »Le nozze di Figaro« wurden wegweisend für die bürgerliche Oper, die in den Stadttheatern aufgeführt wurde. Zwischen diesen beiden Opern komponierte er die Oper »Don Giovanni«. Darin ist Don Juan ein Adeliger und zugleich ein verschmitzter Gauner. Das war nach dem damaligen Ständedenken unerhört und provozierte sowohl die adeligen als auch die bürgerlichen Zuschauer. Die Oper »Figaro« komponierte Mozart fünf Jahre, »Cosi fan tutte« ein Jahr vor seinem frühen Tod mit fünfunddreißig Jahren. »Die Zauberflöte«, eine von Mozarts drei deutschsprachigen Opern, komponierte er nur wenige Monate vor seinem Ableben. Er selbst bezeichnete sie als seine beste Oper. Noch immer bricht sie alle Aufführungsrekorde. 2016 führte Mozart sogar die internationalen CD-Charts an, als zu seinem 225. Todestag eine CD-Box mit sämtlichen Werken erschien. Platin-Status, wie die Platten von Michael Jackson (also vier Millionen verkaufte Platten) hat Amadé zwar nicht geschafft, aber 1,25 Millionen verkaufte CDs sind auch nicht schlecht.

Wird man »King of Pop« wenn man Millionen Platten verkauft? Michael Jackson schaffte mit vierundzwanzig Jahren ebenfalls ein Werk der Superlative. Er entfernte sich vom Rhythm and Blues, wandte sich der Popmusik zu und produzierte das Album »Thriller«: Es ist das bislang meistverkaufte Album der Welt mit fast 70 Millionen Exemplaren – und ein Ende ist nicht abzusehen. Michael führte monatelang alle Charts an, wurde zum Welt- und Medienstar, prägte das Musikvideo und erfand den *Moonwalk*, einen speziellen Tanzschritt. Seine Songs verkauften sich im Jahr 2019, also zehn Jahre nach seinem Tod, fast eine halbe

Million Mal und wurden über eine Milliarde Mal gestreamt. Ob sich wohl, wie bei seinem Musikerkollegen Amadé, 225 Jahre nach seinem Tod – also im Jahr 2234 – seine Songs immer noch millionenfach verkaufen werden?

Amadé Mozart war nach seiner Rückkehr von Paris zunächst Hoforganist in Salzburg, im Dienst des Fürsterzbischofs Colloredo. Aber das ehemalige Wunderkind strebte nach künstlerischer Selbstbestimmung. Mozart hatte keinerlei Lust, sich untertänig in die Hierarchie und die Enge des Salzburger Hofes einzufügen. Doch bei einem absolutistischen Regenten kann man nicht einfach kündigen. Mozart wagte den Widerstand, verlängerte unerlaubt seinen Urlaub, gab unerlaubt Konzerte und blieb unerlaubt bei seiner Geliebten und späteren Ehefrau Constanze Weber in Wien. Der fürsterzbischöfliche Oberküchenmeister Graf Arco beendete die Zusammenarbeit mit diesem ungehorsamen Kapellmeister mit dem berühmten Fußtritt im Jahr 1781. Mozart blieb in Wien und versuchte dort als freischaffender Künstler Fuß zu fassen. Dort hatte er jedoch große Konkurrenten. Unter anderem Antonio Salieri, der zu dieser Zeit der gefragteste Komponist in Wien war. 1786 stellte Kaiser Joseph II. seinem Hofkomponisten Salieri und dem freischaffenden Musiker Amadé Mozart die Aufgabe, eine kurze Oper zu schreiben und in der Orangerie in Schönbrunn aufzuführen. Beide Komponisten sollten einen Einakter über zwei Sängerinnen schreiben, die vor der Uraufführung einer neuen Oper in Streit geraten. Mozart schrieb »Der Schauspieldirektor« und Salieri »Prima la musica e poi le parole«. Mozarts Oper wurde quasi als Vorspiel aufgeführt. Salieris Opera buffa dauerte doppelt so lang und begeisterte das adelige Publikum mehr als die locker aneinandergereihten Szenen in Mozarts deutschsprachigem Singspiel. Dies machte sich auch im Honorar bemerkbar, denn Salieri erhielt das Doppelte. Mozart ärgerte sich und ließ verbreiten, dass Salieri ihm als Komponisten dennoch nicht das Wasser reichen könne. Und das Publikum amüsierte sich köstlich beim Tratschen über die Intrigen.

Bereits mit zwölf Jahren war Mozart von Maria Theresia, Gattin des römisch-deutschen Kaisers Franz I., aufgefordert worden, eine komische Oper zu komponieren. Diese solle dann am kaiserlichen Burgtheater in Wien aufgeführt werden. Mozart komponierte »La finta semplice«. Die Komposition zwischen Klamauk und Seelenpein ist ganz erstaunlich für einen Zwölfjährigen, sein Gespür für die Gefühle der Figuren ebenfalls. Die Ausdrucksfähigkeit seiner Gesangspartien ist von empfindsamer Schönheit, man spürt, dass Mozart die Stimme liebt. Auch die Orchesterstimmen begleiten nicht nur, sondern reden mit oder dazwischen. Im Finale verschmelzen Musik und Szene zu großen Gefühlen, da scheint der erwachsene Mozart durch. Schon mit zwölf Jahren komponierte er nicht bloß Noten – er komponierte bis zu seinem Tod Gefühle von Menschen und für Menschen.

Aber die Musikschaffenden in Wien opponierten gegen das Wunderkind. Die Verschwörer wiegelten Sänger und Musiker auf. Sie verließen die Proben zu der Oper mit der Begründung, vor einem Zwölfjährigen nicht singen zu wollen. Noten und Kopien verschwanden auf geheimnisvolle Weise und der Theaterchef hatte plötzlich inhaltliche Bedenken. Papa Mozart wandte sich an Joseph II., den Sohn von Maria Theresia. Der reagierte wohlwollend und unternahm – nichts. Das Musikergeflecht war wohl zu mächtig. Die Oper »La finta semplice« wurde nicht aufgeführt.

Wird man »King of Pop«, wenn man gegen Rivalen und Intrigen kämpft? Auch Michael Jackson hatte einen Erzrivalen: Den amerikanischen Sänger, Komponisten, Songwriter, Multiinstrumentalisten und Musikproduzenten Prince Rogers Nelson – genannt Prince. 1983 bat der Soul-Senior James Brown bei einem seiner Konzerte Michael Jackson und Prince auf die Bühne. Prince war zwar mit seiner Gitarre unschlagbarer Sieger, doch Michael war mit seinem Album »Thriller« schon »King of Pop«. Prince schlug eine weitere Kooperation mit Michael aus und weigerte sich, mit ihm im Chor auf der Platte für die Hungerhilfe »We are the World« mitzusingen. In seinen Konzerten ließ Prince seine Backingband Titel von Michael covern, allerdings nur als Pausenmusik, während er sich umzog. Jackson seinerseits schickte für sein Album »Thriller« ein Duett-Angebot an Prince, der hierfür die Rolle des Ghetto-Bösewichts einnehmen sollte, der am Ende verliert. Natürlich lehnte Prince wieder ab. Aber nach Jacksons Tod ehrte Prince den King of Pop mit Coverversionen, zu denen er dann endlich selbst sang. Bis dahin hatte sich aber das Publikum als Zaungast über den Rivalenkampf köstlich amüsiert.

Amadé Mozart war nicht das naive Kind, das gottgegeben, traumwandlerisch, mühelos und perfekt spielte und komponierte, so wie es sein Vater und auch einige Biografen gern verbreitet haben. Er selbst sagte über seine Kunst: »Wenn man denkt, daß mir meine Kunst so leicht geworden ist. Ich versichere

Sie, niemand hat so viel Mühe auf das Studium der Komponisten verwendet wie ich. Es gibt nicht leicht einen berühmten Meister der Musik, den ich nicht fleißig, oft mehrmals studiert hätte.« Seine überragenden, pianistischen Leistungen hoben ihn weit über alle Wiener Pianisten seiner Zeit hinaus. Er bezeichnete alle außer Joseph Haydn als »wahre Esel«. Um seine Meinung auch musikalisch darzustellen, spielte Mozart gern aus dem Gedächtnis Kompositionen von seinem Erzrivalen Salieri und anderen zeitgenössischen Komponisten nach. Er parodierte ihre Werke öffentlich und zog sie als musikalische Satire ins Lächerliche. Das machte seine Komponistenkollegen wütend und schürte so manche Intrige gegen ihn und die Aufführung seiner Werke. Nach seinem Tod soll Salieri jedoch geäußert haben: »Wohl uns, dass er tot ist. Denn würde er länger gelebt haben, wahrlich, die Welt hätte uns kein Stück Brot mehr für unsere Kompositionen gegeben.« Trotz seines frühen Todes hat Mozart alle weit überflügelt.

Wird man »King of Pop«, wenn man alle seine sogenannten Mitbewerber überflügelt? Auch Michael Jackson war Perfektionist. Perfektion erlangt man durch Übung und ständiges Training. Michael musste schon als Kind so viel und so hart trainieren, dass er den Wunsch zur Perfektion verinnerlichte. »Ich bin Perfektionist, ich arbeite, bis ich zusammenbreche.« An seinen Songs arbeitete Michael sehr hart und so lange, bis sie seinen Klangvorstellungen entsprachen. Im Studio machte er nie Witze: »Lasst uns ernst bleiben und das machen, zu dem wir hier sind.« Immer stand höchste Qualität an oberster Stelle. Aber auch höchste Hingabe. Musik, Sprache und Choreographie verband er auf ganz neue Weise. Dazu übte er täglich stundenlang, über Wochen und Monate erst die Tanzschritte und dann die Verbindung des Tanzes mit dem Gesang. Aber Michael Jackson war eben nicht nur ein Workaholic. Das reicht nicht für einen »King of Pop«. Er war auch ein Showman und ein Entertainer, aber vor allem machte er das, was er tat, mit Leidenschaft. »Ich liebe das, was ich mache, und werde weiterhin Berge verschieben und mich um noch größere und bessere Dinge kümmern, weil es die Leute glücklich macht.« Auch er komponierte keine Noten, sondern große Gefühle von und für Menschen.

Als Pianist wurde Amadé Mozart in Wien gefeiert, seine Kompositionen empfand man aber als zu kompliziert. Das erinnert an seinen Musikerkollegen Johann Sebastian Bach, dem man etwa achtzig Jahre zuvor dasselbe vorgeworfen hatte. In Paris lernte Mozart Bachs Sohn Johann Christian kennen. Dieser gilt als ein Meister der italienischen Oper. Er erkannte die große pianistische Begabung von Mozart, sah aber auch das Potenzial des Komponisten und gab ihm den Anstoß und die professionelle Begleitung für sein Opernschaffen. Dadurch wurde Johann Christian Bach zu einem Rivalen von Mozarts Vater. Papa Leopold Mozart reagierte sehr eifersüchtig, denn ihm entglitt seine Lebensaufgabe: Die Förderung des Sohnes. Der Vater wollte seinen Einfluss nicht verlieren und verschaffte seinem Sohn eine Anstellung beim Erzbischof in Salzburg. Der »Rotzlöffel« Amadé lehnte mit den Worten ab: »Salzburg ist keine Stadt für mein Talent.« Leopold Mozart hielt seinen Sohn für lebensuntüchtig, womit er nicht ganz Unrecht hatte. Dass er dazu aber maßgeblich selbst beigetragen hatte, das sah er nicht. Als Vater und Manager traute er seinem Sohn bis zu seinem Tod nicht zu, alleine sein Leben zu meistern. Leopold wollte weder, dass sein Sohn nach Wien geht, noch dass er Constanze Weber heiratet. Mozart emanzipierte sich und setzte sich in allen Punkten durch.

Wird man »King of Pop«, wenn man psychische Widerstandsfähigkeit, sogenannte »Resilienz« hat? Resilienz ist die Fähigkeit, Extremsituationen ohne langanhaltende Beeinträchtigung zu meistern, Krisen zu bewältigen und sie zur Entwicklung zu nutzen. Es ist die Fähigkeit, zu erkennen, dass man selbst über sein Schicksal bestimmen kann, indem man nicht auf Glück oder Zufall vertraut, sondern die Dinge selbst in die Hand nimmt. Kinder mit Resilienz sind anpassungsfähig, belastbar, aufmerksam, tüchtig, gescheit, neugierig und voller Selbstvertrauen. Ein solches Kind hat zum Beispiel auch die Fähigkeit, sich gegen einen dominanten, narzisstischen Vater zu behaupten.

Joseph Jackson, der Vater von Michael, war wie Mozarts Vater Manager und unerbittlicher Antreiber seines Sohnes. Er prügelte ihn und seine Geschwister zum Erfolg. Dem gelernten Kranführer blieb sein Lebenstraum einer großen Musikerkarriere verwehrt, also realisierte er diesen Wunsch unbarmherzig durch seine Söhne und Töchter und profitierte von deren Ruhm. Auch Vater Jackson erkannte – wie Leopold Mozart – das Talent seines Sohnes und förderte ihn und seine Geschwister von frühester Kindheit an. Das heißt, er trimmte sie gnadenlos auf Erfolg. Mit körperlichen und emotionalen Misshandlungen wurde jeder kleineste Fehler in den Proben bestraft. Papa Joe meinte: »Geschlagen habe ich Michael nie, schlagen tut man doch mit einem Stock. Ich habe ihn mit einem Riemen gepeitscht, damit er keinen Ärger macht.« – »Er war ein schrecklicher

Mensch, aber ein fantastischer Manager«, sagte Michael über seinen Vater. Papa Jackson schob Michaels Solokarriere noch mit an, aber dann trennte sich der »King of Pop« von seinem Vater als Manager. Er brach die Beziehung allerdings nie ganz ab, ebenso wie Wolferl zu seinem Vater den Kontakt hielt. »Mein Vater will nur das Beste für seine Kinder, aber wie er manches gemacht hat, war nicht gut.« Dieses Zitat könnte auch von Wolfgang Amadeus Mozart sein.

Wolfgang Amadeus Mozart entspricht in keinem Punkt unserem heutigen Schönheitsideal, aber auch vor über 230 Jahren machte er als Erwachsener keine gute Figur. Er war vermutlich nicht mal einen Meter fünfzig groß, hatte einen großen Kopf mit einer großen Nase und wuscheligem, strohigem Haar. Er hatte fleischige Finger und war ziemlich dürr. Außerdem hatte er Pockennarben im Gesicht. Wenn er die Möglichkeit gehabt hätte, wäre für ihn sicher eine Schönheits-OP in Betracht gekommen. So investierte er in teure Seidenstoffe, auffallende Accessoires und viel Puder. Er trug Schuhe mit hohen Absätzen und kaufte sich ausgefallene Perücken. Portraits von sich ließ er retuschieren.

Wird man »King of Pop«, wenn man versucht, sein Aussehen zu optimieren? Michael Jackson hatte mit einundzwanzig Jahren seine erste Schönheitsoperation, der weitere folgten. Michael ließ seine beim Tanzen gebrochene Nase und Verbrennungen am Kopf, die beim Dreh eines Werbespots entstanden waren, richten. Aber er ließ auch sein Aussehen verändern, wie z.B. sein Kinn oder seine Wangenknochen. Durch eine Hautkrankheit wurde seine Haut weiß, die dadurch entstandenen Flecken wurden, ebenso wie seine starke Akne, überschminkt. Eine kahle Stelle am Kopf bedeckte eine Perücke. Man mag einwenden, dass in Hollywood jeder Schönheitsoperationen mache und sie nicht für Michael Jackson erfunden wurden. Doch die vielen Operationen forderten ihren Tribut. Mit fünfunddreißig Jahren – in dem Alter, in dem Mozart starb – wurde Michael Jackson von Schmerzmitteln abhängig. Er machte einen Entzug und lebte sechzehn Jahre länger als Amadé Mozart.

Mit achtundzwanzig Jahren, im Frühjahr 1784, gab Mozart in zwei Monaten zwanzig Konzerte. Sein Flügel wurde ständig hin und her getragen, denn er spielte nur auf seinem eigenen Instrument. Er organisierte zudem viele Konzerte selbst, kümmerte sich um Werbung, mietete den Saal, stellte die Orchester zusammen und bezahlte die Orchestermusiker. Trotzdem war er nach Abzug aller Kosten immer noch ein Großverdiener. Allerdings als Pianist, nicht als

Komponist. Er bekam bis zu 1000 Gulden pro Konzert, das entspricht etwa 20 000 Euro. Aber seine Ausgaben waren eben auch enorm. Er lebte auf großem Fuß, beschäftigte viel Dienstpersonal und mietete große Wohnungen. Viel Geld floss in seine exzentrische Garderobe, in Bälle und Tanzveranstaltungen. Er war spendabel, verlieh Geld und machte Spielschulden. Schon zu Zeiten als »Wunderkind« musste Wolferl zum Familieneinkommen beitragen, denn sein Vater hatte seine Stellung zeitweise aufgegeben, um die Karriere seines Sohnes zu fördern und ihn zu managen. Musiker im 18. Jahrhundert genossen jedoch keine große soziale Anerkennung und bekamen selten fürstliche Gagen. So war Mozart sein Leben lang auf der Jagd nach gut bezahlten Aufträgen. Es gab Phasen des Überflusses, in denen Mozart das Geld mit vollen Händen ausgab, und Phasen des Mangels, in denen sich Mozart über Jahre Geld leihen musste. Außerdem war seine Frau Constanze gesundheitlich labil und brauchte lange, teure Kuraufenthalte, die zusätzlich das Budget belasteten.

Die letzten drei Jahre waren finanziell wieder schwierig für Mozart. Die Wiener Bevölkerung bevorzugte leichte Unterhaltungsmusik und konnte mit seinen Kompositionen wenig anfangen. Seine heute berühmte »Jupiter-Sinfonie« zum Beispiel wurde zu seinen Lebzeiten nie aufgeführt. Ein Freund verlangte zudem das geliehene Geld zurück und Mozart beschloss, in der Hoffnung auf Aufträge noch einmal zu reisen. Über Prag, Dresden und Leipzig ging es nach Berlin. Er spielte sein »Krönungskonzert« vor dem Kurfürsten von Sachsen und gibt ein Orgelkonzert in der Thomaskirche in Leipzig. Allerdings verzichtete er in Berlin auf öffentliche Konzerte, weil die Eintrittsgelder seiner Meinung nach zu niedrig waren. Kaiser Joseph II. starb und sein Bruder Leopold II. übernahm die Macht. Er konnte jedoch mit Mozarts Musik nichts anfangen. Mozart schrieb zwar eine Krönungsoper für ihn, hatte aber damit keinen Erfolg. Der kam erst mit der Oper »Die Zauberflöte« wieder. Leider konnte Mozart diesen musikalischen und finanziellen Erfolg nicht mehr genießen, da er zwei Monate nach der Uraufführung starb. Der Grund seines frühen Todes war vermutlich eine von Streptokokken ausgelöste Halsentzündung, die unbehandelt zu Nierenentzündung, Ödemen und Fieber führt. Auch Alkoholmissbrauch kann zu solchen Wassereinlagerungen führen. Zu Mozarts Zeiten starben viele Menschen an dieser Krankheit, heutzutage ließe sich das mit einfachen Medikamenten heilen.

Wird man »King of Pop«, wenn man viel Geld verdient und gleichzeitig ständig Geldsorgen hat? Auch Michael Jackson gerät drei Jahre vor seinem Tod in Geldnöte. 270 Millionen US-Dollar schuldet er der Bank of America. Michael verspricht noch im selben Jahr, dass er an einem neuen Album arbeiten werde. Es wird nie abgeschlossen. Im Jahr 2009 kündigt er eine Reihe von Abschiedskonzerten an. Eigentlich sollen es zehn Shows in London und ein paar Konzerte in Paris, New York und Mumbai werden. Als sich jedoch in zwei Stunden zwei Millionen Tickets verkaufen, werden weitere Konzerte vereinbart. Insgesamt sollen jetzt fünfzig Konzerte in acht Monaten stattfinden. Doch Michael droht, an der Kunstfigur mit Ewigkeitswert, die aus ihm geworden ist, zu zerbrechen. Im Juni 2009, einen Monat vor dem ersten Konzert, erliegt Michael Jackson einem Kreislaufstillstand. Er hat zu viele Medikamente geschluckt.

Wolfgang und Michael haben viel gemeinsam, obwohl Wolfgang über zweihundert Jahre vor Michael gelebt hat. Beide wurden von Kindesbeinen an gedrillt. Beide sind nie ganz erwachsen geworden. Beide haben dennoch den Übergang vom Kinderstar zum erwachsenen Künstler geschafft. Beide waren Menschen mit überragender schöpferischer Schaffenskraft, mit Kreativität, Intuition und Fantasie. Beide hatten eine enorme Willenskraft und Beharrlichkeit, ihre eigenen Vorstellungen in Realität umzusetzen. Beide hatten Ideen, die kein anderer so hatte. Beide waren nicht nur Artisten der Perfektion. Sie haben ihrer Kunst zu einer unglaublichen Popularität verholfen, weil sie immer um die Ausgeglichenheit zwischen professionellem Gestalten und kreativem Geschehen, zwischen Perfektionismus und Spontaneität, zwischen diszipliniertem Üben und unbefangenem Loslassen, zwischen Geschäftssinn und künstlerischer Leidenschaft gerungen haben. Beide haben ihre Berufung begriffen und ihre Begabung genutzt, um Herzen zu berühren und Menschen mit ihrer Musik glücklich zu machen. Ihr Werk hat einen nachhaltigen Einfluss, eine riesige Fangemeinde und ungebrochene Popularität.

Beide sind auf ihre Weise auch nach ihrem Tod »King of Pop«.

Ausflug 5

Warum Dur nicht fröhlich und Moll nicht traurig klingt, es umgekehrt aber auch nicht stimmt, warum das jeder hören kann und es deshalb keine unmusikalischen Menschen gibt.

Viele Menschen behaupten von sich, kein gutes Gehör zu haben. Nicht aufgrund von beginnender Taubheit, sondern in Bezug auf Musik. Diese Menschen sind der Meinung, keine Melodie nachsingen zu können oder Tonhöhen und Klangfarben schlecht unterscheiden zu können. Doch wenn ihr Smartphone klingelt und der Anrufer sich meldet, erkennen sie schon beim ersten Wort, wer es ist, auch wenn sie nicht auf die angezeigte Nummer geschaut haben. Außerdem hören sie, in welcher Stimmung der Anrufer gerade ist, selbst bei schlechtem Empfang. Diese Menschen haben beim Telefonieren ein sehr gutes Gehör, also haben sie immer ein gutes Gehör. Jeder kann hören. Kein musikalisches Gehör zu haben, ist vielleicht als Ausrede, sich nicht mit Musik beschäftigen zu wollen oder zu müssen, ganz hilfreich. Aber die meisten Menschen, die von sich glauben, unmusikalisch zu sein und kein gutes Gehör zu haben, empfinden das als Mangel. Diesen angeblichen Mangel beheben wir jetzt.

Wir erkennen selbst nach Jahren die Stimme eines Menschen am Telefon wieder. Wir wissen vielleicht nicht gleich, wer es ist oder wo wir diesem Menschen begegnet sind, aber wir wissen genau, dass wir diese Stimme schon einmal gehört haben. Jeder, der Stimmen erkennen kann, kann auch Melodien oder Musikstücke erkennen. Jeder, der Musikstücke erkennen und unterscheiden kann, kann auch Tonhöhen oder Tonarten erkennen oder das Tongeschlecht Dur vom Tongeschlecht Moll unterscheiden. Wir müssen nur ein wenig weiter üben. Wieso weiter? Weil wir schon als neugeborenes Kind damit begonnen haben, das Hören zu üben. Wir haben gelernt, die Stimmen unserer Eltern zu identifizieren und zu unterscheiden. Vielleicht haben unsere Eltern, als wir klein waren, viel mit uns gesungen, getanzt und Musik gehört. Dann haben wir das

Hören sogar noch besser gelernt. Aber auch ohne diese Voraussetzungen können wir unsere Musikalität entwickeln. Wir müssen uns nur ein wenig Zeit nehmen, uns mit Musik zu beschäftigen. Dann werden wir erfreut bemerken, dass wir in dem, was wir glauben nicht zu können, gar nicht so schlecht sind.

Wir brauchen dazu kein Musikstudium und müssen auch kein Instrument professionell gelernt haben. Wenn das die Voraussetzung für Musikalität wäre, dann wären viele berühmte Musiker durchgefallen, mindestens die Hälfte aller Rock-, Pop- und Jazzmusiker ohne Studium und Instrumentalunterricht; zum Beispiel Paul McCartney, der Bassist und Sänger der Beatles, der komponiert und noch einige andere Instrumente beherrscht; oder der berühmte Jazz-Gitarrist Django Reinhardt, der sich im Wohnwagen seiner Sinti-Eltern selbst Violine und Banjo beibrachte. Heute kann jeder mit Hilfe der unzähligen Tutorials im Internet jederzeit günstig einen Einstieg in die Musik finden, egal ob als Musikhörer, Instrumentalist, Sänger, Tänzer oder Komponist. Musikalität ist weniger eine »Gabe« oder ein angeborenes Talent als Interesse, Wille und Auseinandersetzung mit Musik. Wir brauchen zur Entdeckung unserer Musikalität vor allem unsere Ohren. Wie gut die funktionieren, erleben wir bei jedem Telefongespräch. Außerdem brauchen wir Gefühle. Die hat jeder, der schon mal geweint oder gelacht hat. Mit Ohr und Gefühl entdecken wir jetzt unsere Musikalität. Wir trainieren mit klassischen Musikbeispielen.

Geht's auch etwas einfacher? Mit Kinderliedern oder mit einem Schlager? Ja, das ist natürlich auch möglich. Mit dieser und mit jeder anderen Musik können wir unsere Musikalität selbst weitertrainieren, wenn wir wollen. Die Beweisführung, dass wir nicht unmusikalisch geboren werden und dass wir nicht angeblich unmusikalisch bleiben müssen, gelingt aber gerade mit klassischer Musik hervorragend. Denn sie wird oft als kompliziert und schwierig empfunden. Wenn wir *diese* Musik hören und fühlen können, dann schaffen wir das auch bei jeder anderen Musikrichtung!

Wir beschäftigen uns jetzt aber nicht nur mit klassischer Musik, sondern wir setzten noch eins drauf und beschäftigen uns mit *Dur* und *Moll* in der klassischen Musik. Mit Dur und Moll – obwohl viele den Unterschied zwischen den Dur- und Moll-Dreiklängen, die der Musiklehrer in der Schule am Klavier vorgespielte, nie verstanden haben. Das Schöne ist: Wir müssen den Unterschied zwischen Dur und Moll auch nicht *verstehen*, wir dürfen ihn *fühlen*. Wichtig ist, dass wir auf die Musik reagieren, dass wir fühlen, was sie mit uns macht. Sogar taube Menschen reagieren auf die Schwingungen der Musik. Es geht erstmal darum, Erfahrungen mit Musik in Dur und Musik in Moll zu machen. Es geht darum, uns berühren zu lassen. Musik, die uns ganz stark berührt, ist meist eher ernst. Das wurde durch die Musikforschung belegt. Ein ernstes, langsames Musikstück ist zum Beispiel der zweite Satz aus dem Klavierkonzert Nr. 5 op. 73, das Ludwig van Beethoven zwischen 1808 und 1809 schrieb. Es gibt darin unglaublich zarte, lyrische Momente. Es ist, als würde Beethoven uns Einblicke in die Ewigkeit ermöglichen, die Musik klingt berührend versonnen.

Als junger Pianist wird Beethoven vor allem für sein brillantes Klavierspiel und seine fantasievolle Improvisation gefeiert. Er entwickelt aus ein paar Tönen aus dem Stegreif spannende Musikstücke. Auch seine fertigen Werke erfindet er im Konzert oft neu. Der zweite Satz des Klavierkonzerts klingt wie eine freie Fantasie, wie improvisiert. Allerdings hat Beethoven hier jede Note aufgeschrieben. Denn zur Zeit der Komposition ist Beethoven schon fast ganz taub. Er kann das Klavierkonzert nicht mehr selbst aufführen und nicht mehr live am Klavier fantasieren. Beethoven traut aber keinem anderen Pianisten zu, so gekonnt zu improvisieren wie er selbst. Deshalb hat er jede Kleinigkeit genau notiert. Schwebend und leicht perlen die Töne des Klaviers über dem Klangteppich des Orchesters dahin. Empfindsam und meditativ. Romantisch klingen lange lyrische Tonreihen. Dynamisch und rhythmisch schöpft Beethoven aus dem Vollen. Klanglich dichte und rhythmisch komplizierte Stellen wechseln sich mit leisen, suchenden, fast melancholischen Passagen ab. Es ist eins der schönsten, tief berührenden, langsamen Musikstücke. Ein Beethoven-Spezialeffekt ist, dass er auf einem Ton endet, der nicht zum Tonvorrat gehört, mit dem das Konzert komponiert ist. Es klingt, als hätte sich der Pianist verspielt. Wir sind verwirrt, wir wissen nicht, wohin das harmonisch führen soll. Das Suchende bleibt, bis Beethoven explodiert und – zack! – den schnellen letzten Satz beginnt.

Während der Komposition standen die französischen Truppen Napoleons vor Wien und bombardierten die Stadt. Beethoven schimpfte über die Belagerung, die schlechte Versorgung und das wüste Leben um ihn herum: »Nichts als Trommeln, Kanonen und Menschenelend.« Nach dem heroischen ersten Satz des Klavierkonzerts voll Trommeln und Kanonensound können wir uns vorstellen, dass Beethoven im zweiten Satz etwas Ergreifendes durchlebt und durchlitten hat. Der dritte Satz des Klavierkonzerts, in den Beethoven hineinexplodiert, handelt danach nicht von den Begleiterscheinungen des Kriegs oder von seinen Folgen. Der letzte Satz tanzt, er atmet, es gibt wieder Raum. Wir fühlen uns leicht beim Hören, so als hätten wir ein Problem bewältigt oder eine schwierige Lebensphase überwunden. Der innerliche und äußerliche Krieg ist vorüber. Weil Trauer und Leid nicht anhalten, wählt Beethoven für diese Komposition einen Tonvorrat in Dur. Das Konzert steht in Es-Dur, auch der langsame und empfindsame zweite Satz. Es ist, als würde uns ein Freund am Telefon tief erschüttert von seinem Leid erzählen. Wir hören ihm zu und leiden mit. Dann sind wir erleichtert, dass die Probleme überwunden sind. Die Stimme unseres Freundes klingt wieder zuversichtlich und kräftig.

Wir erinnern uns, gelernt zu haben, dass Moll eher düster und melancholisch klingt und Dur strahlend und hell. Dur klingt also automatisch fröhlich und Moll nur traurig? Das ist eine Charakterisierung, die sich hartnäckig hält, obwohl sie so nicht stimmt. Wenn wir uns das bekannte »Albumblatt für Elise« von Ludwig van Beethoven anhören, klingt dieses Klavierstück kein bisschen traurig. Es ist aber mit dem Tonvorrat von a-Moll komponiert. Oder nehmen wir den Ohrwurm »Rondo alla Turk« von Wolfgang Amadeus Mozart. Das Stück steht auch in a-Moll, ist aber ebenfalls kein bisschen traurig.

(48) Ludwig van Beethoven, »Klavierkonzert Nr. 5, op. 73, II. Satz«

(49) Ludwig van Beethoven, »Für Elise«

(50) W. A. Mozart, »Sonate A-Dur, Türkischer Marsch«

Wie unterscheiden wir also dieses Dur und Moll? Die Bezeichnungen *Dur* und *Moll* kommen aus dem Lateinischen: *durus* bedeutet »hart«, *mollis* wird mit »weich« übersetzt. Dur oder Moll bezeichnen das Tongeschlecht, also die Tonart, in der ein Stück ertönt; die Tonleiter, den Tonvorrat, den der Komponist benützt. Der Tonvorrat in Dur beinhaltet einige andere Töne als der in Moll. Das Konzept von Dur und Moll ist erst im Laufe des 18. Jahrhunderts entstanden. Vor allem mit Johann Sebastian Bach (siehe Ausflug 2). Diese europäische Musikkultur hat unser Ohr seither geprägt. Seit etwa dreihundert Jahren hören wir Dur und Moll. Wir haben das also wesentlich länger geübt, als die Fähigkeit, Stimmen und Stimmungen zu hören.

Beethovens Klavierkonzert wirkt unglaublich tief, melancholisch. Es berührt. Aber es steht in Es-Dur. Wie ein Stück auf uns wirkt, hängt also nicht nur davon ab, ob es mit dem Tonvorrat einer Dur- oder einer Moll-Tonleiter komponiert wurde. Das wäre auch zu einfach. Unser Gefühl wird noch von ganz anderen Dingen beeinflusst: vom Tempo des Stücks, von den Instrumenten, die spielen, von der Melodieführung, der Lautstärke und natürlich vom Text, wenn es einen gibt. Unser Anrufer spricht also zum Beispiel schnell und mit schriller Stimme oder tief, langsam und leise, er ist atemlos oder er brüllt. Natürlich hören wir dann auch noch auf das, was er sagt.

Es gibt aber auch viele traurige Musikstücke, die tatsächlich in einer Moll-Tonart geschrieben wurden. Samuel Barbers »Adagio für Streichorchester«, op. 11 b-Moll von 1938 wird 2004 in einer Umfrage der BBC zum traurigsten klassischen Stück gewählt. Das Werk wurde unter anderem bei den Beerdigungen von Roosevelt, J. F. Kennedy, Grace Kelly oder Albert Einstein gespielt. Auch in Gedenken an die Anschläge des 11. September 2001 in New York wurde es aufgeführt. Als Filmmusik eignet sich das ergreifende Werk ebenfalls hervorragend. Im Antikriegsfilm »Platoon«, in »Die fabelhafte Welt der Amelie«, in »Sophie Scholl – Die letzten Tage«, in der Serie »Die Simpsons« und in vielen anderen Filmen erklingt in emotionalen Szenen das Adagio von Barber. Es gibt auch etliche Coverversionen und Remixe von diesem Stück: zum Einzug der Athleten zur Eröffnung der Olympischen Spiele in Athen (da klang es allerdings eher nach elektronischer Tanzmusik), in Computerspielen, selbst Herbert Grönemeyer spielte es am Ende einer Konzert-Tour.

(51) Samuel Barber, »Adagio, op. 11«

Wollen wir uns mal so richtig ausweinen? Dann sollten wir dieses Adagio hören. Wieso hat dieses Musikstück ein so außergewöhnliches Tränenpotential? Das langsame Tempo, die klagenden und schwermütigen Themen und die dunklen Klangfarben gibt es auch in anderen Stücken. Aber Komponist Barber schafft es, die Trauer direkt in Klang zu verwandeln. Das muss man hören und empfinden, das kann man kaum beschreiben! Mit einer enormen Wucht, die eben auch in starken Emotionen steckt, kommt dieses Stück daher. Wir können als Hörer der Trauer nicht ausweichen. Es gibt keinen anderen Inhalt, nichts, was nur in Ansätzen fröhlich klänge. Diese Trauer ist aber auch perfekt komponiert. Die Themen schrauben sich langsam in die Höhe, in Wellen werden sie lauter und leiser und sinken dann langsam wieder zurück ins Dunkel. Dazwischen gibt es Pausen zum Schluchzen, aber die Musik bleibt trotzdem im Fluss. Es gibt keinen Ausweg aus der Trauer. Wohldosiert mischt sich etwas Pathos hinein, mit Seufzer-Figuren und satten Harmonien. So als würde uns der Komponist sagen, dass wir zwar ein wenig übertreiben dürfen, dann aber weinend die Fassung bewahren müssen. Barbers Adagio endet auf einem Sextakkord, der sich nicht auflöst. Das Ende bleibt offen, es gibt keinen Trost. Das Stück steht in b-Moll. Starker Tobak!

Der Komponist Barber war nicht begeistert, dass ausgerechnet dieses Werk so populär wurde. Übrigens als einziges seiner Werke. Der Grund dafür ist, dass er eine stimmige Dramaturgie der Traurigkeit oder Ergriffenheit für uns Europäer geschaffen hat. Warum nur für europäische Ohren? Weil musikalische Ergriffenheit ein Kulturprodukt ist. Außerhalb der europäischen Musiktradition gibt es andere Musiktraditionen, die ohne Dur und Moll auskommen und mit anderen Instrumenten, Harmonien und mit einer anderen Art der Aufführung ihre Hörer ebenso ergreifen. Uns ist diese Musik zunächst fremd. Das ist dann so, als würde unser Anrufer eine andere Sprache sprechen, mit anderer Grammatik und anderer Betonung. Hier versagt dann unser Gefühl. Wir verstehen die Worte nicht und deuten auch die Stimmung des Anrufers möglicherweise falsch. Uns allen gemeinsam ist, dass wir es genießen, auch mal richtig traurig zu sein. Vor allem Menschen mit hohem Einfühlungsvermögen können sich in traurige Musik richtig hineingeben. Es ist eine Art genussvolle Traurigkeit, die von einer Musik ausgelöst wird, die den Hörer auf spezielle Art bewegt. Wir Hörer müssen aber auch die Fähigkeit haben, uns bewegen zu lassen. Dieses Mitleiden-Können hängt jedoch nicht damit zusammen, Dur und Moll unterscheiden zu können, sondern mit der Fähigkeit, fühlen zu können. Diese Gefühle können wir bewusst hervorrufen und verstärken. Wir können zur Musik innere Bilder aufsteigen lassen. Oder wir rufen uns Situationen in Erinnerung, die zum Ausdruck des Musikstückes passen. Wir können uns auch zur Musik bewegen und spüren, was sie mit unserem Körper macht. Oder wir erinnern uns an das intensive Telefongespräch mit unserem traurigen Freund. Dann können wir

Gänsehaut bekommen oder sogar weinen. Wir erleben eine Gefühlstiefe völlig ohne musiktheoretische Kenntnisse.

Der zweite Sieger des Traurigkeitswettbewerbs der BBC ist die Arie der Dido aus der Oper von Henry Purcell »Dido und Aeneas«.

(52) Henry Purcell, »Arie der Dido, When I am laid in earth«

Auch wenn wir nicht wissen, dass sich Dido nach der Arie aus Liebeskummer das Leben nehmen wird, spüren wir, dass es hier wirklich um alles geht. Das Klagelied der unglücklich verliebten Dido »When I Am Laid In Earth« ist über 330 Jahre alt, hat aber nichts von seiner Intensität verloren. Die Arie ergriff das damalige Publikum ebenso wie das heutige. Das liegt natürlich auch am Text. Das Libretto verfasste der englische Schriftsteller Nahum Tate nach dem Epos des römischen Dichters Vergil (70–19 v. Chr.). Dieser wiederum nutzte als Grundlage die Ilias bzw. Odyssee des griechischen Lyrikers Homer. Der Stoff ist also uralt und gleichzeitig topaktuell.

Dido singt, bevor sie sich aus Liebe tötet, dass man ihr Schicksal vergessen solle, sie selbst aber nicht. Die Verse sind im Rhythmus des *Hexameters* geschrieben. Im Hexameter werden sechs Drei-Schlag-Takte aus Worten aneinandergefügt. Die unendliche Reihung der Verse bringt den Hörer dazu, sich die Gefühle der Verzweifelten in inneren Bildern vorzustellen. Der gleichartige, aber nie wirklich gleiche Rhythmus spricht eine ganz bestimmte Bewusstseinsebene an: Die hörende Teilnahme. Empathisches Mitfühlen. Das wussten offensichtlich schon die alten Griechen. Purcell hat diese Hexameter in der Arie wunderbar vertont. Ebenfalls im Dreier-Takt steigen die langsamen Noten im Bass abwärts.

Der unter die Haut gehende Klage-Sound wird auch durch den Lamento-Bass unterstützt (siehe Ausflug 1). Der Lamento-Bass ist ein *Loop* oder – klassisch ausgedrückt – ein *Ostinato*, eine unendliche Reihung immer gleicher Tonfolgen. Mit gleichartigem, aber nie ganz gleichem Rhythmus bildet er den tiefen Grundsound, über dem sich die langsame Melodie entwickelt. Diese Melodie steht in g-Moll. Durch den Lamento-Bass entstehen zusammen mit der Melodie auch Dur-Klänge. Die beiden Tongeschlechter Dur und Moll streiten jedoch nicht miteinander, sie ergänzen sich, verwandeln sich. Der letzte Ton ist ein G. Der Ton G allein, kein Akkord mit mehreren Tönen. Wenn wir mit der Seele zuhören, wenn wir spüren, was diese Musik in uns auslöst, fühlen wir hier Moll.

Purcell schafft in drei Minuten Musik eine unglaubliche Intensität, die Jahrhunderte überdauert. Mit dem Tonvorrat von g-Moll.

Es ist wie bei unserem Anrufer. Wir analysieren nicht, ob er in langen oder kurzen Sätzen spricht, ober er einfache Worte oder Fremdwörter benutzt, ob er Pausen macht oder in der direkten oder indirekten Rede spricht. Wir spüren erstmal, wie es ihm geht und was für Gefühle er in uns auslöst. Aber natürlich kann es hilfreich sein, die Grammatik unseres Anrufers zu erkennen. Wir verstehen dann noch mehr. Wir lassen uns nicht so leicht manipulieren. Wir können schneller reagieren, tiefer einsteigen, besser folgen und intelligenter mitreden.

Deshalb gibt es jetzt ein wenig Dur- und Moll- Grammatik. Wer Dur und Moll nicht nur fühlen, sondern auch musiktheoretisch verstehen will, der sollte weiterlesen. Wir beginnen nicht mit dem Tonvorrat, also der Tonleiter in Dur oder Moll, sondern mit einem Akkord. Mit drei Tönen, die gleichzeitig gespielt werden. Wir hören einen C-Dur-Akkord. Er besteht aus den Tönen C-E-G. Das hört sich harmonisch und unspektakulär an. Jetzt verändern wir den mittleren der drei Töne: C-Es-G. Klingt… hm… anders. Fühlt sich anders an. Nach Drama vielleicht. Nicht so harmonisch jedenfalls. Das ist der c-Moll Akkord.

Dur- und Moll-Akkorde unterscheiden sich nur in einem Ton, nämlich dem Mittleren der drei gespielten Töne. Die beiden anderen Töne, der tiefere Grundton C und die hohe Quinte G bleiben gleich. Unser Anrufer im Dur-Gefühl könnte sagen: Ich bin glücklich. Im Moll-Modus würde er sagen: Ich war glücklich. Das mittlere Wort ändert sich. Das erste und das letzte Wort bleiben gleich. Der Inhalt ist völlig verändert.

Dur und Moll können wir auch mathematisch unterscheiden, ohne Ohr und Gefühl. Rein rechnerisch liegen beim C-Dur-Akkord C-E-G zwischen den Tönen C und E drei Töne, nämlich Des, D und Es. Den Abstand C-E nennt man eine *große Terz*. Beim C-Moll-Akkord C-Es-G liegen zwischen den Tönen C und Es nur zwei Töne, nämlich Des und D. Der Abstand C-Es ist eine *kleine Terz*. Wenn wir vom Grundton des Akkords eine große Terz nach oben ausrechnen, indem wir drei Töne dazwischen überspringen, erklingt Dur. Wenn wir nur zwei Töne überspringen, erklingt Moll. Auf einer Klavier-Tastatur kann man das wunderbar anschauen und auch als Nichtklavierspieler von jedem Ton aus einfach abzählen. Denn dieser Unterschied zwischen Dur (= Grundton + große Terz) und Moll (= Grundton + kleine Terz) ist in allen Tonarten gleich.

So können wir alle 24 Dur- und Moll-Akkorde unseres Tonsystems, also unseres Quintenzirkels (siehe Kapitel 6), konstruieren.

Jetzt schauen wir uns die Tonleitern an, also die Tonvorräte, mit denen der Komponist sein Stück schreibt. Jeder Tonvorrat beginnt mit einem Grundton, einem Anfangston, wie der dazugehörende Akkord auch. Die einzelnen Tonschritte, bis wir wieder zum gleichen Anfangston (aber eine Oktave höher) kommen, sind festgelegt. Zum Beispiel C-D-E-F-G-A-H-C. Das ist die C-Dur-Tonleiter. Sie unterscheidet sich ein klein wenig von der c-Moll-Tonleiter: C-D-ES-F-G-AS-H-C. Es gibt auch noch verschiedene andere Moll-Tonleitern, das ist dann aber etwas für Musik-Spezialisten. Aus diesen Tonleitern wird schließlich die Musik gemacht, sie sind die Grundlage für Melodien, ebenso wie die aus ihren Tönen gebildeten Akkorde.

Wie hören wir Dur oder Moll aus diesen Tonleitern und Akkorden heraus? Ganz einfach. Wenn wir auf einem Klavier eine Taste drücken, wird mit dem Hammer eine Saite angeschlagen. Diese schwingt und wir hören den Ton. Es schwingt aber nicht nur diese eine Saite, es schwingen eine ganze Menge anderer Saiten des Klaviers heimlich mit. Etwas leiser als die angeschlagene Saite, aber gut hörbar. Es schwingen aber nicht irgendwelche Saiten mit, sondern die, die halb so lang ist und ein Drittel so lang und ein Viertel so lang und so weiter. Diese Töne schwingen über unserem ersten Ton mit. Sie heißen Obertöne. Diese Obertöne ergeben zusammengenommen die Dur-Tonleiter. Eine ganze Dur-Tonleiter schwingt also – etwas vereinfacht gesagt – über einem Ton mit. Beim gespielten Ton C schwingen leise D, E, F, G, A und H mit. Die Töne des Dur-Akkordes C, E und G sind hierin enthalten.

Bei Moll-Tonleitern funktioniert das mit den Obertönen nicht. Man kann – rein physikalisch gesehen – aus den Obertönen keine Moll-Tonleiter zusammenfügen. Über dem Anfangston C schwingt immer die Dur-Tonleiter leise mit, auch wenn wir die Moll-Tonleiter oder den Moll-Akkord spielen. Die kleine Terz des Moll-Akkords reibt sich an der leise mitschwingenden großen Terz des Dur-Akkords. Wir hören also ganz leise im Hintergrund jedes Moll-Akkords den Dur-Akkord mitschwingen! Der Klang wird unharmonischer oder trüb. Es stört etwas. Das hören wir genau. Es klingt irgendwie »molliger«.

Unser Anrufer im Moll-Modus hat eine belegte Stimme. Es stört etwas, es reibt sich, es knarzt. Es schwingt Disharmonie mit, wenn er sagt: Ich war glücklich. Dur ist die Tonart der Natur, bei der die natürlichen Obertöne mitschwingen. Moll ist ein reines Kulturprodukt, Menschenwerk, Komponistenwerk. Johann Sebastian Bach hat deshalb viele seiner Werke, die er in Moll geschrieben hat, mit einem Dur-Akkord enden lassen. Nur ein Dur-Akkord kann die harmonische Ruhe herstellen, die sich Bach für die Schlusswirkung erwünscht hat.

Wir können nun ausrechnen oder hören, welcher Tonvorrat und welche Akkorde einer Komposition zu Grunde liegen, ob sie in Dur oder Moll steht. Wesentlicher ist jedoch, die Musik zu fühlen, mit ihr mitzufühlen. Wer Musik hören und erspüren kann, was in ihr vorgeht, ist musikalisch. Also sind wir alle musikalisch. Wir spüren, ganz ohne Zwischentöne auszurechnen, dass Beethovens Klavierkonzert Nr. 5 durch und durch harmonisch klingt. Dass es klar und ohne trübe Zwischenschwingungen in unser Ohr dringt. Dass es also in Dur steht. Wir hören auch, dass im Adagio für Streichorchester von Barber die Saiten der Streichinstrumente belegt, schwebend, trüb, zuweilen fast disharmonisch schwingen. Wir hören, dass dies nach Moll klingt. Wir spüren, dass die Dido in Purcells Arie völlig verzweifelt ist, dass ihr jede Hoffnung fehlt. Ebenso hören wir, wie sich die Instrumental-Begleitung mit ihrem Gesang reibt. Wir hören eine Disharmonie, ein Drama der Töne und Obertöne. Wir hören Moll. Es ist sicher hilfreich, die Worte und die Grammatik unseres Anrufers zu verstehen. Das Wesentliche ist aber, ihn zu spüren und mit ihm zu fühlen.

Wenn Rhythmus und Harmonie die Seele durchdringen, verleiht uns Musik Anmut und Würde, meinte der griechische Philosoph Sokrates vor weit über zweitausend Jahren. Von Musiktheorie hat er nichts gesagt. Wenn Musik unsere Seele durchdringen kann, dann sind wir alle musikalisch.

Kapitel 9

Wie sich die Romantik selbst sampelt und mit Hilfe einer blauen Blume ein Universal-Sample-Programm erfindet, warum ein Lied in allen Dingen schläft, welches Zauberwort das Tor zum Glück öffnet und wie das Musik-Genie geboren wird.

Haydn, Mozart und Beethoven sind tot. Welche Komponisten sind ihre Nachfolger? Wohin reisen wir von Wien aus weiter? Bei der Beerdigung von Beethoven haben wir schon seinen Bewunderer Franz Schubert kennengelernt. Falls wir uns ihm zuwenden, dann könnten wir in Wien bleiben. Auch Anton Bruckner und Gustav Mahler sind österreichische Komponisten der Nach-Beethoven-Zeit. Johannes Brahms hat ebenfalls eine Zeit lang in Wien gelebt. Aber was ist mit Carl Maria von Weber, Felix Mendelssohn-Bartholdy, Richard Strauß oder Max Reger? Wo komponieren Frederic Chopin, Franz Liszt, Robert Schumann oder Edvard Grieg? Und vor allem: Wo finden wir Richard Wagner außer in Bayreuth? All diese Musiker haben mindestens zwei Dinge gemeinsam: Sie sind nach Beethoven geboren und waren viel auf Achse. Aber es gibt keinen Ort, an dem sie sich alle getroffen haben. Wien ist nicht mehr das Zentrum für Musiker und es gibt kein neues.

Die Literaten dieser Zeit haben gleich drei Treffpunkte: Jena, Heidelberg und Berlin. In Jena treffen sich ab 1795 unter anderem Novalis, Goethe und Schiller. In Heidelberg finden sich etwas später Achim von Arnim, Clemens Brentano, Friedrich Hölderlin, Bettina von Arnim und die Gebrüder Grimm zusammen. In Berlin schreiben ab 1815 E.T.A. Hoffmann, Joseph von Eichendorff, Eduard Mörike und Ludwig Uhland ihre Märchen, Sagen, Romane und Gedichte. Aber wo reisen wir hin, um die Musik und ihre Komponisten der Zeit nach Beethoven zu finden? Muss eine Reise überhaupt ein geographisches Ziel haben? Vielleicht ist unser nächstes Ziel kein Ort, sondern ein bestimmter Gegenstand? Etwas, das in den Schriften der genannten Musiker, Dichter und Schriftsteller immer wieder vorkommt? Etwas, das alle immer wieder musikalisch beschreiben, verdichten, malen? Aha! Jetzt kommen wir dem Ziel näher: Wir müssen zur »Blauen Blume« reisen!

Zu einer blauen Blume? Zu welcher sollen wir denn reisen, zu einer Kornblume oder vielleicht zu einer Wegwarte? Und zu welcher genau? Vielleicht existiert die Blume ja gar nicht. Denn das geheimnisvolle blaue Gewächs suchte der Dichter Joseph von Eichendorff im Jahr 1818 auch schon vergeblich:

Die blaue Blume

Ich suche die blaue Blume,
Ich suche und finde sie nie,
Mir träumt, dass in der Blume
Mein gutes Glück mir blüh.

Ich wandre mit meiner Harfe
Durch Länder, Städt und Au'n,
Ob nirgends in der Runde
Die blaue Blume zu schaun.

Ich wandre schon seit lange,
Hab lang gehofft, vertraut,
Doch ach, noch nirgends hab ich
Die blaue Blum geschaut.

Der Dichter Novalis hat die blaue Blume nicht nur gefunden, sondern angeblich sogar gegessen. Er nannte sie »blaues Heliotrop«. Aber hoffentlich hat er genau diese nicht probiert, denn die sogenannte »Vanilleblume« ist hochgiftig. Er experimentierte wohl eher mit blauen Lippenblüten-Gewächsen, zu denen auch der Lavendel oder das Alpenveilchen zählen. Vermutlich hat er die Alraune gekostet, ein Nachtschattengewächs, das schon in der Antike als Zauberpflanze geschätzt wurde. Novalis schildert bewusstseinserweiternde, berauschende, beglückende Wirkungen. Der Dichter sucht nach einer Einheit von Realität und Traumwelt, Möglichem und Mystik, Verstand und Empfindung. Er ist in dieser Zeit nicht der Einzige, der Sehnsucht nach der Überwindung der Grenzen des Verstandes hat. Im Rauschzustand kann man diese Grenzen überwinden. Sollten wir jetzt auch Drogen nehmen? Nein, natürlich nicht. Aber wir müssen dem Geheimnis dieser blauen Blume auf den Grund gehen. Nach alten Volkssagen öffnet sich am Johannistag, also am Tag der Sommersonnwende, ein Berg oder Fels und der Sagenheld kann in die Unterwelt oder Anderswelt eintreten. Der Zutritt gelingt jedoch nur mit einem symbolischen Schlüssel, der »Wunderblume«. In vielen Sagen, auch in der vom Kyffhäuser Berg in Thüringen, ist sie blau. Im Berg liegen große Schätze, die die Gier des Helden anfachen. Er stopft sich erwartungsgemäß die Taschen voll, bis eine unsichtbare Stimme flüstert: »Vergiss das Beste nicht.« Aber der Held in seinem Goldrausch vergisst das Beste: Er vergisst die blaue Blume, also den Schlüssel, im Berg und wird selbst darin eingesperrt. Der mittelalterliche Volksglaube besagt auch, dass nur in der Johannisnacht die blaue Blume blüht und ein Blick in die Zukunft möglich ist.

Novalis hat diese blaue Blume jedoch nicht *gefunden*, sondern literarisch *erfunden*. In seinem Romanfragment »Heinrich von Ofterdingen« von 1802 finden wir die erste literarische Darstellung der blauen Blume: Ein Fremder sucht den Minnesänger Heinrich auf und erzählt ihm von geheimnisvollen Ländern, von Schätzen und der Wunderblume. Darüber denkt der Heinrich nach und schläft ein. Im Traum findet er den geheimnisvollen Höhleneingang. Er durchschwimmt einen See und findet am anderen Ufer die blaue Blume:

> Der Jüngling lag unruhig auf seinem Lager und gedachte des Fremden und seiner Erzählungen. »Nicht die Schätze sind es, die ein so unaussprechliches Verlangen in mir geweckt haben«, sagte er zu sich selbst; »fern ab liegt mir alle Habsucht: aber die blaue Blume sehn' ich mich zu erblicken. Sie liegt mir unaufhörlich im Sinn, und ich kann nichts anderes dichten und denken. So ist mir noch nie zumute gewesen: es ist, als hätt ich vorhin geträumt, oder ich wäre in eine andere Welt hinübergeschlummert; denn in der Welt, in der ich sonst lebte, wer hätte da sich um Blumen bekümmert, und gar von einer so seltsamen Leidenschaft für eine Blume hab' ich damals nie gehört.

Etwas weiter unten im Text liest man:

> Was ihn aber mit voller Macht anzog, war eine hohe lichtblaue Blume, die zunächst an der Quelle stand und ihn mit ihren breiten, glänzenden Blättern berührte. Rund um sie her standen unzählige Blumen von allen Farben, und der köstliche Geruch erfüllte die Luft. Er sah nichts als die blaue Blume und betrachtete sie lange mit unnennbarer Zärtlichkeit. Endlich wollte er sich ihr nähern, als sie auf einmal sich zu bewegen und zu verändern anfing; die Blätter wurden glänzender und schmiegten sich an den wachsenden Stängel, die Blume neigte sich nach ihm zu, und die Blütenblätter zeigten einen blauen ausgebreiteten Kragen, in welchem ein zartes Gesicht schwebte.

Der ganze Text ist voll von Symbolen. Die blaue Blume verkörpert die Sehnsucht und die Suche nach Selbsterkenntnis. Sie ermöglicht dem Helden aber auch einen Blick in die Zukunft, denn die Besitzerin des zarten Gesichts wird seine Verlobte. Mensch und Natur werden über die Blume verbunden. Die Grenze zwischen Traum und Wirklichkeit, Gefühl und Reflexion wird immer wieder überschritten. Im Traum spürt Heinrich, was seine tiefe Sehnsucht ist. Heinrich plagt das Getriebensein auf der Suche nach einem Lebensziel, dem Lebenssinn und der Suche nach sich selbst. Im Traum spürt er, was seine tiefe Sehnsucht ist. Die Blume steht aber auch für einen Glückszustand, und zwar einen besonderen Zustand, der sich einstellt, wenn alle Sinne miteinander verschmelzen. Und es geht natürlich mal wieder um die Liebe. Der Jüngling Heinrich ist nämlich Minnesänger. Zwei ähnliche Heinriche haben wir schon im Jahr 1324 beim Papst Johannes XXII. getroffen (siehe Kapitel 5). Vielleicht ist der Heinrich in Novalis' Roman von ihnen inspiriert. Dieser Roman-Heinrich besingt, wie sich das für einen Sänger der Minne gehört, einen mythisch-religiösen, völlig unerotischen Zustand. Er singt über eine überwirkliche Mathilde, die »der sichtbare Geist des Gesanges« ist und ihn, den Heinrich, »in Musik auflösen« wird.

Wie romantisch! Vielleicht ist das Ziel unserer Reise weder ein Ort noch eine Blume, sondern das Innere des Menschen. Vielleicht soll unsere Reise eine Seelenreise sein? Vielleicht machen wir eine Wanderschaft, die von der Sehnsucht nach einer paradiesischen Welt getrieben ist, einer Sehnsucht und dem Streben nach einem Lebenszustand in Glück und Zufriedenheit. Gehen wir also auf die Suche nach der verborgenen Poesie und der verborgenen Musik der Seelen-Welt. Auch Joseph von Eichendorff sucht in seinem Gedicht »Wünschelrute« von 1835 danach:

Schläft ein Lied in allen Dingen
Die da träumen fort und fort,
Und die Welt hebt an zu singen,
Triffst du nur das Zauberwort.

Das Verborgene in den Dingen müssen wir suchen. Das Zauberwort oder den Zauberton, der das Tor zur Unendlichkeit öffnet und uns in diese Unendlichkeit, aber auch zu unserem Selbst führt. Wir sollen über uns und unsere Gefühle nachdenken und zu einem höheren Selbst finden. Zu einem Selbst, das erkennt. Dieses Erkennen findet statt, indem wir die Liebe und die Natur in allen Erscheinungsformen durchleben und intensiv erspüren und erfühlen. Dafür steht das Symbol der blauen Blume: für Suche, für Wanderschaft und am Ende für Erkenntnis.

Der Dichter Adelbert von Chamisso meinte, die »blaue Blume der Romantik« im Harz gefunden zu haben, Goethe suchte vor allem in Italien seine »Urpflanze«, die der blauen Blume entspricht. In Wilhelm Müllers Zyklus »Die schöne Müllerin«, den Franz Schubert vertonte, werden blaue Blumen erwähnt. E.T.A. Hoffmann huldigte in einer Erzählung dem Dichter Novalis und beschreibt die blaue Blume als Symbol der »heiligen Wunder der Natur«. Der Maler Philipp Otto Runge verwendete in mehreren Gemälden das Motiv der blauen Blume. Der Düsseldorfer Landschaftsmaler Fritz von Wille malte 1907 eine Ansicht einer Kapelle in der Eifel mit einem Hang voller blauer Blumen. Das Bild hat den Titel »Die blaue Blume«. Alle machen sich plötzlich auf, die blaue Blume und dabei sich selbst zu finden. Also finden wir einfach mit.

Herzlich Willkommen in der Romantik! Der Begriff hat sich aus der romanischen Sprache, der *lingua romana*, entwickelt, der Volkssprache der romanischen Länder, die im im Gegensatz steht zur *lingua latina*, den Texten, die in Latein geschrieben sind. Aus dem Französischen entwickelt sich das Wort »Roman«. »Romantisch« bedeutet deshalb zunächst »romanhaft«. Der deutsche Kulturphilosoph, Schriftsteller, Kunstkritiker und Historiker Karl Wilhelm Friedrich Schlegel definiert Romantik als Abwendung von der Antike, Abwendung von klassischen Vorbildern, Abwendung von klassischen Formen. Heute bezeichnet »Romantik« oder »romantisch« einen eher sentimentalen Gefühlsreichtum oder eine gefühlvolle Sehnsucht.

Künstler der Romantik wollen ihre Themen in ihrer eigenen Kultur und in ihrer eigenen Geschichte finden. Sie wollen »bestimmt und frey producieren«, meint Novalis. Der Künstler der Romantik poetisiert die Gegenstände und produziert das Schöne. Die sogenannten Romantiker ahmen fast nichts nach – nur das Mittelalter. Woher kommt dieser Mittelalter-Hype in der Romantik? Das Mittelalter ist der Zeitraum zwischen dem Ende der Antike und dem Beginn der Neuzeit, etwa 500 bis 1500 n. Chr. Die Romantiker finden, dass das Mittelalter das idealste Zeitalter der Geschichte ist, weil zu dieser Zeit ein Großteil der Menschen im mythisch-christlichen Glauben vereint war. Außerdem ist das germanische Kulturgut präsent. Es begründet das Leben durch Mythen und Sagen und nicht durch Wissenschaft und Fortschritt. Mensch und Natur sind eins und die Natur gilt als unerschöpfliche, aber auch kaum zu bändigende Kraft.

Diese Einheit von Mensch und Natur gilt den Künstlern der Romantik als Ideal. Die Antike verliert ihre Vorbildposition. Das verherrlichte und idealisierte Mittelalter bildet in der Zeit der Romantik auch einen Gegenpol zur Industrialisierung und distanziert sich von einem Großbürgertum, das allein Nützlichkeit und Verwertbarkeit in den Vordergrund stellt. Viele Menschen ziehen in die Städte, um in Fabriken an Maschinen zu arbeiten. Es setzt eine Landflucht ein, die angeblich heile Welt auf dem Lande und die Geborgenheit in der Familie lösen sich auf. Geborgenheit und Zusammengehörigkeitsgefühl finden die Menschen in Ritterbünden, die sie nach alten Vorbildern gründen. Märchen und Sagen aus dem Mittelalter werden gelesen, Kunst und Architektur aus dieser Zeit werden romantisch verherrlicht und nachgeahmt. Folkloristische Musik ist im Kommen. Missstände der mittelalterlichen Zeit bleiben jedoch unbeachtet. Mittelalterfeste, Rittermahle und Mittelaltermärkte von heute lassen grüßen.

Die Karlsbader Beschlüsse des deutschen Staatenbundes von 1819 verunsichern die Bevölkerung. In diesen Beschlüssen werden aus Angst vor Revolutionen die öffentliche schriftliche Meinungsfreiheit und die studentischen Burschenschaften verboten. Die Universitäten werden überwacht, die Turnplätze werden geschlossen, die Presse wird zensiert und Konzepte und Ideen, die damals aufrührerisch wirken, aus heutiger Sicht aber einfach nur fortschrittlich wären, werden verboten. Liberale Ideen gelten als Volksverhetzung. Schriftsteller wie zum Beispiel E.T.A. Hoffmann werden zensiert. Hoffmann von Fallersleben, Germanist und Burschenschaftler, der später das »Deutschlandlied« dichtet, muss jahrelang untertauchen und wird erst nach der sogenannten Märzrevolution von 1848 rehabilitiert. In dieser Revolution werden alle Verbote der Karlsbader Beschlüsse wieder abgeschafft. Allerdings leider nicht für immer. Angesichts der politischen Lage und der Industrialisierung flüchten die romantischen Künstler in fantastische Welten voller Gefühle und Leidenschaft. Das individuelle Erleben, das Beleuchten der Seele – vor allem der gequälten Seele – verdrängt den Rationalismus der Aufklärung und den strengen Klassizismus. Empfindung ist angesagt! Mysterien, Geheimnisse, Märchen, Sagen, aber auch Schauergeschichten und triviale Horrorstorys, das Unbewusste, Träume, Sehnsüchte und die Suche nach Erkenntnis und Wahrheit haben Hochkonjunktur.

Für Franz Schubert (1797–1828) war Beethoven der romantischste Musiker der Klassik. Damit könnte er Recht haben. Beethoven hatte bereits 1808 den vom römischen Philosophen Lucius Seneca stammenden Gedanken »per aspera ad astra« (»durch das Raue zu den Sternen« oder »durch die Nacht zum Licht«) in seiner 5. Sinfonie interpretiert. Die Komposition ist eine musikalische Erzählung von Leid und Erfolg. Übertragen auf Beethovens Leben erzählt diese Sinfonie vom Leid des Gehörverlusts, von der Hoffnung, die die Französische Revolution bei ihm auslöst, und vom Erfolg seiner Kompositionen (siehe Ausflug 6). Dieses »per aspera ad astra« wird ein grundlegender Gedanke der Kultur in Europa. Der Dichter Heinrich von Kleist beispielsweise erwähnt diesen Spruch in einem Drama. Er ist aber auch das Motto vieler Burschenschaften, findet sich auf Münzen, Flaggen und Fahnen. In heutiger Zeit ist er übrigens auch das Motto der Sternenflotte in der Serie »Star Trek« – irgendwie sind sie alle auf der Suche nach den Sternen, nach dem Licht, eben nach der blauen Blume.

Dieses »durch die Nacht zum Licht« hat auch die Komponisten des 19. Jahrhunderts maßgeblich beeinflusst. Auch Franz Schubert kennt diese »rauen Pfade« und die Suche nach den »Sternen«. Er wird – neben dem Wiener Klassiker Ludwig van Beethoven – als Begründer der romantischen Musik angesehen. Schubert ersetzt die großen, strengen Formen der Wiener Klassik und schreibt kurze Musikstücke wie Tänze oder *Moments musicaux*. Aber sein bedeutendster Beitrag sind seine Lieder: Er verwandelt Poesie in Musik. Schuberts berühmte Vorgänger Haydn, Mozart und Beethoven hatten keine sonderlich ausgeprägte Liebe zum Lied – hin und wieder komponierten sie eben eines. Ihnen wäre völlig fremd gewesen, wie Schubert Lieder komponiert. Mit diesen Liedern kommen wieder die romantischen Dichter ins Spiel, denn Schubert komponiert Poesie. Das heißt, er übersetzt die Sprachkunst von über sechshundert Gedichten in Musikkunst. Bei ihm steht nicht die musikalische Idee, der musikalische Einfall im Vordergrund, wie zum Beispiel in den Arien von Mozart, sondern die sprachliche Vorgabe der Dichter.

Schubert sucht und findet die wunderbarsten musikalischen Mittel, um die lyrische Gestalt und die Gefühle eines Gedichts auszudrücken. Dabei folgt er der rhythmischen Gestalt des Textes, baut Wiederholungen ein oder lässt sie bewusst weg.

(53) Franz Schubert, »Die Winterreise, op. 89, D. 911, Der Leiermann««

(54) Franz Schubert, »Die schöne Müllerin, Des Baches Wiegenlied«

Er wechselt oft die Tonarten oder auch das Tongeschlecht, wechselt also von Dur nach Moll oder umgekehrt. Vor allem aber imitiert er mit dem Klavier zum Beispiel plätscherndes Wasser, Hundegebell, ein Spinnrad oder den Klang von anderen Musikinstrumenten.

Weil jede Strophe im Gedicht oft eine völlig andere Aussage hat, passt zu den Strophen nicht immer dieselbe Musik. Schubert komponiert die Gedichte also durch, das heißt er wiederholt die Strophen nicht einfach musikalisch mit einem anderen Text, sondern komponiert je nach Inhalt und Gefühl etwas Neues dazu. So erfindet Schubert das sogenannte »Kunstlied«.

Robert Schumann (1810–1856), der auch engagiert Kunstlieder schreibt, entwickelt diese Kompositionsform weiter und vertont unter anderem Gedichte von Eichendorff. Dabei untermalt er musikalisch aber nicht so sehr die sprachliche Vorgabe, sondern komponiert zu der besonderen Stimmung, die durch den Text erzeugt wird. Somit wird die Musik wieder wichtiger als der Text. Auch Johannes Brahms oder Richard Strauß vermitteln dem Hörer ihre musikalischen Einfälle anhand von Gedichten, während Franz Schubert eher die Gedichte musikalisch vermittelt. Aber egal wie – es geht im Kunstlied immer auch um Text. Die Titel der Eichendorff-Gedichte, nach denen Schumann komponiert, lesen sich wie eine Gebrauchsanweisung für romantische Motive: »In der Fremde«, »Wehmut«, »Zwielicht«, »Mondnacht«, »Die Stille«, »Im Walde«, »Auf einer Burg«. Es geht vor allem um das »Nicht-Zuhause-sein«, am deutlichsten im Übergang vom Tag zur Nacht, vom Wachen zum Träumen, vom Leben zum Tod. Das sind die sogenannten »Schwellenmotive« der Romantik.

(55) Robert Schumann, »Dichterliebe Op. 48/12«

Schumann schreibt auch einen Liederkreis nach Gedichten von Heinrich Heine. In über vierzig Gedichten erschafft er eine kongeniale Harmonie zwischen Dichtung und Musik und übersetzt die Stimmungen der Texte in Musik. Eine Auswahl davon, ein sechzehn Lieder umfassender Zyklus nach Gedichten von Heine heißt »Dichterliebe«. Heine und Schumann begegnen sich nur ein einziges Mal, den Liederzyklus schreibt Schumann erst zwölf Jahre später und vertont auch nur Gedichte aus Heines früher Schaffensperiode. Hier geht es um die »große Verzweiflung«, um das Unbewusste der menschlichen Psyche, die Zerrissenheit des Menschen. Für Schumann besitzt Kunst das Vermögen, die Widersprüche des realen Lebens aufzulösen. Heine entwickelt sich weiter, entfernt sich von diesem romantisch-ästhetischen Ideal und wird bissig und politisch. Diese Texte vertont Schumann nicht mehr.

Am Ende des 18. Jahrhunderts wird der europäische Kontinent nach langen Jahren relativer Ruhe mit Kriegen überzogen. Plötzlich sind Helden gefragt: Napoleon in Frankreich, Admiral Nelson in England, General Kutusow in Russland, Generalfeldmarschall Blücher in Preußen. Sie entfachen die Fantasie der Romantiker, vor allem auch die der gebildeten Bürger. Nun ist Heldenverehrung »in«, Aristokratie ist »out«. Der wirtschaftliche Aufschwung verhilft den Bürgern nicht nur zu mehr Geld, sondern auch zu mehr Bildung, zur Möglichkeit, ein Musikinstrument zu erlernen oder ins Theater und in Konzerte zu gehen, Bücher zu kaufen oder sie gleich selbst zu schreiben. Die Aristokratie ist darüber nicht erfreut und zieht sich aus der Schriftstellerei, der Philosophie und der Musikausübung zurück. In den Jahrhunderten davor war das beinahe unangefochten ihr Privileg, nun übernimmt das Bürgertum.

Dem Adel ist die künstlerische Freiheit dieser Zeit vermutlich viel zu frei. Aristoteles hatte in der Antike die Regeln für das Drama, also jetzt den Roman, aufgestellt. Die Einheit von Raum, Ort und Zeit sollte in der Handlung eingehalten werden. Es sollte keine Ortsveränderungen, keine Zeitsprünge, keine Nebenhandlungen geben. In der Barockzeit und der Renaissance wurde diese Aristotelische Einheit extrem streng ausgelegt. Deshalb war zu dieser Zeit beim

Adel plötzlich Shakespeare kurzfristig out, weil er sich in seinen Dramen nicht daran hielt. Nun sind beim Adel die Romantiker out, weil sie sich auch an keine Regeln halten, weil sie alles vermischen. Ob Regeln und Ordnung, Form oder Inhalt – nichts ist mehr festgelegt. Alle Gattungen werden vermischt: Lieder mit Gedichten, Erzählungen mit Gesang, Märchen mit Bildern. Poesie wird mit Wissenschaft und Philosophie gemixt. Der Roman, das Gedicht, ebenso wie die Kompositionen werden zum subjektiven Spielfeld des Künstlers. Diese Nichtregeln rufen Kulturphilosophen, Kunstkritiker und Historiker auf den Plan, die dem ganzen einen Namen geben – allen voran Karl Wilhelm Friedrich Schlegel. Schlegel meint, Philosophie und Wissenschaft, Prosa und Poesie, Ironie, Mythologie, Genialität und Kritik müssen im Werk verbunden werden. Er nennt diesen Mix »progressive Universalpoesie«! Das ist eine Art Universal-*Sample*. Alle Grenzen werden erweitert: Die Grenzen des Verstandes sollen durch mythische Aspekte erweitert werden, die der Wissenschaft durch Religion und Poesie, die der Wirklichkeit durch den Traum, die zwischen den Gattungen und Stilen durch deren Mischung.

Aus diesem Universal-Anspruch ergeben sich drei wesentliche Merkmale der Kunst der Romantik: Zum einen die unfertige Handlung oder das unfertige Musikstück. Es gibt Handlungsstränge oder Motive, die nicht aufgelöst werden. Das Werk bleibt unfertig, offen, fragmentarisch. Der unvollendete Zustand der Kunst folgt nach Schlegel der Freiheit des Künstlers, dem Werdens-Prozess, der freien und schöpferischen Fantasie. Darüber hinaus soll der Künstler die Produktionsbedingungen im Werk reflektieren, das heißt das Werk soll auf sich selbst verweisen. Zum Beispiel streiten sich in der Komödie »Der gestiefelte Kater« zwei Figuren im dritten Akt über den Wert der Komödie »Der gestiefelte Kater«. So enthält das Werk seine eigene Kritik, der Autor steht über seinem Werk. Daraus ergibt sich Merkmal drei: Das Künstler-Genie!

Ein Genie ist ein Mensch mit überragender schöpferischer Geisteskraft. Im Lateinischen bedeutet *genius* »erzeugende Kraft«, im Französischen »natürliches, angeborenes Talent«. Ab 1600 etwa beginnt man, das Genie nicht mehr mit einem göttlichen Ursprung in Verbindung zu bringen, sondern mit künstlerischer Schaffenskraft und mit Inspiration, mit Begabung, Enthusiasmus, Fantasie und Talent. Allerdings herrscht der Glaube, dass diese Gaben angeboren sind. Der Genius des Künstlers liegt in seinem innersten Selbst, in seiner innersten

Seele: Diese Genialität lässt sich nicht erlernen. Der Künstler ahmt nun die Natur nicht mehr nur nach, sondern er vollendet, was die Natur selbst nicht vollenden kann. Immanuel Kant bezeichnet das Künstler-Genie als eine Instanz, »die durch die Natur der Kunst die Regel vorschreibt«. Für die Romantiker Schlegel und Novalis ist das Genie der »natürliche Zustand des Menschen«. Diesen Zustand gilt es zu bewahren oder zurückzugewinnen. Kreativität, Talent, Fantasie und Inspiration und etwas später auch die Intelligenz werden zum typisch romantischen Genie-Kult vermischt. Das hält sich bis in die 1900er Jahre. Erst dann klingt der Genie-Kult ab und das künstlerische Handwerk und soziale Faktoren rücken wieder in den Vordergrund. Allerdings nur für die neuen Künstler, die Verherrlichung der Alten hält sich bis heute.

In der Romantik ist die völlige Subjektivität des Künstlers das Maß aller Dinge. Das Werk, die künstlerische Aussage ist die Reaktion auf ein persönliches Erlebnis, das das Künstler-Genie mit kreativen Ideen originell und einzigartig in Kunst verarbeitet. Hier wird der Künstler auf den Sockel gestellt. Hier beginnt aber auch die Reduktion auf die Partitur, also auf die Noten, die das Künstler-Genie schreibt. Der einflussreiche Musikkritiker Eduard Hanslick hat uns ab 1850 diesen intellektuellen Zugang zur Musik eingebrockt, der die Musikwissenschaft bis heute bestimmt. Ausgerechnet in der Romantik, in einer Zeit, in der Gefühle, Bilder, Stimmungen, Gedichte und Geschichten komponiert werden! Der Zugang zur Musik ausschließlich über die Noten ist etwa so, als würde sich ein Architekt, statt Kirchen oder Paläste anzusehen, nur mit deren Bauplänen und Baumeistern beschäftigen. Er würde die Menge der verwendeten Steine zählen und sich über den Mörtel informieren. Er würde die Ästhetik des Bauwerks nicht sehen, die Umgebung nicht wahrnehmen, nicht wissen, wer früher darin gewohnt hat und wie es jetzt aussieht. Er würde vor allem die Statik und die Aufteilung der Räume betrachten, so wie Hanslick und seine Kollegen die Harmonik und Struktur von Musikstücken analysierten. Außerdem ist diesen Herren die Komponistenpersönlichkeit extrem wichtig, also der Baumeister. Herr Boethius, dem wir bei den Römern bereits begegnet sind, hat es damals schon formuliert: »Der Musikkundige und der Komponist haben Vorrang vor dem allgemeinen Publikum.« Die Analyse der Partitur und ihr Schöpfer stehen im Mittelpunkt.

Zum Glück hat dieser Kunst-Dünkel die Künstler selbst nicht angefochten. Der Künstler der Romantik liebt eben das Mittelalter, nicht die Römer oder die Antike! Er liebt die Schönheit, die Harmonie, die Natur, die Ästhetik, nicht die Form oder die Analyse. Ästhetik ist die Lehre von der Wahrnehmung und vom sinnlichen Anschauen, von Fühlen und vom subjektiven Erleben, von der Schönheit, nicht vom Steine oder Noten zählen. Es geht um Musik, bei der persönliches Erleben umgesetzt wird. Diese Musik nennt man »Programm-Musik«. Das heißt, die Musik folgt einem außermusikalischen Programm, vertont Bilder, Geschichten oder Gefühle, zum Beispiel die Komposition »Bilder einer Ausstellung« von Modest Mussorgsky, bei der ein imaginärer Ausstellungsbesucher von Bild zu Bild geht und sie mit unterschiedlichen Gefühlen betrachtet, oder »Die Moldau« von Bedřich Smetana, bei der der Fluss und seine Umgebung von der Quelle bis zur Mündung tonmalerisch beschrieben werden.

(56) Modest Mussorgsky, »Bilder einer Ausstellung«

(57) Bedřich Smetana, »Die Moldau«

(58) Antonio Vivaldi, »Vier Jahreszeiten«

Musik, die keine außermusikalischen Inhalte darstellt, also kein Programm hat, nennt man »absolute Musik«. Bis zur Klassik hatte sie Vorrang, jetzt ist die Programmmusik »in«. Es ist klar, dass zu Beginn der Romantik diese beiden Strömungen in Streit geraten. Der Streit ist aber völlig überflüssig, denn Programmmusik gibt es schon seit der Renaissance, nur nicht so häufig wie in der Romantik und oft auch mit sogenannten »geheimen« Programmen. Die geheimen Programme hat der Künstler zwar im Kopf, der Zuhörer bekommt sie aber nicht durch einen entsprechenden Titel, ein Bild oder einen Text erklärt. Eine ganz »ungeheime« Programmmusik der Barockzeit ist zum Beispiel die Komposition »Die vier Jahreszeiten« von Antonio Vivaldi. Frühling, Sommer, Herbst und Winter werden wunderbar tonmalerisch zum Ausdruck gebracht.

1787 wird von Wolfgang Amadeus Mozart »Ein musikalischer Spaß« komponiert. Mozart macht sich mit diesem Stück über schlechte Gebrauchsmusik lustig. Er komponiert absichtlich kompositorische Fehler und schreibt auch die möglichen Spielfehler des Interpreten gleich in den Notentext hinein. Mozart macht hier seinem Ärger über Prahlerei und Inkompetenz der musikalischen Größen seiner Zeit Luft. Ein sehr humorvolles »Programm« zur Zeit der Klassik.

Erst jetzt jedoch, in der Romantik, entwickelt sich die Programm-Musik zu einer eigenständigen Musikrichtung, die außermusikalische Inhalte für die Musik besonders hervorhebt. Sie wird erwartungsgemäß von den Vertretern der absoluten Musik angegangen, die behaupten, völlig frei von außermusikalischen Bindungen zu sein. Aber kommt die Inspiration für ein Musikstück aus dem Wunsch, zum Beispiel ein Rondo schreiben zu wollen, oder aus einer persönlichen Begebenheit, die eben in Rondo-Form erzählt wird? Ist das wirklich wichtig für den Zuhörer oder die Qualität der Komposition?

(59) W. A. Mozart, »Ein musikalischer Spaß, KV 522«

Ludwig van Beethoven schreibt zum Beispiel eines Tages ein *Rondo*. Ein Rondo ist ein klassisches Formmodell mit einem wiederkehrenden Abschnitt A, also einer Art Refrain. Dazwischen liegen dann die Abschnitte B, C, D usw. Das Musikstück ist dann folgendermaßen aufgebaut: A, B, A, C, A, D... Alles sehr streng klassisch. Aber Beethoven schreibt im Originaltitel: »Alla Ingharese quasi un Capriccio«. Das heißt, es ist ein *Capriccio*, ein launenhaftes, eigenwilliges Musikstück, auf ungarische (»ingharese«) Art, also sehr lebendig und temperamentvoll. Mit diesem Titel kündigt Beethoven an, dass er aus der strengen Form ausgestiegen ist, Motive kombiniert und verändert hat und sie in unerwartete Wendungen oder Tonarten versetzt. Sein Sekretär Anton Schindler hat dann den Untertitel hinzugefügt unter dem das virtuose Klavierstück heute noch bekannt ist: »Die Wuth über den verlorenen Groschen«. Ein herrliches »geheimes« Programm in einer Zeit der absoluten Musik!

(60) Ludwig van Beethoven, »Rondo Op. 129«

Romantische Programm-Musik hat vor allem der Komponist Hector Berlioz unter anderem mit seiner »Sinfonie Fantastique« geprägt. Felix Mendelssohn-Bartholdy folgt mit der Sinfonischen Dichtung »Ein Sommernachtstraum«. In Carl Maria von Webers Klavierstück »Aufforderung zum Tanz«

(61) Carl Maria von Weber, »Aufforderung zum Tanz«

bittet in der Einleitung ein Mann eine Dame zum Tanz. Nach einem kurzen Gespräch begeben sich die beiden auf die Tanzfläche und tanzen einen Walzer. Zum Schluss bedankt sich der Mann bei seiner Partnerin.

Dieses Stück findet Hektor Berlioz so toll, dass er es instrumentiert, das heißt für verschiedene Instrumente umschreibt. Auch die »Kinderszenen« oder das »Jugendalbum« von Robert Schumann für Klavier enthalten Programme in den Titeln wie: »Nachklänge aus dem Theater« oder »Träumerei«. Auch Franz Liszt (1811–1886) schreibt Programm-Musik als Sinfonische Dichtungen oder für Klavier. Er nennt diese Kompositionen unter anderem »Sonetto del Petrarca« oder »La Chapelle de Guillaume Tell«. Diese literarischen Assoziationen sind an das wachsende Bildungsbürgertum gerichtet, das den italienischen Dichter Francesco Petrarca oder den Schweizer Freiheitskämpfer Wilhelm Tell kennt oder zumindest so tut, als ob. Durch die in der Zeit des aufstrebenden Bürgertums entstehenden öffentlichen Konzerte rückt nun auch der Interpret in den Mittelpunkt des Geschehens. Ein bekanntes Gemälde zeigt Franz Liszt entrückt und in Licht getaucht auf einem Podest mit geschlossenen Augen das Orchester unter ihm dirigierend. Er rückt in göttliche Nähe. Dabei ist er eigentlich ein innerlich zerrissener und unangepasster Innovator. Wie bei Mozart oder Beethoven hat auch der Vater von Franz, der Hobbymusiker Adam Liszt, das Talent seines Sohnes erkannt, ihn unterrichtet und getrimmt und dann auf der Reiseroute von Mozart quer durch Europa gezerrt und zum Wunderknaben gemanagt. Tausende Konzerte zwischen Gibraltar und St. Petersburg, zwischen Lissabon und Moskau hat der Junge absolviert. Als Erwachsener feiert er Konzerttriumphe, die sogar Mozart weit übertreffen.

Machen wir daher einen kleinen Abstecher nach Weimar. Dort gibt es keine blauen Blumen, aber eine Hofkapelle mit fünfunddreißig Instrumentalisten. Viel zu wenig für Franz Liszt, der dort drei Festivals für Hector Berlioz organisiert und außerdem über vierzig Opern, darunter auch Erstaufführungen von Guiseppe Verdi und Giacomo Meyerbeer, aufführt. Sein größtes Projekt ist die Uraufführung von Richard Wagners »Lohengrin«, für die er sechsundvierzig Proben anberaumt. Immerhin hat die 12 000-Einwohner-Stadt einen Bahnhof, der An- und Abreise der Künstler erleichtert. Aber die höfische Bürokratie dort ist von diesen Musikprojekten überfordert. Franz Liszt schreibt frustriert: »Die Kunstperiode, wo Wagner und ich die Koryphäen gewesen wären wie einst Goethe und Schiller, scheiterte an der Engherzigkeit gewisser örtlicher Verhältnisse und aller Arten von Missgunst und Dummheit.« Ähnliches haben wir von Mozart auch schon gelesen.

Richard Wagner (1813–1883) jedoch wird trotz der Einschätzung Liszts als Koryphäe wahrgenommen. Er prägt eine neue romantische, religiös aufgeladene Ästhetik. Friedrich Schlegel schreibt dazu: »Der revolutionäre Wunsch, das Reich Gottes zu realisieren, ist der Anfang der modernen Geschichte.« Eine von Wagners Kompositionen wird tatsächlich zum Anfang der modernen Musikgeschichte. Wagner will die aus seiner Sicht dekadenten Theater reformieren, mit Hilfe seiner Kunst zur Volkserziehung beitragen und damit dann die ganze Welt verbessern. Er hält sich von Anfang an für ein Genie. »In fünfzig Jahren werde ich der Beherrscher der musikalischen Welt sein«, prophezeit der einen Meter sechsundsechzig große Musiker, Komponist, Dramatiker, Dichter, Schriftsteller, Theaterregisseur und Dirigent selbstbewusst. Seine große Idee ist, Musik und Drama zu verknüpfen und in Erinnerung an die griechischen Tragödien eine neue Opern-Kunst zu begründen. Dramatische Handlungen – allerdings ohne die strengen aristotelischen Vorschriften – sollen zu Botschaften werden, die Musik soll der Dichtung zusätzlich Ausdruckskraft verleihen. Wagner sagt: »Die Wissenschaft hat uns den Organismus der Sprache aufgedeckt; aber was sie uns zeigte, war ein abgestorbener Organismus, den nur die höchste Dichternot wieder zu beleben vermag, und zwar dadurch, dass sie die Wunden, die das anatomische Seziermesser schnitt, dem Leibe der Sprache wieder schließt, und ihm den Atem einhaucht, der ihn zur Selbstbewegung beseele. Dieser Atem aber ist: – die Musik!«

In Bayreuth kann Wagner seine Idealvorstellung von Kunst mit Hilfe des Königs Ludwig II. verwirklichen. Er baut ein Festspielhaus, es entsteht eine Musikschule und es gibt Kunsterziehung. In Bayreuth entwickelt sich Wagners Kunst vor allem mit seinem Bühnenweihfestspiel »Parsifal« zu einem Religionsersatz. Wagners Werke sind ein Höhepunkt der romantischen Musik und beeinflussen viele Zeitgenossen und spätere Komponisten. Er entwickelt die Nummernoper weiter zum Musikdrama. Bei seinem Musikerkollegen Carl Maria von Weber sind zum Beispiel in dessen Oper »Der Freischütz« die einzelnen Arien,

(62) Carl Maria von Weber, »Der Freischütz Op. 77«

Duette und Chöre durch gesprochene Passagen, die Rezitative, miteinander verbunden, es sind sozusagen einzelne Nummern.

Bei Richard Wagner dagegen gibt es die »unendliche Melodie«. Das heißt, dass das Orchester am Anfang zu spielen beginnt und erst am Akt-Ende wieder aufhört. Wagner komponiert gesungene Erzählungen, Monologe und Dialoge, die miteinander durch die Orchestermusik verwoben werden. Außerdem komponiert er für jede Person, jeden Gegenstand oder jedes Gefühl ein bestimmtes musikalisches Motiv, ein Leitmotiv, das immer dann zu hören ist, wenn die Person, der Gegenstand oder das Gefühl wieder auftauchen. Wagner will Gedachtes und Gefühltes musikalisch ausdrücken und bewirkt damit und mit seiner »Leitmotivtechnik« eine tiefgehende psychologische Wirkung vor allem im Opern-Zyklus »Ring des Nibelungen« und bei seinem Musikdrama »Tristan und Isolde«.

Mit dem »Tristan« verlassen wir die Romantik in Richtung der modernen Musikgeschichte, der *Neuen Musik*. Die Musiksprache Wagners in diesem Musikdrama hat noch mehr als hundert Jahre nach dem ersten komponierten Akt 1875 den Musikwissenschaftlern Kopfzerbrechen bereitet. Vor allem ein Akkord, der sogenannte *Tristan-Akkord*, ist der Stein des Anstoßes. Mit diesem ganz speziellen Zusammenklang der vier Töne F, H, Dis und Gis entfacht Wagner die dramatische Situation. Die komplexen harmonischen Verläufe lösen fast eine Krise der Harmonielehre aus. Auch andere Musiker verlassen die ausgetretenen harmonischen Pfade der Romantik. Liszt und Chopin haben schon vor Wagner gewagte Neuerungen ausprobiert. Der russische Komponist Alexander Skrjabin träumt von einer Synthese aus Farben, Klang und Düften. Manche Musiker, wie Anton Bruckner, Richard Strauss oder Gustav Mahler übernehmen Wagners Tonsprache und entwickeln sie weiter. In den Kompositionen des Franzosen Claude Debussy überlagern sich feinste Nuancen aus Rhythmik, Dynamik und Klangfarben und lösen die Struktur auf. Von 1890 bis 1920 entsteht der sogenannte »Impressionismus«, ursprünglich ein Begriff aus der Malerei. Musiker, Maler und Literaten dieser Zeit stellen Ein-

(63) Richard Wagner, Tristan Akkord

drücke von Augenblicken dar. Die Form, wie zum Beispiel die Sonatenhauptsatz-Form, die wir aus der Zeit der Wiener Klassik kennen, ist nicht mehr wichtig, sondern das (Klang)-Bild, die Stimmung, die Atmosphäre des Moments. Das Gesamtbild bleibt verschwommen, die Emotion klar.

(64) Claude Debussy, »Prélude à l'aprés midi d' un faune«

Doch bevor wir uns von der Romantik endgültig verabschieden und in die Neuzeit zur Neuen Musik reisen, sollten wir nochmal nach der blauen Blume schauen. Was wird aus ihr? Wir finden sie unter anderem am Revers von Schülern und Studenten der Wandervogel-Bewegung ab 1896. Die jungen Menschen lösen sich von den engen Vorgaben des schulischen und städtischen Umfelds und wollen in der Natur ihr Leben selbst gestalten. In der Freikörperkultur und in der Reformpädagogik werden romantische Ideale gelebt. Die blaue Blume als Symbol für (Sinn-)Suche und die Reise an sich taucht in den Liedern der Wandervogel-Vereine wieder auf. In der Gesellschaft, wie auch in der romantischen Musik, entwickelt sich in der zweiten Hälfte des 19. Jahrhunderts ein National-Idealismus. Volksnahes, Volkstümliches, Volksmusik ist populär, der Wunsch nach einer eigenen nationalen Musikkultur erwacht. Aus der romantischen Idee der deutschen Nation als poetische Kulturnation wird nach und nach eine stark nationalistisch geprägte Kunst. Auch die blaue Blume wird nationalisiert.

Die deutsche Kornblume wird zur »preußischen Blume«, Kaiser Wilhelm und Otto von Bismarck erklären sie zu ihrer Lieblingsblume. Dann wird diese Blume zum Symbol der deutschnationalen »Alldeutschen Bewegung«, die stark antisemitisch und antiliberal ist. Mit dieser Bewegung sympathisiert übrigens auch Richard Wagner, der zu den obsessiven Verfechtern des Antisemitismus gehört. Schließlich werden die romantischen Ideen von den Nationalsozialisten überspitzt und instrumentalisiert. Die nationalsozialistische Ideologie setzt sich von den vergeistigten und eher passiven Romantikern durch Aktionismus ab. Joseph Goebbels spricht 1933 von einer »stählernen Romantik, die sich nicht vor den Härten des Daseins versteckt oder in blaue Fernen zu entrinnen trachtet«. Dieser machtbewusste Politiker und Freund Adolf Hitlers liebt keine blauen Blumen: Die Wandervogel-Bewegung wird in der Nazi-Zeit entweder aufgelöst oder zwangsweise in die Hitlerjugend eingegliedert.

Blaue Blumen sucht jetzt lange Zeit überhaupt niemand mehr. Erst die Hippies der 68er-Jahre feiern wieder die Naturverbundenheit und Freiheit als Gegenpol zur kapitalistischen und konsumorientierten Gesellschaft, hier taucht die blaue Blume in der Alltagspoesie wieder auf. Auch im 21. Jahrhundert können wir noch Spuren der blauen Blume verfolgen. Eine Zeitlang ließ sich auf der Webseite der Deutschen Bahn unter dem Button »Blaue Blume« per Umwelt-MobilCheck der Kohlendioxidverbrauch von Flugzeug oder Auto mit dem der Bahn vergleichen. Am Bodensee ist die »Blaue Blume Friedrichshafen« ein Kultur- und Wohnprojekt für Konzerte, Seminare und gemeinschaftliche Aktionen. In der EU ziert die blaue Blume ein Umweltzeichen, das einen Öko-Idealismus verkörpert und einen Gegensatz bildet zu einem industriell, wirtschaftlich und technokratisch ausgerichteten Nützlichkeitsdenken.

Also haben wir uns doch ein kleines, blaues Stückchen Romantik in die Neuzeit gerettet. Zu dieser Restromantik und zu dem, was daraus geworden ist, reisen wir nun zu weiteren ganz erstaunlichen Hörenswürdigkeiten in eine neue Zeit.

Ausflug 6

Warum klassische Musik total (un)cool ist, weshalb sie im Elfenbeinturm sitzt, obwohl sie von uns allen handelt, warum sie ein wenig weh tun muss und wie Hyper-Remixe Lust auf das Original machen.

Wir begleiten zwei junge Leute in ein Konzert. Die Nussknacker-Suite von Pjotr Iljitsch Tschaikowsky (1840–1893) wird gespielt. Die beiden Konzertbesucher googeln noch Infos zu dem Musikstück, während das Orchester zu spielen beginnt. »Tschaikowsky hat das Märchen ›Nussknacker und Mausekönig‹ von E.T.A. Hoffmann als Ballett vertont«, flüstert die junge Frau ihrem Begleiter zu. Ihm kommt die Musik durch Walt Disneys Film »Fantasia« und dem Fantasy-Film »Der Nussknacker und die vier Reiche« bekannt vor. Sofort bitten mehrere Konzertbesucher energisch um Ruhe.

Die jungen Hörer haben versucht, die Musik in ihre Lebenswelt einzuordnen, um sie verstehen zu können. Jetzt hören sie erst mal ruhig zu. Der »Tanz der Zuckerfee« begeistert sie total. »Bravo!« Die beiden springen auf und klatschen laut in das Ende des Stücks hinein. »Krass! Voll cool! Zugabe!« Die anderen Konzertbesucher drehen sich empört nach ihnen um. Die Saalaufsicht kommt und bittet die jungen Leute dezent aber unerbittlich, still zuzuhören oder das Konzert sofort zu verlassen. So oder so ähnlich könnte man sich diese Szene vorstellen. Aber leider findet sie nicht statt, weil es junge Zuhörer, die sich so in einem klassischen Konzert verhalten, überhaupt nicht gibt. Man findet sie sowieso kaum in klassischen Konzerten.

»Der Nussknacker« ist ein russisches Ballett in zwei Akten. Das Märchen »Nußknacker und Mausekönig« schrieb E.T.A. Hoffmann 1816. Tschaikowsky machte 1892 ein Ballett daraus, das bis heute eins der populärsten Ballette überhaupt ist und regelmäßig aufgeführt wird.

(65) Pjotr Iljitsch Tschaikowsky, »Der Nussknacker«

Seine vom Ballett abgeleiteten Suiten, also die reinen Orchesterstücke, haben bis heute großen Erfolg – auch ganz ohne Tanz und Bühnenbild. Das Interessante ist, dass sich damals der Ballettmeister und der Intendant des Theaters in St. Petersburg während der Produktion zerstritten haben. Die Premiere wurde mehrmals verschoben und nur weil das Bühnenbild und die Kostüme bereits fertig waren, fand die Premiere dann doch noch statt. Und dann fiel das Ballett mit Pauken und Trompeten durch! Es waren nämlich völlig bühnenunerfahrene Kinder aufgetreten, die in der turbulenten Schlacht zwischen Nussknacker und Mausekönig die Orientierung verloren und am Ende des ersten Aktes ein komplettes Chaos produzierten.

Tschaikowskys erstes Ballett »Schwanensee« fiel bei der Premiere ebenfalls durch, weil seine Musik für das Publikum viel zu neuartig war. Daraufhin versuchte es Tschaikowsky mit einer Oper. Diese ist heute im Gegensatz zu seinen Ballettmusiken allerdings fast vergessen. Weil Tschaikowsky seiner plötzlich verstorbenen Schwester ein Denkmal setzen wollte, schrieb er dann doch wieder ein Ballett, den »Nussknacker«. Die liebevolle Schilderung des Weihnachtsfestes im ersten Akt ist eine musikalische Erinnerung an sie und ihre Weihnachtsfeste, bei denen Tschaikowsky sich immer sehr wohl gefühlt hatte. Mit seinen Ballettmusiken wird Tschaikowsky auch zum Star der Filmmusik. In der Stummfilm-Ära begleiten Pianisten die Filme oft live mit Tschaikowskys Charakterstücken aus dem »Nussknacker«, später werden viele Filme mit Tschaikowskys Musik unterlegt: Der Horrorfilm »Die Mumie«, Walt Disneys Zeichentrickfilm »Fantasia«, der kanadische Zeichentrickfilm »Der Nussknacker-Prinz« (1990), der computeranimierte Film »Barbie in The Nutcracker« (2001) oder der Fantasyfilm »Der Nussknacker und die vier Reiche« (2018), um nur einige zu nennen.

Tschaikowsky hatte in Paris ein ganz besonderes Instrument entdeckt, ein hoch klingendes Glockenspiel mit Tastatur, die *Celesta*. Der überirdische Klang dieses Instruments begeisterte ihn so ungemein, dass er es in den Auftritt der Zuckerfee im »Nussknacker«-Ballett einbaute. Die Melodie der Zuckerfee klingt auf diesem Instrument unverwechselbar, sphärisch, verführerisch, einfach genial. Nach diesem Stück sollte jeder klatschen dürfen! Doch leider gelten Orte, an denen klassische Musik gespielt wird, immer noch als Elfenbeintürme. Viele betreten sie nur ungern, vielleicht mit der Befürchtung, Inhalte und Abläufe nicht zu verstehen, sich daneben zu benehmen und sich angesichts der Gepflogenheiten als Außenseiter zu fühlen. Gerade langjährige, konservative Konzertbesucher verteidigen traditionelle und liebgewonnene Rituale des Konzertbesuchs gegen jegliche Veränderung und fordern eine deutliche Abgrenzung klassischer Musik von anderen Musikstilen. Auf diese Weise entwickeln sich Vorurteile. Klassische Musik steht im Ruf, elitär zu sein. Sie ist anscheinend schwierig zu hören und schwierig zu spielen. Sich mit ihr zu beschäftigen, artet in Anstrengung und Arbeit aus und läuft unserem Bedürfnis nach Unterhaltung, Entspannung oder nach einem emotional packenden Event entgegen. Diese Vorurteile widerlege ich jetzt mithilfe der 5. Sinfonie von Ludwig van Beethoven.

»Ta ta ta taaaa!« Wir hören vier weltberühmte Noten. Drei davon sind gleich. Der vierte Ton springt nach unten. »Ta ta ta taaaa!« Damit beginnt das wahrscheinlich bekannteste klassische Stück überhaupt. Viel klassischer geht es nicht. Viel revolutionärer auch nicht. Und viel inhaltsreicher auch nicht.

(66) Ludwig van Beethoven, »5. Sinfonie, erster Satz«

Als Beethoven 1808 diese Sinfonie komponiert, ist er schon ziemlich taub. Als Musiker ist das eine Katastrophe. Beethoven ist deshalb zur Zeit der Komposition sicherlich sehr angespannt und trägt auch viel Wut in sich. So beginnt der erste Satz dieser Sinfonie hart und laut: »Ta ta ta taaaa!« Fast fünfzehn Minuten lang arbeitet Beethoven mit diesem Thema, mit diesen Noten. Es klingt fast, als ob er mit ihnen kämpfen würde wie mit seiner Krankheit. Das zweite Thema im ersten Satz dieser Sinfonie ist dagegen lieblich und sanft. Friedlich spielen es die Geigen. Aber in den Celli, also den tieferen Streichinstrumenten, grummelt parallel das »Ta ta ta taaaa« weiter. Allerdings springt der letzte der vier Töne nicht mehr nach unten, sondern nach oben. Hat das liebliche Thema das Harte sanfter gemacht?

Die 5. Sinfonie dauert etwa vierzig Minuten und immer wieder taucht das erste Thema auf, immer in unterschiedlichen Variationen und immer mit dem sanften Gegenspieler. Nach einigen beethoventypischen und damals sehr revolutionären musikalischen Spezialaktionen hat sich das dunkle, harte Thema zum Lichten, Hellen durchgekämpft. Die Sinfonie beginnt düster und endet im Licht. Wir erinnern uns an das klassische »per aspera ad astra«, durch die Nacht zum Licht, über die rauen Pfade zu den Sternen – das große Thema dieser Sinfonie.

Aber es geht nicht nur um Beethovens Taubheit. Die Zeit, in der Beethoven die Sinfonie schreibt, ist eine Zeit großer politischer Unsicherheit. Napoleon marschiert in Wien ein und Beethoven komponiert patriotische Lieder für die Soldaten, die gegen Napoleon kämpfen. Die Soldaten sind in edle Uniformen gekleidet, ihre Helme und Schwerter glänzen. Es wird ein Rätsel bleiben, warum sie sich so herausputzen, um sich gegenseitig umzubringen, aber diese Pracht und diesen Stolz hören wir auch in der 5. Sinfonie. Sie endet majestätisch und prachtvoll in Glanz und Licht. Beethoven verarbeitet also sowohl seinen inneren Kampf als auch die kriegerischen Kämpfe, die Gefühle in ihm selbst und die Atmosphäre in der Gesellschaft. Diese Kombination macht die Sinfonie so einzigartig. Auch nach dem einhundertsten Hören können wir noch Überraschendes entdecken. Sie ist eins der aufregendsten Abenteuer, das man in der klassischen Musik erleben kann.

Über hundert Jahre nach der Komposition wird die Sinfonie wieder mit Krieg in Verbindung gebracht werden. Der Rhythmus der ersten vier Noten »Ta ta ta taaaa« ist kurz-kurz-kurz-laaang. Das entspricht dem Morsezeichen für den Buchstaben V. Die BBC sendet während des Zweiten Weltkriegs dieses Anfangsthema als Jingle: V für Victory. Elitär ist diese Sinfonie also wirklich nicht. Schwierig zu hören ist sie auch nicht. An diesem Image der klassischen Musik sind außer den Klassikhörern auch die klassischen Musiker, die Vermarkter und Vermittler klassischer Musik nicht ganz unschuldig. Bei den »Stars« der Klassik wird die makellose Schönheit ihres Spiels und die Virtuosität in den Vordergrund gestellt. Die Konzertsäle sind edel, die Akustik hervorragend. Alles muss perfekt sein. In der römischen Antike war der *civis classicus* ein Steuerzahler Erster Klasse. Als »klassisch« wird im Laufe der Jahrhunderte alles bezeichnet, was vollkommen und mustergültig ist. Das Wort »klassisch« bezeichnet aber auch etwas Konservatives, im Gegensatz zu etwas Modernem. Haydns und Mozarts Musik wird zu ihrer Zeit auf den Straßen gesungen und gepfiffen, doch im 19. Jahrhundert entwickelt sich die klassische Musik zur sogenannten ernsten Musik. Im Konzertsaal wird ab sofort mit religiöser Andacht gelauscht. Davor waren Konzerte Veranstaltungen, in denen auch geredet, gegessen oder umhergegangen wurde. Die klassischen Konzerte waren auch Veranstaltungen, die Spaß machten.

Dass klassische Musik Spaß machen kann, glauben heute die Wenigsten. Dass sie spannende Inhalte hat, wird von Vorurteilen überdeckt: Klassik ist steif. Klassik ist Musik für alte Menschen. Klassik ist langweilig, weil moderne Instrumente wie E-Gitarre oder Schlagzeug fehlen. Als Klassikhörer muss man wissen, was *Adagio* bedeutet, man muss Opus-Zahlen kennen, man muss wissen, was eine Sonate ist oder was Dur und Moll unterscheidet. Klassik hören kostet Zeit und Geld. Man kann Klassik nicht einfach nebenher hören, man muss sich konzentrieren. Klassikhörer müssen deshalb höhere Bildungsabschlüsse haben und mehr Geld verdienen als der Durchschnitt. Im klassischen Konzert blamiert man sich, wenn man an der falschen Stelle klatscht. Klassische Konzerte sind teuer und die Kleider, die man dafür anziehen muss, sind unbequem. Klassik ist eben total uncool. Die Klassikszene hat diese Wahrnehmung verstärkt. Klassik kann man nicht vermitteln, heißt es da zum Teil heute noch. Mit der Klassik muss man aufgewachsen sein, um sie zu verstehen. Doch heute kann sich jeder für wenig Geld mithilfe des Internets durch die komplette Musikgeschichte hören und in jedem Alter mit jedem Bildungsgrad abseits von Konzertsälen oder den Verwertungsinteressen der Musikindustrie ganz einfach einen Einstieg in die klassische Musik finden. Außerdem gibt es elitäres Gehabe und Ausgrenzung auch in allen anderen musikalischen Genres. Man versuche einfach mal mit einem eingefleischten Jazzmusiker über Rockmusik zu diskutieren. Das Kennergehabe ist hier genauso groß und die Genregrenzen werden überall streng bewacht. In angesagten Techno-Clubs ist die Auslese durch Türsteher strenger als in jeder Philharmonie.

(67) Marina Baranova, »Hypersuites Reloaded«

Marina Baranova (geb. 1981) ist eine Pianistin, die solche Genregrenzen überwindet. Sie wandelt Stücke von Komponisten wie Rameau, Couperin, Händel oder Bach um. Sie nennt das Ergebnis »Hypersuites«. Es sind spannende Remixe. Marina Baranova wird in der Ukraine in eine Musikerfamilie hineingeboren. Ihre Mutter unterrichtet Klassik und ihr Vater Jazz. Dies legt sicher den Grundstein zu ihrer Auffassung, dass Stücke aus dem 17. Jahrhundert auch nach Jazz klingen dürfen. In einem Interview mit dem Deutschlandfunk Kultur meinte sie: »Die Aufführungspraxis im Barock ist wirklich unfassbar, was die sich erlaubt haben. Diese Freiheit, die sie sich genommen haben. Noten haben sie damals wie eine Landkarte wahrgenommen. Was du damit machst, ist dir überlassen. Und deshalb waren alle Aufführungen sehr unterschiedlich. Es gab keine zwei gleiche oder zwei ähnliche Aufführungen. Möglicherweise kennen wir das heute aus dem Jazz, so eine Wegbeschreibung, und du kannst damit machen, was dir deine Phantasie erlaubt.« Das Ergebnis sind spannende Dialoge zwischen den alten Meistern und Marina Baranova. Die Musik enthält »Hyperlinks« in viel spätere Epochen. Da können dann Stücke aus dem 17. Jahrhundert wie Jazz oder Elektro klingen. Inzwischen haben Musiker Baranovas Barockinterpretationen weiterverarbeitet und Remixe vom Remix gemacht. Alles wunderbare Hyper-Kunstwerke, die Lust auf das Original machen können.

Aber warum sollen wir klassische Musik überhaupt hören? Was macht Klassik so besonders? Klassische Musik ist so besonders, weil alle menschlichen Regungen in dieser Musik zu finden sind. Aber einfach nur durchs Zuhören erschließt sich die klassische Musik tatsächlich schwer. Es ist eine romantische Vorstellung, dass Musik eine universelle Sprache ist, die jeder gleich versteht. Haitianische Ritualmusik, ein Gamelan-Orchester aus Bali oder auch das Requiem von György Ligeti versteht man tatsächlich nicht, wenn man das Hören dieser Musik nicht gelernt hat. Es ist wie das Lesen eines Buches in einer fremden Sprache. Wir verstehen es nicht, wenn wir die Sprache nicht lernen.

Wir brauchen zum Einstieg in die klassische Musik zumindest eine Hörhilfe, zum Beispiel ein Bild, einen Satz, ein Gefühl. Außerdem erschließt sich der Gehalt dieser Musik besser, wenn wir etwas über ihre Struktur, ihre »Grammatik« wissen. Wir werden auch von Worten nur berührt, wenn wir ihre Bedeutung verstehen. Dazu gehört auch die Grammatik der Sprache. Wir müssen wissen, wie die Sätze geformt werden, sonst verstehen wir den Sinn nicht. Das ist bei musikalischen »Sätzen« ebenso. Eine musikalische Grammatik ist zum Beispiel die Sonatenhauptsatzform (siehe Ausflug 3) oder das Generalbassspiel (siehe Ausflug 2). Wir erhalten den emotionalen Zugang zur klassischen Musik eben auch durch intellektuelle Anstrengung.

(68) Frederic Chopin, »Prelude e-Moll op. 28 Nr. 4 für Klavier«

Nehmen wir als Beispiel das Prelude e-Moll op. 28 Nr. 4 von Frederic Chopin. Zwischen 1836 und 1839 komponiert Chopin vierundzwanzig »Präludien« (Vorspiele, Fantasien) Opus 28 als Klavierzyklus. Weil er Johann Sebastian Bach verehrt, hat er dessen achtundvierzig Präludien und Fugen aus dem »Wohltemperiertem Klavier« geübt, bis er sie auswendig kann. Genau wie sein Vorbild verdichtet Chopin in seinen Preludes düstere Melancholie, poetische Melodien und kraftvolle Leidenschaft und komponiert mit zukunftsweisender Harmonik. Jedes Prelude entfaltet sich aus einem Gedanken, einem Motiv, einer kurzen Melodie. Wenn wir dem Prelude in e-Moll einfach mal so nebenbei zuhören, dann denken wir im ersten Takt: »Oh, wie schön das klingt«. Das denken wir vielleicht im zweiten Takt auch noch. Im dritten Takt überlegen wir dann bereits, was wir heute Abend kochen werden oder wohin wir in im nächsten Urlaub fahren wollen. Wir lassen uns ablenken, weil wir die Sprache nicht verstehen. Deshalb gibt es jetzt ein wenig Sprachunterricht für die rund zweieinhalb Minuten Musik.

Der erste Ton des e-Moll Preludes nach zwei Auftakt-Tönen ist ein langes H. Das klingt einfach nur nach einem Ton H. Danach folgt ein C. Plötzlich klingt das vorangegangene H traurig. Das C macht das H traurig! Gleich dreimal hintereinander. Die Begleitakkorde im Bass unterscheiden sich in nur einem Ton und färben dadurch das H zusätzlich jedes Mal ein wenig anders. Das H seufzt, ist nachdenklich geworden. Langsam steigt die Melodie abwärts vom H über A, G, F bis zum… ja, wohin denn? Jeder, auch derjenige Hörer, der sich für völlig unmusikalisch hält, wird an dieser Stelle das E fühlen. Das ist wie ein Heimkommen oder Ankommen in die Tonart e-Moll – das muss da hin! Tja, aber nicht bei Chopin: Er dreht eine harmonische Kurve, vermeidet das E und fängt erst mal wieder von vorne an. In der Mitte des Stückes hören wir eine zukunftsweisende Harmonik. Es klingt konfus, aufgeregt, tief aufgewühlt. Sein Musikerkollege Robert Schumann beschrieb das, obwohl er Chopin als Genie bezeichnete, als etwas »Fieberndes«, wie eine Ruine, wild und durcheinander. Und dann dreht Chopin wieder eine Kurve, er findet den Schluss nicht, er sucht die passenden Akkorde, er sucht den Weg. Viermal nimmt er Anlauf, bis endlich das e-Moll erklingt. Nach zweieinhalb Minuten Musik sind wir mit Chopin endlich angekommen.

Soweit die Grammatik. Jetzt fehlt noch der Satz oder das Gefühl, das uns hilft, das Stück zu verstehen. Also stellen wir uns einen ganz lieben, sehr wertvollen Menschen vor, der gestorben ist. Damit hören wir alles, was Chopin uns zu sagen hat. Wir sind bewegt von Chopin und lassen uns von ihm bewegen. Wir hören mit der Seele zu. In Popsongs hören wir oft eine kurze und eingängige Melodie. Sie wird mehrmals wiederholt. Wir können sie uns schnell merken und sie auch bald mitsingen. In der klassischen Musik gibt es auch eingängige Melodien, aber wir müssen sie öfter hören, um sie zu erkennen, denn sie werden vom Komponisten oft verändert, verfremdet, musikalisch weiterverarbeitet. Als Hörhilfe für klassische Musik gibt es zum Beispiel Konzerte, in denen dasselbe Stück zweimal gespielt wird. Dazwischen gibt es Informationen und etwas Grammatik. Beim zweiten Hören sieht man dann dem Publikum das tiefere Verständnis und die gesteigerte Intensität des Zuhörens förmlich an.

Klassische Musik wird interpretiert. Von den Zuhörern, vom Dirigenten, falls es einen gibt, und vom Musiker. Sie holen alle etwas aus der Musik heraus. Oft sind es Bedeutungen, die der Komponist schon in die Musik hineingelegt hat. Aber auch die Musiker legen etwas in die Musik hinein: Ihren eigenen Schatz an Empfindungen und Erfahrungen. Jede große Kunst – nicht nur die klassische Musik – ist dafür offen. Klassische Musik handelt von uns. Wir können sie auf unsere Wünsche, Hoffnungen und Ängste beziehen, auf unsere emotionalen und intellektuellen Bedürfnisse, auf unser Verhältnis zur Natur oder zu den Menschen. Klassische Musik drückt aus, was wir alle schon gedacht oder empfunden haben. Denn wir hören eben nicht nur mit dem Ohr zu, sondern auch mit der Seele.

Das üben wir jetzt an der 3. Sinfonie von Ludwig van Beethoven. Sie heißt »Eroica« und steht in der Tonart Es-Dur. Die Sinfonie startet mit zwei markanten, langen Akkorden. »Baaam! Baaam!« Ein sinfonisches Beben, wie zwei Donnerschläge aus heiterem Himmel. Es wirkt, als würde Beethoven rufen: »Hört mir zu, ich habe euch etwas Wichtiges zu sagen!« Die folgende Melodie hätten andere Musiker auch so beginnen können, aber niemals hätten sie sie so enden lassen wie Beethoven. Die ersten sechs Noten könnten alle schreiben. Die letzten zwei nur Beethoven. Schock! Hört her! Hört mir zu! Alles Höfische und alles Höfliche wirft Beethoven aus dem Fenster. Er wirft sinnbildlich die alten Perücken weg, die viele andere Musiker seiner Zeit noch tragen. Diese Musiker sind Diener des Publikums. Er aber ist

(69) Ludwig van Beethoven, »3. Sinfonie, Eroica, Es-Dur«

der Meister. Er will dem Publikum etwas sagen, will es überzeugen. Natürlich trägt er selbst keine Perücke mehr. Ein Zuhörer der Wiener Uraufführung im Jahr 1805 bekennt: »Ich würde mehr Geld bezahlen, wenn das Stück hier zu Ende wäre.« Die Konzertbesucher wollen einen ruhigen Abend mit eingängiger, angenehmer Musik. Stattdessen bekommen sie eine fast einstündige schockierend moderne Sinfonie zu hören. »Baaam! Baaam! Hört mir zu! Es gibt jetzt etwas Außergewöhnliches! In außergewöhnlicher Länge! Mit revolutionärem Inhalt und moderner Harmonik!«

»Grell, bizarr verworren und sittenverderbend« ist dieses Werk laut einem Musikkritiker dieser Zeit. Das klingt wie die Kommentare zur Neuen Musik im 20. Jahrhundert. Im Konzert damals gefällt dem Publikum und den Kritikern die Sinfonie des österreichischen Komponisten Anton Eberl, die vor der Eroika gespielt wird, viel besser. Anton *wer*? Kaum einer kennt ihn heute noch. Aber Beethovens Sinfonie, die hat Kraft und Originalität, die heute noch wirkt! Ihre Aktualität ist fast schockierend.

Im ersten Satz der Sinfonie erklingt nach den Donnerschlägen das Thema im Cello mit den verstörenden Beethoven-Schlusstönen. Kaum vorgestellt, wandert das Thema schon in eine harmoniefremde Tonart. Von den Geigen sticht ein einzelner Ton ins Ohr. Betonungen an »falschen« Stellen verunsichern den Hörer. Es klingt wie ein verworrener Weg mit vielen gefährlichen und unerwarteten Hindernissen, wie eine Odyssee. Akzente auf »schrägen« Klängen, sogenannten *verminderten Akkorden*, prallen unaufhörlich auf das Trommelfell der aufgewühlten Zuhörer. Ein wahres Schlachtengetümmel! Dann erklingt plötzlich mitten in dem Albtraum eine neue Melodie, ein Klagelied. Darüber setzt das Horn in einer »falschen« Tonart ein. Schock! Beethoven komponiert hier bi-tonal. Er vermischt zwei Tonarten. Eigentlich wird diese Technik erst einhundert Jahre später erfunden. Mit diesem Horneinsatz nimmt Beethoven diese Idee vorweg. Erst nach vielen Irrungen und Wirrungen erklingt am Ende des ersten Satzes das Thema frei und schön. Der erste Satz ist so lang wie ganze Sinfonien von Haydn oder Mozart. Die damaligen Zuhörer sind nach diesem ersten Satz schon völlig erschöpft. Aber niemand darf nach Hause. Der zweite Satz der Sinfonie ist ein Trauermarsch zwischen c-Moll und C-Dur. Zwischen schwarz und weiß. Ein schockierender Kontrast, die Totenfeier eines Helden. Es ist die erste Sinfonie mit einem Trauermarsch.

Der dritte Satz ist dann plötzlich fröhlich. Wieder ein Kontrast. Auf die Tragödie folgt eine Komödie. Auf Sterben folgt neues Leben, auf Trauer folgt Glück. Hier versteckt sich das Thema vom ersten Satz. Drei Hörner – ein Novum zu dieser Zeit – drei Hörner verausgaben sich bis über die Leistungsgrenze. In der Variation der Scherzo-Melodie bürstet Beethoven den Rhythmus gegen den Strich, es entsteht rhythmisches Jazz-Feeling – gute einhundert Jahre vor der Entstehung dieser Musikrichtung. Der vierte Satz, das Finale, enthält endlich den Schlüssel zum ganzen Werk. Es ist eine Variation über zwei Themen, die Beethoven zuvor schon in vier anderen Werken verwendet hat, unter anderem im Ballett »Die Geschöpfe des Prometheus«. Dort ist der griechische Gott Prometheus der Urheber der menschlichen Zivilisation. Er trifft die Menschen in Unwissenheit an und verfeinert sie durch Wissenschaft und Kunst. Er bringt ihnen Sitten bei. Das war wohl zu Beginn des Finales der Sinfonie noch nicht so erfolgreich, denn alles klingt schräg und chaotisch, die einzelnen Instrumente setzen »falsch« ein. Doch dann greift die Flöte ein. Wie in der »Zauberflöte« von Wolfgang Amadeus Mozart bändigt sie das Chaos, zähmt die wilden Melodien. Und dann erklingt die Oboe. Für Beethoven ist sie das Sinnbild der menschlichen Stimme. Eine ganz neue Melodie erklingt! Im Finale! Das gab es bisher noch nie! Eine neue Melodie am Ende einer Sinfonie! Erneut sind die Zuhörer schockiert.

Diese Freiheit nimmt sich Beethoven im Finale einfach: Liberté! Kein Instrument dominiert mehr: Égalité! Alles klingt in Harmonie und Einheit: Fraternité! Freiheit, Gleichheit, Brüderlichkeit – die Ideale und Kerngedanken der Französischen Revolution hat Beethoven als freidenkender Mensch hier vertont. Er sieht Napoleon als den neuen Prometheus. Ein wirbelndes *Presto* fegt am Schluss alle Bedrohungen und alle Zweifel hinfort. Leider hat dann Napoleon – wie viele Machtmenschen vor und nach ihm auch – diese Ideale verraten, indem er sich zum Kaiser krönte. Beethoven ist erschüttert und enttäuscht. Und sehr wütend. Er soll gesagt haben: »Ist der auch nichts anderes, wie ein gewöhnlicher Mensch! Nun wird er auch alle Menschenrechte mit Füßen treten, nur seinem Ehrgeize frönen; er wird sich nun höher wie alle Anderen stellen, ein Tyrann werden!« Beethoven zerreißt das Titelblatt der Sinfonie, denn er hatte die Komposition zunächst Napoleon Bonaparte gewidmet.

Die Bewunderung des Heldentums geht bei Beethoven später in einen engagierten Humanismus über. Das wird man seiner 5. Sinfonie ebenso anhören wie dem Schlusssatz der 9. Sinfonie. Die Ziele der Französischen Revolution werden hier zu allgemein gültigen Idealen. Mit dieser Sinfonie ruft uns Beethoven durch die Jahrhunderte zu: Nur in Freiheit, Gleichheit und Brüderlichkeit, mit Bildung, Kunst und Kultur kann der Mensch zu einem wirklich zivilisierten Wesen werden.

Nach dem ersten Schrecken hat die Eroica die Konzertbesucher zunehmend fasziniert. Alle, die sich darauf eingelassen haben, erkennen nach und nach, um welch besondere Musik und um welch besondere Botschaft es sich hier handelt. Alle wollen sie hören, um immer Neues darin zu entdecken. Also werden viele Orchester gegründet werden müssen, die diese anspruchsvolle Musik spielen können. Außerdem müssen Konzertsäle gebaut werden, in denen die Sinfonie gespielt werden kann. Ein Erfolg für die 3. Sinfonie auf ganz anderer Ebene.

Ist nur anstrengende, komplexe Musik gut? Muss klassische Musik immer auch ein wenig wehtun? Jein. Wir können die klassische Musik nicht populär machen, indem wir sie als etwas Leichtes und Schönes anpreisen und das Schwere und Anstrengende ausklammern. Denn leichter Genuss ist nicht wirklich der Einstieg in die klassische Musik. Die kleine Anstrengung ist erst das Katapult, das uns in diese andere Sphäre, in andere musikalische Erlebnismöglichkeiten bringt. Wenn wir mit Events und Shows hinter die Schwelle der klassischen Musik gelockt werden, geht es erst richtig los. Wir müssen uns darauf einlassen, dann sind wir plötzlich im Flow, dann bekommen wir die Liebe zur klassischen Musik geschenkt, dann können wir nicht mehr aufhören. Das ist ein wenig wie beim Joggen oder beim Training im Kraftstudio. Wir sind zunächst träge, sitzen auf der Couch und essen Chips. Aber wenn wir uns überwinden, merken wir, dass wir ein großes Bedürfnis nach Bewegung haben. Wir spüren plötzlich unseren Körper. Wenn wir uns in die klassische Musik hineinbewegen, spüren wir unsere Seele und unseren Kopf! Medien und Konzertveranstalter sollten nicht auf die Trägheit setzen, nur weil das in Bezug auf Einschaltquoten und Besucherzahlen sicherer erscheint. Das Versprechen an die Zuhörer, sich nicht bewegen zu müssen, lässt die Bereitschaft sinken, sich bewegen zu wollen, etwas von ungewohnter Seite zu betrachten oder sich mit etwas Neuem zu befassen.

Vielen bewegungshungrigen Zuhörern ist der bewegungsarme Mainstream schon lange zu seicht, zu anspruchslos, zu unsperrig und zu einheitlich. Die ästhetische Erfahrung, die wir beim Hören von unbekannter klassischer Musik machen können, wird uns oft vorenthalten. Gespielt werden gefällige Dauerbrenner. Das hindert aber mutige Interpreten oder Dirigenten nicht daran, das Verständnis für diese Musik spektakulär in uns zu wecken. Der Musiker und Dirigent Nikolaus Harnoncourt (1929–2016) hat das bei einem Konzert von Joseph Haydns »Sinfonie mit dem Paukenschlag« ebenso humorvoll wie eigenwillig geschafft. Haydns extrem lauter Paukenschlag am Ende der pop-verdächtigen Ohrwurmmelodie war zu seiner Zeit skandalös. Das Publikum in der Uraufführung 1791 war schockiert. Harnoncourt zündete in seinem Konzert an der entsprechenden Stelle mit lautem Knall zwei Konfettikanonen, um das Publikum den Schrecken und den skandalösen Effekt auch zweihundert Jahre später intensiv spüren zu lassen.

Franz Joseph Haydn hat mit der Sinfonie Nr. 94 ein wirklich starkes Stück komponiert. Der zweite Satz ist unschlagbar populär geworden. Etwa so wie Mozarts »Kleine Nachtmusik« oder die 5. Sinfonie von Beethoven. Warum nun ist das so? Erstens, weil im zweiten Satz der Sinfonie von Haydn eine sehr eingängige Melodie erklingt, die das Zeug zu einem Schlager hat. Jeder kann sie sofort nachsingen. Zweitens erklingt am Schluss dieser Schlagermelodie ein unerwarteter Fortissimo-Schlag von den Pauken und zusätzlich von allen anderen Instrumenten des Orchesters. Haydn soll die Paukenschläger gebeten haben, »extra dicke Stöcke zu nehmen und recht unbarmherzig dreinzuschlagen.« Weil die Melodie davor sehr leise gespielt wird, ist die Überraschung umso größer. Die Engländer haben diese Sinfonie, die in London entstanden ist, deshalb auch »Surprise« genannt.

(70) Joseph Haydn, »Sinfonie Nr. 94, II. Satz«

Haydn will das Publikum mit etwas Neuem überraschen. Die Premiere sollte brillant werden, denn es gibt einen Schüler von Haydn, Ignaz Pleyel, der eine Woche vor Haydn mit einem anderen Londoner Orchester aufgetreten ist und von dem sich Haydn nicht den Rang ablaufen lassen will. Haydn will aber auch die in seinen Konzerten eingeschlafenen Zuhörer wecken. Er sieht das Schlafen in seinen Konzerten als Missachtung seiner Kunst und will sich dafür rächen.

Deshalb bringt er nach der leisen, harmlosen Melodie den brachialen Paukenschlag. Bei der Premiere schreckt der urplötzliche Donner alle eingeschlafenen Zuhörer erwartungsgemäß auf. Man kann sich vorstellen, wie sich alle mit verstörten und verwunderten Mienen ansehen. Ein empfindsames Fräulein, das eben noch beseelt zuhörte, kann dem Paukenschlag nicht die »hinlängliche Nervenkraft« entgegenstellen und fällt in Ohnmacht. Sie muss an die frische Luft geführt werden. Worauf sich Haydn den Vorwurf gefallen lassen muss, dass er in seinen anderen Kompositionen auf galante Art überrascht hätte, diesmal aber sehr grob gewesen sei. Das bekümmert den Komponisten jedoch überhaupt nicht. Sein Ziel, dass alle zuhören und ihn nicht vergessen, hat er damit erreicht. Bis heute.

Haydn ist ein Kompositionshandwerker. Er hat einhundertacht Sinfonien komponiert. Spätere Komponisten schaffen zu Lebzeiten selten mehr als zehn. Aber es gibt viel Hintergründiges und Unerwartetes in seinen nur vordergründig leichten Werken zu hören. Auch der Paukenschlag ist sicher nicht nur ein musikalischer Spaß, ein cleverer Schachzug gegen seinen Kontrahenten oder ein Wecker für eingeschlafenes Publikum. Was will uns der Meister mit dem großen »Rumms« nach sechzehn Takten gemütlicher Schlagerbehaglichkeit sagen? Ist das Selbstironie? Oder ist es Spott über die musikalischen Belanglosigkeiten seiner Musikerkollegen? Auch, aber nicht nur. Musikalisch war Joseph Haydn ein heimlicher Revolutionär, dessen Werk mehr Doppelbödigkeit, Komplexität und Geistesschärfe besitzt, als ihm viele zutrauen. Er strebt nach dem klassischen, musikästhetischen Ideal: Die Musik soll große Eingängigkeit haben, sie soll leicht zu fassen, aber trotzdem nie banal sein. Sie soll mit höchster Kunst verarbeitet sein. Sie soll Geschmack und Kompositionswissenschaft vereinen. Sie soll kunstverständige Kenner ebenso befriedigen, wie den Liebhaber der Musik erfreuen und ergreifen. Das hat Haydn in seiner Sinfonie mit dem Paukenschlag wirklich geschafft.

Die Sinfonie entsteht in den Jahren 1791 und 1792 in London. Für Haydn ist es eine Zeit des Umbruchs. Der Komponist ist seit kurzem »Rentner« – zwangsweise. Denn nach dem Tod seines Dienstherrn in Wien, des Fürsten Nikolaus Esterhazy, hat dessen Nachfolger, der keinen Sinn für Musik hat, die fürstliche Kapelle aufgelöst. Haydn ist arbeitslos. RUMMMS! Was für ein Paukenschlag. Er sitzt in seinem goldenen Gefängnis gut versorgt am Hofe, wo niemand seine Musik hören will. Was das mit einem Musiker macht, kann sich jeder vorstellen.

Der englische Geiger und Konzertunternehmer Johann Peter Salomon überredet schließlich seinen berühmten Kollegen zu einem London-Engagement. Haydn war noch nie im Ausland, seine Freunde raten ihm von der Reise ab. »Sie haben keine Erziehung für die große Welt gehabt und reden zu wenig Sprachen«, warnte ihn der Tournee-erfahrene Musikerkollege Wolfgang Amadeus Mozart. Worauf Haydn angeblich antwortet: »Oh, meine Sprache versteht man durch die ganze Welt.« Womit er recht hat. In London wird er als Star gefeiert. Seine Konzerte sind alle ausverkauft.

Konzertbesuche sind auch heute unentbehrlich – für die Psyche, für die Seele, für die Beweglichkeit unseres Geistes und die Anregung unserer Kreativität. Große Kunst bietet ein riesiges Reservoir an Erfahrungen und Erlebnisräumen. Die Beschäftigung mit Tschaikowsky oder Beethoven, Haydn, Chopin oder Maria Baranova lohnt. Gerade das Fremde, das über die Grenzen gehende, kann für den Hörer ein Katapult in eine andere Dimension sein. Ludwig van Beethovens 9. Sinfonie ist so ein Katapult. Diese 9. Sinfonie ist die letzte Sinfonie, die Ludwig van Beethoven geschrieben hat. Ideen für seine zehnte Sinfonie hatte er bereits notiert, ausführen kann er sie jedoch nicht mehr. Der erste Satz der 9. Sinfonie ist sehr ernst und lang. Er ist so, wie wir es von einem Komponisten erwarten, der schon acht Sinfonien komponiert hat. Der zweite Satz ist ein schnelles und spritziges *Scherzo*. Das Orchester galoppiert. Plötzlich hören wir eine friedliche Melodie. Hier klingt bereits das berühmte Lied vom Ende der Sinfonie an. Der dritte Satz danach ist himmlisch langsam und hochemotional. Im vierten Satz lässt Beethoven das Orchester erst eine Art Chaos spielen. Er zitiert Teile aus allen vorhergehenden Sätzen. Aber das kann nicht das Ende sein, das ist nicht die Lösung. Die Lösung liegt in einer Melodie, die ebenso simpel wie genial ist, die jeder gleich mitsingen kann. Aber die wird nicht nur von einem Orchester gespielt, sondern auch von einem Chor gesungen. Es ist die erste Sinfonie mit Chor! Wahnsinn! Beethoven hat sein Publikum immer überrascht, aber das ist die größte Überraschung. Das toppt alles. Die Gerüchteküche vor der Uraufführung brodelt: »Wirklich? Ein Chor? Unvorstellbar!« Der Chor singt von Brüderlichkeit, von Freude, Freundschaft und Freiheit: »Oder an die Freude«. Das Gedicht stammt von Friedrich

(71) Ludwig van Beethoven, »9. Sinfonie, 4. Satz«

Schiller. Dieser Text und die 9. Sinfonie symbolisieren den wahren Erfolg Beethovens: Sein Kampf mit den Schwierigkeiten des Lebens, der Kampf mit dem Publikum, das seine Ideen nicht versteht, der Kampf mit dem Gehörverlust. Beethoven trotzt allem mit Optimismus und mit unerschütterlichem Glauben an die Menschlichkeit. Er führt uns am Ende seiner Sinfonie zur triumphalen Freude. Wenn jemand fragen würde, was unsere menschliche Zivilisation ausmacht, dann sollte man als Antwort einfach die 9. Sinfonie spielen, meinte der griechisch-russische Dirigent Teodor Currentzis. Auch im 21. Jahrhundert ist diese Sinfonie unvermindert populär. Im Kongo wird das Werk ebenso aufgeführt wie in Japan oder in Brasilien.

1817 hatte die Royal Philharmonic Society in London bei Beethoven eine Sinfonie bestellt – eben seine neunte. Fast zweihundert Jahre später ordert dieselbe Konzertgesellschaft beim chinesischen Komponisten Tan Dun das Chorkonzert »The Nine Project«. Tan Dun verknüpft in seiner Komposition klassische und moderne Stilelemente ebenso wie asiatische und europäische Musik. Die Texte in dieser Komposition verfasste 300 v. Chr. ein chinesischer Dichter namens Qu Yuan. In der Komposition entsteht ein Dialog zwischen Qu Yuan und Schiller, aber auch zwischen Tan Dun und Beethoven. Genial. Der Komponist und DJ Gabriel Prokofiev (Enkel des Komponisten Sergej Prokofjew) schrieb einen Remix zu Beethovens 250. Geburtstag: »Beethoven 9 Symphonic Remix«. Auch dies ist ein Hyper-Kunstwerk, das Lust auf das Original machen kann.

Etwa elf Prozent der deutschsprachigen Bevölkerung hören Klassik. Doch der größte Bevölkerungsteil meint, zu dieser Musik keinen Bezug zu haben. Viele sind auch überzeugt, kein musikalisches Gehör zu haben. Aber ein unmusikalisches Gehör gibt es nicht (siehe Ausflug 5)! Klassische Musik kann jeder hören und lieben lernen. Wir sollten es einfach mal ausprobieren.

Ausflug 7

Wie im Wohnzimmer die populäre U-Musik und der Streit mit der klassischen E-Musik geboren werden und warum das Fahrrad und der Phonograph die Frauen vom Klavierspiel zum Zwecke der Heiratsvermittlung erlöst haben.

In den Konzertsälen des aufstrebenden Bürgertums des 19. Jahrhunderts kann jeder gegen Eintritt an Musik teilhaben. Was für uns heute selbstverständlich ist, war damals eine riesige Neuerung, denn es war bisher ein Privileg des Adels, Konzerte zu veranstalten und zu hören. Im bürgerlichen Konzertsaal dient die Kunst keinem anderen Zweck als der künstlerischen Erbauung der Zuhörer. Sie dient nicht zur Selbstdarstellung des adeligen Finanzgebers, nicht zur Einweihung eines Gebäudes, nicht zur Untermalung von Sportwettkämpfen, nicht zur Begleitung des Gottesdienstes. Es ist reine Kunst, l'art pour l'art. Damit steigt der künstlerische Anspruch, vor allem an den Solisten, an den Virtuosen.

Mit der Zeit entsteht ein Kult um den Solo-Star. Das beste Beispiel dafür ist der Teufelsgeiger Niccolò Paganini (1782–1840). Ein Kollege schreibt über ihn: »Das Seelenvolle, Begeisterte, wahrhaft Eigenthümliche in Paganini's Spiel strömt aus seiner innersten Natur. Die Gefühle und Empfindungen, die er im verwandten Busen erregen will, sind seine eigenen. In den Tönen seiner Melodien ist sein Leben rege und wach, finden wir stets sein Ich, seine Individualität.« Paganini beherrscht sein Spiel ebenso wie seine Vermarktung. Das Publikum bewundert glühend sein göttliches Spiel auf der Bühne, aber er entrückt seinen Fans in höhere Sphären. Künstler und Zuhörer entfernen sich voneinander.

(72) Niccolò Paganini, »La Campanella«

Um wieder mehr Nähe zwischen den Musizierenden und den Zuhörern zu schaffen, wird die Musik kurzerhand in die bürgerlichen Wohnzimmer verlegt und von »Dilettanten« dargeboten. Diese heute abwertend gebrauchte Bezeichnung bedeutet im 19. Jahrhundert schlicht »Laienmusiker«. Diese Laien können, im Gegensatz zum Volksmusiker, komponierte und notierte Musik darbieten. Vor allem die Töchter des neu entstandenen Bürgertums bekommen hierfür Musikunterricht und zwar meistens am Klavier, denn die Dame des Hauses präsentiert in ihrem Salon stolz den Flügel und die Tochter im heiratsfähigen Alter. Das ruft den Musikkritiker Eduard Hanslick auf den Plan, der diese Form der Hausmusik sehr herablassend beurteilt: »Sogar Kleinhandel und Gewerbe versucht, ihren Kindern Klavier, Noten, Lehrer und Musikausbildung zu ermöglichen, um zu den Gebildeten zu gehören.« Der Komponist Robert Schumann dagegen warnt vor dem abgehobenen Kunstdünkel: »Kunst blüht zu jeder Zeit nie ohne Wechselwirkung.«

Schumann hat recht mit der Wechselwirkung. »Die schöne Müllerin« zum Beispiel wird zuerst von Dilettanten im Hauskreis gedichtet und gesungen, danach erst wird sie von Franz Schubert in seinem berühmten Liederzyklus vertont. Mit und ohne Wirkung auf die sogenannte »klassische« Musik blüht die dilettantische Kunst ab 1800 in den Salons und Wohnzimmern großbürgerlicher, kunstsinniger Gastgeberinnen. Das Geld wird aber in diesen Familien mehr zusammengehalten als früher bei den Adeligen. Verschwendungssucht gibt es nicht, man leistet sich kein großes Orchester. Ein Klavier – oder etwas edler – ein Flügel tut's auch. So wird das Klavier zum populärsten Musikinstrument, sowohl als Soloinstrument als auch zur Begleitung von Instrumentalisten und Sängern. Oft wird vor dem Auftritt auf einer großen Bühne die Musik als Probelauf in privaten Zirkeln gespielt. Hier entsteht aber auch die sogenannte Salonmusik: Sie ist für jedermann verständlich, nicht zu virtuos, gefällig, behaglich, populär. Es bildet sich hier – in Abgrenzung zur Volksmusik und zur klassischen Musik – eine eigenständige Kategorie der populären Musik.

Schon Mozarts Vater Leopold hatte seinen Sohn 1870 ermahnt, die breiten Hörerschichten nicht aus dem Auge bzw. aus dem Ohr zu verlieren: »Ich empfehle Dir bey deiner Arbeit nicht einzig und allein für das musikalische, sondern auch für das ohnmusikalische Publikum zu denken – du weist es sind 100 ohnwissende gegen 10 wahre Kenner, vergiß also das so genannte populare nicht, das auch die langen Ohren kitzelt.« Die Damen und Herren in den Salons und Wohnzimmern wären sehr entrüstet, als unmusikalische Esel bezeichnet zu werden, nur weil sie das derzeit Populäre – also eben nicht Mozart – hier geboten bekommen. Es entsteht eine Musik-Mischung aus alt und neu, ein wenig klassisch angehaucht, liedhaft gefällig, nicht zu anspruchsvoll. Hier in den Salons ist die Geburtsstunde der populären Musik, der unterhaltenden Musik, der sogenannten U-Musik.

Um die Entwicklung der Popularmusik gesellschaftlich in den Griff zu bekommen, entstehen musikalische Benimm-Regeln, neben den 1788 formulierten Alltags-Benimm-Regeln des Freiherrn von Knigge. Der Musik-Knigge ist an den »wahren Liebhaber der Tonkunst« im Konzertsaal gerichtet, der musikalische »Schönheit auf den Takt erhaschen« soll. Er soll den Meisterwerken die angemessene Referenz erweisen und Musik um ihrer selbst willen ausüben. Die populäre Musik wird hier als »Aas« bezeichnet, das »auf dem Anger begraben« werden soll, weil sie auf das Sinnliche, statt auf das Geistige ausgerichtet ist. Starker Tobak. Was ist denn nun so gefährlich an dieser sich rasch ausbreitenden populären Musik, dass sie derart bekämpft werden muss?

Die klassische E-Musik, von Kennerschaft und Bildung getragen, bleibt in den Konzertsälen vom bürgerlichen Alltag unberührt. Sie berührt aber auch die bürgerlichen Zuhörer nicht in dem Maß wie die populäre Musik in der alltäglichen Umgebung. Diese populäre Musik kann zum Beispiel den zunehmend industrialisierten Alltag vergessen lassen. Das schlägt sich natürlich auch in den Zuhörerzahlen nieder – ein Grund für die Verfasser des musikalischen Knigge und auch für die Besitzer der klassischen Konzertsäle, derart scharf zu polemisieren.

Übrigens hat Mozarts Vater damals offenbar die klassisch orientierten Esel im Blick gehabt, denn sein Rat bezog sich auf Mozarts Oper »Idomeneo«! Eine populäre Oper für »Jedermann« war sie nicht, sie war eher für die oberklassigen Jedermänner, nicht für das Volk gedacht. Der moderne bürgerliche Staat im 19. Jahrhundert ermöglicht nun hingegen eine musikalische Öffentlichkeit für fast alle Jedermänner und Jederfrauen: Tanzsäle, Ballhäuser, Biergärten und Musikpavillons. Hier entwickelt sich die populäre Musik so rasant, dass sie über ästhetische Diskussionen oder musikalische Benimmregeln einfach hinwegfegt: Sinnlichkeit des Klangs statt Logik der Form, Empfindung statt Bedeutung, tiefes Gefühl statt ästhetischer Inhalt, Lust statt Tonkunst. Der entstehende Kapitalismus entscheidet jetzt über das, was musikalisch geboten wird: Das, was die Kassen und die Säle füllt. Das hat sich bis heute nicht grundlegend geändert.

Im privaten Rahmen des kapitalistischen Bürgertums wird gespielt, was den Salon füllt: Populäre Klaviermusik. Praktisch jeder spielt im 19. Jahrhundert Klavier. Es entwickelt sich ein regelrechter Klavier-Hype. Bis etwa Mitte des 19. Jahrhunderts haben die Klavierbauer – allen voran Vater Heinrich Steinweg und Sohn Henry Steinway – die Klangästhetik, die Mechanik, die Pedale, die Saiten und das Gehäuse optimiert und zum Maßstab für den heutigen Klavierbau gemacht. Die Industrialisierung unterstützt die Massenanfertigung, die Verbreitung und Vermarktung wird auf Weltausstellungen angekurbelt. Die Bevölkerung wächst, die Kaufkraft nimmt zu und das Klavier wird zum Statussymbol für das Bürgertum. Es wird zu *dem* angesagten Instrument überhaupt. Im Jahr 1850 werden in Europa etwa 33 000 Klaviere gebaut, 50 Jahre später sind es bereits über 200 000 Stück pro Jahr. Die Verleger liefern Noten am Fließband und jeder nimmt Klavierunterricht. Der Klavierlehrer ist begehrt, Literatur zur Unterrichtspraxis, sowie Noten für den begabten Virtuosen und für den »ohnmusikalischen« Möchtegern-Pianisten überschwemmen den Markt. Die beliebten Melodien wollen sofort eingeübt und zum Besten gegeben werden. Dafür braucht man schnell die Noten der Hits. Da hat Herr Alois Senefelder eine bahnbrechende Idee: Zunächst will er noch mit eigenen Bühnenstücken von München aus die Welt erobern, was ihm mangels Talent allerdings gründlich misslingt. Keiner will seine Werke veröffentlichen, also beschließt er, es selbst zu tun und sucht nach einer kostengünstigen Alternative zum bisher aufwändigen Druckverfahren. Er ätzt sie einfach in Kalkschieferplatten. Grandios! Bis 1834 haben alle großen Musikverlage seine Erfindung übernommen, denn sie ermöglicht Massenauflagen. Mit der Dampfkraft-Schnellpresse werden diese Auflagen für jedermann erschwinglich und ruckzuck verbreitet. Alles, was hohe Verkaufszahlen verspricht, wird gedruckt – und das ist alles, was die Zuhörerschaft immer und immer wieder hören will. Den Alois Senefelder will allerdings immer noch niemand hören, er hat sein Geld dann anderweitig gemacht.

Es entsteht der Beruf des *Arrangeurs*, der die gängigen Melodien für alle Schwierigkeitsgrade und Besetzungen und vor allem auch für das Modeinstrument Klavier zu zwei Händen, zu vier Händen, für zwei Klaviere, und was sonst noch gewünscht wird, bearbeitet. Das populäre Notenangebot wächst und wächst. Robert Schumann meint: »Die Masse steht bis an den Kopf in Noten.« Von Wechselwirkung ist nun nicht mehr die Rede. Das Bürgertum imitiert den

Adel und veranstaltet musikalische Abendgesellschaften, allerdings ohne Paganini oder Liszt, sondern mit der Tochter des Hauses. Diese braucht leichte, eingängige Spielstücke, die bekannt sind und pseudo-virtuos daherkommen.

In der »Musikalischen 20-Pfennig-Bibliothek« erscheint 1852 ein »Salonstück für Pianoforte zu zwei Händen« von der achtzehnjährigen polnischen Pianistin Tekla Badarzewska-Baranowska mit dem Titel: »Gebet einer Jungfrau«. Die Komposition wird ein Mega-Hit und zum Inbegriff der Salonmusik. Die Gegner und selbsternannten Liebhaber echter und wahrhafter Tonkunst sind entrüstet. Noch über hundert Jahre später ist über dieses Stück zu lesen, dass es sich nicht nur um schlecht gemachte, sondern auch um sittlich schlechte, vulgäre und kitschig-verlogene Musik handele. Es bediene angeblich die niedrigsten musikalischen Instinkte des Menschen, es sei Salonschund. Diesen Schund haben allerdings 140 Verlage in der Originalversion und dazu noch in unzähligen Fassungen für alle erdenklichen Instrumente im Programm.

(73) Tekla Badarzewska-Baranowska, »Gebet einer Jungfrau, Op. 4«

Nun ist Quantität nicht gleich Qualität, aber das Stück ist populär, weil die Hörer und Spieler es so entschieden haben, nicht weil irgendwelche von Musik-Koryphäen aufgestellten Standards eingehalten werden. Es geht hier um Spielfreude, Genuss und Selbstdarstellung statt um Reinheit, Vollkommenheit und Meisterschaft, und genau das empfinden die Musikexperten bis heute als Unverschämtheit. Dass auch das gehobene Bürgertum diese Komposition mit Begeisterung aufnimmt und die Kompetenz der Musikexperten ignoriert, macht die Sache noch komplizierter. Außerdem erregt das Wort »Jungfrau« im Titel allgemeinen Unmut. Es geht nämlich um unterdrückte Begierde. Eigentlich sollte sie sittsam sein, die Jungfrau. Auf den richtigen Mann soll sie warten, der das Recht auf die erste Nacht hat. Die vermeintlich moralische und sittliche Lebensweise des aufstrebenden Bürgertums wird hochgehalten: Tugend und äußerer Anstand, dazu natürlich Geld und Einfluss. Wenn sich nun eine grazile, junge Pianistin und angenommene Jungfrau zum »Gebet der Jungfrau« am Klavier »mit atmendem Busen« und »zarter Biegung in der Hüfte« hin- und herwiegt und am Ende mit »bebenden Lippen« sanft ausatmet, dann wird der Körper zum Objekt der Begierde und der brave, bürgerliche Zuhörer zum Voyeur. Hier kann er klammheimlich in Gedanken ausleben, was praktisch zu dieser Zeit völlig unmöglich ist. Auch deshalb sind die Musikexperten derart entrüstet.

Die Konfrontation der klassisch-ernsten E-Musik mit der genussvoll-unterhaltenden U-Musik ist mitten im Wohnzimmer des Bürgertums entstanden! In der Wiener Allgemeinen Zeitung liest man über das Fortepiano-Spiel: »In jener goldenen Periode, wo Mozarts und Haydns Sonaten von dem gefühlvollen Musikpublikum mit Liebe empfangen und gespielt wurden, war die Musik eine Beschäftigung der Gebildeten zur Erhebung der Gemüthes.« Nun ist die Musik in alle Zimmer und Stände gedrungen. Der Nachahmungstrieb habe in den niederen Ständen eine »Musikomanie« ausgelöst, liest man weiter. Die sich immer mehr etablierende Wirtschaftsform des Kapitalismus bringt auch Arbeitslosigkeit und soziale Not mit sich. Deshalb kommen immer mehr Menschen auf die Idee, ihren Lebensunterhalt mit Musik zu bestreiten. Kaiser Joseph II. hatte 1782 die Musikzünfte aufgelöst, nun gibt es immer mehr freie Musiker. Ganze Familien versuchen bald, der sozialen Misere zu entkommen, indem sie mit Instrumenten und Gesang in den Vergnügungslokalen auftreten, wie im 20. Jahrhundert die Jackson Five oder die Kelly Family. Notenmaterial für Stehgeiger oder Kurorchester, Tanzkapelle oder Salon-Musik gibt es in Massen. Und wer sich kein Klavier leisten kann, leiht sich einfach eines aus.

Die klassische Musik ist inzwischen in Konzertsäle und Opernhäuser verbannt worden. Europa verändert sich rasant mit Dampfkraft, Eisenbahn, Telegraphie und Maschinenbau. »Der harte Daseinskampf unserer Tage und die erschwerten Erwerbsmöglichkeiten eines hastenden Zeitalters haben andere Kulturwerte geschaffen und das Kunstempfinden in neue Bahnen gelenkt.« Dieser Satz steht im Vorwort eines Albums für populäre Klaviermusik. Darin finden sich viele schnelle, aber auch besonders gefühlvolle, eingängige, populäre Stücke. Denn die neue Fabrikarbeit und der Kampf um Gewinn fordert einen musikalischen Ausgleich: Leichte Musik!

Musik hängt nicht mehr nur mit den Festen und Feiern des kirchlichen Kalenders oder mit bestimmten Anlässen zusammen, sondern wird Unterhaltung zu jeder Zeit. Man liebt die Ordnung von Melodie und Rhythmus und das behagliche Musikgefühl in der Hektik und Kälte des neuen städtischen Lebens. Die Gesellschaft wandelt sich zur Massengesellschaft, die lokalen und regionalen Unterschiede der Musik verwischen, es entsteht eine Massenkultur. Die Welt der Menschen und die Welt der Musik gehen eine Symbiose ein. Ob die Tochter am Klavier oder der Proletarier in der Fabrik, jeder bewegt sich in einer für ihn charakteristischen Klangwelt. Das inspiriert den US-amerikanischen Erfinder Thomas Alva Edison zur Erfindung des Phonographen im Jahr 1877.

Die walzenförmigen Tonträger werden zehn Jahre später durch das Grammophon von Emil Berliner mit scheibenförmigen Tonträgern und einem großen Schalltrichter ersetzt – der Vorläufer des modernen Plattenspielers. Jetzt ist der Siegeszug der Musikindustrie nicht mehr aufzuhalten. Die ganze Familie kommt auf den Trichter! Für Kinder gibt es sogar einen Spielzeug-Phonograph, der Musik von einer Schokoladen-Schallplatte abspielt. Um die Jahrhundertwende produziert die Phonographenfabrik des Schallplattenkönigs Carl Lindström in Deutschland bereits 150 000 Geräte pro Jahr, obwohl alle noch von Hand angetrieben werden müssen. Lindström betreibt auch ein Aufnahmestudio, wird zum Produzenten und zum größten Musikkonzern in Europa. Bis etwa 1920 wird das Grammophon mittels eines Federwerks angetrieben, da die meisten Haushalte noch nicht mit einem Stromanschluss ausgestattet sind. Später wird der Trichter in das Innere des Geräts verlegt, der Antrieb wird elektrisch, das Federwerk muss nicht mehr aufgezogen werden. Jetzt kann die Platte mit konstanter Geschwindigkeit abgespielt werden. Zehn Jahre später werden die Platten elektrisch abgenommen und über einen elektrischen Verstärker wiedergegeben. Die Unterhaltungsmusik ist in die Wohnzimmer eingezogen.

Endlich gibt es Kunstgenuss in den eigenen vier Wänden ohne eigene Anstrengung! Man muss nicht erst jahrelang Klavier üben, bevor Hausmusik erklingen kann, denn der Apparat bringt die Musik sofort und jederzeit direkt in den Salon. Allerdings zunächst nur zu den Besserverdienenden. Das Grammophon kostet immer noch das Doppelte des Monatsverdienstes eines Arbeiters. Für die Hörer mit dem dicken Geldbeutel kommt zunächst klassische Musik aus dem Trichter: Enrico Caruso wird zum ersten Superstar auf Schallplatte. 498 Titel singt er ein und das neue Massenmedium macht ihn weltbekannt. Die Deutsche Grammophon-Aktiengesellschaft wirbt beim Bildungsbürgertum mit »abwechslungsreicher Unterhaltung und Förderung des musikalischen Geschmacks«. Mit der Zeit werden die Apparate erschwinglicher und eine Berliner Firma bewirbt mit dem Satz »Die neuesten Schlager zuerst am Lager« eine andere Käuferklientel für Grammophone. Musik beginnt, das private Leben aller

Menschen zu begleiten und zu strukturieren. Sie dient auch der Selbsterfahrung und der Selbstdarstellung.

Die Folge ist die Entwicklung einer unglaublichen Vielfalt an populären Stilen und Spielweisen: von Tanzmusik zu Disco, von Soul, Rhythm and Blues über Funk zu Hiphop und Rap, von House bis Techno, vom Boogie-Woogie über Rock'n Roll zu Beat-, Blues-, Country- und Rockmusik. Es geht um Abgrenzung und Integration, um Identitätssuche und Lebensgefühl mit ständig wechselnder Folge von Subkulturen, Szenen, Gruppen und Stilgemeinschaften. Es geht um ein Wir-Gefühl und natürlich um Unterhaltung. Willkommen in der U-Musik.

Mit dem Grammophon und der Elektrizität sind die Wege für einen weiteren Apparat geebnet: dem Radio. Plötzlich kann man als Musiker gehört werden, ohne live zu spielen. Plötzlich kann jeder, der ein Radio besitzt, unabhängig vom gesellschaftlichen Stand und ohne spezielle Kenntnisse oder Fähigkeiten Musik hören. Theoretisch kann bereits ab 1930 der Musiker beim Musikmachen auch überall gesehen werden und die Zuhörer können den Konzerten fernbleiben, denn jetzt gibt es den »Fern-seher«. Diese rasante Medienentwicklung steuert ab sofort die Musikentwicklung maßgeblich mit. Mit Videoportalen wie YouTube, Musikstreaming-Diensten wie Spotify oder Onlinevideotheken werden im 21. Jahrhundert die ersten Medien dann ebenso ersetzt, wie diese einst die Salonmusik ersetzt haben.

Die Salonmusik wandert aus den Salons mit den neuen Grammophonen zunächst in Cafés und Hotelhallen, es entstehen große Salonorchester. Heute präsentieren das *Palast Orchester* oder André Rieu wieder eine moderne Variante dieser Salonmusik, denn um die Jahrhundertwende verschwindet die Salonmusik nach und nach zugunsten des Grammophon-Spiels. Doch wo bleiben die höheren Töchter und ihr Pianospiel? Wird ihr Spiel vom dem Lied aus dem Radio übertönt, das zum einschlagenden Schlager geworden ist? Wo präsentiert sich die Jungfrau mit ihrer musikalischen Aussteuer dem heiratswilligen Großbürger-Patriarchen?

Nirgends! Sie pfeift drauf, vielleicht sogar einen Schlager. Sie entzieht sich den Disziplinierungsversuchen der Klavierstunden, der weiblich gesitteten Körperhaltung wie »Kopf hoch, Busen raus, Rücken gerade« und dem Zwang des Klavierspiels im Salon. Sie bedient aber auch nicht das Grammophon: Sie fährt Fahrrad! Das Klavier hat als Hilfsmittel zur Eheanbahnung und als Präsentation für körperliche Reize ausgedient. Der Klaviermarkt bricht ein, das Fahrrad boomt! Das Rad dient zur Befreiung des weiblichen Geschlechts, zur größeren Mobilität und zur Vereinfachung des Dress-Codes. Heute kurven Frauen mit Fahrrad und Kinderanhänger durch die Straßen oder überqueren die Alpen mit dem Mountainbike. Bis dahin ist es aber noch ein weiter Weg, denn zunächst gilt Radfahren als vollkommen unweiblich, ebenso wie die zum Radsport nötigen Hosenröcke, die bald das Korsett und die bodenlangen Röcke ersetzen. Noch zu Beginn des 19. Jahrhunderts ist die Rad fahrende Frau unerhört und eine Provokation gegen die etablierte Gesellschaftsordnung. Männer auf Hochrädern werden bewundert, Frauen verspottet. Doch das ficht sie nicht an, die räumliche und gedankliche Freiheit auf dem Rad wird nicht mehr hergegeben. 1868 gibt es bereits das erste Vélocipédes-Rennen mit Frauen am Start.

Kampfgeist, Kraft und Ehrgeiz kann eine Frau nur in geringem Maß entwickeln, da sind sich die Patriarchen des 19. Jahrhunderts einig. Anstrengung und Schweiß stehen der Frau nicht gut zu Gesicht. Doch auch Hohn und Spott können die Emanzipation nicht stoppen, das Bild der grazilen Jungfrau am Klavier wandelt sich zur selbstbewussten Frau, die endlich auch »die Hosen an hat«. Nun kommen die Mediziner auf dem Plan, um zu retten, was nicht mehr zu retten ist. Radfahren auf hartem Sattel mit rhythmischen Bein-Bewegungen könnte zur Masturbation anregen und längerfristig die weibliche Fruchtbarkeit einschränken, meinen die ausschließlich männlichen Ärzte mit verstaubter Sexualmoral des 19. Jahrhunderts. Die Bewegung in der Natur stärkt offenbar nur Körper, Geist und Gesundheit von Männern, Frauen hingegen schadet sie, fördert eher »Emanzipationsgelüste, Eitelkeit und Gefallsucht«, wie man in der Alpenländischen Sportzeitung im Jahr 1900 lesen kann. Das erinnert sehr an die Frauen in Saudi-Arabien, die noch bis zum Jahr 2018 nicht Auto fahren durften. Wenn sie es trotzdem taten, riskierten sie, festgenommen zu werden. Die islamischen Geistlichen haben medizinische Warnungen parat, die sehr an die der europäischen Ärzte um 1900 erinnern: Autofahren habe Auswirkungen auf die Eierstöcke und das Becken der Frau und sie bekäme Probleme beim Kinderkriegen (natürlich nur, wenn sie selbst hinter dem Steuer sitzt, nicht als Beifahrerin). Aber die Zeiten ändern sich. Fahrräder, Autos oder auch Klaviere werden für die arbeitende Frau im 20. Jahrhundert erschwinglich und selbstverständlich. Das Kinderkriegen klappt – allen Unkenrufen zum Trotz – immer noch. Ganz allmählich arbeitet sich die Frau auch in die Musikszene des 20. Jahrhunderts vor. Ob sie wohl unfruchtbar wird, wenn sie in einem klassischen Orchester Geige spielt – oder gar in einer Rockband singt?

Bevor wir uns in der musikalischen Vielfalt des 20. Jahrhunderts umhören, die Entwicklung der Massenmedien und ihre Auswirkung auf die Musik verfolgen und der ideologisch aufgeladenen Gegenüberstellung von E-Musik und U-Musik nachgehen, machen wir noch einen aufschlussreichen Ausflug. Wir ergründen, warum Musik angeblich »Männersach'« ist.

Ausflug 8

Warum Musik »Männersach'« ist und die Frau Eigenschaften einer Violine hat, weshalb es die Pflicht des Erziehers ist, das aufstrebende Genie des Mädchens zurückzudrücken, wie die Autoren der Musikgeschichte Künstlerinnen aus dem kulturellen Gedächtnis gelöscht haben und warum das alles trotzdem nichts nützt.

Zu Beginn des 20. Jahrhunderts, gegen Ende der Epoche der Romantik, beginnt also die Frau, sich unter anderem mit Hilfe des Fahrrads zu emanzipieren. Zunächst ist es eine Emanzipation *von* der Musik, genauer gesagt, von der Darstellung der Weiblichkeit beim Klavierspiel im Salon zum Zwecke der Heiratsvermittlung. Ob es auch eine Emanzipation *für* die Musik gegeben hat? Hat es Frauen gegeben, die sich für ein Musikerinnenleben entscheiden wollten und konnten? Wie ist das Frauenbild um 1900 in Bezug auf das Künstlertum?

Es gibt kaum Texte zum Thema Frau und Musik zu dieser Zeit. Doch der Schriftsteller und Musiker Alfred von Ehrmann (1865–1938) hat ein Gedicht dazu verfasst:

> (…) Uns erscheint die Violine immer nur als eine Frau,
> Zeigt sich doch das Feminine schon in ihrem Körperbau.
> Schlank der Hals, das Köpfchen zierlich, sanftgeschwellt der Busen –
> Und
> etwas breiter wie natürlich (nicht zu breit) das Hüftenrund (…)
> Und doch ist das tiefste Sehnen aller Geigen, aller Fraun
> An die Schulter sich zu lehnen Einem, dem sie ganz vertraun (…)

Das klingt nicht nach Musikerinnenleben. Doch das Gedicht trifft den Zeitgeist: Die Frau hat schön und feminin zu sein und sich an die Schulter des Mannes zu lehnen – das sollte doch genügen! Alfred von Ehrmann hat unter anderem auch eine Biographie über Johannes Brahms (1833–1897) geschrieben. Brahms war ein glühender Bewunderer der berühmten Pianistin Clara Schumann (1819–1896) und ihres Mannes Robert (1810–1856). Auch Clara komponierte. Ihr erstes Klavierkonzert übte großen Einfluss auf das musikalische Schaffen des jungen Johannes Brahms aus. Darüber liest man allerdings bei Ehrmann nichts. Er zitiert aus Claras Tagebuch nur diese Passage zu ihrem Verhältnis zu Brahms: »Ich muss doch recht dem Himmel danken, dass er mir jetzt in meinem Unglück einen solchen Freund schickt, der mich geistig neu erhebt.«

(74) Clara Schumann, »Klavierkonzert Nr. 1 a-Moll Op. 7«

Clara darf zwar – laut Ehrmann – die Werke von beiden bewundern, studieren und aufführen, aber ihre kritische und fundierte Beurteilung der Kompositionen, die heute überliefert ist, findet man in Ehrmanns Buch nicht. Ebenso wenig ihre eigenen Kompositionen. Brahms Verehrung für die erfahrene Kollegin ist »männlich-helfend, kindlich verehrend und jünglinghaft schwärmend«, schreibt Ehrmann. Das bis heute männlich geprägte Musikleben hat auch Alfred von Ehrmann als naturgegeben verinnerlicht. Biographien, musikalische Überlieferungen und Werke zur Musikgeschichte sind bis ins 20. Jahrhundert fast ausschließlich durch männliche Schriftsteller und männliche Auswahlkriterien bestimmt. Komponistinnen fehlen in der Musikgeschichtsschreibung fast völlig. Da hat die Clara aber Glück gehabt, dass sie überhaupt erwähnt wird…

Robert Schumann wird nach einem Selbstmordversuch in eine Nervenheilanstalt eingeliefert. Daraufhin zieht Johannes Brahms bei Clara und ihren sieben Kindern ein und Clara geht auf Konzertreisen, um die Familie zu ernähren. Zwischen Selbstbestimmung und weiblicher Ergebenheit, zwischen ihrer Karriere als Pianistin und Komponistin und gesellschaftlichen Zwängen führt Clara ein aufreibendes, jedoch für eine Frau dieser Zeit auch erstaunlich aufregendes Leben. Viele von ihrer Sorte gibt es jedoch nicht.

Als besiegte Siegerinnen
Ihrer Niederlage froh,
Geigen streichen, Weiber minnen (…)

Wir lesen dieses Gedicht von Ehrmann nicht weiter. Die Pianistin Clara Schumann hat dieser Dichter jedenfalls damit nicht beschrieben, nicht nur, weil sie statt Geige lieber Flügel spielte. Ein Instrument, das sich vom eher zerbrechlich wirkenden Cembalo zum robusten, klangstrotzenden, riesigen, lackschwarzen Power-Instrument entwickelt hat. Der Flügel ist männlich geworden. Die Flügelspieler sind es – bis auf wenige Ausnahmen – auch. Den kraftvollen Zugriff, der beim Spiel dieses Instruments nötig ist, traut man Frauen einfach nicht zu. Auch der Dichter Goethe ist erstaunt, als er die zwölfjährige Clara hört: »Das Mädchen hat mehr Kraft als sechs Knaben zusammen!«

Leider erhebt sich der männliche Teil der Bevölkerung mit großer Süffisanz noch am Anfang des 20. Jahrhunderts über alle Frauen, nicht nur über die geigenden oder klavierspielenden. Die Frau bekommt die Rolle der Haushälterin und Mutter zugewiesen, eine bequeme Lösung für den Mann. Damit die Frau damit auch zufrieden ist, empfahl bereits der Philosoph Jean Jacques Rousseau Mitte des 18. Jahrhunderts, dass Väter und Lehrer nicht mit Zwang sparen sollten. Er sei nötig, weil sich Frauen später dem Urteil ihres Mannes unterwerfen müssten und daher früh Sanftmut erlernen sollten. Um 1800 schreibt der Philosoph Carl Heinrich Heydenreich, dass es »die Pflicht des Erziehers ist, das aufstrebende Genie des Mädchens zurückzudrücken und auf alle Weise zu verhindern, so dass es selbst die Größe seiner Anlagen nicht bemerke«.

Bei Clara Schumann ist dies gründlich misslungen. Im Gegenteil. Ihr Vater drillt sie zum Wunderkind. Als die junge, berühmte Pianistin dann sowohl künstlerisch als auch in der Liebe ihren eigenen Weg gehen will, versucht der Vater dann, dies mit allen Mitteln zu verhindern. Die Tochter soll sich dankbar unterordnen. Fehlanzeige bei Clara. Mit vierzehn Jahren beginnt sie die Komposition ihres Klavierkonzerts in a-Moll, als Sechzehnjährige spielt sie es mit Orchester. Es wird gedruckt und auch heute noch gespielt. Ihr Vater hält sie zunächst zum Komponieren an, um sie als Aushängeschild für seine Fähigkeiten als Klavierlehrer zu benützen. Aber der erwachsenen Clara wird dann vermittelt, dass das Komponieren jetzt nicht mehr schicklich sei. »Eine Frau muss nicht komponieren wollen«, sagt sie im Alter von zwanzig Jahren etwas verzweifelt und zweideutig über sich selbst. Zu dieser Zeit waren ihre Kompositionen bereits gedruckt. Zum Glück folgten weitere, denn Clara will wollen dürfen.

Trotzdem muss sich die hochbegabte Pianistin von ihrem Kollegen, dem Klaviervirtuosen, Dirigenten und Kapellmeister Hans von Bülow (1830–1894) anhören: »Eine Komponistin wird es niemals geben! Frauen sind unproduktiv in Musikdingen, ihr tieferes Sein ist in anderer Art von Mutterschaft verankert.« – »Komponieren ist Männersach', daran ist nicht zu rütteln«, formuliert Kollege Richard Strauss (1864–1949). Diese Aussagen werden zum Gesetz einer patriarchalischen Gesellschaft. Die Frau soll Anregerin und hehrer Inhalt der Musik sein, aber nicht Urheberin, darin sind sich Musiker und Musikwissenschaftler bis zu Beginn des 20. Jahrhunderts einig. Muse ja, Macherin nein. Hans von Bülow ist jedoch nicht auf dem Einhundert-Mark-Schein verewigt worden, sondern Clara Schumann, eine der wenigen Macherinnen.

Sie muss ungewöhnlich belastbar gewesen sein. Neben acht Geburten und zwei Fehlgeburten in sechzehn Ehejahren muss sie sich dem Egoismus ihres Mannes immer wieder entgegensetzen. Sie darf nur üben, wenn ihr Mann nicht gerade selbst spielt oder komponiert, da sie kein eigenes Zimmer besitzt, zum Komponieren fehlt ihr im Alltag die Muße und die für sie wichtigen Konzertreisen werden durch Robert Schumann maßgeblich beschränkt. Trotz allem findet sie nach dem Tod ihres Mannes zu einem öffentlichen Musikerleben zurück. Diesen nicht zu unterdrückenden Wunsch, Musikerin und Komponistin zu sein, hatten damals nicht viele Frauen.

Deshalb bleibt das Gros der Frauen lediglich Anregerin für den männlichen Künstler. Amy Fay, amerikanische Pianistin und Pädagogin schreibt 1886 ein Buch über die Benachteiligung von Künstlerinnen: »Die Männer sind so beschäftigt, sich in Szene zu setzen, dass sie den Frauen den Zugang verwehren. Glücklicherweise benötigen sie weibliche Sänger!« Also müssen wir uns Opern anschauen, denn dort kommen öffentlich musizierende Frauen immerhin vor. Natürlich – bis auf wenige Ausnahmen – nicht als Komponistinnen, Textdichterinnen oder Regisseurinnen, aber immerhin als Sängerinnen.

Frauen in Opern der Barockzeit um 1600 agieren ziemlich frei und selbstständig. Sie dürfen stark sein und Gefühle wie Wut und Eifersucht zeigen. Sie dürfen Morddrohungen hinausschreien. Sie sind auf der Bühne viel selbstbewusster als im realen Leben. Das liegt auch an den Kastraten (siehe Kapitel 7): Diese kastrierten Sänger übernehmen zwar die Rolle des männlichen Helden, singen jedoch mit hoher Stimme, so entsteht in den Liebes-Duetten durch die gleiche Tonlage auch das Gefühl von Gleichheit zwischen Mann und Frau. Ein Gefühl von Liebe oder Anziehung, die eben nicht auf Unterwerfung beruht.

Nach der Barockzeit hat die Oper dann jedoch die Vernichtung der Frau zum Thema. Die männlichen Textdichter, männlichen Komponisten und männlichen Regisseure lassen die Frauen ab jetzt dafür büßen, dass sie angeblich die Gefühlswelt der Männer durcheinanderbringen. In den Opern werden sie besiegt, verraten, gedemütigt, verachtet, verkauft, verführt, misshandelt, verlassen, vergiftet und ermordet. Die Oper wird frauenfeindlich. Sie hilft jedoch der zuschauenden Frau im Parkett, die als sanftmütige Begleiterin des erfolgreichen Mannes der Oper beiwohnen darf, den Weg aus der Gefangenschaft des männlichen Intellekts zu finden. Das meint zumindest Catherine Clément (geb. 1939), eine französische Schriftstellerin und Feministin. Die Oper zeige den Zuhörerinnen, wie sie selbst agieren und reagieren könnten. Die Frauen in Opern müssen aber permanent leiden und sterben, manchmal dürfen sie sogar morden. Dabei müssen sie auch noch wunderbar singen. Großes Unglück der Frau wird von Männern in große Musik verpackt. Als Handlungsanweisung für unterdrückte Frauen außerhalb der Oper sind Mord oder Selbstmord jedoch ziemlich einseitig. Sehr schick ist es, wahnsinnige Frauen zum Thema der Oper zu machen.

(75) Claudio Monteverdi, »L'incoronazione di Poppea«

Beinahe wäre hier wieder Claudio Monteverdi (1567–1643) der Erste gewesen (siehe Kapitel 6). Er will seine Opernkomödie »L'incoronazione di Poppea« (»Die Krönung der Poppea«) von 1642 mit den neuen Mitteln seines musikalischen »erregten Stils« umsetzen. Er hat erkannt, welches Potenzial in der Darstellung von höchster seelischer Not und tiefsten Gefühlen steckt. Fremde Harmonien, exaltierte Stimmen und wilde musikalische Formen kann der Komponist dramaturgisch begründen. Diese letzte und leider unvollendete Oper Monteverdis ist in Bezug auf Dramatik ein Höhepunkt der Operngeschichte: Kaiser Neros brutaler Charakter wird von Monteverdi mit virtuoser Musik und durch einen Kastraten dargestellt. Männliche Göttergestalten bekommen reiche Koloratur-Arien. Die Musik der angeblich verrückten Poppea wirkt dagegen schwach, sie muss auf der Bühne zurückhaltend agieren. Es ist nicht klar, ob sie Nero liebt, oder nur an der Macht interessiert ist. Ab den Opern Monteverdis bis zu denen des 18. Jahrhunderts täuschen die Frauen ihren Irrsinn meistens nur vor, um berechnend und Intrigen spinnend ihre Ziele zu erreichen. Es geht immer darum, einen Mann zu ergattern, ihn zu halten oder loszuwerden – und dabei natürlich wunderschön zu singen.

Im Laufe des 18. Jahrhunderts verschwinden die kämpferischen Frauen aus den Opern, denn sie sind zu erotisch und zu gefährlich. Sie werden, wenn sie sich doch in eine Oper verirrt haben, umgebracht oder zumindest verjagt, wie beispielsweise die Königin der Nacht in Mozarts Oper »Die Zauberflöte«. Mächtige Frauen haben nichts Positives mehr. Es gibt nur noch die liebe, angepasste, rollenkonforme Frau – oder eben die Böse. Der starken, bösen Frau ergeht es schlecht, es sei denn, sie riskiert Kopf und Kragen für den Mann, wie in Beethovens Oper »Leonore«. Dann darf sie auch stark sein. Aber nur für den geliebten Mann, für sich selbst nicht.

Das liegt auch daran, dass sich ab 1750 eine bürgerliche Kultur entwickelt und damit eine schärfere Abgrenzung zwischen den Geschlechtern. Der Mann ist für die Arbeit zuständig, die er bezahlt bekommt. Der Frau wird das Heim zugewiesen und es gilt als ihre natürliche Bestimmung, Hausfrau und Mutter zu sein. Die Frau soll passiv sein, sie soll nicht selbstständig handeln. Nur damit gehört sie zu den Guten – im echten Leben wie in der Oper. Leider wird sie auf der Bühne trotzdem umgebracht oder sie begeht Selbstmord: In der Oper ist die Frau immer die Verliererin.

Im Barock gilt Musik als Sprache. Mit musikalischen Figuren, Takt und Tempo werden Empfindungen dargestellt. Bosheit ist dissonant und klingt schräg, Leid wird mit abwärts verlaufenden Tönen im Bass vertont, Molltonarten deuten auf ein Drama hin (siehe Ausflug 5). Große Tonsprünge beschreiben lustige oder freche Gefühle, dissonante, kleine Tonabstände signalisieren Traurigkeit. Demut, Scham und Furcht werden mit langsamen abwärtsfallenden Melodien vertont. Liebe, Mut, Begierde, Wille, Rache und Kampf bekommen schnelle, aufwärtsstrebende Melodien, große Tonsprünge und einen spannenden Rhythmus. In der Barockoper werden diese vertonten Gefühle noch ziemlich emanzipiert zwischen Männern und Frauen aufgeteilt. Danach ändert sich das. Mozart hat vierundzwanzig Opern-Arien in Moll geschrieben. Siebzehn davon werden von Frauen gesungen und nur sieben von Männern. Nur Frauen der unteren Gesellschaftsschichten dürfen in Mozarts Opern auch mal frech sein, aber sie werden nicht für voll genommen. Auch kompositorisch nicht. Sie plappern so vor sich hin, bekommen keine schönen Melodien.

(76) Gaetano Donizetti, »Das Sextett der Lucia«

Ab dem 19. Jahrhundert ist der weibliche Wahnsinn in Opern echt, nicht mehr intrigierend vorgetäuscht. Die Frau wird zum passiv leidenden Opfer. Lucia di Lammermoor, die tragische Heldin der gleichnamigen Oper von Gaetano Donizetti ist die berühmteste einer langen Reihe wahnsinnig gewordener Frauen. Ihr Schicksal ist ab jetzt Antrieb und hehrer Inhalt fast jeder Oper. Außerhalb der Oper bleibt die passive Frau mit ihrer Verpflichtung zur seelischen und sexuellen Reinheit die Muse der Komponisten, die durch sie ihre kühnsten, musikalischen Einfälle bekommen.

Außerdem ist der weibliche Wahnsinn im 19. Jahrhundert sowieso faszinierend. Auch außerhalb der Oper wird »Hysterie« zu einer Art Modekrankheit. Viele Ärzte, die dieses »Krankheits«-Bild untersuchen, ahnen sicher, dass die Ursachen oft in der gesellschaftlichen Freiheitsbeschränkung des bürgerlichen Lebens der Frau liegen. Dieses reale gesellschaftliche Schicksal der Frau ist für die Bühne aber nicht tauglich, dazu ist es viel zu unromantisch. Also verfallen in Opern von Carl Maria von Weber oder Richard Wagner und anderen Komponisten jetzt auch Männer dem Irrsinn. Natürlich nicht aus Liebe, sondern aus Machtsucht. Der Frau kommt die Aufgabe zu, den Mann von seinem Wahnsinn zu erlösen, indem sie sich aufopfert, wie zum Beispiel in der Oper »Der fliegende Holländer« von Richard Wagner. Wer hätte es gedacht: weibliches Erleben, Leid und Aufopferung sind der Zündfunke für innovative Kompositionen männlicher Komponisten.

In der Oper »Der Freischütz« von Carl Maria von Weber dürfen die Brautjungfern im kleinen Kämmerlein stricken und von den zukünftigen Ehemännern singen. Sie bekommen kleinschrittige Tonabstände und eine abwärts fallende Melodie, dazu ein dünn besetztes Orchester und einen recht langweiligen Rhythmus. Die begehrten Männer dagegen liegen im Gras, trinken Wein und freuen sich auf die Jagd. Das volle Orchester mit spannenden Rhythmen und eine aufwärts

(77) Carl Maria von Weber, »Der Freischütz, Chor der Brautjungfern«

(78) Carl Maria von Weber, »Der Freischütz; Jägerchor«

führende Melodie mit großen Sprüngen unterstreicht ihre Unabhängigkeit und Lebensfreude. Wenn für Frauen ebenso spannend komponiert wird, dann sind sie böse. Die Ortrud in Wagners Oper »Lohengrin« bekommt musikalisch große Sprünge von großem Orchester. Sie darf schreien, aber sie ist eben dem Tode geweiht. Die gute Frau Elsa bekommt kleinschrittige Melodien und wenig Instrumente zur Begleitung ihres rhythmisch gleichförmigen Gesangs. In Wagners Oper »Tannhäuser« bekommen die Minnesänger Kirchenchoräle zugeordnet, die Venus dagegen dissonante Klänge ohne Bassfundament. Jeder Zuhörer erkennt sofort: die Minnesänger sind die Guten, die Venus ist die Böse. Sie ist auch die Starke, deshalb muss sie natürlich wieder in der Unterwelt verschwinden.

Kastraten- und Frauenstimmen sind diejenigen, die seit der Barockoper über Liebe singen. Sie bekommen wunderschöne, sinnliche Arien – aber nur wenn sie leiden. Leiden adelt! Alle Zuschauer leiden mit, bis endlich gestorben wird. Denn die Frau in der Oper ab dem 18. Jahrhundert wird am Ende immer ermordet. Als Variation bringt sie sich ab und zu selbst um. So hat die von Männern komponierte Oper sehr stereotype Frauenmodelle hervorgebracht. Erst in der deutschen Oper im 21. Jahrhundert wird die Frau in ihrem Leid auch kritisch gesehen. Aber erstens leidet sie immer noch und zweitens komponieren immer noch fast nur Männer. War das wirklich schon immer so?

Bildliche Darstellungen aus der Antike belegen, dass auch Frauen damals Musik gemacht haben. Sie waren vor allem im Kitharaspiel (siehe Kapitel 1) hervorragend. Da die Spieler ihre Musik selbst komponiert und gedichtet haben, sind die Kitharaspielerinnen auch Komponistinnen und Dichterinnen. Die Dichtermusikerin Sappho, die von 610 bis 650 v. Chr. auf der Insel Lesbos lebte, schrieb Hymnen, Hochzeits- und Liebeslieder. Sie ist die bedeutendste Lyrikerin der Antike und soll mit ihrer klaren, temperamentvollen und ausdrucksstarken Sprache ein Vorbild für den römischen Dichter Horaz gewesen sein. Notenschrift gibt es damals noch nicht und leider sind auch fast alle Texte von Sappho verschollen.

In ihren Liedern besingt Sappho unter anderem die Schönheit ihrer Freundinnen und Schülerinnen und ihrer Tochter. Aus ihren wenigen erhaltenen Texten wird Jahrhunderte später herausgelesen, dass Sappho von Lesbos Frauen liebt (daher die Bezeichnung »lesbische« Liebe für weibliche Homosexualität). Viel wichtiger ist jedoch, dass Sappho eine neue, lyrische Gedicht-Form und eine neue, griechische Melodie-Form, die *mixolydische Weise* erfunden hat. Der leidenschaftliche Charakter dieser Melodieführung passt gut zur leidenschaftlichen Sprache der Dichterin. Aber auch Sappho darf, wie alle Frauen damals, nicht öffentlich spielen. Sie tritt nur in Privathäusern und zu religiösen Festen mit ihren Liedern und Texten auf. Nach ihrer Eheschließung ist ihr Musikerinnen- und Dichterleben schlagartig beendet.

Auch die griechische Frau vor über 2600 Jahren hat im Haus zu bleiben und Kinder zu versorgen. Musik, Tanz, Gesang und Kitharaspiel sind den Hetären vorbehalten. Diese sind gebildete, sozial anerkannte Huren, die durchaus zu musikalischen Berühmtheiten werden (auch heute noch werden unverheiratete Musikerinnen vor allem aus dem Rock- und Pop-Bereich gern mit freier Liebe und ausschweifendem Sexualleben in Verbindung gebracht). Das Christentum hat dieses Urteil übernommen. Die Musen, die Schutzgöttinnen der schönen Künste, werden zu bösen Dämonen; Musik und Leidenschaft sind ab jetzt Sünde. Die musizierende Frau wird geächtet, denn sie gilt als Verführerin. Jetzt darf sie auch privat nicht mehr auftreten. Sogar in der Kirche darf die Frau nicht musizieren und die Gebete nur lautlos mitsprechen. In Byzanz und im vorderen Orient dürfen Frauen – Jungfrauen natürlich – innerhalb religiöser Handlungen Psalmen und Hymnen singen, aber nicht musizieren.

In Frauenklöstern hingegen wird für Festtage gedichtet und komponiert. Historische Handschriften zeugen davon. Als früheste Komponistin des Abendlandes gilt die Äbtissin und Poetin Kassia aus Konstantinopel. Sie lebte ungefähr von 810 bis 865 n. Chr., gründete eine Frauengemeinschaft und hinterließ fünfzig Hymnen. Bekanntheit oder gar Berühmtheit erlangten Kassia und ihre unbekannten Künstlerinnen-Kolleginnen allerdings nur hinter ihren Klostermauern, denn nur dort lernten Frauen lesen, schreiben und Notenkenntnisse.

Die Bibel wird auch gerne zitiert, um weibliches Musizieren im Keim zu ersticken. Eine Textstelle des Apostel Paulus (1. Korinther 14,34) lautet: »Die Frauen sollen in euren Ver-

(79) Ensemble VocaMe, »Byzantinische Hymnen der Komponistin Kassia«

sammlungen schweigen.« Das wird als Gebot aufgefasst und Frauen wird jegliche öffentliche Mitsprache und erst recht das Musizieren verboten. Aufgrund neuer Forschungen übersetzt man diese Stelle mittlerweile folgendermaßen: »Diese Frau soll in Versammlungen schweigen.« Paulus hat vermutlich also eine bestimmte Frau gemeint, nicht alle. Der Text wurde erst später verallgemeinert, aber das angeblich biblische Musizierverbot für Frauen wirkt bis in die Neuzeit. Bis heute wird die Musikwelt fast ausschließlich von männlichen Musikschaffenden dominiert.

Zum Glück für die Vielfalt der Kulturlandschaft bleiben die Frauen findig und kreativ. Am Ende des 12. Jahrhunderts werden Frauenklöster zu einem gesellschaftlichen und religiösen Machtfaktor. Die Nonnen verstehen sich als Musikerinnen Christi. Eine bekannte Vertreterin dieser Musikerinnen ist Hildegard von Bingen (1098–1179). Sie ist einer der Ersten, die sogenannte ernste Musik komponiert, Musik mit hohem künstlerisch-kulturellem Anspruch, nicht nur einfache Lieder für den Gottesdienst. In ihren Kompositionen verlässt sie traditionelle, musikalische Formen und schreibt für damalige Verhältnisse sehr freizügig. Die Nonnen singen ihre Hymnen mit offenen Haaren und wallenden, weißen, bodenlangen Schleiern. Es ist zu erwarten, dass die Kirche das nicht lange duldet. Ab 1177 dürfen die Hymnen von Hildegard nicht mehr gesungen werden, obwohl sie in einer ihrer Schriften Gott sagen lässt: »Ich habe den Lebenshauch in preisende, klingende Harmonien gebracht.« Ihre Harmonien und ihre Einstellung sind den Kirchenoberen zu modern.

(80) Hildegard von Bingen, »Ordo Virtutum«

Auch aus dem 15. Jahrhundert sind Liederbücher von Nonnen erhalten. Die Frauen sind musikalisch nicht ausgebildet, ihre Kompositionen sind nicht anspruchsvoll, aber oft mehrstimmig komponiert und mit Instrumenten begleitet. Diese Lieder sind unter den Nonnen weit verbreitet. Aber eben nur dort. Im Europa dieser Zeit ist das Musizieren und Komponieren der Frauen auf Klöster, Badehäuser und Bordells beschränkt.

Erst in der Renaissance zu Beginn des 17. Jahrhundert entwickelt sich ein öffentliches Musikleben, das auch Frauen zulässt und sogar fördert. In Italien komponiert die Hofsängerin Francesca Caccini einer der ersten Opern überhaupt. Francesca Caccini (1587–1640), »la Cecchina« (»Singvogel«) genannt, zählt zu den besten Sängerinnen ihrer Zeit. Sie begleitet sich selbst mit der Laute oder auf dem Cembalo. Sie ist die bestbezahlte Musikerin am Hofe. Aber sie war auch Komponistin. Ihre Oper »La liberazione di Ruggiero dall'isola d'Alcina« von 1625 gilt als früheste erhaltene und gedruckte Oper einer Komponistin. Auch Musikerkollege Claudio Monteverdi kannte sie. Sein Lob gilt jedoch Francesca der Sängerin, nicht Francesca der Komponistin.

(81) Francesca Caccini, »La liberazione«

Die Erfindung des Notendrucks ermöglicht den Künstlerinnen, ihre Kompositionen öffentlich zu machen. Die Komponistin Maddalena Casulana Mezari (1544–1590) ist die erste Komponistin, von der ein Notendruck überliefert ist. Sie schreibt im Vorwort ihrer mehrstimmigen Singgedichte: »Es ist ein närrischer Irrtum der Männer, zu glauben, dass sie allein die Meister hoher intellektueller Fähigkeiten seien.« Ihre Kollegin Barbara Strozzi (1619–1677) aus Venedig sorgt sich im Vorwort ihrer »Madrigali« vor »den Blitzen der vorbereiteten Verleumdungen der Männerwelt«. In Venedig jedoch bekommen die Mädchen in Waisenhäusern eine umfassende musikalische Ausbildung. Der berühmte italienische Komponist Antonio Vivaldi komponiert für die jungen Musikerinnen im Ospedale della Pietá Konzerte und Oratorien und gibt dort auch Unterricht. Anna Bon, eine Schülerin von ihm, wird Komponistin, die allerdings auch mit den »Schwierigkeiten in diesem Beruf« als Frau kämpft, wie in der Widmung ihrer Flötensonaten an den Markgraf Friedrich zu lesen ist. Auch in Frankreich, am Hofe Ludwigs XIV. gibt es eine berühmte Komponistin, Elisabeth-Claude Jacquet de la Guerre (1665–1729). Sie komponiert Kammermusik für Clavecin und Violine, geistliche und weltliche Kantaten. Sie darf für den König sogar in öffentlichen Konzerten spielen und gibt Konzerte in ihrer Privatwohnung in Paris. Sie ist eine der ersten der wenigen eigenständigen weiblichen Künstlerinnen. Heute kennt sie fast keiner mehr.

In Deutschland hatten die Frauen zu dieser Zeit nur sehr eingeschränkten Zugang zu Bildung. Selbst Johann Sebastian Bach hat zwar seinen fünf Söhnen eine umfassende musikalische Bildung mitgegeben und sie auf die Musiklaufbahn vorbereitet, seine Töchter erhalten diese Bildung allerdings nicht. Erst ab dem 18. Jahrhundert gibt es einige bedeutende, deutsche Komponistinnen.

Allerdings nur, weil sie in einem Haus der gehobenen Gesellschaft aufwachsen und weil ihre Familien über große finanzielle Mittel verfügen, um ihre Werke auch aufführen zu lassen. Wilhelmine von Preußen (1709–1758), die Schwester von Friedrich dem Großen, ist eine der ersten deutschen Komponistinnen, die Opern schreibt. Allerdings ist nur eine ihrer Opern erhalten geblieben (deren von ihr verfasste Textvorlage verschollen ist) und diese wurde erst 1993 wieder aufgeführt. Als Mäzenin ließ sie in Bayreuth das Opernhaus errichten, das heute Unesco Weltkulturerbe ist. Damit griff sie Richard Wagners Idee vom »Kunstwerk aus einer Hand« vor. Auch ihre Nichte Anna Amalia von Braunschweig-Wolfenbüttel (1739–1807) betätigte sich als Komponistin und bekam Unterricht von einem Schüler Johann Sebastian Bachs. Heute erinnert aber nicht mehr ihre Musik, sondern ihre Bibliothek für Literatur- und Kulturgeschichte, die Herzogin-Anna-Amalia-Bibliothek in Weimar, an die Künstlerin.

Die meisten Komponistinnen ab 1700 stammen aus begüterten Musikerfamilien und beginnen ihre Karriere als Sängerinnen. Das Klavierspiel lernen sie, um sich selbst zu begleiten. Dafür schreiben sie volksliedähnliche Stücke und auch Klaviermusik, die in den Salons aufgeführt wird. Manche dieser Musikerinnen gründen musikalische Bildungsanstalten für Frauen. Erst in der Romantik ab 1800 schreiben Komponistinnen auch größere Kompositionen wie Sonaten, Sinfonien und andere Orchesterwerke. Eine davon ist Fanny Hensel (1805–1847), die Schwester von Felix Mendelssohn-Bartholdy. Zunächst genießt sie dieselbe musikalische Bildung wie ihr vier Jahre jüngerer Bruder. Aber reisen, konzertieren und komponieren darf sie nicht. Der Bruder wird gezielt auf eine musikalische Laufbahn vorbereitet. Fanny nicht. Sie schreibt über 450 Werke, muss aber enttäuscht erkennen: »Es kräht ja doch kein Hahn nach mir. Man verliert am Ende selbst mit der Lust am Komponieren das Urteil darüber, wenn sich nie ein fremdes Urteil, ein fremdes Wohlwollen entgegenstellt.«

Fanny wird als musizierende und komponierende Frau nicht gefördert. Musik darf für sie laut ihres Vaters »nur Zierde, niemals Grundbass« ihres Lebens sein. »Nur das Weibliche zieret die Frauen.« Zum Glück heiratet sie einen emanzipierten Künstler, der ihr Können nicht nur anerkennt, sondern auch unterstützt und sie auf inspirierende Reisen, zum Beispiel nach Italien, mitnimmt. Zu Hause im privaten Konzertsaal kann sie ihre Werke für Orchester und vor allem Lieder und Klavierstücke erfolgreich aufführen. Trotzdem muss sie das Gespött der männlichen Musikkritiker über sich ergehen lassen: »Dass man übrigens seine elende Weibsnatur jeden Tag, auf jedem Schritt seines Lebens von den Herren der Schöpfung vorgerückt bekömmt, ist ein Punkt, der einen in Wuth, und somit um die Weiblichkeit bringen könnte, wenn nicht dadurch das Uebel ärger würde.« Die Kollegin und Komponistin Johanna Kinkel jedoch schreibt über Fanny Hensels Art zu dirigieren: »Ein sforzando ihres kleinen Fingers fuhr uns wie ein elektrischer Schlag durch die Seele und riss uns ganz anders fort.« Nicht nur der kleine Finger von Fanny kann Akzente und Betonungen besonderer Art hervorkitzeln. Sie will auch am Klavier »mit allen Fingern singen«, wie sie sagt. Sie nimmt den Geist einer Komposition auf und lässt ihn in die Seelen der Zuhörer strömen.

(82) Fanny Hensel, »Trio für Pianoforte, Violine und Violoncello, Op. 11«

Ihr Klavierlehrer sagt über sie, dass sie spiele und komponiere wie ein Mann. Das ist damals das höchste Lob für eine weibliche Künstlerin. Ihre Werke darf sie trotzdem nicht veröffentlichen, ihr Vater und ihr berühmter Bruder verbieten es ihr. Es schickt sich nicht für eine Frau von ihrem Stand, auch weil man damit Geld verdient. Aber Fanny bleibt stark und stur und umgeht dieses Verbot später mit Hilfe eines Freundes.

In dieser für weibliche Künstler schwierigen Zeit lebt auch die bereits erwähnte Clara Schumann. Sie bekommt als Frau und Künstlerin bis heute erstaunlich viel Aufmerksamkeit. Über ihr Leben als Pianistin und Komponistin und als Ehefrau von Robert Schumann ist viel geschrieben worden. Sie wird als diszipliniert, dominant und zäh, am Klavier jedoch als unglaublich ausdrucksvoll und musikalisch vielfältig beschrieben.Ihr Vater drängt sie entsprechend des damaligen Zeitgeistes dazu, das Publikum mit »Coquetterie« einzunehmen. Sie soll »eitel und gefallsüchtig« auftreten und sich auch entsprechend kleiden. Clara lehnt dies ab und tritt dagegen majestätisch und ernsthaft auf. Ihre Musikauffassung ist unglaublich ernst, fast humorlos, wie sie selbst. Effekthascherei ohne Berücksichtigung der Komposition lehnt sie kategorisch ab. Feuer und Leidenschaft dürfen bei ihr nie auf Kosten der pianistischen Präzision gehen. Gnadenlos beurteilt sie das Spiel des russischen Pianisten Anton Rubinstein als »unsinniges Gepauke und Verschiebungsgeflüster« und Franz Liszt wirft sie sogar den Verfall des Klavierspiels vor: »Vor Liszt wurde gespielt, nach Liszt nur noch gehauen und gesäuselt!« Rubinstein kontert und spricht generell die Frauen am Verfall der Musikkultur schuldig, sobald sie aktiv mitmischten, statt nur brav zuzuhören. Einhundert Jahre zuvor war Mozarts Vater noch anderer Meinung. Seiner Tochter Nannerl bescheinigte er, dass »ein Frauenzimmer mehr mit Ausdruck spielt, als eine Mannsperson«. Leider ist Nannerl, die in ihrer Jugend europaweit mit ihrem jüngeren Bruder Wolfgang in Konzerten auftrat, dann nach ihrer Heirat musikalisch völlig von der Bildfläche verschwunden.

Clara Schumann bringt auch nach ihrer Heirat Ausdruck und bewegende Vitalität ganz ohne Show-Elemente in ihren Konzerten zu Gehör, aber mit Hindernissen. Clara erlebt die Heirat mit Robert Schumann 1840 nicht nur als Glück, sondern auch als Schock: »Die Unterordnung, die Unfreiheit, die künstlerische Untätigkeit und die häusliche Arbeit rufen in mir Trübsinn, Melancholie und Verstimmung hervor, machen mich lust- und kraftlos«, schreibt sie in ihr Ehetagebuch. Komponieren und Konzertieren bleiben zugunsten ihres Mannes zunächst ziemlich auf der Strecke. Ihr Selbstvertrauen gerät ins Wanken: »Was soll nur aus mir werden, wenn ich nicht mehr spielen kann?« Erst als sie selbst für den Unterhalt ihrer Kinder sorgen muss, kann sie wieder große Konzertreisen unternehmen. Wahrscheinlich verzichtet sie deshalb auf eine neue Ehe, die ihr diese beruflichen Freiheiten wieder genommen hätte. Selbst ihr Freund Johannes Brahms scheint von ihrer regen Konzerttätigkeit nicht begeistert zu sein. Clara soll nur so viel spielen, dass das Geld reicht. Clara kontert: »Eigentümlich erscheint mir Deine Anschauung des Konzertreisens! Du betrachtest es nur als Verdienst, ich nicht. Die Ausübung der Kunst ist ja ein großer Teil meines Ichs, es ist mir die Luft, in der ich atme.«

Die erste Frau, die als selbstständige Persönlichkeit in der Musikszene anerkannt wird, ist die Französin Louise Farrenc (1804–1875). Ihre Werke werden nicht nur verlegt, sie bekommt sogar eine Professur am Pariser Konservatorium. Zunächst darf sie allerdings nur Frauen unterrichten. Von Wettbewerben und Ausschreibungen sind Frauen bislang noch ausgeschlossen. Farrenc erhält 1861 als erste Frau die begehrte Auszeichnung »Prix Chartier« für ihr kompositorisches Schaffen.

(83) Louise Farrenc, »Nonett, Es-Dur, Op. 38«

(84) Lili Boulanger, »Soir Sur La Plaine«

Die Schwestern Nadja (1887–1979) und Lili Boulanger (1893–1918) erhalten schließlich als erste Frauen den legendären »Rompreis«. Lili erringt dabei sogar den ersten Preis, zeigt sich mit ihren impressionistischen Kompositionen gegenüber ihren männlichen Mitbewerbern weit überlegen und wird zur internationalen Berühmtheit. Nadja unterrichtet zwar am Konservatorium, darf dies aber nur in Nebenfächern und wird überdies viel schlechter bezahlt als ihre männlichen Kollegen. Immerhin kann sie einen Vertrag mit dem renommierten Ricordi Verlag abschließen und wird finanziell unabhängig. Als Komponistin und Pianistin wird sie auch viele Werke ihrer früh verstorbenen Schwester aufführen. Und sie dirigiert sie selbst!

Denn Dirigenten spielen bis heute ungern mit Pianisten (und möglichst nie mit Pianistinnen) und zwar aus einem einfachen Grund: Der geöffnete riesige Deckel über den Saiten des über fünfhundert Kilo schweren, etwa zwei Meter siebzig langen und ein Meter fünfzig breiten Konzertflügels verdeckt zum größten Teil den Chef des Orchesters, während die Pianistin für alle sichtbar am Flügel sitzt. Für das Ego eines männlichen Dirigenten ist das ein No-Go. Ab 1960 bringt Nadja Boulanger die Werke ihrer Schwester auch auf Schallplatte heraus. Die Kritiker reagieren begeistert: »Wir möchten mehr hören! Wir möchten wissen, was uns entgangen ist!«

Nun: Über die Jahrtausende ist uns allen viel entgangen! Denn viele Musikerinnen können und dürfen, spätestens sobald sie verheiratet sind, nicht mehr auftreten und schon gar nicht komponieren. Da hat sich seit der Musikerin und Dichterin Sappho, also seit über 2600 Jahren nicht viel verändert. Einige Musikerinnen sehen dies zu Beginn des 20. Jahrhunderts als Behinderung ihrer Persönlichkeitsentwicklung und werden zu Frauenrechtlerinnen: Die englische Komponistin Ethel Smyth (1858–1944) komponiert mit dem »March of the Women« eine politische Hymne für die Frauenwahlrechtsbewegung, aber auch Kammermusik und Opern.

(85) Ethel Smyth, »March of the Women«

Auch die Apothekertochter Emilie Mayer aus Friedland (1812–1883) komponiert große Orchesterwerke und wird zu Lebzeiten als weiblicher Beethoven gefeiert. Erst jetzt werden ihre Werke wiederentdeckt und verstärkt aufgeführt. Die französische Pianistin und Komponistin Cécile Chaminade (1857–1944) wird von ihrem Mentor, dem Komponisten Georges Bizet »mein kleiner Mozart« genannt. Sie ist eine international erfolgreiche Musikerin und wird wie ein Popstar verehrt. Es gibt Merchandise-Artikel und Chaminade-Clubs. Vierhundert Werke hat die Künstlerin hinterlassen, aber kaum einer kennt heute ihren Namen. Die männliche Musikgeschichtsschreibung hat sie, wie viele andere Musik-Kolleginnen, aus unserem kulturellen Gedächtnis gelöscht.

Ab 1870 organisieren sich Musikerinnen und Komponistinnen selbst in beruflichen Netzwerken. Sie kämpfen für Sozialversicherung, Verlage, Konzerte und öffentliche Anerkennung. Wie sieht es heute für Künstlerinnen aus? Nachdem die Frauen jahrhundertelang fast immer unter Ausschluss der Öffentlichkeit gesungen, gespielt, komponiert und unterrichtet haben und ihre Werke in der Musikgeschichtsschreibung kaum berücksichtigt werden, beschreiten sie nun neue musikalische Wege. Es gibt heute internationale Arbeitskreise, Kulturmanagerinnen und Musikwissenschaftlerinnen, die nach Werken von Komponistinnen forschen, Sammlungen anlegen, sich mit ihnen auseinandersetzen, sie ins Musikstudium integrieren und sie zur Aufführung bringen. Der Furore-Verlag aus Kassel hat inzwischen hunderte von Werken von Komponistinnen herausgebracht. Vor allem im Klassik-Bereich, in dem überwiegend historische Musik aufgeführt wird, ist Musik von Frauen jedoch nach wie vor eine Seltenheit. Ihre Werke sind nicht bekannt, die Veranstalter befürchten zu wenig Publikum und es gibt noch zu wenig männliche Künstler, die ihre weiblichen Kolleginnen unterstützen.

Inzwischen studieren allerdings immer mehr Frauen Komposition. Der Chef der Donaueschinger Musiktage für die klassische Neue Musik hatte wohl auch deshalb beschlossen, endlich einmal Komponistinnen zur Aufführung zu bringen: Das war im Jahr 2016! Ebenfalls in diesem Jahr traten bei den Sommerfestspielen in Luzern erstmals elf Dirigentinnen auf. Hintereinander an einem Tag mit kurzen Konzerten, aber immerhin. Noch im Jahr 2015 ist der finnische Dirigent, Komponist, Dirigierlehrer und Musikpädagoge Jorma Panula der Meinung, dass weibliche Dirigenten keinen Strawinsky oder Bruckner dirigieren können. Er unterrichtet Frauen auch nur, wenn sie »weibliche Musik« auswählen: »Wenn sie dirigieren, schneiden sie fürchterliche Grimassen. Sie schwitzen und fuchteln herum, aber es wird nicht besser.« Fazit: Frauen müssen sich andere Lehrer suchen.

Fanny Hensel war die erste bekannte Dirigentin. Allerdings dirigiert sie nur in ihrem privaten Salon. Emilie Zumsteeg (1796–1857) gründet in Stuttgart um 1830 den ersten Frauenchor Württembergs. Sie komponiert und dirigiert sogar öffentlich und bekommt vom Kaiser Wilhelm I. ein Gehalt. Zu dieser Zeit wirklich ungewöhnlich. In jüngster Zeit ist Simone Young (geb. 1961) zu nennen. Sie studierte in Sydney Komposition und Klavier. Dort wurde ihr zwar bescheinigt, »eine gute Assistentin eines Dirigenten zu werden, aber nie selbst Dirigentin zu sein«. Tatsächlich war sie dann erst Assistentin an den Opern in Köln, Berlin und Bayreuth. Daniel Barenboim, selbst berühmter Pianist und Dirigent, förderte sie und ermöglichte ihr schließlich, mit hervorragenden Orchestern zu arbeiten. Barenboim war übrigens Schüler bei Nadja Boulanger. Auch heute noch braucht eine Frau also jemand Männliches in prominenter Position, der ihrem Können vertraut, der statt (weiblicher) Konkurrenz ihre Schaffenskraft sieht und ihr Möglichkeiten eröffnet. 2022 wurde Simone Young Chefdirigentin des Sydney Symphony Orchestra. Den Bericht zu ihrem Antrittskonzert überschrieb die Zeitung »Die Welt« folgendermaßen: »Stiletto Pumps für Sydney Opera«. Dirigentinnen bekommen immer noch mehr Interesse für ihre Abendrobe als für ihre musikalische Leistung.

Es muss also noch viel Basisarbeit geleistet werden, damit Frauen selbstverständlich gleichberechtigt mit gleichen Möglichkeiten und gleichem Gehalt im Musik- und Kulturbetrieb wirken können. Aber halt: Im Pop-Bereich scheint dies schon zu funktionieren! Nicht nur männliche Rockstars bringen ihre weiblichen Fans zum Kreischen. Frauen wie Madonna oder Tina Turner, Lady Gaga oder Adele, Taylor Swift, Rihanna, Britney Spears, Aretha Franklin und Christina Aguilera sind bzw. waren erfolgreiche Künstlerinnen. Alle sind als Sängerinnen erfolgreich. Aber sie sind auch Songwriterinnen, Produzentinnen, Schauspielerinnen, Pianistinnen und Komponistinnen. Ihr Gesang ist nur eine Facette ihres künstlerischen Schaffens. Trotz dieser herausragenden weiblichen Vorbilder gibt es immer noch zu wenige Bands, in denen die Frau nicht »nur« singt, sondern komponiert, Schlagzeug spielt oder sogar der Bandleader ist.

Der Gender-Musiker-Gap in der Popularmusik existiert. Er resultiert aus den fehlenden weiblichen Vorbildern, einem von Männern geprägten Unterricht und vielen, oft subtilen Signalen, dass der Wunsch der Frau, selbstständige Musikerin zu werden, falsch ist. Auch von Veranstalterseite wird Frauen oft nicht zugetraut, professionell und engagiert Musik zu machen. Als Sängerin ist die Frau »ok«, als Komponistin, Songwriterin oder Bandleaderin nicht. 2016 sind in Deutschlands Pop-Akademien höchstens ein Viertel der Studierenden weiblich und meistens studieren sie – genau: Gesang! Die Singer-Songwriterin Balbina (geb. 1983) ist da eine große Ausnahme. Sie hatte den Mut, sich schon in ihrer Jugend zwischen die Jungs und den Hip-Hop zu begeben. 2018 gewann sie den Musikautorenpreis der Gema – als einzige Frau unter männlichen Textern. Gefeiert wird sie dafür allerdings nicht. Stattdessen hört sie immer wieder die Frage, wer von den berühmten Jungs eigentlich ihre Lieder schreibt. Dabei macht sie von der Melodie bis zum Text alles selbst. Es hat sich immer noch nicht durchgesetzt, dass Frauen schöpferisch und kreativ sein können.

Auch nicht bei den Frauen selbst. Schon junge Mädchen wollen seltener Rockstar werden als Jungs. Auch das hat mit der Erziehung zu tun. Mädchen werden immer noch eher gelobt, wenn sie brav und hübsch und gut in der Schule sind. Jungs bekommen Lob, wenn sie wild und draufgängerisch sind und etwas Verrücktes machen. Jungs kaufen sich auch eher die E-Gitarre samt Verstärker und lernen eher gemeinsam am DJ-Deck zu scratchen als Mädchen. Aber jetzt wächst in der elektronischen Musikszene langsam ein feministisches Kollektiv: weibliche DJs. Sie setzen den immer noch überwiegend männlichen Machtverhältnissen in Musik, Kunst und Kultur endlich etwas entgegen. Weibliche DJs erobern langsam das Nachtleben in den Clubs. Dort wollen sie sich nicht durch Trinkfestigkeit profilieren, sondern durch Know-how, Können und Talent. Sie wollen als Künstlerinnen wahrgenommen werden und nicht als die Quotenfrau in einem Haufen Männer.

Die Musikwelt war jahrhundertelang eine Männerdomäne. Frauen sind in der männlichen musikgeschichtlichen Überlieferung bis ins 21. Jahrhundert ein weißer Fleck. Jetzt ändert sich das, allerdings noch etwas zäh. Die Reste des Geniekults des 19. Jahrhunderts verlieren sich nur langsam. Vor allem im Bereich Komposition und Improvisation hält sich hartnäckig die Auffassung, dass Talent vererbt und sehr geniebehaftet ist. Kreativität wird als geerbte (nicht selbst erworbene oder erarbeitete) Fähigkeit angesehen, die ausschließlich von ungewöhnlich begabten und meist männlichen Individuen ausgeübt werden kann. Noch immer gibt es männliche Künstler, die der Auffassung anhängen, dass der Frau die Kreativität fürs Komponieren und Texten fehlt, dass sie als Dirigentin die Musiker und das Publikum von der Musik ablenkt und dass sie, wenn sie schon unbedingt Musik machen will, nur singen soll. Das Instrumentalspiel ist auch einfach eine zu große körperliche und geistige Anstrengung…

Inzwischen ist jedoch fast die Hälfte der Musizierenden in großen Orchestern weiblich. Komponistinnen bereichern die Musikwelt in allen Genres, Dirigentinnen stehen vor großen Orchestern, Textdichterinnen, Produzentinnen, Regisseurinnen, Musikverlagsinhaberinnen und Tonmeisterinnen werden selbstverständlich – oder zumindest selbstverständlicher. Die künstlerischen Frauen sind auf der Suche nach einer eigenen, originellen Musiksprache, sogar die moderne Opernbühne bekommt (zumindest teilweise) neue Geschichten aus der Perspektive der Frauen.

Zu Beginn des 20. Jahrhunderts wird die klassische Musik, wie wir sie bisher kennen, jedoch erst mal – von männlichen und einigen wenigen weiblichen Komponisten – völlig zerstört. Unsere Hörgewohnheiten werden auf den Kopf gestellt. Gibt es trotzdem oder gerade deshalb Hörenswürdigkeiten in dieser Epoche der Neuen Musik?

Kapitel 10

Warum die klassische Musik klammheimlich völlig zerstört wird, wie ein Klassiker die elektronische Musik erfindet, warum Paul Hindemith Heavy Metal inspiriert hat, wie Vivaldi geloopt wird und warum die Musik in allen Formen und Stilen nach der Zerstörung mehr denn je lebt.

Mit den etwas vertrockneten Resten der blauen Blume der Romantik im Gepäck reisen wir wieder nach Wien. Zurück in die Zukunft! Wir besuchen nicht nochmal die Klassiker und ihre Wiener Schule des 18. Jahrhunderts, sondern wir statten der Zweiten Wiener Schule ab 1910 einen Besuch ab. Hier entsteht die Neue Musik!

Moment mal, hatten wir das nicht schon um 1320? Zur Zeit des verbotewütigen Papst Johannes? Er hat damals die Ars Nova, die Neue Kunst, und ihre revolutionären Akkorde verboten. Das war den damaligen Komponisten zum Glück egal. Und nun erfinden sie sechshundert Jahre später wieder eine Neue Musik! Und zwar, indem sie die alte Musik, also die sogenannte »klassische Musik«, für nicht weiter entwicklungsfähig erklären, für auskomponiert oder ganz einfach für tot. Starker Tobak! Aber warum tun sie das?

Weil wir musikhörenden Menschen zwischen Pythagoras und dem 21. Jahrhundert gelernt haben, dass manche Töne einer Komposition wichtiger und richtiger sind als andere. Wir wissen immer ungefähr, wie die Musik weitergeht oder zumindest weitergehen könnte. Wir hören, dass ein Musikstück an bestimmten Stellen nicht zu Ende sein kann, dass sie weiterkomponiert werden muss und wir wissen auch intuitiv, wie es ungefähr weitergehen muss. Das Weiterkomponieren ist bei der Salonmusik aus dem 19. Jahrhundert natürlich einfacher als bei einer Komposition von Bach oder Mozart. Aber die Musik bis etwa 1910 ist in unseren Ohren immer harmonisch, singbar, berechenbar. Wenn eine Stelle unharmonisch klingt, wissen wir, dass sich das gleich harmonisch auflösen wird. Diese klassische Musik heißt *tonale* Musik. Die Komponisten der Zweiten

Wiener Schule sind überzeugt, dass in dieser tonalen Musik bereits alles komponiert wurde, was auf diese Weise komponiert werden kann.

Richard Wagner und Franz Liszt haben schon am Ende der Romantik das bisher gültige Harmonieverständnis ausgeweitet. Sie haben harmonisch vielschichtig, und deshalb nicht eindeutig hörbar und schon gar nicht eindeutig analysierbar, komponiert. Sie haben die tonale Welt mit ihren Kompositionen bereits verlassen und erste musikalische Schritte in dieses atonale Neuland unternommen. In der Zweiten Wiener Schule wird die Neue Musik dann wirklich atonal, also nicht mehr harmonisch. Leider können wir Normalos unter den Musikhörern mit den harmonischen Romantikresten im Ohr hier erst mal nichts Hörenswertes hören. Denn erstens ist diese Musik sowohl für den klassischen E-Musik-Hörer als auch für den neu entstandenen U-Musik-Hörer eher Lärm als Musik, und zweitens wird die atonale Musik unter Ausschluss der Öffentlichkeit erfunden. Ganz im Geheimen löst eine verschwindend kleine, aber extrem sachkundige, elitäre Gruppe die traditionelle Harmonik auf: Allen voran der österreichische Komponist Arnold Schönberg (1874–1951). Dieser Musiker verlässt die bestehenden Hör- und Kompositions-Regeln und erfindet eine besondere Neue Musik: Die *Zwölftonmusik*. Aber alle Komponisten komponieren doch spätestens seit Johann Sebastian Bach mit den wohltemperierten zwölf Tönen unserer Tonleiter! Was ist jetzt daran so neu? Alles.

Die Zwölftonmusik stellt alles infrage, was wir bisher unter Musik verstehen. Wir Harmonieverwöhnten finden diese Abweichung von den jahrhundertealten Hörtraditionen meistens ganz furchtbar. Die neue Regel, nach der Schönberg komponiert, hört sich ganz einfach an: alle zwölf Töne der Tonleiter müssen gleich oft vorkommen, keine Note darf bevorzugt werden. Erst wenn die zwölf Töne in einer vom Komponisten festgelegten Reihenfolge nacheinander oder gleichzeitig erklungen sind, darf man wieder von vorne anfangen. Es gibt keine Melodie oder kein Motiv, um das alles kreist, es gibt kein harmonisches Zentrum, keine traditionellen, harmonischen Zusammenhänge. Es gibt nur zwölf gleichwertige Töne. Arnold Schönberg ist überzeugt, dass seine Musik ebenso wie die von Bach, Mozart, Beethoven, Brahms oder Schubert bald auf den Straßen gepfiffen wird. Unbegründet ist diese

(86) Arnold Schönberg, »Serenade for Baritone and Seven Players, Op. 2««

Hoffnung nicht, denn auch Beethovens Kompositionen sind zunächst auf Unverständnis gestoßen und heute pfeifen wir seine Melodien. Bei Schönberg jedoch wird sich diese Hoffnung nicht erfüllen. Von der Neuen Musik sind die Hörer des 20. Jahrhunderts, die klassische E-Musik hören, gleich weit entfernt wie diejenigen, die die neu entstandene U-Musik wie Schlager, Popmusik, Jazz oder etwas später Rockmusik oder Hip-Hop hören – und das hat einen Grund.

Wir erinnern uns an Pythagoras. Er hatte versucht, harmonische, musikalische Klänge auf ganzzahlige Frequenzverhältnisse der Töne zurückzuführen. Das führte zur pythagoräischen Wolfsquinte und zu einer zweitausend Jahre andauernden Suche nach unserer europäischen »wohltemperierten« Tonleiter (siehe Kapitel 4). Außereuropäische Kulturen zeigen jedoch, dass es auch ganz andere harmonische Möglichkeiten gibt, Musik zu komponieren. Nur für unsere Ohren klingen indonesische Gamelan-Musik oder indische Raga-Skalen schräg und fremd, für Indonesier oder Inder nicht. Unser Gehirn ist formbar und kann sich in die unterschiedlichsten Musikstile hineinhören. Wenn wir lange genug Gamelan-Musik hören, dann wird sie uns mit der Zeit vertrauter und weniger unschön vorkommen. Unser Gehirn hört nämlich auch gern Dissonanzen und schräge Lautmalerei. Aber zunächst lernen wir das Musikhören wie ein Kleinkind die Sprache. Wir destillieren aus den Sprachlauten automatisch Silben, Wörter und Sätze heraus, die wir oft hören. Ebenso merken wir uns, wenn wir oft Klassik oder Pop-Musik hören, kleine Motive, Melodien oder ganze Phrasen, in denen die Elemente wieder auftauchen. Außerdem merken wir uns die Harmonik. Diese Elemente erkennen wir dann im Stück wieder. Dieses Wiedererkennen und Verstehen empfinden wir beim Sprechenlernen und beim Musikhören als Erfolgserlebnis. Genau dieses Erfolgserlebnis haben wir in der Neuen Musik jedoch nicht. Unsere Erwartungen werden ständig enttäuscht, Wiedererkennung ist praktisch unmöglich. Die Zwölfton-Komponisten mit ihren Zwölftonreihen verlangen von uns das Kunststück, sich eine zwölfstellige Handynummer beim ersten Hören zu merken und sie auch wiederzuerkennen, wenn sie rückwärts gelesen wird oder wenn zu jeder Zahl drei andere addiert werden. Das können nur wenige Zwölfton-Nerds. Wir Harmonie-Normalos müssten diese Musik wieder und wieder hören, um unser Gehirn darauf zu trainieren. Genau dazu lädt uns aber die Neue Musik durch ihre Kompositionsform nicht ein. Was für ein Dilemma!

Komplexe Bach-Fugen oder Modern Jazz klingen zunächst auch fremd. Sie sind aber faszinierend genug, um sie sich auch als Laie öfter anzuhören und sie nach und nach zu verstehen. Dass wir das bei der Neuen Musik meist nicht tun, liegt daran, dass die Komponisten unsere Erwartungen systematisch enttäuschen. Völlig erwartbare Musik ist langweilig, aber völlig unerwartbare Töne werden gar nicht als Musik wahrgenommen, sondern bestenfalls als fremder Klang, oft als Lärm. Das macht einfach keinen Spaß! Diese Neue Musik spricht nicht das Vergnügen von uns Hörern an, erwartet aber, dass wir sie unwiderstehlich finden.

Die Komponisten der Neuen Musik haben sich bewusst gegen das Schöne und Gefällige gewehrt. Das Subjektive und Emotionale ist ihnen verhasst. Sie berufen sich darauf, dass wir auch bei einer Fuge von Bach oder einer Bruckner-Sinfonie die Kompositionsprinzipien nicht heraushören können. Wir könnten den Sinn der Musik auch unabhängig vom Herstellungsverfahren erfassen, meinen sie. Bei Bach oder Bruckner trifft das zu, weil wir, ohne die Regeln der Kompositionsform zu kennen, die Motive wiedererkennen und weil unsere Erwartungen nicht ständig enttäuscht werden. Den Sinn der Neuen Musik können wir aber ohne den Wiedererkennungseffekt nicht oder nur schwer erfassen.

Die zeitgenössische bildende Kunst ist genauso sperrig und experimentell und bricht mit allen Konventionen. Die Museen sind jedoch überlaufen. Warum schafft das die zeitgenössische Neue Musik nicht? Unter anderem auch, weil wir in einem Museum die Freiheit haben, jedes Bild so lange anzuschauen, wie wir wollen, wir können mit anderen Museumsbesuchern darüber diskutieren oder im Museumscafé Eindrücke verarbeiten. In einem klassischen Konzert sitzen wir dagegen wie in einem Gefängnis, auf den Sitz gefesselt, reglos und stumm. Bei Neuer Musik, die sehr atonal klingt, ist das fast unerträglich. Wie Bilder müssten wir auch atonale Musik sehen können. Bilder und Videos können heutzutage den Zugang zu dieser Musik erleichtern und helfen, das schwer Verdauliche besser zu hören. Man könnte mehrere Konzerte gleichzeitig stattfinden lassen, so dass die Zuhörer die Möglichkeit haben, zwischen den Konzerten hin- und herzugehen. Oder die Musiker könnten inmitten des Publikums spielen, denn auch die Nähe zu den Musikern, ihrer Haltung, Atmung, Bewegung oder ihrem Gesichtsausdruck könnte helfen, Emotionen zwischen Musik und Publikum auch bei befremdlichen Werken fließen zu lassen. Heute erreichen zum Beispiel Life-Streamings neue Publikumsschichten, die die Freiheit schätzen, zeit- und ortsunabhängig zusehen und zuhören zu können. Komponisten der Neuen Musik müssen bei der Aufführung ihrer Werke genauso unkonventionell denken wie bei der Erschaffung, ansonsten hängen sie ihr Publikum ab.

In allen anderen Stilrichtungen des 20. Jahrhunderts, also in der sogenannten U-Musik, wird das Bestehende auf neue Weise interpretiert, variiert und weiterentwickelt, nur in der klassischen neuen E-Musik nicht. Zwar wird die Musik der alten Meister peinlich genau aufgeführt, wenn jedoch ein heutiger, klassischer Komponist in Mozart-Manier komponiert oder Musik von Wagner weiterentwickelt, wird ihm vorgeworfen, er sei kitschig oder zerstöre den Klassiker. Wie sollen die zeitgenössischen, klassischen Komponisten dann komponieren? Die Antwort ist: Atonal. Damit hat sich die klassische Neue Musik, die E-Musik, selbst im Elfenbeinturm festgesetzt.

Trotzdem ist die Neue Musik, die noch viele andere Ideen und Regeln außer der Zwölftonmusik hervorgebracht hat, kein überflüssiges Auslaufmodell durchgeknallter Musik-Akademiker. Denn diese Musik hat spannende Entwicklungen angestoßen. Weil unkonventionell-geniale Komponisten die Tradition und ihre Grenzen überwinden wollen, müssen sie die beschränkten Möglichkeiten, Musik zu komponieren und Musik zu machen, überwinden. Da liegt es nahe, die Komposition vom Computer unterstützen zu lassen und Töne vom Synthesizer elektronisch per Klangsynthese erzeugen zu lassen. Der Synthesizer wird somit zum zentralen Werkzeug für die Produktion von Musik. Die Idee, Musik zu komponieren, die nicht von Musikern auf traditionellen Instrumenten gespielt werden muss, ist geboren – die elektronische Musik.

Karlheinz Stockhausen (1928–2007), einer der bedeutendsten Komponisten des 20. Jahrhunderts hat in über dreihundert Kompositionen die Grenzen des technisch Machbaren permanent erweitert. Ab 1950 arbeitet er bereits mit elektronischer und elektroakustischer Musik. Er realisiert mit aus heutiger Sicht spartanischen Mitteln elektronische Klänge und Raumklänge, die niemand zuvor so gehört hat, und setzt damit neue Maßstäbe. 1969 gibt es einen Riesenskandal bei einer Uraufführung von Stockhausens Werk in Bonn. Stockhausen experimentiert mit einer neuen Konzertform: Fast sein komplettes Werk wird in sieben Sälen, Fluren und Foyers gleichzeitig von vier Orchestergruppen aufgeführt. Für die Übergänge von Saal zu Saal hat Stockhausen das Stück »Fresco« komponiert. Schon bei den Proben gibt es Auseinandersetzungen mit den traditionell ausgebildeten Musikern, die Neugier offensichtlich verlernt und seit ihrem traditionell-klassischen Studium wenig dazugelernt haben. Die sonst brav die guten alten Klassiker spielenden Musiker fühlten sich ebenso überfordert wie veräppelt durch Anweisungen wie: »Die Glissandos nicht schneller als eine Oktave pro Minute spielen.« Als Profimusiker sind sie überzeugt, dass ein *Glissando*, also die gleitende Veränderung der Tonhöhe – das Rutschen über Klaviertasten oder über die Geigensaite – kaum in Minuten zu messen oder zu spielen ist. Wie langsam rutscht man denn über zwölf Töne einer Oktave, damit man in einer Minute damit fertig ist?

Die Orchestermusiker stellen den Komponisten zur Rede. Sie wollen wissen, was er sich bei solchen Anweisungen gedacht habe. Stockhausen hätte zumindest mathematisch antworten können, dass bei dieser Angabe jeder Ton fünf Sekunden lang zu sein hat, bis der Musiker zum nächsten rutschen muss. Leider lehnt Stockhausen eine Erklärung ab. Daraufhin informieren sich die Musiker bei der Gewerkschaft, ob sie hier tatsächlich zum Spielen verpflichtet seien: Sie sind es. Während der Aufführung hängen an einigen Notenpulten Karten mit der Aufschrift »Stockhausen-Zoo. Bitte nicht füttern!« Einige Musiker verlassen vorzeitig das Konzert, das vier bis fünf Stunden dauern sollte. Stockhausen-Gegnern gelingt es, das Licht an den Notenpulten auszuschalten, so dass die übrig gebliebenen Musiker bei Notlicht fast im Dunkeln sitzen. Nach 260 Minuten endet diese erste und letzte Aufführung von »Fresco« – die letzten Musiker haben ihre Mitwirkung eingestellt.

Stockhausen plant seine Werke kompromisslos und erwartet eine perfekte Ausführung. Er will die vollständige Kontrolle über das Klanggeschehen auch in seinen Konzerten behalten. Das führt dazu, dass sich die aufführenden Musiker zu Abspielmaschinen degradiert fühlen, aber gleichzeitig die riesigen technischen Schwierigkeiten dieser Werke meistern sollen. Stockhausen sieht die Lösung dieses Problems in der elektronischen Musik, weil er dann endlich keine Interpreten, also individuelle Instrumentalisten mehr braucht. Er kann mit den damaligen technischen Mitteln zwar nur äußerst mühsam, aber ziemlich perfekt aus *Sinustönen* und anderen elementaren, elektronischen Bausteinen Details des Klangs, der Klangfarbe, der Artikulation, der exakten Tonhöhe und Tondauer konstruieren. Dabei ist er völlig unabhängig von den Begrenzungen und Vorgaben durch Instrumente oder Spieler.

Das Nonplusultra der Technik waren in der 50er Jahren Sinus- und Impulsgeneratoren, Hallgeräte und Tonbänder, die Stockhausen zerschneidet, zusammenklebt und in verschiedenen Geschwindigkeiten überspielt. Stockhausen bedient nach graphischen Vorgaben die Regler im Studio. Er benützt Mikrophone, Klangfilter und 1975 zum ersten Mal einen Synthesizer und einen Sequencer, der jedoch nur kurze melodische Sequenzen abspielen und transformieren kann. Damit war er Innovator und Impulsgeber für die gesamte elektronische Musik, für die U-Musik generell. Heute ist das Experimentalstudio des SWR in Freiburg weltweit einzigartig, in dem neben Stockhausen noch andere herausragende Musiker die Hörgewohnheiten und die Geduld des Publikums immer wieder auf die Probe gestellt haben und stellen und weiterhin an der Verwirklichung ihrer elektronischen Kompositionen arbeiten.

(87) Karlheinz Stockhausen, »Studie II«

Weitere spannende Entwicklungen im 20. Jahrhundert sind die *Serielle* Musik und die *Minimal Music*. Serielle Musik ist eine Weiterentwicklung der Zwölftonmusik. Nicht nur die zwölf Töne, sondern alle Eigenschaften wie Tondauer, Tonhöhe, Lautstärke oder Klangfarbe werden in Zahlen- oder Proportionsreihen sortiert. Arnold Schönberg und sein Kollege Anton Webern (1883–1945) haben in der Zweiten Wiener Schule schon Tonhöhen und Tonabstände neu geordnet, jetzt kommen die anderen Eigenschaften der Musik dazu. Diese Musik soll große Klarheit hervorbringen und die Beliebigkeit des persönlichen Geschmacks ausschließen. Die Detailversessenheit und Akribie der Durchformung des Musikmaterials von Karlheinz Stockhausen oder Pierre Boulez (1925–2016) ist nicht mehr den Beschränkungen der traditionellen Instrumente und ihren Spielweisen unterworfen.

(88) Pierre Boulez, In Rehearsal, 1998

Minimal Music ist ein Sammelbegriff für verschiedene Musikstile innerhalb der Neuen Musik und lehnt sich an den Begriff der Bildenden Kunst »Minimal Art« an. Sie verarbeitet auch unterschiedlichste Einflüsse aus asiatischer Musik, aus indischer und indonesischer Musik, die Polyrhythmik der afrikanischen Musik, Free Jazz, Psychedelic Rock und sogar die Ideen der Notre-

Dame-Schule aus dem 13. Jahrhundert, die Papst Johannes damals zu verhindern suchte (siehe Kapitel 5). Minimal Music besteht aus kleinsten, melodischen, rhythmischen oder harmonischen Mustern, den *Pattern*, die ständig wiederholt werden. Dann werden Noten hinzugefügt oder weggenommen, Rhythmen und Geschwindigkeit werden variiert und das Muster verändert sich. Es entsteht ein Klangteppich, ein sich bewegendes Gewebe, ein musikalisches Kontinuum, das sowohl Sekunden als auch Tage oder Wochen dauern kann. Elemente davon finden sich in so unterschiedlichen Werken wie Carl Orffs »Carmina Burana« oder in der Filmmusik von Bernard Herrmann für Hitchcocks Filmklassiker »Psycho«. Auch Band wie Tangerine Dream, Kraftwerk oder das Jazz Quartett The Necks greifen Elemente der Minimal Music auf. In neuester Zeit sind daraus der *Minimal Techno* oder der *Drone Doom*, ein Genre des *Dome Metal,* entstanden.

(89) Bernard Herrmann, »Psycho« (Filmmusik)

Paul Hindemith (1895–1963), der von 1923 bis 1930 die Donaueschinger Musiktage leitete, die auch heute noch als das Mekka für Neue Musik bezeichnet werden, ist ebenfalls einer der bedeutendsten, aber auch umstrittensten Richtungsweiser der klassischen Neuen Musik. Er erfindet quasi den *Heavy Metal.* Die Ursprünge dieser Musik liegen im Bluesrock und im Hard Rock Anfang der 1970er Jahre. Sie erklingen aber auch schon fünfzig Jahre früher bei Paul Hindemith: Der 4. Satz seiner Bratschensonate nimmt das Motto des Metal vorweg: »Rasendes Zeitmaß. Tonschönheit ist Nebensache.« Wenn das mal nicht für Metal-Konzerte zutrifft!

(90) Paul Hindemith, »Sonate für Bratsche solo op. 25, Nr. 1, 4. Satz««

Bestimmt von imperialen Bestrebungen, von Kriegen und Kolonialismus bringt das 20. Jahrhundert enorme Neuerungen und Umwälzungen, rasante Entwicklungen und dramatische Einbrüche hervor. Die zunehmend alle Lebensbereiche erfassende Industrialisierung schlägt sich in einer großen Technikbegeisterung nieder. Die Elektronenröhre, die Rundfunktechnik, der Tonfilm, die Tonbandtechnik und auch elektrische Musikinstrumente bieten den Komponisten viel inspirierendes Material. Es entstehen visionäre Konzeptionen, die erst Jahrzehnte später technisch realisiert werden können. Zum Beispiel die ersten kompositorischen Auseinandersetzungen mit den musikalischen Möglichkeiten von Selbstspielklavieren, die Jahre später mit Digitalpianos oder Synthesizern perfektioniert werden und letztendlich in Computermusik aufgehen.

Schallplatte und Rundfunk (und später Fernsehen und Internet) ermöglichen einen enorm beschleunigten Austausch und eine Verbreitung von musikalischen Entwicklungen. In Deutschland wird 1920 mit regelmäßigen Rundfunksendungen begonnen. Sechs Jahre später haben bereits eine Million Menschen ein Radiogerät. Davon profitiert vor allem die Popularmusik, aber auch die Jazz-Musik aus den USA, die sich ebenfalls rasant verbreitet. Komponisten lassen sich von den unterschiedlichsten Musikrichtungen und Stilen inspirieren. Es findet ein regelrechter Aufbruch zu neuen Ufern statt. Musik anderer Länder und Völker wird entdeckt und dient als Inspiration für eigene Werke. Es gibt keine einheitliche Richtung in dieser pluralistischen Zeit. Während Schönberg mit der Zwölftonmusik experimentiert, schreibt Sergei Rachmaninow sein 3. Klavierkonzert, eine romantische Edelschnulze mit Wellnesscharakter. Alles ist erlaubt. Entsprechend des pluralistischen Zeitgeistes der Epoche bringt jeder Komponist seinen persönlichen Stil in die Musik ein. Es entsteht eine fast inflationäre Menge unterschiedlicher Schulen und Stile mit dem Erfolg, dass die bisher streng in E- und U-Musik getrennten Genres kreativ vermischt werden. Wechselwirkungen sind nicht nur unvermeidbar, sondern erwünscht. Das ist vor allem für die klassische Neue Musik überlebenswichtig. Denn mit der einfachen Verfügbarkeit von Musik für alle Bildungs- und Altersklassen wird die U-Musik immer populärer. Der Grund für diesen Siegeszug liegt im vor allem im Beat, nicht nur in ihrer fundamentalen harmonischen Eingängigkeit (was nicht bedeutet, dass Rock, Techno oder Jazz nicht komplex sind). Es ist der *Beat*, das Schlagzeug-Fundament, das die Synchronisation von Emotion und Motorik zum Metrum bewirkt, das heißt, wir bekommen Lust zu tanzen, mitzusingen, zu klatschen und zu feiern. Mittlerweile dürfen wir das auch alle, niemand verbietet mehr »unschickliche« oder »jugendverderbende« Tänze und Veranstaltungen. Aus wirtschaftlicher Sicht wird die Unterhaltungsmusik jetzt die ernstzunehmende Musik. Die klassische E-Musik verliert dagegen ihre Fans.

Zunächst sind die klassischen »Neutöner« noch auf großes öffentliches Interesse gestoßen. Die Uraufführungen von »Salome« von Richard Strauss 1905 oder »Le sacre du printemps« von Igor Strawinsky 1913 sind gut besuchte legendäre

(91) Igor Strawinsky, »Le sacre du printemps«

Skandalaufführungen: Handgemenge, Pfiffe und Polizeieinsatz inbegriffen. Gesellschaftliche, moralische, musikalische und künstlerische Tabus werden von den Komponisten und Choreographen gebrochen, das Publikum fühlt sich verspottet und reagiert mit anhaltenden Proteststürmen auf die für sie in allen Bereichen »schrägen« Darbietungen.

Ungeachtet dessen vertiefen die Komponisten dieser Neuen Musik ihre musikalischen Experimente, bis sie enttäuscht feststellen, dass das Publikum sich von ihren anspruchsvollen Schöpfungen verständnislos abwendet. Das verstehen die Komponisten wiederum zunächst überhaupt nicht, weil es sich ja um dasselbe Publikum handelt, das den alten Meistern der klassischen Musik einhelligen Applaus gespendet hat. Doch die neuen Meister, die sich als Erben der alten Meister sehen, haben die Abgrenzung von Tradition, Emotion und Ausdruck so weit getrieben, dass zwar ziemlich perfekte, aber seelenlose Musik übrigbleibt. Ein Ton, der nach Tonhöhe, Dauer, Lautstärke und Klangfarbe bestimmt wird, ist belanglos. Lebendig wird er erst durch Beziehungen, dadurch wie er mit anderen Tönen wirkt, wie er innerhalb des Taktes wirkt, wie er in Beziehung zu Harmonien steht. In der seriellen Musik werden die Töne von ihren Beziehungen befreit, um reines Material zu erhalten. Der Komponist György Ligeti (1923–2006), der selbst so komponierte, erkannte selbstkritisch, dass die selbsternannte Avantgarde »eigentlich hässliche Musik geschrieben hat« – eine Folge des Verlusts der Beziehungen der Töne.

Wie reagieren die klassischen Künstler auf den Publikumsschwund? Sie veröffentlichen zum Verständnis ihrer Werke theoretische Schriften. Ferruccio Busonis visionärer »Entwurf einer neuen Ästhetik der Tonkunst« (1907) hatte zwar riesigen Einfluss auf die Entwicklung der Neuen Musik, aber leider nicht auf die Begeisterung des Publikums. Die intellektuelle und handwerkliche Auseinandersetzung half nur den Schöpfern, nicht den Zuhörern, aber sie verhalf auch zu einer Stilvielfalt, die sich bis heute fortsetzt. Busoni fing an zu mixen und Werk-Grenzen aufzuheben: Wie Johann Sebastian Bach, sein großes Vorbild, der auch eigene und fremde Werke verschmolz, bearbeitet Busoni nun Bach. Er hebt die Noten Bachs, die entsprechend seiner Zeit nur grobe musikalische Vorlagen sind, auf das Niveau eines heutigen Virtuosen. Er denkt Werke von Bach weiter oder schreibt sie für Orchester um. Und er mixt die Hammerklaviersonaten von César Franck und Ludwig van Beethoven in eine Fuge von Bach.

(92) Ferruccio Busoni, »Bach – Chaconne aus der Partita Nr. 2 d-Moll BWV 1004«

So gibt es sowohl die Avantgarde, die ungeachtet des geringen Publikumszuspruchs experimentiert, als auch Komponisten, die neue Techniken, Elektronik oder Computer in ihre traditionell geprägte Kompositionsweise integrieren. Dazu gibt es Komponisten und Interpreten, die eine Synthese von Stilen und Methoden versuchen: Von New Orleans Jazz über Swing und Bebop bis zum Rock, vom Schlager über Popsongs bis zum Rap, von Rhythm ‚n' Blues über Funk, Hip-Hop bis Techno – alles kann sowohl für sich stehen als auch als Weiterentwicklung gesehen und in jeglicher Form wiederverwendet und verändert werden. Konventionelles steht neben Experimentellem, Tradition neben Entdeckerfreude: Der Diskurs ist eröffnet!

Musikalisch beginnt das 21. Jahrhundert mit einem wilden Crossover-Mix. Während sich die Avantgarde der klassischen Neuen Musik weiterhin Freiräume für ihre musikalischen Experimente schaffen muss, sie mehr mit Ablehnung als mit Applaus belohnt wird und sich der Kommerzialisierung durch die Musikwirtschaft rigoros entzieht, erfährt anderswo Neues und Unerwartetes enorme Popularität. Vor allem in der Pop- und Rockmusik (und damit hauptsächlich in den USA) entwickelt sich ein musikalisches Crossover, das Musiker auf kreative Weise verbindet und Genregrenzen einreißt. Beispielsweise wird die kalifornische Band Red Hot Chili Peppers mit ihrem Funk-Metal-Rock sehr berühmt oder die deutsche Band H-Blockx.

(93) Red Hot Chili Peppers, »Blood Sugar Sex Magik«

Auch Metal und Hip-Hop, die sich zunächst vom Crossover konsequent abgrenzen, finden eine erfolgreiche Symbiose (zum Beispiel die Beastie Boys) und bleiben trotzdem ihrem Stil treu. Funk, Metal und Punk verschmelzen zum Beispiel in der Band Faith No More. Auch die Verschmelzung von Jazz und Rock findet großen Anklang und wird als *Fusion* erfolgreich. Ganz selbstverständlich lassen sich die aktuellen Bands von verschiedenen musikalischen Einflüssen inspirieren. Nur wenige Musikrichtungen lehnen die Übernahme von Elementen aus anderen Stilrichtungen als verwässernd ab – vor allem die elitären Fundies der klassischen Neuen Musik.

Dabei gibt es jetzt auch Kompositionen vieler alter Meister in neuen Rock- oder Pop-Fassungen: Beispielsweise die »Piangba«, die berühmte Arie von Georg Friedrich Händel aus dem zweiten Akt der Oper »Rinaldo«, in einer modernen Pop-Fassung, den »Hochzeitsmarsch« von Felix Mendelssohn-Bartholdy in Metal, die »Ode of Rock« zum 250. Geburtstag von Ludwig van Beethoven. Überhaupt erklingt die »Ode an die Freude« aus der Neunten Sinfonie in allen erdenklichen Formen, in ausgefeilten Fassungen für Gospelchöre und Jazz-Bands ebenso wie in simplen Pop-Fassungen.

(94) Ode of Rock

1959 gründete der studierte französische Pianist und Komponist Jacques Loussier das Play Bach Trio und erreichte mit verjazzten Interpretationen von Werken Johann Sebastian Bachs schnell ein Millionenpublikum. Auch komponierte er eine »Barocke Messe des 21. Jahrhunderts« und arbeitete mit Bands und Musikern wie Elton John, Sting oder Pink Floyd zusammen. 1985 stellte er ein neues Play Bach Trio auf, mit dem er Erik Satie, Claude Debussy oder Maurice Ravel neu interpretierte. Für über sechzig Filme komponierte er den Soundtrack. Merke: Loussier hat die imaginäre Grenze zwischen E- und U-Musik einfach ignoriert.

(95) Jacques Loussier Trio, »Play Bach«

Ein weiterer Grenzüberquerer ist der Komponist Max Richter. Von ihm erscheint 2012 eine spannende Rekomposition des bekannten Violinkonzerts »Die vier Jahreszeiten« von Antonio Vivaldi. Das ist eigentlich ein bis zur Fadenscheinigkeit durchgekauter, ultrabekannter Klassiker, doch Max Richter verleiht ihm neuen Glanz. Er beschäftigt sich auf derart respektlos-kreative Weise mit diesem klassischen Ohrwurm, dass er die Gralshüter der alten Meister auf den Plan ruft. Richter sampelt und loopt, montiert die vier Jahreszeiten neu zusammen, zerschneidet die Partitur (also die Noten für Orchester) und entsorgt ziemlich viel davon. Mit den für ihn wichtigen musikalischen Abschnitten, Motiven und Melodien wird dann gespielt: Er wiederholt oft (wie in der Minimal Music

(96) Max Richter, »The New Four Seasons«

üblich), lässt Töne weg, fügt eigene hinzu oder begleitet die Geige mit Bässen aus dem Synthesizer. Manchmal klingt es fast original, manchmal wie eine alte, zerkratzte Langspielplatte, manchmal futuristisch. Max Richter setzt nicht einfach die digitale Schere an Archivaufnahmen: Er denkt Vivaldi neu! Richter hat keine Angst vor Traditionen, er baut Brücken und reißt Mauern ein zwischen der E-Musik und der U-Musik. Hier wäre die Toleranz der Liebhaber der alten Meister gefragt, weniger deren museales, elitäres und großbürgerliches Gehabe, das sie noch aus der Romantik im Reisegepäck haben. Es wundert aber nicht, dass genau diese Klientel schrecklich Ärger macht. Dabei trägt Richters Arbeit mit Vivaldis Komposition die Musik ins 21. Jahrhundert. Musikliebhaber, die bisher klassische Konzerte aufgrund des Dünkels eher gemieden haben, werden über diese Rekomposition zu Konzertbesuchern. Den allergrößten Erfolg feiert eine Aufführung, bei der zuerst der Original-Vivaldi und dann die Rekomposition von Richter gespielt werden. Das überzeugt dann sogar die hartgesottenen Klassik-Traditionalisten.

Auch der Klangkünstler Fabian Russ hat ein Werk aus dem 17. Jahrhundert kreativ bearbeitet: Die Sammlung der »Psalmen Davids« von Heinrich Schütz. Mehrere Chöre singen bei diesem Werk gleichzeitig, sie sind im Kirchenraum verteilt und antworten sich wechselseitig. Es ist eine Raummusik von überwältigender Intensität. Russ hat nun kleine Ausschnitte, also *Samples*, aus den Schütz-Psalmen extrahiert und kombiniert sie mit Aufnahmen aus der Originalversion. Er nutzt dazu modernste, digitale kompositorische Mittel: Zweiunddreißig Lautsprecher in einem »3D Audio Dome« lassen die Zuhörer in den Klang regelrecht eintauchen. Doch die Idee zu diesen Raumklängen entstand 1619!

Erinnern wir uns diesbezüglich an die alten Griechen. Vor über 2600 Jahren ist dort die Trennung zwischen der hohen, kultivierten, ernsten Musik und der Unterhaltungsmusik zu Festen und Feiern entstanden. Beide Musikrichtungen werden damals von den antiken Göttern abgesegnet. Beide! Nun wagen wir 2600 Jahre später endlich den Brückenschlag über alle Jahrhunderte, Stile und Genres hinweg. In der Musik des 21. Jahrhunderts ist alles ist möglich. Wir können auf weitere Entwicklungen gespannt sein.

Ausflug 9

Warum europäische Komponisten klassische Programm-Musik nach Hollywood importiert haben, wie ein Opern-Komponist die beste Filmmusik der Geschichte komponiert hat, welche Idee ein Filmmusik-Komponist von Richard Wagner gestohlen hat und was Gustav Mahler mit »Star Trek« zu tun hat.

Eine junge Frau steht unter der Dusche. Genussvoll lässt sie sich das Wasser über Gesicht und Arme rinnen. Wir hören nur das Perlen des Wassers auf ihrem Körper. Die Kamera schwenkt zum milchig-weißen Duschvorhang. Schemenhaft nähert sich eine Person. Wir hören immer noch nur das Wasser rauschen. Der Duschvorhang wird zur Seite gezogen. Eine schattenhafte Gestalt hebt die Hand mit einem langen Messer. In dem Moment trifft ein schriller, hoher Geigenton auf unser Ohr. Die Messerstiche auf die Duschende werden von den Todesschreien der Frau und von kurzen, harten Streichertönen begleitet. Die Frau rutscht langsam an der Wand der Dusche hinunter. Ein Cello begleitet mit wenigen tiefen, langen Tönen den Zusammenbruch der Frau. Die Kamera schwenkt auf den Boden der Dusche. Das Blut der Erstochenen fließt Richtung Abfluss. Das Cello spielt nur noch einen langen Ton, der sich mit dem Rinnsal im Abfluss vermischt. Die Musik ist zu Ende, das Leben der Frau auch. Im Sterben reißt sie den Duschvorhang herunter. Dann hören wir nur noch das Rauschen des Wassers.

(97) Duschszene aus Hitchcocks »Psycho«

Horror pur! Stellen wir uns die Szene aus Alfred Hitchcocks Film »Psycho« von 1960 nun ohne Musik vor. Wirkt sie genauso schaurig? Hitchcock und sein Hauskomponist Bernard Herrmann geraten über diese Szene und über diese Frage in Streit. Hitchcock will den Mord in der Dusche nämlich ganz ohne Musik inszenieren. Man soll nur das Wasser, die Schreie und die Messerstiche hören. Hitchcocks Komponist Herrmann ist aber der Meinung, dass das Entsetzen für die Zuschauer noch größer wird, wenn Streicher mit Staccato-Tönen die Messerstiche untermalen. Er ist überzeugt, dass das Sterben der Frau tiefer empfunden wird, wenn das Cello mitspielt. Der Komponist setzt sich durch, aber es entsteht ein tiefer Graben zwischen ihm und dem Regisseur, denn es geht um Eitelkeiten: Um die Frage, was wichtiger ist, die Szene oder die Musik, und um die Frage, ob die Szene die Musik braucht, um zu funktionieren. Und es geht darum, ob der Regisseur seine Szene nach der Musik entwerfen soll – oder umgekehrt. Bei diesem Film entwirft Hitchcock die Szene zuerst. Der Komponist schaut sie sich an und wählt für die Musik ein Streichorchester. Dieses spielt aber keine Melodie, sondern dissonante, unzusammenhängende einzelne Töne. Herrmann will jedem Film einen eigenen, unverwechselbaren Sound geben. Damit wird die Filmmusik individuell und wesentlich.

Das ist zu Beginn der Film-Ära noch nicht so, die ersten Filme sind stumm. Sie werden alle live von einem Pianisten begleitet. Zum einen muss das laute Rattern der Filmprojektoren übertönt werden. Zum anderen fühlen sich die Zuschauer in den vollkommen abgedunkelten Vorführräumen durch die Klaviermusik behaglicher. Aber vor allem erzählt und ergänzt die Musik das, was im Stummfilm noch nicht gehört werden kann. Die Musik unterstützt die Stimmung der Szenen. Um das zu erreichen, spielt der Pianist zunächst bereits bekannte Musikstücke. Zum Beispiel wird eine Hochzeits-Szene mit dem Hochzeitsmarsch von Felix Mendelssohn-Bartholdy begleitet oder die Liebes-Szene mit dem Liebestraum von Franz Liszt. Auch Musik aus Opern oder Operetten wird verwendet. Es ist die Musik der Zeit, die Musik des ausgehenden 19. Jahrhunderts. Die ersten Stummfilme werden also mit Musik der Romantik (siehe Kapitel 9) begleitet. Auch illustrierende Geräusche wie Pferdegetrappel oder Sturm können zusätzlich zur Musik von den »Kinoorgeln« erzeugt werden.

Der Kinobesuch kommt in Mode, die Kinosäle werden größer und die Filme werden nicht mehr nur von einem einzelnen Klavier, sondern von immer größeren Orchestern begleitet. Vor dem Ersten Weltkrieg gibt es in Filmtheatern Kino-Orchester mit bis zu achtzig Musikern. Nach dem Krieg dann spielen diese Orchester nicht mehr bereits komponierte klassische Musik: Jetzt wird spezielle Musik komponiert, die zum Film passt. Die Musiker müssen hervorragend Noten lesen und sie ungeübt vom Blatt abspielen können, da sie auf ein Zeichen des Dirigenten, der den Film auf der Leinwand mitverfolgt, sofort zum nächsten Takt, zum Schluss des Titels oder sogar zum nächsten Stück springen müssen. Der erste richtige Tonspielfilm, den Warner Brothers 1927 herausbringt, heißt »Der Jazzsänger«. Die Musik zu diesem Film wird nicht direkt zum Film im Kinosaal gespielt, sondern ist im Tonstudio produziert worden. Dieser sogenannte *Soundtrack* wird speziell für einen Film komponiert. Das übernehmen zunächst vor allem Komponisten aus Deutschland und Österreich.

Warum? Warner Bros. ist eine US-amerikanische Filmgesellschaft mit Sitz in Hollywood. Warum komponieren dort europäische Musiker? Der Grund liegt im Zweiten Weltkrieg. Die Komponisten – vor allem auch jüdische Künstler – sind nach Amerika geflüchtet beziehungsweise ausgewandert. Für die Hollywood-Filme haben sie sich in ihren Kompositionen zunächst an der ihnen vertrauten, europäischen Orchestermusik des ausgehenden 19. Jahrhunderts orientiert, also an der klassischen Programm-Musik der Romantik. Diese Musik importieren die Künstler sozusagen nach Amerika und so entsteht der charakteristische Hollywood-Sound.

Berühmter Urheber dieser Filmmusik-Art ist Erich Wolfgang Korngold mit dem Soundtrack zum Film »Robin Hood, König der Vagabunden«. Das ist ein typisch amerikanischer Abenteuerfilm aus dem Jahr 1938. Er wird zu einem Klassiker der Filmgeschichte. Das liegt nicht nur daran, dass der Film die damals teuerste Produktion von Warner Brothers ist oder dass Errol Flynn die Hauptrolle spielt. Es liegt auch nicht an der Verwendung des damals bahnbrechenden Technicolors, einer Technik, die dem Film »eine Farbenpracht wie nie zuvor« verleiht, wie 1950 in der Werbung zur deutschen Erstaufführung im Frankfurter Filmpalast zu lesen ist. Der Erfolg des Films, der mit drei Oscars ausgezeichnet wird, liegt vor allem an der Filmmusik, die als eine der besten in der Filmgeschichte gilt und über Jahre den typischen Sound von Filmmusik prägen wird.

Wieso ausgerechnet Musik von Erich Wolfgang Korngold (1897–1957)? Weil er schon als Kind mit einer Art Filmmusik berühmt wurde: Mit elf Jahren komponierte er die Ballettpantomime »Der Schneemann«, die in der Wiener Hofoper aufgeführt wurde. Er hat also bereits 1908 eine Art Bühnen-Stummfilm mit seiner Musik untermalt. Das Publikum und die Kritiker brechen nach seiner Musik in Wunderkind-Schwärme-

(98) Erich Wolfgang Korngold, »The Adventures of Robin Hood« (Filmmusik)

reien aus. Sie bezeichnen Korngold als Mozart des 20. Jahrhunderts. Klassische Komponisten wie Puccini, Strauß oder Mahler sind tief beeindruckt. Korngold komponiert auch Opern und mit dreiundzwanzig Jahren schreibt er einen Psycho-Thriller fürs Theater und die Musik dazu, die ebenfalls ein Sensationserfolg wird.

Erfolg produziert Neid. Auch der junge Erich Wolfgang hat Neider. Sie führen seinen sensationellen Erfolg auf seinen berühmten Vater zurück. Julius Korngold ist Anfang des 20. Jahrhunderts der einflussreichste Musikkritiker in Wien. Er arbeitet bei der »Neuen Freien Presse« und hat große publizistische Macht. Den Neidern ist klar, dass nur Korngolds Vater den Sohn im Musikerhimmel etabliert hat. Ist das so? Jein. Der Einfluss des Vaters ist zwar groß, er startet beispiellose Pressekampagnen für die Opernkompositionen seines Sohnes und gegen dessen Konkurrenten. Aber das wirkt sich nicht nur positiv auf die Karriere des Sohnes aus. Vater Korngold ist ein ziemlich militanter Gegner der musikalischen Moderne, also der klassischen Neuen Musik des 20. Jahrhunderts (siehe Kapitel 10). Er sagt dieser »Intellektuellenmusik« den Kampf an und propagiert die »musikalische Volksgesundheit« – als Jude ausgerechnet mit einem Verfemungs-Jargon, den später die Nazis nutzen werden. Unter »gesunder« Musik versteht Papa Korngold die melodiöse, romantische Programmmusik (siehe Kapitel 9). Musik, die ein »Programm« hat, einen außermusikalischen Inhalt: Perfekte Filmmusik also. Für die einen ist Korngold Senior der Retter des Abendlandes vor der atonalen klassischen Neuen Musik und für die anderen ein intoleranter Musik-Traditionalist.

Sein Sohn indes komponiert populär und volksnah. Doch 1938 wird die Uraufführung seiner Oper in Wien ausgesetzt: Österreich wird an Hitler-Deutschland angeschlossen und damit ist Korngolds Karriere aufgrund seiner jüdischen Herkunft beendet. Aber er folgt dem Ruf von Warner Brothers und reist nach Hollywood. Dort verfügt er bereits über gute Kontakte, weil er zuvor schon für die Filmgesellschaft gearbeitet, allerdings nur bekannte klassische Musik für Filme bearbeitet hat. Sein erster eigener Soundtrack ist – wie oben schon erwähnt – die Filmmusik zu »Robin Hood«. Genau diese wird den romantisch-sinfonischen Hollywood-Sound prägen. Denn Korngold ist einer der Ersten der vielen europäischen Künstler-Emigranten. Die nachfolgenden Musiker werden sich zunächst an seiner Erfolgsmusik orientieren. Deshalb werden jahrelang die Filmgeschichten, sogar wenn sie in der Zukunft spielen, mit Musik aus lang zurückliegender Vergangenheit unterlegt. Denn die geflüchteten Komponisten schreiben zumeist schöne, eingängige, spätromantische, europäische Orchestermusik für Hollywood. Währenddessen gibt es in Europa bereits musikalische Bestrebungen, die alten harmonischen Regeln und Strukturen der Musik über den Haufen zu werfen (siehe Kapitel 10). Doch diese klassische Neue Musik ist für die meisten Musikhörer völlig unverständlich und auch als Filmmusik ziemlich ungeeignet. Die Komponisten dieser Neuen Musik werden von den Nazis als »entartet« diffamiert und emigrieren größtenteils ebenfalls.

In Hollywood bleibt die Filmmusik auch nach dem Zweiten Weltkrieg spätromantisch und melodisch. In Deutschland gibt es unter den Intellektuellen große Zweifel, ob man nach dem Holocaust überhaupt künstlerisch und ästhetisch an die Kultur vor dem Krieg anknüpfen kann. Von Theodor W. Adorno ist der Satz überliefert: »Nach Auschwitz ein Gedicht zu schreiben, ist barbarisch.« Später relativiert er zwar diesen Satz, aber die Tatsache bleibt, dass die Kunst die Katastrophe nicht verhindern konnte. Das Volk von Beethoven und Goethe ist zu grausamen Verbrechen fähig gewesen.

Völlig unberührt von diesen Gedanken und künstlerischen Überlegungen, die in Deutschland und den umliegenden Ländern zu einer völligen Abkehr von der romantischen Musik und der romantischen Dichtkunst führen, tun die Komponisten in Hollywood so, als hätte sich nichts verändert. Als hätte es diesen Bruch nie gegeben. Sie komponieren unbeirrt romantisch-harmonisch weiter. Sie bringen nichts Neues, sie verarbeiten immer dieselben alten Ideen und Melodien mit immer denselben Instrumenten. Sie komponieren unkritische, manipulative Funktionsmusik. Dies wird ihnen jedenfalls von den Komponisten der klassischen Neuen Musik in Europa vorgeworfen. Klassische Musik ist absolute Musik, meinen sie. Sie kann und muss für sich alleine stehen. Filmmusik erfüllt eine Funktion und hat ein Programm, einen außermusikalischen Inhalt, nämlich die Geschichte des Films. Sie tut nur so, als wäre sie klassisch.

Der Streit kocht hoch, aber er ist überflüssig. Komponist Erich Wolfgang Korngold hat wunderbare klassische Musik komponiert. Zum Beispiel das Violinkonzert D-Dur von 1945. Vor allem dessen 3. Satz klingt nach perfekter Filmmusik. Diese Komposition hat aber kein Programm, keine Funktion, es gibt keinen Film dazu. Aber Korngolds Komponierstil ist so prägend für amerikanische

(99) Erich Wolfgang Korngold, »Violinkonzert D-Dur, 3. Satz«

Filme, dass Hollywood einfach nach Korngold klingt und Korngold nach Hollywood.

In der Nachkriegszeit veränderte sich dann die Filmmusik mit der Zeit. Die Filmindustrie integriert Rock-, Pop- oder Jazzmusik in ihre sinfonischen Partituren, die so etwas moderner klingen. Zu diesen Komponisten gehört auch Henry Mancini.

Enrico Nicola Mancinis Eltern kamen vor dem Ersten Weltkrieg aus Italien in die USA. Papa Mancini brachte seinem einzigen Sohn das Querflötenspiel bei und sie spielten gemeinsam in einer Folklore-Band italienische Opern-Ouvertüren und Lieder aus der alten Heimat Europa. Später lernt Little Henry Klavier, hauptsächlich weil es sich an diesem Instrument gut komponieren lässt. Seine Liebe gilt jedoch dem Big Band Swing und der Querflöte. Als er dem berühmten Jazz-Klarinettisten Benny Goodmann einige seiner Arrangements schickt, bietet ihm dieser ein Engagement in der erfolgreichen Glenn-Miller-Band an. Mancini studiert außerdem nebenher bei bekannten Jazz-Musikern Komposition und Tonsatz. So entwickelt Henry Mancini einen unverwechselbaren eigenen Stil: den *Symphonic Jazz*. Neben dem Jazz haben die französischen Komponisten der späten Romantik wie Claude Debussy und Maurice Ravel Henry Mancini stark beeinflusst. Mit ihrer Musik schärft Mancini seinen Sinn für feine Klangnuancen und ungewöhnliche Instrumentierungen. Mancinis elegante, melodische Linien wirken leicht, einfach und klar.

Das ist beispielsweise in der Musik zum Film »Der rosarote Panther« gut zu hören: Samtpfotige Neugier wird mit einem weichem Saxophonteppich dargestellt und von Schock-Bläser-Einsätzen jäh unterbrochen. Beim Hörer entstehen sofort Bilder des rosafarbenen, gewitzten Vierbeiners der Comicserie, der bei halblegalen Machenschaften ertappt wird. Die berühmte Melodie »Pink Panther Theme« ist zwar dem Juwelendieb im Film gewidmet, aber jeder, der den Song hört, denkt sofort an den pinkfarbenen Schlaumeier der Comicserie.

(100) Henry Mancini, »Pink Panther« (Filmmusik)

Mancini hat damit noch etwas erfunden: Die Titelmelodie! Filmmusik hat einen hohen Wiedererkennungseffekt, wie zum Beispiel die Zither-Musik im Film »Der dritte Mann«. Mitte der 50er Jahre geben Filmmusik-Produzenten Titelmelodien in Auftrag, die zusätzlich als Einzeltitel vermarktet werden können. Im Film »Frühstück bei Tiffany« singt Audrey Hepburn das Lied »Moon River« von Henry Mancini, das er extra für diesen Film komponiert hat. Es verkauft sich mehr als eine Million Mal.

(101) Henry Mancini, »Moon River«

Bis zu diesem Zeitpunkt wird Filmmusik immer noch für großes Sinfonie-Orchester komponiert. Mit dem Film »Psycho« von Hitchcock ändert sich dies. Die Filmmusik wird ab jetzt speziell nach den inhaltlichen, dramaturgischen und emotionalen Anforderungen des Films komponiert: Manchmal mit der »Underscoring-Technik« (kleinteiligen Musikhäppchen für alle Vorkommnisse, Bewegungen und Gefühle), als »Kontrapunktierung« (in der der Charakter der Musik im Gegensatz zur Aussage der Filmszene steht) oder mit der »Mood-Technik« (eine komplette Filmszene wird mit einer Stimmung untermalt). Außerdem konzentriert sich die Filmindustrie ab den 60er Jahren vermehrt auf jüngere Zuschauer. Die orchestrale Filmmusik wird durch aktuelle Popularmusik ersetzt. Teils werden vorhandene Pop/Rock-Titel dem Film unterlegt, teils werden Songs speziell für einen Film geschrieben. Den Film »Die Reifeprüfung« (1967) unterlegen Simon & Garfunkel mit alten Songs, aber auch mit neu geschriebenen. Der Kultfilm »Easy Rider« von 1969 kommt mit einem Soundtrack daher, der das zwiespältige Lebensgefühl von Freiheit und Repression der Hippie-Ära widerspiegelt. Mit dem Tanzfilm »Saturday Night Fever« (1977) kommt die Disco-Welle erst so richtig ins Rollen. Dafür liefern die Bee Gees mit »Stayin' Alive« oder »How Deep Is Your Love« tanzbare Grooves mit einem Schuss Kitsch-Romantik. In den 1980ern schreibt die Rockband Queen für den Fantasyfilm »Highlander – Es kann nur einen geben« acht Songs. Und zur Filmmusik im klassischen Mainstream-Rock-Stil der Band Survivor boxt sich Schauspieler Sylvester Stallone im Film »Rocky III« (1982) ganz nach oben – und die Band und die Filmgesellschaft gleich mit: Der Song »Eye of the Tiger« gewinnt einen Grammy Award und der Film spielt etwa 225 Millionen US-Dollar ein.

(102) Survivor, »Eye of the Tiger«

In den 70er Jahren wird in Hollywood wieder mit großem Orchester gearbeitet, zum Beispiel im Film »Der weiße Hai«. Die Filmsequenzen werden mit musikalischen Stimmungsbildern unterlegt, die die Szenen emotional einfärben. Zu Steven Spielbergs Filmklassiker produziert der Soundtrack von John Williams Spannung pur. Die Pausen sind genauso bedrohlich wie die Soundpassagen oder die asymmetrische Rhythmik. Die Musik mit Bläsern, Streichern und Percussion wird immer komplexer und bedrohlicher, bis der riesige Hai mit den Monsterzähnen naht.

Als Komponist John Williams Regisseur Spielberg die Titelmusik zum Weißen Hai vorspielt, bricht Spielberg in Lachen aus. Williams hämmert nämlich einfach mit zwei Fingern auf den tiefen Tasten des Klaviers herum. Immer schneller und schneller. Das soll die Titelmelodie zum Film sein? Spielberg hat sich etwas Melodisches vorgestellt. Heute zählt diese gehämmerte Melodie zu den Klassikern der Filmmusik. Auch fünfzig Jahre nach der Kinopremiere funktioniert dieses wilde Jagdmotiv. Wird der Hai schneller, weil es die Musik vorgibt? Oder wird die Musik schneller, weil der Hai angreift? Egal! Klang und Bild formen gemeinsam den Eindruck des Zuschauers.

(103) John Williams, »Jaws« (Filmmusik)

Filmmusik nimmt großen Einfluss auf die Beurteilung des Geschehens. Sie verstärkt es oder mildert es ab. Manchmal drückt die Musik emotional auch genau das Gegenteil der Filmszene aus. Sie manipuliert und verwirrt die Zuschauer. John Williams ist ein Meister darin, mit seiner Musik tiefgründige Gefühle zu vermitteln. Bei manchen Filmen komponiert Williams für Personen, Gegenstände oder Erzählstränge ein eigenes Motiv oder eine individuelle Melodie, die dann passend zur Geschichte wiederholt wird. Durch die Musik erhält der Zuschauer Vorahnungen, erkennt Personen an der Musik wieder oder erlebt einen musikalischen Rückblick. John Williams gibt den Zuhörern einen musikalischen Anker. Diese Idee hat er von Richard Wagner übernommen. Wagner, der Komponist der späten Romantik, komponierte in seinem vierteiligen Opernzyklus »Ring der Nibelungen« zweihunderteinundsechzig solche Anker, sogenannte *Leitmotive*, hinein. Wahnsinn: 261 (!) Melodien oder Motive, die bestimmte Inhalte oder Personen oder Gefühle repräsentieren. Bei Wagner hat das erste Motiv das Thema »Zeit«, das zweite »Raum«, es gibt ein

»Heldenmotiv« und das letzte lautet »Zukunftsgewissheit«. Richard Wagner bezeichnete diese musikalischen Anker als »Gefühlswegweiser«. Wagner will mit diesen Motiven den Sinn der Geschichte in Klang übertragen. Er komponiert feinste klangliche und melodische Unterschiede, um mit seiner Tonkunst die »unterbewussten Mechanismen der Seele« zu erreichen. »Wo Worte nicht mehr hinreichen, da sprechen Töne«, sind sich die Komponisten der Romantik einig.

Filmkomponist Williams hat möglicherweise ähnlich gedacht. In den »Star Wars«-Filmen des Regisseurs George Lucas aus den 70-er Jahren komponiert er für jede Episode ein musikalisches Thema. Beim Hören der kraftvollen Hauptmelodie mit großem Orchester, vollem Bläser-Sound und Pauken stellt sich beim Hörer sofort galaktische Aufbruchsstimmung und interstellarer Mut ein. Auch der Bösewicht Darth Vader bekommt von Williams sein eigenes Thema, den »Imperial March«. Immer wenn der hinter seiner schwarzen Maske schauerlich keuchende Übeltäter auftaucht, hört das Publikum diese Melodie oder eine Variation davon.

(104) John Williams, »Imperial March«

Williams und seine Kollegen haben die Wagnersche Leitmotivtechnik, also seine musikalischen Gefühlswegweiser, auf die amerikanische Filmmusik übertragen. Für die Komposition des »Imperial March« übernimmt Williams jedoch nicht nur eine Technik, sondern gleich eine ganze musikalische Idee. Regisseur Lucas hatte bereits verschiedene klassische Werke, die ihm für seinen Film passend erschienen, als Inspiration für John Williams gesammelt, und so kupfert dieser die Musik bei seinem Kollegen Gustav Holst einfach ab. Der englische Komponist Holst (1874–1934) hatte in seiner Orchestersuite »Planets op. 32« versucht, die aus der Mythologie und Astrologie stammenden Eigenschaften der Planeten in Musik zu übersetzen. Der Planet Mars zum Beispiel (benannt nach dem griechischen Gott des Krieges) wird von Holst mit riesigem Orchesterapparat, unerbittlicher Rhythmik und groben Klängen dargestellt. Venus (nach der griechischen Göttin der Liebe) als Gegenbild ist dagegen eine einzige klangliche Idylle. So verleiht Gustav Holst den sieben Planeten (ohne Erde und den ohnehin etwas umstrittenen Pluto)

(105) Gustav Holst, »Planet Mars«

einen musikalischen, fast menschlichen Charakter. Der »Imperial March« von John Williams könnte als fiktiver Planet Nr. 8 von Holst durchgehen, obwohl er über sechzig Jahre später komponiert wird.

Pablo Picasso wird folgendes Zitat zugeschrieben: »Gute Künstler kopieren, großartige Künstler stehlen.« Es klingt so, als würden alle Künstler abkupfern. Man kann das Zitat jedoch auch folgendermaßen interpretieren: Gute Künstler sind handwerklich in der Lage, das Werk eines anderen zu imitieren. Mehr nicht. Ein großartiger Künstler lässt sich von der Idee eines Kollegen inspirieren und daraus etwas Neues entstehen. Er haucht der Idee neues Leben ein. Der Übergang zwischen kopieren und stehlen in diesem Sinne ist jedoch sehr fließend. So hat beispielsweise Alexander Courage den Original-Soundtrack zur Fernsehserie »Star Trek« (»Raumschiff Enterprise«, 1966) komponiert und für »Star Trek – The Motion Picture« (1979) arrangierte Jerry Goldsmith das Thema um, was dann weiterhin in der Serie »Star Trek – The Next Generation« (1987) verwendet wurde. Beide Komponisten haben sich hierbei von Gustav Mahler nicht nur inspirieren lassen, sondern auch direkt von ihm abgeschrieben. Es geht dabei um die ersten Töne von Mahlers 1. Sinfonie in D-Dur aus dem Jahr 1888. Um die ersten vier Töne. Oder genauer gesagt, um den Abstand dieser Töne: Das Intervall. Es sind zwei Quarten. Zwei nach unten fallende Quarten, die sehr langsam von einem großen Orchester gespielt werden.

(106) Alexander Courage, Jerry Goldsmith, »Star Trek«

(107) Gustav Mahler, »1. Sinfonie, 1. Satz«

Na und? Zwei Töne, die im Abstand einer Quarte nach unten springen. Und dann nochmal zwei. Was ist daran so besonders? Es ist die Quarte, die Pythagoras 600 v. Chr. schon entdeckt hat (siehe Kapitel 4). Dieser Grieche hatte aber noch etwas entdeckt: Die *Sphärenmusik*. Pythagoras war der Meinung, dass Planeten, wenn sie sich im All begegnen, Musik machen. Diese Sphärenmusik ist allerdings nicht hörbar – nur Pythagoras soll sie vernommen haben. Er ist überzeugt, dass der Kosmos eine durch mathematische Proportionen harmonisch geordnete Ganzheit ist und dass dieser Kosmos dieselben Gesetzmäßigkeiten zeigt wie die Musik. Eine der mathematischen Grundlagen von Pythagoras ist die Tetraktys (siehe Kapitel 4): Ein Dreieck, das unten aus vier, darüber aus drei, dann aus zwei und oben aus einem Zählstein gelegt wird. Die damaligen Gelehrten übertragen die Tetraktys sowohl auf die Planeten-Kugeln als auch auf die entdeckten Tonabstände der Musik: Die Oktave schwingt im Verhältnis 1:2, die Quinte 2:3, die Quarte 3:4 und die Doppeloktave schwingt im Verhältnis 4:1. Auch die Töne der Planeten klingen untereinander, wenn auch für Normalsterbliche unhörbar, in diesen Ton-Abständen.

Über zweitausend Jahre später, in der Renaissance, wird diese Sphärenmusik wieder diskutiert. Mathematiker, Physiker und Astronomen widerlegen die Himmelsmusik, weil »Gott so etwas Sinnloses wie unhörbare Musik nicht erdacht haben kann«. Musiker, Dichter und Philosophen aber sind fasziniert von der Möglichkeit, dass der Kosmos klingen könnte. William Shakespeare beschreibt das in seinem »Kaufmann von Venedig«. Er integriert in die Planetenmusik gleich auch noch Engelschöre: »Komm, Jessica! Sieh, wie die Himmelsflur ist eingelegt mit Scheiben lichten Goldes! Auch nicht der kleinste Kreis, den du da siehst, der nicht im Schwunge wie ein Engel singt, zum Chor der hellgeaugten Cherubim. So voller Harmonie sind ew'ge Geister…« Leider sind sie jedoch auch für Shakespeare unhörbar.

In Goethes »Faust« verkündet der Erzengel Raphael die Sphärenharmonie: »Der Bruder Sonne tönt nach alter Weise in Brudersphären Wettgesang, und ihre vorgeschrieb'ne Reise vollendet sie mit Donnerklang.« Nur mit dem geistigen Ohr ist dieser sphärische Wettgesang zu hören. Auch Komponisten setzen sich mit diesem Thema auseinander. Sigmund Theophil Staden komponiert 1645 das Stück »Der sieben Tugenden Planeten, Töne oder Stimmen« und in Mozarts »Il sogno di Scipione« (»Der Traum des Scipio«), das 1772 uraufgeführt wird, wird der Hauptdarsteller in den Himmelstempel gebracht und bekommt Gelegenheit, dort die normalerweise für das menschliche Ohr unhörbare Sphärenmusik zu genießen. Paul Hindemiths Oper »Harmonie der Welt«, die 1957 uraufgeführt wird, handelt vom Schicksal des deutschen Mathematikers und Astronomen Johannes Kepler. Kepler entdeckte die physikalischen Gesetze der Planetenbewegung, aber auch er war überzeugt, dass das All von einer Musik der Gestirne durchflutet ist und dass die Proportionen der Winkelgeschwindigkeiten der Planeten eine Übereinstimmung mit den musikalischen Tonabständen nach der Tetraktys von Pythagoras aufweisen. Er ist überzeugt, dass es eine Harmonie im All gibt.

Hindemith beginnt seine »Harmonie der Welt« nach Paukenwirbel und Streichereinsatz mit – na klar – langsam gespielten, abfallenden Quarten und Quinten.

2008 veröffentlicht der britische Musiker Mike Oldfield das Album »Music Of The Spheres«. Im Booklet zur CD schreibt der Künstler: »Dies ist, wie es sich anhören würde, wenn Sphärenmusik, die niemand hören kann, freigelassen würde.« Im Track »Musica Universalis« hört man ebenfalls abfallende Quarten des Sinfonieorchesters, jedoch mit einem Zwischenton und in schnellem Tempo. Ob Oldfield auch von Gustav Mahler inspiriert wurde? Gustav Mahler schreibt über eine seiner Sinfonien: »Denken Sie sich, dass das Universum zu tönen und zu klingen beginnt. Es sind nicht mehr menschliche Stimmen, sondern Planeten und Sonnen, welche kreisen.« Mahler kennt die Idee der Sphärenmusik von Pythagoras, die Idee des harmonischen Zusammenklangs der Planeten und die Vorstellung vom Klang des Alls. Und er kennt natürlich die Geschichte der Quarte.

Mahler ist sich bewusst, dass er mit seiner 1. Sinfonie ein Lebenswerk von etwa zehn Sinfonien beginnt, dessen Ende er nicht überleben wird. Auch sein großes Vorbild Beethoven hat seine 9. Sinfonie nicht lange überlebt. Mehr als neun Sinfonien sind in einem Musikerleben nicht zu schaffen. Auch Mahler wird seine 10. Sinfonie nicht zu Ende schreiben. Mahlers Musik ist keine Programmmusik und auch keine absolute Musik. Mahlers Musik steht über dieser Kategorisierung. Seine Musik spiegelt den Inhalt eines ganzen Lebens. Die ersten Töne der 1. Sinfonie Mahlers sind also nicht irgendwelche Zufallstöne. Es sind Töne, die er mit voller Absicht und im Wissen der jahrtausendealten Geschichte ausgewählt hat: Erst ein langer Ton aus dem Nichts. Dann darüber eine Quarte, dann nochmal dieselbe Quarte. Dann zwei langsame Quartsprünge abwärts. Der Beginn von allem in einer Minute Musik.

Der Filmreihe »Star Trek« ist eine Geschichte galaktischen Ausmaßes. Die Raumschiff-Crew fliegt dahin, wo noch nie zuvor ein Mensch gewesen ist, mitten durch die Sphärenklänge. Jerry Goldsmith und Alexander Courage wählen für ihre Filmmusik beim Flug durchs All ebenso bewusst diese beiden Quarten. Den Beginn von allem. Allerdings haben die Filmmusikkomponisten bereits die ersten Töne verändert. Bei Mahler wird der erste Quartsprung genau gleich wiederholt, dann erklingt der zweite Quartsprung und wird auch wiederholt, in der Titelmelodie von »Star Trek« erklingen die beiden unterschiedlichen Quartsprünge gleich hintereinander ohne Wiederholung. Bei Mahler hört man nach etwa einer Minute ein anderes Motiv von den Klarinetten. Bei Goldsmith und Courage ist die ganze Titelmelodie schon nach einer Minute und fünfzig Sekunden beendet. Der erste Satz von Mahlers Sinfonie dauert dagegen etwa fünfzehn Minuten.

Goldsmith und Courage haben im Sinne von Picasso nicht kopiert, sondern die Idee erst gestohlen, aber dann, passend zur Aufgabe, Science-Fiction-Filmmusik zu schreiben, weiterentwickelt. Der Film haucht der sphärischen Quarten-Idee neues Leben ein. Und die Musik wird mit einem perfekten »Musikvideo« geliefert: Mit einer ganzen Fernseh- und Kinofilmreihe. Das unterscheidet den Soundtrack auch von der 1. Sinfonie von Mahler. Der Zuhörer, der beim Film zugleich auch Zuschauer ist, weiß sofort, was er fühlen soll. Er bekommt Bilder geliefert, die ihm zeigen, was die Musik ihm sagen will.

Bei Mahlers Sinfonie ist es für den Hörer viel schwieriger ohne Vorwissen oder Bilder zu verstehen, worum es eigentlich geht. Warum zeigen wir dann keine Bilder zu dieser Sinfonie? Mahlers Musik ist theatralisch, seine Spielanweisungen lesen sich wie Regieanweisungen: Langsam, schleppend, wie ein Naturlaut. Oder: Kräftig bewegt, feierlich gemessen, ohne zu schleppen. Und: Stürmisch bewegt. Die Sinfonie würde sich hervorragend als Filmmusik eignen, für die der Film erst noch gedreht werden muss. Auch andere klassische Werke würden, mit Filmen oder Bildern begleitet, zumindest für Klassik-Einsteiger verständlicher und fühlbarer werden. Filmmusik aber gehöre nicht in Konzertsäle, meinen überzeugte Klassikhörer. Sie sei nur ein Gefühlsverstärker im Dienste der Unterhaltungsfilme. Außerdem stört sie, dass Filmmusik-Komponisten klassische Elemente übernommen haben. Natürlich sind Klassik-Fundis auch gegen bebilderte, klassische Musik, weil deren Inhalt nicht durch Bilder vorbestimmt werden soll. Der Hörer soll seine eigenen Bilder und Gefühle dabei entdecken und entwickeln. Doch wie kann man die entwickeln, wenn die Musik schwierig und nahezu unverständlich bleibt?

Die Filmmusik-Komponisten haben die Klassik jedoch offenbar gut verstanden, sonst hätten sie manche Ideen der Klassiker nicht intelligent stehlen und im Dienste der Filmmusik weiterentwickeln können. Die Grenzen zwischen klassischer E-Musik (der ernsten Musik) und der U-Musik (der Unterhaltungsmusik) werden von den klassischen Musikern und den Klassikhörern streng bewacht. Die Filmkomponisten haben sie unbekümmert überschritten.

Ausflug 10

Wie ein klassischer Komponist als Erster Bach mit Jazz gemixt hat, warum Bach sich deshalb nicht im Grab umdreht, sondern on Tour geht, wie der große Meister selbst Crossover erfunden hat und warum (fast) alle »Play Bach« lieben.

So sieht der Lebenslauf eines Ausnahme-Künstlers aus:

Lebensstationen und Ausbildungsorte: Arnstadt, Eisenach, Köthen, Leipzig, Lüneburg, Ohrdruf und Weimar
Erfahrung mit Arbeitsmethoden in anderen Ländern: Keine
Internationale Vernetzung mit anderen Künstlern: Keine
Reisen: Einige Reisen nach Norddeutschland und Treffen mit regionalen Künstlern
Zusatzjobs: Orgelgutachter, Lateinlehrer
Kompositionen: Über 1000. Weitere Werke sind verschollen
Einträgliche Stellen: Keine
Publikumsliebling: War er nie
Stil: überladen, verkünstelt und kompliziert.

Das hört sich wirklich nicht nach dem Lebenslauf eines Stars an. Trotzdem ist es der Lebenslauf eines Künstlers, der eine Musikerkarriere von Weltrang hingelegt hat. Das ist der Lebenslauf eines Künstlers, dessen Musik auch dreihundert Jahre nach ihrer Erfindung noch beeindruckt und berührt. Das ist der Lebenslauf eines Künstlers, der alle nachfolgenden Musiker inspiriert hat. Es ist der Lebenslauf eines Künstlers, dessen Werke, Melodien und Motive in allen Stilen und Genres bis heute musikalisch verarbeitet werden.

Dieser Komponist wird zunächst von seinen Söhnen, die berühmte Komponisten ihrer Zeit sind, überflügelt. Die Nachfolgegeneration von Künstlern studiert zwar seine Werke, aber seine Musik wird nicht mehr aufgeführt. Doch rund achtzig Jahre nach seinem Tod, im Jahr 1829, gibt es die erste Wiederaufführung eines epochalen Werkes dieses Künstlers – dieses Konzert löst einen Boom aus. Ein zweiter Hype dieses Musikers und seiner Werke entsteht ab 1950 und hält bis heute an. Dieser Künstler überstrahlt aus heutiger Sicht alle seine Kollegen durch kompositorischen Reichtum. Er beeindruckt durch seine Fähigkeit, Stile und Kompositionsweisen zu vervollkommnen. Er kann höchsten kompositorischen Anspruch mit tiefstem Ausdruck verbinden. Er hat das musikalische Resümee seiner Epoche gezogen und den Weg zu kommenden Komponistengeneration gebahnt. Es ist Johann Sebastian Bach. Seine Kompositionen sind um die dreihundert Jahre alt und trotzdem klingen sie frisch und zeitlos. Bach ist heute weitaus bekannter als zu seinen Lebzeiten. Er kann überall gehört werden und er wird überall gehört: Im Wohnzimmer, im Konzertsaal, im Radio, im Fernsehen, im Supermarkt, im Jazzclub, im Rock-Konzert und auf dem Handy. Auch in Streaming-Diensten ist er zu finden. Bach im Konzertsaal, Bach Open Air, Bach On The Beach, Bach im Sportstudio, Bach als Klingelton. Bach boomt. Heute wäre der Musiker steinreich. Seine Werke, die in Verlagen ebenso zu finden sind wie auf Tonträgern oder live in Konzerten, würden für eine Menge an Tantiemen sorgen. Er ist ein Weltphänomen und ein Longseller, krisenfest, wertbeständig und nicht kaputt zu bekommen.

Außerdem ist er ein hervorragender Arbeitgeber für heutige Musiker. Alle spielen ihn irgendwann und irgendwie. Allerdings spielen sie die Musik Bachs nicht immer original, also musikhistorisch korrekt. Oft ist es eine Bearbeitung oder ein Arrangement, es wird aus seiner Musik zitiert oder paraphrasiert. Oder ein Werk oder ein Teil davon wird umgearbeitet und in einen anderen Stilbereich transportiert, zum Beispiel in den Jazz oder in die Rockmusik. Jazz-, Rock- und Popmusiker haben Mitte des 20. Jahrhunderts Bach für sich entdeckt. Sie haben beliebte eingängige Melodien des einstmals verkannten Genies in andere Harmonien gepackt, neue Rhythmen darunter gelegt oder bekannte Motive für eigene Kompositionen verwendet. Dürfen sie das eigentlich? Oder ist das respektloser Töneklau, Entweihung, Zerstörung? Doch, sie dürfen das, denn sie haben nicht damit angefangen. Das waren die sogenannten Klassiker selbst! Allen voran Paul Hindemith (1895–1963), ein deutscher Komponist der Moderne – und auch ein Bürgerschreck. Oder eher ein Schreck des klassischen Konzertpublikums, und zwar wegen seiner neuartigen Klänge (siehe Kapitel 10). Er hat als Erster Bachs Musik mit Elementen aus der Jazzmusik zusammengebracht.

1921 schreibt Hindemith einen »Rag Time« für großes Orchester. Der Untertitel lautet »wohltemperiert«. Das ist ein klarer Verweis auf Bachs Komposition »Das wohltemperierte Klavier« (siehe Kapitel 7). Hindemith arbeitet den »Rag Time« später für Klavier zu vier Händen um. Jazz-Fans werden in dieser Komposition vielleicht erst beim zweiten Hören den Ragtime erkennen, da die jazztypische Spielweise fehlt. Aber Bachliebhaber werden sofort die c-Moll Fuge aus dem »Wohltemperierten Klavier« heraushören. Es ist eher eine Erinnerung an die Fuge, manchmal nur ein musikalischer Schnappschuss, manchmal eine Collage, aber unverkennbar Bach.

(108) Paul Hindemith, »Rag Time«

Der zweite Teil des Werks von Hindemith heißt »Fugato«, das erinnert an die »Fugen« von Bach (siehe Kapitel 7). Die musikalischen Themen des Fugato-Teils setzen zwar – getreu der historischen Vorlage – nacheinander ein, aber sie sind verfremdet, harmonisch verändert und *polytonal* (also bürgerschreckartig) verarbeitet. Es klingt wie eine Parodie, wie eine schräge Geschichte von Musik über Musik. Es ist eine Fuge, die gleichzeitig keine ist: skurril, frech und genial. Hindemith bezeichnet diese provozierenden Kompositionen als »mittlere Musik«. Diese Musik soll die Grenze zwischen Kunstmusik und Unterhaltungsmusik, also zwischen E- und U-Musik aufheben. Ihn stört die Entrückung der Musik Bachs in höhere Sphären, in eine unnahbare Darbietungsmusik, der man andächtig zu lauschen hat. Für Hindemith ist Bach der Mann für »Umgangsmusik«, nicht für »Darbietungsmusik«. Er ist überzeugt, dass »das Konzert in seiner heutigen Form eine Einrichtung ist, die bekämpft werden muss«. Er will die verloren gegangene Gemeinschaft zwischen Ausführenden und Hörern wiederherstellen. Deshalb kombiniert Hindemith die Musik von Bach mit dem Jazz, denn in dieser Umgangsmusik ist die Verbindung zwischen Musikern und Hörern sehr eng. In der Einleitung zur Klavierfassung des »Rag Time« schreibt Hindemith: »Glauben Sie, Bach dreht sich im Grabe herum? Er denkt nicht dran! Wenn Bach heute lebte, vielleicht hätte er den *Shimmy* erfunden oder zum mindesten in die anständige Musik aufgenommen. Vielleicht hätte er dazu auch ein Thema aus dem wohltemperierten Klavier (…) genommen.«

Hindemiths Ideal ist ein spontaner, unbekümmerter, frischer Umgang mit der Musik – eben *Umgangsmusik*. Wie Bach im *Concerto grosso* komponiert Hindemith den Wechsel zwischen *Solo*, *Tutti* und *Concertino*. Das heißt, ab und zu spielt einer alleine, dann spielen alle zusammen und manchmal spielt eine kleine Instrumentalgruppe solistisch. Das ist beim Jazz auch oft so. Bei Hindemith ist dies aber alles notiert, nicht während des Spiels ausgedacht – also improvisiert – wie beim Jazz. In der Jazz-Musik, aber auch bei Bach werden große Teile improvisiert. Deshalb fühlen die Jazz-Musiker eine große Verwandtschaft zu Johann Sebastian Bach. Sie sehen sich, wie ihr musikalischer Blutsbruder, als Handwerker, die mit kompliziertesten Kompositionsregeln jonglieren und darüber improvisieren können. Musik von Bach und Jazz-Musik sind streng in der Form, aber gleichzeitig intensiv im Ausdruck. Jazzmusiker wie der französische Gitarrist Django Reinhardt oder der Jazz-Violinist Stéphane Grappelli, mixen einige Jahre nach Hindemith ebenfalls Bach in ihren Jazz. Sie benutzen als Vorlage das Doppelkonzert in d-Moll für zwei Violinen, Streicher und Basso Continuo von Bach. Die bekanntesten Teile daraus überführen sie in typischen Jazz-Sound. Diese Bearbeitung wird zum Prototyp für alle weiteren Crossover-Mixes nachfolgender Jazz- und Rockmusiker.

(109) Django Reinhardt, »Improvisation«

Der Mix funktioniert aber auch umgekehrt. Inzwischen laden auch viele klassische Musiker Kollegen mit anderen musikalischen Backgrounds zu gemeinsamen Projekten ein. Christina Pluhar, die 1965 geborene österreichische Lautespielerin und Harfenistin, gehört mit ihrem Ensemble »L'Arpeggiata« zu den bekanntesten. Sie sagt zu ihrem Musik-Mix: »Wir haben Lust, das Element Improvisation zu öffnen und uns zu öffnen und mit anderen Leuten zu kommunizieren, mit anderen Musikern, seien es Jazzmusiker oder Musiker aus der traditionellen Richtung, weil wir da so viele Anknüpfungspunkte finden zwischen unserer Musik und der Improvisationspraxis des 17. Jahrhunderts.« Mit dem Anknüpfungspunkt meint sie unter anderem den so genannten *Basso ostinato*, über den im 17. Jahrhundert improvisiert wird. Das ist so ähnlich wie ein *Riff* in einem Jazzstück, also ein

(110) Christina Pluhar u.a., »L'Arpeggiata: Encore«

Motiv, eine kurze, prägnante Floskel. Sie sind melodisch und harmonisch so angelegt, dass man über sie improvisieren kann. Auch Johann Sebastian Bach komponierte tolle Riffs, ohne sie allerdings so zu nennen. Jetzt machen sie sich Musiker aus den unterschiedlichsten Sparten zu Eigen.

Es kann spannende Musik ergeben, wenn Musik der Renaissance in Jazz überführt wird, oder die Grenze zwischen Musik der Romantik und der Popmusik überschritten wird. Jedoch wird kaum eine Musik so häufig bearbeitet wie die Werke von Johann Sebastian Bach. Play Bach!, Bach Onto This, Bach to the Front, Bach to the Roots – das Spiel mit dem Namen des Künstlers und mit seinen Melodien wird offensichtlich nicht langweilig. Diese Form von »Crossover«, von Überführung oder Grenzüberschreitung ist eine uralte Idee. Der Meister selbst hatte damit schon angefangen. Er passte seine eigenen Kompositionen dem Anlass des Konzerts an. Bach fertigte also ein Crossover von Bach an. Wenn gerade mal keine zwei Cembali im Konzertsaal zu finden sind, macht er eben ein Konzert für zwei Violinen daraus. Er baut Gesangskompositionen zu Orchesterwerken um und zitiert und variiert bekannte Motive aus eigenen Werken in anderen Kompositionen. Klassiker wie Wolfgang Amadeus Mozart, Franz Liszt, Felix Mendelssohn-Bartholdy, Max Reger, Arnold Schönberg und andere haben die Idee übernommen und Musik von Bach bearbeitet. Aber der erste, der Bach mit Jazz gemixt hat, ist Paul Hindemith.

Nach Django Reinhardt und seinen Musikkollegen entdecken auch andere Jazz-Musiker Bach in den 1950er Jahren für sich. Es ist die Zeit des *Cool Jazz.* Jazzbesensanft, mit geringer Dynamik schlingen sich die Melodien ineinander wie in den Fugen von Bach. Die Instrumente werden je nach Bandbesetzung variiert und über den Noten gibt es Buchstaben, die die Harmonie angeben, wie bei der Generalbass-Notation des Meisters (siehe Kapitel 7). Der motorische Puls seiner Musik ist mit dem des Jazz verwandt und inspiriert zum Improvisieren, damals wie heute. Bachs Kompositionen werden zu barocken Jazz-Workshops. Bachs »Brandenburgische Konzerte« werden für drei Gitarren bearbeitet oder eine Fuge wird für Saxophone umgeschrieben. Die Swingle Singers zum Beispiel swingen Bachs Musik nur mit Stimmen.

(111) Swingle Singers, »Bach – Fuge in g-Moll«

Es scheint, dass viele Musiker den Wunsch haben, Bach in ihre musikalische Welt mitzunehmen. Vor allem Pianisten schlagen Brücken zwischen Bach und Jazz., zum Beispiel Lennie Tristano, Dave Brubeck oder Oscar Peterson. Allen voran der Franzose Jacques Loussier (1934–2019). Loussier schloss ein klassisches Klavierstudium am Pariser Konservatorium ab und gründete gleich danach das Play Bach Trio, mit dem er verjazzte Versionen von Bachschen Werken erarbeitete. Die erste Schallplatte 1959 wird ein Bestseller. Aber wie erwartet spaltet diese Einspielung die Grenzhüter der Klassik und die Jazz-Fundis. Loussier polarisiert bis heute. Wie oben erwähnt verjazzt er unbekümmert auch Werke von Eric Satie, Claude Debussy, Maurice Ravel oder Antonio Vivaldi.

Wie kommt Loussier auf diese Idee? Am Ende des klassischen Studiums, also am Anfang seiner Musikerlaufbahn stellt er sich die Frage: Was mache ich jetzt? Popmusik ist ihm nicht klassisch genug, klassische Musik ist ihm viel zu klassisch. Dann doch Jazz? »Ich bin doch nicht aus New Orleans!« Loussier hat Bach, Beethoven und Brahms im Ohr, aber auch den Swing des Modern Jazz Quartets. Diese amerikanische Combo ist 1957 auf Tournee durch Europa und spielt auch in Paris.

(112) Modern Jazz Quartet, »I Remember Clifford«

Loussier ist vor allem vom Pianisten John Lewis begeistert. In der Mensa der Hochschule probiert er in der Mittagspause Improvisationen im Klavierspiel-Stil von Lewis über Bachs Musik aus. Für Loussier ist Johann Sebastian Bach der größte Komponist aller Zeiten. Deshalb ist er zunächst unsicher, ob er Bach in den Jazz überführen kann: »Ich hatte Schwierigkeiten, weil ich die Musik von Bach nicht stören wollte, ich wollte nicht schlecht spielen, aber ich hatte eine große Idee, das war Improvisation. Da entdeckte ich dann eine ganz andere musikalische Welt wie im akademischen Unterricht: variiert, mit vielen Einflüssen, neuen Perspektiven, neuen Klängen und Methoden gegenüber offen. Mit einem Wort: Freiheit.« Manchmal ist die Mensa offensichtlich der kreativere Platz als der Hörsaal.

So wird Jacques Loussier gleichzeitig zum Bad Boy der Klassikszene und zu Monsieur Play Bach. Loussier schafft es, der Vielschichtigkeit von Bachs Musik gerecht zu werden. Er ist sich sicher, dass Bach mögen würde, wie er über dessen Themen improvisiert. »Denn die Improvisation ist bereits in die Musik des größten Musikers aller Zeiten hineingeschrieben.« Am Ende überzeugt er auch seine hartnäckigsten Skeptiker. Parallel setzen sich amerikanische Jazzpianisten wie Bill Evans (1929–1980), Chick Corea (1941–2021) oder aktuell Brad Mehldau (geb. 1970) mit der Musik von Bach auseinander. Aber nicht nur Pianisten sind von Bach beeinflusst, auch andere Instrumentalisten lassen sich von der Musik des Meisters inspirieren. Ihre motorische Energie, das kunstvolle Ineinandergreifen von Melodie und Harmonie und die Improvisationsmöglichkeiten machen sie für Jazzmusiker hochinteressant. Durch die Schallplatten von Loussier haben dann auch die Rock- und Popmusiker Bach für sich entdeckt. Diese Inspiration wird zu einer musikalischen Strömung und nennt sich *Classic Rock*. Am Klassik-Hype haben die Keyboarder der bekannten Bands einen großen Anteil. Sie kämpfen schon seit einiger Zeit mit den E-Gitarristen um die musikalische Vormachtstellung. Wenn ein Pianist jedoch mit den Soli eines Gitarristen spieltechnisch mithalten will, muss er viele Jahre klassischen Klavierunterricht genossen haben. Dieser Unterricht beinhaltet natürlich auch die Musik von Bach, vor allem seine Präludien und Fugen.

Als Erste haben beispielsweise die Bands The Nice, Jethro Tull und Ekseption Keyboardspieler in ihre Bands geholt, die so gut spielten, dass sie Teile aus klassischen Werken zitieren konnten. Bei Emerson, Lake & Palmer ist der Bandleader selbst der Pianist, nämlich der ehemalige Keyboarder von The Nice, Keith Emerson.

(113) The Nice, »Brandenburger«

Nun beginnen die Pianisten in den Rockbands mit ihren Bearbeitungen klassischer Melodien, den Gitarristen die Show zu stehlen. Bald bringt fast jede Amateur-Rockband irgendein Zitat aus dem Werk von Bach in ihren Songs unter. Auf diese Weise wird Mitte der 60er Jahre Johann Sebastian Bach mit Rock vereint. Natürlich findet man im Classic Rock nicht nur Bearbeitungen von der Musik Bachs. Einen großen Einfluss hat auch Musik aus der Romantik und der klassischen Moderne. Aber die erste Inspiration für Crossover erfolgt fast immer durch Bach. Keith Emerson ist einer der virtuosesten und ambitioniertesten Grenzüberschreiter zwischen Klassik und Rock und verarbeitet viele von Bachs Paradewerken. Er liebt die Musik von Bach, stellt aber gern Verrücktes mit ihr an. Auf eine einsame Insel würde

(114) Emerson, Lake & Palmer, »Rondo/Bach Improvisations«

(115) Procol Harum, »A Whiter Shade of Pale«

er Bachs Matthäus-Passion mitnehmen, sagt er. Ein Rockmusiker liebt genau das Werk, mit dem der Bach-Boom begonnen hat, ein Werk über das Leiden und Sterben Jesu!

1967 landet die Blues-Rock-Band Procol Harum mit »A Whiter Shade of Pale« einen Millionenseller – mithilfe von Bachs Choral »Wachet auf, ruft uns die Stimme«.

In »Yesterday« von den Beatles hören wir ein Streichquartett, das so auch im 18. Jahrhundert besetzt wurde. Plötzlich sind Streicher in der Rock- und Popmusik »in«. Der *Baroque Pop* übernimmt barocke Kompositionsweisen, harmonische Muster oder den dramatischen Ausdruck des Barock. Instrumente wie Orgel, Oboe, Horn oder Streicher werden in aktuelle, populäre Musik integriert. Die Band The Toys zum Beispiel verschiebt im Song »A Lover's Concerto« von 1965 Bachs Menuett in G-Dur einfach von einem Dreier- in einen poptauglichen Vierer-Takt und unterlegt es mit Bläsern.

Der Beatles-Produzent George Martin kombinierte im 1998 veröffentlichten Album seine eigenen Cover-Versionen von Beatles-Songs mit Elementen von Bach: In den Song »In My Life« mischt er ein Klaviersolo nach den »Kleinen Präludien« von Bach hinein, in »Penny Lane« ist der Trompeten-Einwurf aus Bachs Brandenburgischen Konzert Nr. 2 zu hören und im Nachspiel zu »All You Need Is Love« spielen zwei Trompeten Bachs zweistimmige Invention Nr. 8 für Klavier. Die selbst schon als Klassiker geltenden Beatles bedienen sich also beim Urvater der klassischen Musik.

(116) The Toys, »Lover's Concerto«

(117) The Beatles, »All You Need is Love«

Natürlich gibt es auch Werke von anderen klassischen Komponisten, die in Rock- und Popsongs gemixt werden: Die Band Village People verarbeitet in »Go West« den »Kanon und Gigue in D-Dur« (eine *Gigue* ist ein sehr lebhafter Tanz) von Johann Pachelbel. Dieser Kanon ist in unzähligen weiteren Bearbeitungen zu erkennen. Der Song »A Groovy Kind of Love« aus den 60er Jahren, den Phil Collins 1988 als Filmmusik-Titel bekannt macht, verwendet den dritten Satz einer Sonatine von Muzio Clementi. In unendlich vielen weiteren Songs unterschiedlichster Bands kann der Klassik-Kenner Melodien alter Meister heraushören.

Dieser große Crossover-Hype endet in den 1970er Jahren. Aber gemixt wird natürlich immer noch. Auch im 21. Jahrhundert kann man zum Beispiel aus dem Song »Plug In Baby« der britischen Rockband Muse Bruchstücke aus Bachs Toccata d-Moll hören. Der Jazz-Bassist Dieter Ilg mit seinem Trio kombiniert Beethoven, Wagner und Bach schlüssig und spannend mit Jazz. Die Band Black Violin zweier US-amerikanischer Musiker, die klassisch an Violine und Bratsche ausgebildet sind, mischt diese Musik mit R&B. Der YouTube-Star Rob Scallon übersetzt Bachs »Badinerie« mit E-Gitarre in Metal. Es gäbe noch hunderte andere Beispiele.

(118) Dieter Ilg Trio, »B-A-C-H«

(119) Scallon, »Bach Metal«

Über klassische Zitate in Jazz, Rock, Pop oder Hip-Hop wird oft die Nase gerümpft. Zugegeben, manche Kompositionen mit klassischen Melodien sind eher eine kommerzielle Masche, auf Swing oder Pop getrimmt und nicht sehr originell. Anderen gelingt Unterhaltungsmusik mit einem gewissen Pfiff. Und wieder andere schaffen eine schlüssig klingende Kombination zwischen klassischen Melodien und dem Geist von Jazz, Rock, Pop oder Hip-Hop. Im Übrigen argumentieren die Kritiker gegen ein Verfahren, das seit Jahrhunderten in der Musik üblich ist. Wir sollten auch nicht übersehen, dass die verwendeten klassischen Zitate – allen voran die von Johann Sebastian Bach – bereits damals Hits waren und immer noch sind. Bachs Toccata und Fuge in d-Moll, seine Brandenburgischen Konzerte, die Badinerie, die Air aus der Suite Nr. 3 in D-Dur, das bekannte Menuett in G-Dur, um nur einige zu nennen, sind Evergreens, die jeder kennt (wenn auch nicht unbedingt dem Namen nach), auch diejenigen, die sich für keine Klassikkenner halten. Diese Melodien in Rock- oder Popsongs einzuschmuggeln, ist oft auch einfach ein Gag, publikumswirksam, cool, lustig und nicht immer mit Tiefgang.

Befreien wir die Crossover-Komponisten aus dieser Zerstörungs- und Verwässerungs-Schublade und gestehen ihnen Experimentier-Lust, Neugier und Inspiration zu. Erlauben wir ihnen Sprünge zwischen verschiedenen Stilen und Genres, zwischen Darbietungs- und Umgangsmusik im Sinne von Paul Hindemith. Freuen wir uns über die Öffnung der Grenze zwischen E- und U-Musik. Diese Bands machen außerdem Millionen von Nicht-Klassikhörern mit J.S. Bach und anderen Klassikern auf diese Weise bekannt. Passionierte Musiker nehmen schon immer Einflüsse aus allen Jahrhunderten und Stilen auf. Auch die alten Meister waren Kreative, die mit musikalischem Material gespielt und experimentiert haben und mit deren musikalischem Vermächtnis heutige Musiker auch spielen und experimentieren dürfen. Hören wir also gespannt die Ergebnisse des kreativen Zusammenpralls unterschiedlicher Musikkulturen im 21. Jahrhundert.

Kapitel 11

Warum Mozart den Algorithmus erfunden hat, wie die Künstliche Intelligenz Beethovens 10. Sinfonie komponiert, wie die Musik 5.0 erfunden wird und warum echte Komponisten nie überflüssig werden.

In der Musiklandschaft des 21. Jahrhunderts endet unsere Reise durch die Musikgeschichte. Auch heute überbieten sich die Fans der jeweiligen Musik-Genres immer noch bei dem Versuch, möglichst individuell zu sein und sich abzugrenzen. Immer noch lassen viele Musiker zu wenig Einflüsse von außen, von anderen Genres oder Stilen zu und der Konzertbesucher bleibt gerne seiner Lieblingsmusik treu.

Aber vielleicht hat sich unsere persönliche Sicht auf die Musiklandschaft verändert, nachdem wir Hörenswürdigkeiten quer durch zwei Jahrtausende kennen gelernt haben? Vielleicht weitet sich der Blick durch die Gewissheit, dass alle Musikrichtungen aus demselben Fundament erwachsen sind. Vielleicht steigt die Neugier für bisher unbekannte Genres – und die Lust, als Musiker und als Musikhörer Grenzen zu überschreiten, ist geweckt worden. Nun werfen wir noch einen Blick in die Zukunft der Musik, die bereits begonnen hat. Diese Musik hat die Chance, alt und neu, analog und digital zusammenzubringen. Die Musik der Zukunft ist eine Musik, die auch mit Hilfe des Computers und der KI, der Künstlichen Intelligenz, entsteht bzw. noch entstehen wird. Wie komponiert diese Künstliche Intelligenz?

Die KI automatisiert das Lernen. Entsprechend programmiert, lernt der Computer selbst weiter, auch das Komponieren. Das wird ihm durch den Algorithmus ermöglicht. Woher kommt dieser Begriff? Um 825 n. Chr. verfasst ein Herr Musa al-Chwarizmi in Bagdad das erste Lehrbuch über indische Zahlenschrift. Dieses Buch wird im 12. Jahrhundert ins Lateinische übersetzt, ebenso der Name des Verfassers: Er heißt jetzt Algorismi. Als Algorismus bezeichnetet man auch bis 1600 die mathematischen Lehrbücher. Heute sind Algorithmen

Handlungsvorschriften und genau definierte Einzelschritte zur Lösung eines Problems mit Hilfe des Computers. Wenn der Computer komponieren soll, wird er mit musikalischen Bausteinen gefüttert, die auf bestimmte Weise zusammengefügt eine neue Komposition ergeben.

Das ist nicht ganz neu. Schon Wolfgang Amadeus Mozart hat Algorithmen geschrieben: Analoge Walzer-Algorithmen. Er hinterließ der Nachwelt eine Anleitung für musikalische Würfelspiele, »um zu componiren so viel man will, ohne musikalisch zu seyn noch etwas von Composition zu verstehen«. Auch Mozart versuchte, den kreativen Prozess zu rationalisieren, allerdings ohne Computer und KI. Seine Intelligenz war noch nicht künstlich. Er musste selbst erst einmal viele kleine musikalische Bausteine, also Motive und Melodien erfinden, die dann durch Würfeln aneinander- und in die Walzerform eingefügt werden konnten. Das war ein Riesenspaß für das Publikum, das durch das Würfeln bei der Entstehung des Musikstücks aktiv beteiligt war. Es erlebte außerdem in Echtzeit, was es erwürfelt hatte, denn Mozart spielte die »Compositionen« gleich vor. Das Publikum kreierte also die Musik und konnte sie auch sofort anhören. Deshalb waren diese musikalischen Würfelspiele ab Ende des 18. Jahrhunderts sehr angesagt. Heute wird diese Idee digitalisiert wieder aufgenommen.

(120) W. A. Mozart, »Musikalisches Würfelspiel, KV 516f«

Diese Computer-Musik »reagiert« zum Beispiel in einer Kunstinstallation auf die Bewegung des Besuchers. Oder sie passt den Soundtrack eines Videospiels dem Verhalten der Spielfigur an. Es gibt auch bereits Programme, die eine Melodie weiterspinnen, die von einem Musiker an einem echten Instrument vorgespielt wurde. Es entwickelt sich ein musikalisches Duett zwischen Mensch und Maschine. So wie Mozart in Echtzeit auf das würfelnde Publikum reagierte, reagiert die KI in Echtzeit auf den Menschen. Im 21. Jahrhundert geschieht digital, was Mozart analog schon im 18. Jahrhundert erfunden hat.

Die KI löst im 21. Jahrhundert nicht nur eine industrielle, sondern auch eine musikalische Revolution aus. Das sieht und hört man zum Beispiel an Beethovens 10. Sinfonie. Moment mal, ist nicht die 9. Sinfonie Beethovens letzte? Doch, aber er hat Skizzen und Ideen, Melodien und Motive für eine 10. Sinfonie noch vor seinem Tod notiert. Nun wird ein Algorithmus darauf trainiert, die fehlenden Passagen so zu ergänzen, dass sie nach Beethoven klingen. Doch dafür ist ein ganzer Stab an Mitarbeitern vom Computerfachmann bis zum Arrangeur nötig. Zuerst werden die bestehenden Sinfonien von Beethoven und seine Skizzen und Noten für die 10. Sinfonie analysiert und für den Computer lesbar gemacht. Dann wird ein Sprachverarbeitungsalgorithmus an die Aufgabe angepasst, weil Musik ebenso wie Sprache aus kleinen Einheiten besteht: Die Noten ergeben, wie die Buchstaben der Sprache, zusammengesetzt einen Sinn. Diese »Beethoven-KI« wird dann soweit weiterentwickelt, dass sie die bestehenden Fragmente zu ganzen »Sätzen« erweitern kann. So lernt der Algorithmus Beethovens »Sprach«-Stil.

Die KI darf erst mal nur wenige Noten am Original-Beethoven weiterschreiben. Das Ergebnis wird von Musikwissenschaftlern analysiert. Die besten Vorschläge der KI werden dann wieder in das System zurückgespielt, das wieder einige Noten anfügen darf, und so weiter. Es gibt hunderte verschiedene Fassungen und es ist die Aufgabe der Experten, die Beste auszuwählen. Sie müssen entscheiden, wie Beethoven bestimmte Dinge weiterentwickelt hätte. Sie müssen entscheiden, wie die große Form der Sinfonie aussieht. Dann kann die KI diese Form mit ihren Ideen nach Beethoven-Art füllen. Danach muss noch ein Komponist das Ergebnis der KI für ein Orchester arrangieren und spielbar machen.

(121) Bonn Orchestra, »Beethoven X: The AI Project«

Mensch und Computer werden im 21. Jahrhundert immer mehr zusammenarbeiten, um die menschlichen und die digitalen Kenntnisse und Fertigkeiten optimal zusammenzufügen. Über dieser Zusammenarbeit schwebt jedoch auch die Frage, ob die Komponisten in absehbarer Zeit überflüssig werden, weil die Künstliche Intelligenz womöglich bald alles alleine kann. Momentan wendet die KI nur komplexe mathematische Verfahren auf Daten an, mit denen sie gefüttert wird, um Muster zu finden und dann neue, ähnliche Muster zu generieren. Dabei lernt der Computer ständig weiter. Aber auch der Künstler entwickelt sich mit natürlicher, kreativer Intelligenz weiter. Wenn er offen dafür ist, die neuen digitalen Möglichkeiten zu verstehen und zu integrieren, wird er keine Sorge haben, von der künstlichen Intelligenz ersetzt zu werden. Er wird sie kreativ nützen.

Der Drumcomputer zum Beispiel hat ja auch nicht den Schlagzeuger ersetzt. Im Gegenteil! Künstler haben die Möglichkeit genutzt und Genres wie Techno oder House damit entwickelt. Beim Komponisten basieren Entscheidungsprozesse selten auf rationaler Intelligenz wie bei der KI, sondern auf intuitiven, psychologischen und geistigen Einsichten. Beim Algorithmus dagegen ist der Nachfolgezustand durch den Vorgängerzustand festgelegt. Die Entscheidung basiert auf Statistik. Beim echten Künstler enthält das Abwägen von Pro und Kontra einen Spielraum – eben die künstlerische Freiheit. Das macht die Ergebnisse in Teilen unberechenbar, das ist der Kern der Kreativität, dadurch kommt das Neue in die Welt, das nicht durch Algorithmen berechenbar ist. Ideen, die ein Komponist hat, drückt er in Form von Musik aus. In dieses Musikstück fließen die Kindheit des Künstlers, seine Vorfahren, seine Träume, sein Charakter, die politische Meinung, die Kritik am herrschenden System und tausend Dinge mehr ein. Kunst ist schon immer Ausdruck des Menschen, der Gesellschaft und des Zeitgeistes.

Heute kann ein Computer durch Mustererkennung und Mustervorhersage zwar zum Beispiel Songs von den Rolling Stones mit Hilfe von Algorithmen sehr echt nachahmen. Aber die »Message« dieser Rock-Gruppe kann der Computer nicht rüberbringen: Ihre Obszönität, ihre Anti-Politik-Haltung, ihre ungestimmten Gitarren, die anti-professionelle Aura, ihre Entwicklung oder ihre Erlebnisse. Die Rolling Stones trafen sich zum Beispiel nach einem Konzert mit ihrer Konkurrenz-Band, den Beatles. Sie feierten die Nacht durch und jammten, also improvisierten, gemeinsam. Dabei entwickelten sie verrückte musikalische Ideen. Sie haben also mit einer analogen Art von Intelligenz gearbeitet: Mit kreativem Irrwitz und mit Humor. Es gibt zurzeit noch keine ausreichend humorbegabte KI, die ebenso geniale wie hirnverbrannte Ideen haben kann, wie zum Beispiel die A-capella-Gruppe Füenf: In einem Liebeslieder-Medley ersetzt sie konsequent das Wort »Love« durch »Horst«: »Can you feel the Horst tonight?«

(122) Füenf, »Horst«

Die KI kann so etwas noch nicht erfinden. Die KI wird mit musikalischem Material »gefüttert«, das bereits erfolgreich im Netz kursiert oder als Datei verfügbar ist. In der Diktatur von Likes und Quoten wird Durchschnittlichkeit die

Norm, es entsteht mit Hilfe von Statistik generierte Massenware. Der Künstler dagegen verdichtet sein sinnliches Erleben, sein Erfassen des Seins und bringt es mit Hilfe seiner Seele, mit seiner Angst oder Sehnsucht, seiner Intuition, seiner Wut oder Trauer, seinem Protest und seinen Tabubrüchen auf den Punkt. Achtunddreißig Billionen Bakterien in seinem Bauch und Darm helfen ihm dabei, denn dieses »Bauchgefühl« ist künstlerisch besonders ausschlaggebend. Künstler aller Sparten nutzen die KI schon lange. Aber schöpferisch, sozial und empathisch zu sein, ist bisher dem Menschen vorbehalten. Wird es in naher Zukunft möglich sein, dass die Künstliche Intelligenz die Erfahrung eines gelebten Lebens in die Computer-Kompositionen hineinkomponieren kann? Wird es möglich sein, dass ein Computer den Protest gegen die bestehende Gesellschaft komponieren kann, so wie es Mozart oder Beethoven, die Rolling Stones oder die Beatles gemacht haben? Wird die 10. Sinfonie der Beethoven-KI die revolutionären Ideen des Original-Komponisten ins 21. Jahrhundert weiterführen können? Das Ergebnis zeigt: Nein. Es klingt nach statistischer Durchschnittlichkeit.

Den kreativen Prozess unterstützen kann die KI allerdings schon. Viele Künstler bringen mit Hilfe der KI interessante Neuerungen hervor. Computer und digitale Audio-Workstations gehören heute zum Standard-Handwerkszeug der meisten Komponisten und zwar in allen musikalischen Genres. Die Qualität von komponierender KI-Software steigt. Mainstream-Kompositionen für Werbung oder Computerspiele kann man sich von einer KI erstellen lassen, statt wie noch vor einigen Jahren von einem realen Komponisten. Beethovens unvollendete 10. Sinfonie wurde mit Hilfe der KI zu Ende komponiert. Allerdings war hier klar kommuniziert, dass KI und Musiker zusammenarbeiten. Bei vielen neuen Kompositionen ist der Anteil der KI unklar. Für den Komponisten ist es überlebenswichtig, dass sein Anteil an entstandenen Werken honoriert wird und dass die KI nicht alle vorhandenen Musikstücke oder Teile daraus am Urheber vorbei nutzen und verarbeiten kann. Den Musikhörer interessiert dagegen nur, wie die Musik klingt, ob sie auch als halb- oder dreiviertel-digital komponierte Musik berührt, begeistert oder herausfordert. Den Musikhörer interessiert nicht, wieviel ein Komponist und wieviel eine KI dazu beigetragen haben. Und noch weniger interessiert den Zuhörer, ob diese Komposition zur E-Musik oder zur U-Musik zu rechnen ist. Die Gesellschaften für musikalische Aufführungsrechte und viele Veranstalter trennen die Kompositionen aber immer noch in ernste Musik und Unterhaltungsmusik. Ist die 10. Sinfonie als Gemeinschaftsproduktion von Beethoven und einer KI nun »ernst«? Dann muss sie in einem Konzertsaal aufgeführt werden. Oder ist sie ein unterhaltsames, musikalisches Experiment? Dann kann sie auch in einem Biergarten gespielt werden. Was spricht eigentlich dagegen, dass sie beides kann?

Bis zum Ende des 19. Jahrhunderts waren die alten Meister der Klassik, die heute zur ernsten Musik gerechnet werden, die Unterhalter. Ihr Marktanteil war riesig. Die klassische Musik der alten Meister zu hören, verleiht auch heute noch ein gewisses Prestige. Trotzdem hören immer weniger Menschen diese Musik. Sie verliert als Code für Bildung und gehobenen Lebensstil ihre Fans. Wenn im Jazz, im Rock und in der Popmusik schon längst Motive, Melodien und Rhythmen aus anderen Genres und von den traditionellen klassischen Meistern integriert und weiterentwickelt werden, dann sollten auch die Interpreten der alten Meister (aber vor allem auch die Komponisten neuer klassischer Musik) bereit sein, sich zu öffnen und weiterzuentwickeln. Sie sind nämlich dabei, ihre Hörer zu verlieren. Sie haben im letzten Jahrhundert alle tonalen Ausdrucksmittel abgeschafft (siehe Kapitel 10). Damit waren sie also erst mal radikal »anti« und neuartig. Aber wenn es ihnen in der Weiterentwicklung der klassischen Neuen Musik nicht gelingt, die Zuhörer wieder anzusprechen und sowohl Traditionelles als auch Populäres in die atonale Musik zu integrieren, versiegt die sogenannte klassische Musik nach Jahrhunderten der Entwicklung. Wenn die verschiedenen Genres und Stile bei aller Individualität zusammenfinden, können die verschiedenen Strömungen in eine spannende und integrative Zukunftsmusik münden.

Im 21. Jahrhundert wird aufgrund der Entwicklung der KI bereits die vierte Industrielle Revolution ausgerufen. Diese Industrie 4.0 folgt auf die Industrie 1.0 mit der Erfindung von Wasser- und Dampfkraft, auf die Industrie 2.0 mit der Erfindung der Elektrizität und der Industrie 3.0 mit der Erfindung des Computers. In der Industrie 4.0 sollen Menschen, Anlagen, Maschinen, Logistik und Produkte zur Optimierung miteinander kommunizieren. In der Musik des 21. Jahrhunderts hingegen findet bereits die fünfte Revolution statt: Eine Verschmelzung und Weiterentwicklung der Musik der Renaissance, der Barockzeit, der Klassik, der Romantik und der Musik der Neuzeit. Dazu noch eine Verschmelzung von E-Musik und U-Musik! Eine Versöhnung von Alt und Neu. Eine Musik, in der die Künstler, die Stile, die Instrumente, der Computer und die Zuhörer miteinander kommunizieren, um »optimale« – in diesem Fall kreative und begeisterungswürdige – Hörenswürdigkeiten zu erfinden. Eine Musik, die quer durch alle Epochen und quer durch die Jahrtausende kommuniziert. Hier findet die Musik 5.0 statt!

Wenn Komponisten, Musiker und Zuhörer sich öffnen, statt Grenzen zu ziehen und in ihrer vertrauten Stil-Blase zu bleiben, kann das 21. Jahrhundert das Jahrhundert der Fusion und Weiterentwicklung aller musikalischer Strömungen werden. Wenn Komponisten, Musiker, Zuhörer und Veranstalter sich ganz bewusst auch der Musik nähern, die ihnen bisher fremd oder schwierig erscheint, dann wird sich die Musik spannend weiterentwickeln. Komponisten, die Musik 5.0 komponieren, integrieren verschiedene Stile, Richtungen, Methoden, Denkweisen und Spielweisen. Komponisten, die Musik 5.0 erfinden, sind analog und digital gut vernetzt und reagieren wechselseitig aufeinander und auf ihre Musik. Die Globalisierung, die Digitalisierung und die Vernetzung eröffnet den Künstlern heute die Chance, Einflüsse aus verschiedenen Ländern und Ethnien in ihre Kunst zu integrieren. Sie können ohne Grenzen aus allen Jahrhunderten und aus allen Stilen schöpfen. Außerdem können sie unabhängig von der Vermarktungsindustrie und den herkömmlichen Massenmedien weltweit über die Social-Media-Kanäle gehört werden. Das eröffnet die große Chance, sowohl analog als auch digital und in jeder Mischform eine neue Welt-Musik-Kultur zu schaffen. Musik ist ein Spiegel unserer Gesellschaft. Nicht nur von Künstlern ist gefordert, sich nach allen Richtungen zu öffnen, Unterschiede auszuhalten und den Mut zu entwickeln, um Tradition und Moderne, Bekanntes und Fremdes, Alt und Neu zu verbinden.

Beethoven vertonte zwischen 1822 und 1824 eine alles umfassende Idee durch und mit Musik – seine 9. Sinfonie. Sie galt damals als radikal neue Musik. Eine Sinfonie mit einem Chor war revolutionär und berauschend. Der Chor schmetterte Schillers Gedicht »An die Freude«: »Seid umschlungen Millionen, dieser Kuss der ganzen Welt.« Das »Erdenrund« wird als Bund aller Menschen beschrieben. Die Freude, dieser »schöne Götterfunken«, ist für alle Antriebskraft und Verbindendes. Beethoven komponierte mit Schillers Text eine Utopie: Alle Menschen werden zu Geschwistern. Alle Menschen rund um die Welt umarmen sich singend und musizierend. Eine Botschaft, die unsere Globalisierung vorwegnimmt, allerdings mit einem alle Menschen verbindenden Element. Was für ein aufregendes und zugleich harmonisches Bild als Botschaft an die Welt.

Das kann ein Auftrag an die Musik des 21. Jahrhunderts sein.

Literatur

Berendt, Joachim-Ernst. (1995). Das dritte Ohr. Vom Hören der Welt. Rowohlt Verlag.

Berendt, Joachim- Ernst (2005). Das Jazzbuch, überarbeitet und erweitert von Günther Huesmann. Fischer Verlag.

Berendt, Joachim-Ernst (2017). Die Welt ist Klang. Suhrkamp Verlag.

Bernstein, Leonard (1993). Von der unendlichen Vielfalt der Musik. Goldmann Schott.

Bollmann, Stefan (2014). Frauen, die schreiben, leben gefährlich. Insel Verlag.

Borchard, Beatrix (2015). Clara Schumann. Ihr Leben. Eine biographische Montage. Georg Olms Verlag.

Csíkszentmihályi, Mihaly (2014) Flow. Das Geheimnis des Glücks. Klett-Cotta Verlag.

Ehrmann, Alfred von (1933). Johannes Brahms. Weg, Werk und Welt. Verlag Breitkopf und Härtel.

Geck, Martin (2020). Die kürzeste Geschichte der Musik. Verlag Philipp Reclam jun. Stuttgart. (Erstveröffentlichung 2006 unter dem Titel »Wenn Papageno für Elise einen Feuervogel fängt«, Rowohlt, Berlin)

Härtling, Peter (2011). Schumanns Schatten. Deutscher Taschenbuch Verlag.

Hafner, Katie (2009). Romanze mit einem Dreibeiner. Glenn Goulds obsessive Suche nach dem perfekten Klavier. Schott Verlag.

Halbscheffel, Bernward (2012). Progressive Rock. Die Ernste Musik der Popmusik. Halbscheffel Verlag.

Halbscheffel, Bernward (2018). Johann Sebastian Bach und die Rockmusik. Zitate, Paraphrasen, Bearbeitungen. Halbscheffel Verlag.

Johler, Jens (2015). Die Stimmung der Welt: Der Bach-Roman. Alexander Verlag.

Jourdain, Robert (2001). Das wohltemperierte Gehirn. Wie Musik im Kopf entsteht und wirkt. Spektrum Akademischer Verlag.

Lehmann, Christian (2010). Der genetische Notenschlüssel. Warum Musik zum Menschsein gehört. Herbig Verlagsbuchhandlung.

Novalis (2007): Heinrich von Ofterdingen. Mit einem Kommentar von Andrea Neuhaus. Suhrkamp Verlag.

Pusch, Luise F. (Hg.) (1994). Schwestern berühmter Männer. Zwölf biographische Portraits. Suhrkamp Verlag.

Renner, Tim (2008). Kinder, der Tod ist gar nicht so schlimm. Über die Zukunft der Musik- und Medienindustrie. Rogner & Bernhard Verlag.

Rolland, Romain (2014). Ludwig van Beethoven. Verlag der Wissenschaften.

Schleske, Martin (2014). Der Klang. Vom unerhörten Sinn des Lebens. Goldmann Verlag.

Spahn, Claudia und Richter, Bernhard (2016). Musik mit Leib und Seele. Was wir mit Musik machen und sie mit uns. Schattauer Verlag.

Steegmann, Monica und Rieger, Eva (2015). Frauen mit Flügel. Lebensberichte berühmter Pianistinnen von Clara Schumann bis Clara Haskil. Insel Verlag.

Wicke, Peter (1998). Von Mozart zu Madonna. Eine Kulturgeschichte der Popmusik. Gustav Kiepenheuer Verlag.

Zweig, Stefan (2013). Sternstunden der Menschheit. Vierzehn historische Miniaturen. Anaconda Verlag.

Abbildungsverzeichnis

Abb. 1: Delphi Theater:
https://commons.wikimedia.org/wiki/File:Delphi,_Theater,_Apollon-Tempel_2015-09_(1).jpg; HerrAdams, CC BY-SA 4.0 Deed

Abb. 2: Apollon mit Kithara:
https://commons.wikimedia.org/wiki/File:Fresco_Apollo_kitharoidos_Palatino_Inv379982_n2.jpg

Abb. 3: Aulosbläser:
https://commons.wikimedia.org/wiki/File:Aulos_player_Met_24.97.28.jpg; Marie-Lan Nguyen; CC-BY 2.5

Abb. 4: Athlet mit Hanteln und Aulosbläser:
https://commons.wikimedia.org/wiki/File:Jumper_with_weights_and_aulos_player_Staatliche_Antikensammlungen_1892.jpg; MatthiasKabel; CC BY-SA 3.0 Deed

Abb. 5: Satyr mit Aulos:
https://commons.wikimedia.org/wiki/File:Satyre_jouant_de_l%27aulos_(mus%C3%A9e_du_Louvre).jpg; Musée du Louvre; CC BY 2.0 Deed

Abb. 6: Paian Delphi 138 v. Chr.:
Der erste der beiden Hymnen an Apollo am Athenerschatzhaus in Delphi. Die Notenzeichen stehen über dem Text; https://commons.wikimedia.org/wiki/File:Delphichymn.jpg, gemeinfrei

Abb. 7: Grabstein Seikilos:
https://commons.wikimedia.org/wiki/File:Seikilos2.tif
Lennart Larsen, Nationalmuseets fotograf, Nationalmuseet 14897, CC BY-SA 3.0 Deed

Abb. 8: Forum Romanum:
https://commons.wikimedia.org/wiki/File:Roman_Forum_(25854190723).jpg; Alex Liivet, gemeinfrei

Abb. 9: Kaiser Augustus Statue:
https://commons.wikimedia.org/wiki/File:Augustus_of_Prima_Porta_(2984423197).jpg; Michal Osmenda, gemeinfrei

Abb. 10: Guido von Arezzo:
https://commons.wikimedia.org/wiki/File:Guido_of_Arezzo,_1100_(21767410058).jpg; Levan Ramishvili, gemeinfrei

Abb. 11: Armarium (Abtei Beauport):
https://commons.wikimedia.org/wiki/File:Paimpol_(22)_Abbaye_de_Beauport_Clo%C3%AEtre_06.JPG; GO69, CC BY-SA 3.0 Deed

Abb. 12: Neumen (St. Gallen, Stiftsbibliothek):
https://commons.wikimedia.org/wiki/File:Cod_Sang_359_Alleluia.png

Abb. 13: Boethius:
https://commons.wikimedia.org/wiki/File:Boethius.jpg

Abb. 14: Cassiodor:
https://commons.wikimedia.org/wiki/File:Gesta_Theodorici_-_Flavius_Magnus_Aurelius_Cassiodorus_(c_485_-_c_580).jpg; Leiden, University Library

Abb. 15: Institutiones divinarum Bibliothek Bamberg 8. Jahrhundert: Mögliche Darstellung eines Vivariums aus der Bamberger Handschrift von Cassiodors Institutiones; Bamberg, Staatsbibliothek https://de.wikipedia.org/wiki/Datei:Bamberg.Cassiodor_Vivarium.jpg

Abb. 16: Handschrift Boethius, De Institutione musica:
https://commons.wikimedia.org/wiki/File:Boezio,_De_Institutione_Musica_-_scale.jpg

Abb. 17: Guidonische Hand:
https://commons.wikimedia.org/wiki/File:Guidonian_hand.jpg

Abb. 18: Pythagoras mit Monochord, Franchino Gaffurio, Holzschnitt, ca. 1492:
https://commons.wikimedia.org/w/index.php?curid=6978335

Abb. 19: Goldene Verse: Eine Seite einer im Jahr 925 geschriebenen Handschrift, die den Kommentar des Hierokles zu den Goldenen Versen enthält. Wien, Österreichische Nationalbibliothek: https://commons.wikimedia.org/wiki/File:Hierocles_of_Alexandria,_Commentary_on_the_Golden_Verses.jpg

Abb. 20: »Kyrie« der Missa Virgo Parens Christi von Jacques Barbireau (ca.1420–1491); https://commons.wikimedia.org/wiki/File:Barbireau_illum.jpg

Abb. 21: Denkmal Lasso/Jackson: https://commons.wikimedia.org/wiki/File:Monument_Orlando_Lasso_Denkmal_Munich_2.jpg; Chabe01; CC BY-SA 4.0 Deed

Abb. 22: Albrecht Dürer. *Underweysung der Messung, mit dem Zirckel und Richtscheyt, in Linien, Ebenen unnd gantzen corporen*; 1525. https://de.m.wikipedia.org/wiki/Datei:Duerer_Underweysung_der_Messung_fig_001_page_181.jpg

Abb. 23: Quintenzirkel im Kreis angeordnet mit Moll-Tonarten innen und Dur-Tonarten außen und Vorzeichen: https://commons.wikimedia.org/wiki/File:Circle_of_fifths_deluxe_4_de_s.svg; Jpascher, CC BY-SA 3.0 Deed

Abb. 24: Palazzo Pamphili (Rom):
https://de.wikipedia.org/wiki/Palazzo_Doria-Pamphilj#/media/Datei:Palazzo_doria_pamphili,_galleria_degli_specchi_01.jpg; Sailko; CC BY 3.0 Deed

Abb. 25: J. S. Bach: Symbolum Nicenum aus der h-Moll-Messe, Bezifferung über und unter dem Bass: https://de.wikipedia.org/wiki/H-Moll-Messe#/media/Datei:BWV_232_Credo_in_unum_Deum.jpg

Musiklinks

(1) Kollegah, »Klassikmusik (Intro)«: https://www.youtube.com/watch?v=ZAo8NE7ip5Q

(2) The Dave Brubeck Quartet, »Take Five«: https://www.youtube.com/watch?v=kXNdq4SA8e4

(3) Louis Armstrong, »Heebie Jeebies«: https://www.youtube.com/watch?v=BDIUICIiCCk

(4) Gang Starr, »Jazz Thing«: https://www.youtube.com/watch?v=3kg0mh3lu9Q

(5) Miles Davis feat. Easy Mo Bee, »The Doo-Bop Song«: https://www.youtube.com/watch?v=HT2TTFv0-4U)

(6) Jamie Cullum, »Don't Stop the Music«: https://www.youtube.com/watch?v=kYhT7oCDoqM)

(7) J. S. Bach, »Toccata und Fuge in d-Moll«: https://www.youtube.com/watch?v=erXG9vnN-GI

(8) »Lamento di Tristano«: https://www.youtube.com/watch?v=cpKOHNpD4Ng

(9) Henry Purcell, »Dido und Aeneas / When I am laid in earth«: https://www.youtube.com/watch?v=jk4I0Y8SMd0

(10) Carl Orff, »Carmina Burana, 02. Fortune Plango Vulnera«: https://www.youtube.com/watch?v=_IA2ilVsfWg

(11) Ray Charles, »Hit the Road Jack«: https://www.youtube.com/watch?v=CyVuYAHiZb8

(12) »Man lebt nur einmal / Zindagi Na Milegi Dobara: Senorita« (Filmmusik): https://www.youtube.com/watch?v=ErmwdT00L_w

(13) Santa Esmeralda, »Don't Let Me Be Misunderstood«: https://www.youtube.com/watch?v=5aFj4IYHnZ8

(14) Archicembalo: https://www.youtube.com/watch?v=17HHXS-Jjbg

(15) Thomanerchor Leipzig »h-Moll-Messe von J.S. Bach«: https://www.youtube.com/watch?v=EduxGvX2xVY

(16) Gregorianischer Gesang: Benediktinermönche der Abtei Münsterschwarzach: »Tractus: Domi-ne, exaudi orationem meam«: https://www.youtube.com/watch?v=t2ANO1xpBaY)

(17) Spielleute mit Sackpfeifen: Strella do Dia: https://www.youtube.com/watch?v=jIcxGcmMrr8

(18) Liebeslyrik: Heinrich von Morungen, »Ich will immer singen«: https://www.youtube.com/watch?v=tw5wxvOixTk

(19) Minnesang fürs Volk: Walther von der Vogelweide »Unter der Linden«: https://www.youtube.com/watch?v=CuGwWe-qH5U

(20) Minnesang im 14. Jahrhundert: Frauenlob / Heinrich von Meißen: https://www.youtube.com/watch?v=0O593WwE5X8)

(21) Mehrstimmige Kirchenmusik: Guillaume de Machaut, »Messe de Nostre Dame«: https://www.youtube.com/watch?v=mvIEA2dBKGA

(22) Rolling Stones, »(I Can't Get No) Satisfaction«: https://www.youtube.com/watch?v=poXvMBhjSWk

(23) Orlando di Lasso, »Matona mia cara«: https://www.youtube.com/watch?v=hswJaD3mBUI

(24) Vincenzo Galilei, »Contrapunto primo e secondo«: https://www.youtube.com/watch?v=5Ko_vL9qJnA

(25) Das Orthotonophonium: https://www.youtube.com/watch?v=Zd9Pl4ox0iM

(26) Musik des Barock: Charpentier »Marche de Triomphe H.547«: https://www.youtube.com/watch?v=snxUHRaGTuA&list=PLldhqASzpnTr9X_7jrz-Cq1SQYBZg2c14&index=13

(27) Claudio Monteverdi, »L'Orfeo«: https://www.youtube.com/watch?v=c2snjRPl6yY

(28) Claudio Monteverdi, »L'Orfeo (SV 318), Ouverture«: https://www.youtube.com/watch?v=bndmxus32OY

(29) J. S. Bach, »Präludium und Fuge c-Moll c-Moll BWV 549«: https://www.youtube.com/watch?v=8Pn-dy3t5AY

(30) J. S. Bach, »Brandenburgisches Konzert Nr. 1 F-Dur BWV 1046«: https://www.youtube.com/watch?v=NWEHKTyaVc0

(31) J. S. Bach, »Das Wohltemperierte Klavier: Praeludium und Fuge Nr. 2 c-Moll BWV 847«: https://www.youtube.com/watch?v=I1MFOgx1NYY

(32) J. S. Bach, »Kaffeekantate, BWV 211«: https://www.youtube.com/watch?v=H5Ocydot-vA

(33) J. S. Bach, »Die Kunst der Fuge BWV 1080«: https://www.youtube.com/watch?v=LWNGwVrdJPo

(34) Claude Debussy, »Doctor Gradus ad Parnassum«: https://www.youtube.com/watch?v=yOoBtP_fteg

(35) W. A. Mozart, »Sonate A-Dur KV 331«: https://www.youtube.com/watch?v=vp_h649sZ9A

(36) Ludwig van Beethoven, »Mondscheinsonate, Klaviersonate Nr. 14 op. 27 Nr. 2 cis-Moll«: https://www.youtube.com/watch?v=GXjhc8EbY4I

(37) Franz Liszt, »Sonate h-Moll«: https://www.youtube.com/watch?v=Ju_VXRL6O4w

(38) Ludwig van Beethoven, »Sinfonie No. 67 Nr. 5«: https://www.youtube.com/watch?v=9aDEq3u5huA

(39) Johann Stamitz, »Sinfonie D-Dur D3«: https://www.youtube.com/watch?v=bhCDiFdUaPs

(40) Johann Stamitz, »Orchester Trio in C-Dur, op. 1«: https://www.youtube.com/watch?v=IQOS8wg_PY8

(41) Allegri, »Misere«: https://www.youtube.com/watch?v=IsDRUVDsZRg

(42) Joseph Haydn, »Sinfonie Nr. 94 G-Dur« mit dem Paukenschlag: https://www.youtube.com/watch?v=b9Umjnwvn4g

(43) W. A. Mozart, »Die Zauberflöte / Papageno«: https://www.youtube.com/watch?v=9Q0ZDZB-AnM

(44) W. A. Mozart, »Königin der Nacht, Arie«: https://www.youtube.com/watch?v=YuBeBjqKSGQ

(45) Joseph Haydn, »Sinfonie Nr. 45 in fis-Moll, Finale«: https://www.youtube.com/watch?v=vfdZFduvh4w

(46) Ludwig van Beethoven, »Sonate Nr. 8 c-Moll Pathétique«: https://www.youtube.com/watch?v=XuldgIR02dY

(47) Joseph Haydn, »Gott erhalte Franz den Kaiser«: https://www.youtube.com/watch?v=w81MS8qDb80

(48) Ludwig van Beethoven, »Klavierkonzert Nr. 5, op. 73, II. Satz«: https://www.youtube.com/watch?v=bMd2qdJ-Os0

(49) Ludwig van Beethoven, »Für Elise«: https://www.youtube.com/watch?v=s71I_EWJk7I

(50) W. A. Mozart, »Sonate A-Dur, Türkischer Marsch«: https://www.youtube.com/watch?v=uWYmUZTYE78

(51) Samuel Barber, »Adagio, op. 11«: https://www.youtube.com/watch?v=WAoLJ8GbA4Y

(52) Henry Purcell, »Arie der Dido, When I am laid in earth«: https://www.youtube.com/watch?v=jOIAi2XwuWo

(53) Franz Schubert, »Die Winterreise, op. 89, D. 911, Der Leiermann«: https://www.youtube.com/watch?v=pze4NxCOjg0

(54) Franz Schubert, »Die schöne Müllerin, Des Baches Wiegenlied«: https://www.youtube.com/watch?v=c_pdW9p3Yb4

(55) Robert Schumann, »Dichterliebe Op. 48/12, Am leuchtenden Sommermorgen«: https://www.youtube.com/watch?v=ZF4yLMob3Ko

(56) Modest Mussorgsky, »Bilder einer Ausstellung«: https://www.youtube.com/watch?v=ADTJ3sr3-5c

(57) Bedřich Smetana, »Die Moldau«: https://www.youtube.com/watch?v=l6kqu2mk-Kw

(58) Antonio Vivaldi, »Vier Jahreszeiten«: https://www.youtube.com/watch?v=9eEap53WxKY

(59) W. A. Mozart, »Ein musikalischer Spaß, KV 522«: https://www.youtube.com/watch?v=hU-HwW3R2pU

(60) Ludwig van Beethoven, »Rondo Op. 129«: https://www.youtube.com/watch?v=F8R5QCPUqaI

(61) Carl Maria von Weber, »Aufforderung zum Tanz«: https://www.youtube.com/watch?v=te9iH8h_pkc

(62) Carl Maria von Weber, »Der Freischütz Op. 77«: https://www.youtube.com/watch?v=at2Mlpo3eTE

(63) Richard Wagner, Tristan Akkord: https://www.youtube.com/watch?v=gpWg_cZkDho

(64) Claude Debussy, »Prélude à l'aprés midi d' un faune«: https://www.youtube.com/watch?v=Y9iDOt2WbjY

(65) Pjotr Iljitsch Tschaikowsky, »Der Nussknacker«: https://www.youtube.com/watch?v=aB1eMfylQhE

(66) Ludwig van Beethoven, »5. Sinfonie, erster Satz«: https://www.youtube.com/watch?v=n3EiRynr1Us

(67) Marina Baranova, »Hypersuites Reloaded«: https://www.youtube.com/watch?v=Tlbm67HTuZM

(68) Frederic Chopin, »Prelude e-Moll op. 28 Nr. 4 für Klavier«: https://www.youtube.com/watch?v=Tovh6JjaQ1A

(69) Ludwig van Beethoven, »3. Sinfonie, Eroica, Es-Dur«: https://www.youtube.com/watch?v=_RtmV8-2ZGU

(70) Joseph Haydn, »Sinfonie Nr. 94, II. Satz« mit dem Paukenschlag: https://www.youtube.com/watch?v=VOLy6JxEDLw

(71) Ludwig van Beethoven, »9. Sinfonie, 4. Satz«: https://www.youtube.com/watch?v=cep8Ru4TL4k

(72) Niccolo Paganini, »La Campanella«: https://www.youtube.com/watch?v=6ruHDWSNvB8

(73) Tekla Badarzewska-Baranowska, »Gebet einer Jungfrau, Op. 4«: https://www.youtube.com/watch?v=5Jae4VynZEQ

(74) Clara Schumann, »Klavierkonzert Nr. 1 a-Moll Op. 7«: https://www.youtube.com/watch?v=k0Y1hrqcSLI

(75) Claudio Monteverdi, »L'incoronazione di Poppea«: https://www.youtube.com/watch?v=_isL0E-4TsQ

(76) Gaetano Donizetti, »Das Sextett der Lucia«: https://www.youtube.com/watch?v=Ti9lpKHYzJQ

(77) Carl Maria von Weber, »Der Freischütz; Wir winden dir den Jungfernkranz, Chor der Brautjungfern«: https://www.youtube.com/watch?v=4D61a_aR6ww

(78) Carl Maria von Weber, »Der Freischütz; Jägerchor«: https://www.youtube.com/watch?v=CvZSASwQSL0

(79) Ensemble VocaMe, »Byzantinische Hymnen der Komponistin Kassia«: https://www.youtube.com/watch?v=Bf0qMR1hb_E

(80) Hildegard von Bingen, »Ordo Virtutum«: https://www.youtube.com/watch?v=HmgnqY3TKH0

(81) Francesca Caccini, »La liberazione di Ruggiero dall'isola d'Alcina«: https://www.youtube.com/watch?v=KQAXxKcfook&list=OLAK5uy_mlQfaGeOKRBI7ybxbKT6OZ--XRgfFkoSc

(82) Fanny Hensel, »Trio für Pianoforte, Violine und Violoncello, Op. 11«: https://www.youtube.com/watch?v=iff7h83-Ayc

(83) Louise Farrenc, »Nonett, Es-Dur, Op. 38«: https://www.youtube.com/watch?v=IPzg1UakAJk

(84) Lili Boulanger, »Soir Sur La Plaine«: https://www.youtube.com/watch?v=79u8Cv-W9xo

(85) Ethel Smyth, »March of the Women«: https://www.youtube.com/watch?v=TJJKn_oPK9o

(86) Arnold Schönberg, »Serenade for Baritone and Seven Players, Op. 2«: https://www.youtube.com/watch?v=iaP65gGbZKM

(87) Karlheinz Stockhausen, »Studie II«: https://www.youtube.com/watch?v=_qi4hgT_d0o

(88) Pierre Boulez in Rehearsal 1998: https://www.youtube.com/watch?v=qC1Z6dqzK9s

(89) Bernard Herrmann, »Psycho« (Filmmusik): https://www.youtube.com/watch?v=fQwzJ6VvUD0

(90) Paul Hindemith, »Sonate für Bratsche solo op. 25, Nr. 1, 4. Satz«: https://www.youtube.com/watch?v=_Y44FMIlcS4

(91) Igor Strawinsky, »Le sacre du printemps«: https://www.youtube.com/watch?v=EkwqPJZe8ms

(92) Ferruccio Busoni, »Bach – Chaconne aus der Partita Nr. 2 d-Moll BWV 1004«: https://www.youtube.com/watch?v=dOHiI_5yycU

(93) Red Hot Chili Peppers, »Blood Sugar Sex Magik«: https://www.youtube.com/watch?v=q3cQ9_i3OEk

(94) Ode of Rock: https://www.youtube.com/watch?v=wWrgyNMLVxw

(95) Jacques Loussier Trio, »Play Bach«: https://www.youtube.com/watch?v=NQm68uMbYGk

(96) Max Richter, »The New Four Seasons – Vivaldi Recomposed: Spring 1«: https://www.youtube.com/watch?v=6T0MFCX9SLI

(97) Duschszene aus Hitchcocks »Psycho«: https://www.youtube.com/watch?v=iHaImemSffg

(98) Erich Wolfgang Korngold, »The Adventures of Robin Hood« (Filmmusik): https://www.youtube.com/watch?v=N5CoT_Gvfnc

(99) Erich Wolfgang Korngold, »Violinkonzert D-Dur, 3. Satz«: https://www.youtube.com/watch?v=RgLHJkb6ugM

(100) Henry Mancini, »Pink Panther« (Filmmusik): https://www.youtube.com/watch?v=oe_uqv5GNNw

(101) Henry Mancini, »Moon River« (Filmmusik aus »Breakfast at Tiffany's«): https://www.youtube.com/watch?v=0BfUDyvdTSE

(102) Survivor, »Eye of the Tiger« (Filmmusik aus »Rocky III«): https://www.youtube.com/watch?v=ob8TNqQw2hY

(103) John Williams, »Jaws« (Filmmusik): https://www.youtube.com/watch?v=BePfzCOMRZQ

(104) John Williams, »Imperial March« (Filmmusik aus »Star Wars«): https://www.youtube.com/watch?v=vsMWVW4xtwI

(105) Gustav Holst, »Planet Mars«: https://www.youtube.com/watch?v=cXOanvv4plU

(106) Alexander Courage, Jerry Goldsmith, »Star Trek – The Next Generation« (Filmmusik): https://www.youtube.com/watch?v=p5kcBxL7-qI

(107) Gustav Mahler, »1. Sinfonie, 1. Satz«: https://www.youtube.com/watch?v=l29wayrYsOE

(108) Paul Hindemith, »Rag Time«: https://www.youtube.com/watch?v=8Q11fabl3-g

(109) Django Reinhardt, »Improvisation sur le 1er mouvement du concerto en re mineur de J. S. Bach«: https://www.youtube.com/watch?v=r_60OpZGXMk

(110) Christina Pluhar, N. Rial, V. Capezzuto, G. Bridelli, J. J. Orliński, »L'Arpeggiata: Encore«: https://www.youtube.com/watch?v=r5hOyasj5Zo

(111) Swingle Singers, »Bach – Fuge in g-Moll, BWV 542«: https://www.youtube.com/watch?v=nK69zl19c0Y

(112) Modern Jazz Quartet, »I Remember Clifford«: https://www.youtube.com/watch?v=oLap_6znNXk&list=PLccpwGk_xup-XRptXfqZTWGD7d8XU39e4

(113) Nice, »Brandenburger«: https://www.youtube.com/watch?v=msX_v0s79oU

(114) Emerson, Lake & Palmer, »Rondo/Bach Improvisations«: https://www.youtube.com/watch?v=UXQkBd-LCrM

(115) Procul Harum, »A Whiter Shade of Pale«: https://www.youtube.com/watch?v=St6jyEFe5WM

(116) The Toys, »Lover's Concerto«: https://www.youtube.com/watch?v=FmJ1AqtTuyo

(117) The Beatles, »All You Need is Love«: https://www.youtube.com/watch?v=_paPrw0gAUo

(118) Dieter Ilg Trio, »B-A-C-H«: https://www.youtube.com/watch?v=TMnfeAat6eY

(119) Scallon, »Bach Metal«: https://www.youtube.com/watch?v=-h7LW3FKjBY

(120) W. A. Mozart, »Musikalisches Würfelspiel, KV 516f«: https://www.youtube.com/watch?v=Jtpb1DkPx7I

(121) Bonn Orchestra, »Beethoven X: The AI Project«: https://www.youtube.com/watch?v=Rvj3Oblscqw

(122) Füenf, »Horst«: https://www.youtube.com/watch?v=C_mZH4xWle8

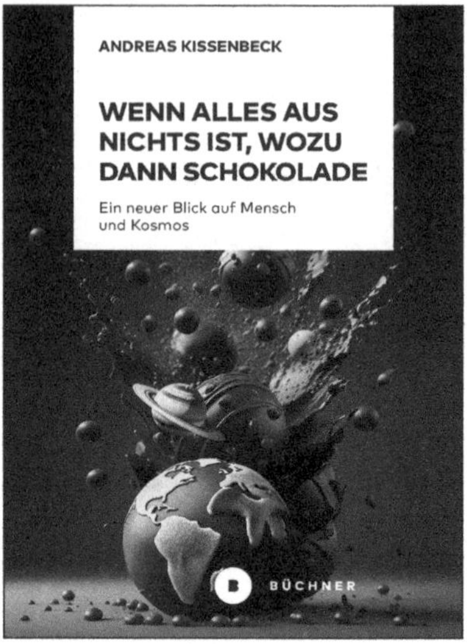

Andreas Kissenbeck
Wenn Alles aus Nichts ist,
wozu dann Schokolade
Ein neuer Blick
auf Mensch und Kosmos
194 Seiten, 14,5 x 20,5 cm,
ISBN 978-3-96317-392-9 (Print)
ISBN 978-3-96317-954-9 (ePDF)

Andreas Kissenbeck

Wenn Alles aus Nichts ist, wozu dann Schokolade
Ein neuer Blick auf Mensch und Kosmos

Der Autor, Komponist und Pianist Andreas Kissenbeck zeigt eindrucksvoll und unterhaltsam, wie Kunst, Naturwissenschaft und Philosophie drei Seiten derselben Medaille sind. Sie alle blicken aus verschiedener Perspektive auf die Welt, um Antworten auf deren Grundfragen zu finden. So verbindet Kissenbeck als international konzertierender Musiker, studierter Mathematiker und promovierter Geisteswissenschaftler konsequent alle drei Blickrichtungen und beleuchtet, was Naturwissenschaft erforscht, Philosophie erdacht und Kunst erschaffen hat. Er entlockt der Welt ihre sinnliche Dimension und macht den Reiz des Rätselhaften erlebbar. Dabei bringt er zahlreiche Kunstwerke mit wissenschaftlichen Erkenntnissen in Verbindung und hat zu diesem Buch selbst Musik komponiert.

Im ersten Teil zeigt sich, wie raffiniert uns unsere Welt im Unklaren lässt. *Nichts ist, wie es scheint,* und *alles ist, wie es ist* – wenn es etwa darum geht, woraus Materie besteht oder woher unser menschliches Bewusstsein kommt, ob wir freien Willen haben oder in einer Computersimulation leben.

Der zweite Teil geht einen Schritt weiter. Aus den drei Perspektiven heraus wird das Rätsel betrachtet, ob unser Universum unendlich ist. Einem künstlerischen Gedanken folgend, beantwortet die Naturwissenschaft auf einmal philosophische Grundfragen neu und diese Antworten sind mehr als erstaunlich.

BÜCHNER